중국의 조용한 침공

First published in the English language
by Hardie Grant Books in 2018

중국의 조용한 침공

대학부터 정치, 기업까지 한 국가를 송두리째 흔들다

SILENT INVASION

클라이브 해밀턴 지음 | 김희주 옮김

일러두기

- 이 책은 국립국어원의 표준어 규정 및 외래어 표기법을 따르되, 일부 인명, 기업명은 실제 발음을 따른 경우가 있다.
- 단행본은 《 》로, 인터넷 매체, 신문, 잡지 등은 〈 〉로 표기했다.
- 피인용자(중국인)가 영문 이름 표기를 사용하는 경우, 영문으로 표기했다. 다만 중국 시민이거나 중국 공산당과 긴밀한 관계가 드러난 경우에는 일부를 제외하고 중국식으로 표기했다.

한국을 흔드는 베이징의 영향력

중화인민공화국* 후베이성 우한시에서 발생한 코로나바이러스가 세계를 팬데믹의 충격 속에 몰아넣으며 국제적 전략 지형이 바뀌고 있다. 이 글을 쓰고 있는 지금도 앞으로 사태가 진정되기까지 1~2년이 걸릴지 아니면 5년이 걸릴지 예측하기 힘든 상황이다. 하지만 지난 1년여 동안 팬데믹을 겪으며 우리는 중국 공산당CCP**의 본질과 행동에 대해 아주 중요한 통찰을 얻었다.

우리가 위협을 느끼면 중국은 도리어 과민하게 반응하고 비판을 잠재우기 위해서라면 서슴없이 협박에 나선다는 것을 알았다. 특히 코로나바이러스뿐 아니라 자국의 이익이 걸린 모든 것에 관한 세계의 서사를 통제하려는 베이징의 의지를 더 확실히 깨닫게 되었다. 중공은 국제 질서를 바꾸고 세계를 자신들이 생각하는 그림대로 만들기로 결정했다. 이 책에서 설명하겠지만, 중공은 고도의 체계를 갖추고 다른 나라를 향한 영향력을 넓히고 있다. 지지자를 포섭하고, 비판하는 이들의

● 이하 중국으로 표기.
●● 이하 중공으로 표기. 중공을 중국 공산당의 약칭으로 쓴다.

중국의 조용한 침공

입에는 재갈을 물리고, 기관을 전복하는 방법을 주로 사용한다. 목표는 중공을 향한 내부 반발을 약하게 만드는 것이다.

잘 알다시피 중공 지도부는 편집증적이다. 중국의 사방에 도사린 '적대 세력'에 맞서 끊임없이 이념 투쟁을 벌일 수밖에 없다고 믿는다. 서구의 군사 강국들은 역사가 간혹 전쟁으로 끊기는 때도 있지만 오랜 평화의 이야기로 이루어져 있다고 이해하나, 중공이 통치하는 중국은 스스로 영원한 전쟁을 벌이고 있다고 생각한다. 대부분 정치적이거나 이념적이거나 정치와 이념이 혼합된 형태의 전쟁이지만, 이는 동적 전쟁 다시 말해, 총을 쏘고 미사일을 발사하는 전쟁을 피하는 현 상황에서 벌이는 '다른 수단에 의한 전쟁'일 뿐이다.

베이징이 국제적으로 가장 중요하게 추진하는 전략 목표는 대미 동맹 해체이며, 중국이 인도 태평양 지역에서 노리는 주요 국가가 호주와 일본, 한국이다. 베이징은 한국과 미국의 관계를 갈라놓기 위해 다양한 수단을 동원하고 있다. 한미동맹을 약화시키지 않는 한 한국을 지배할 수 없다는 사실을 잘 알고 있기 때문이다. 중국이 사용하는 주요 무기는 교역과 투자다. 베이징은 '경제 책략', 정확히 말해서 '경제 협박'의 명수다. 중국에 경제적으로 의존하는 것을 이용해 다른 나라의 정치적 양보를 받아낸다.

베이징은 고고도 미사일 방어체계인 사드 배치와 관련해 반한 민족주의자들의 폭력, 롯데백화점을 중국에서 몰아내는 등 한국에 격렬한 반응을 보였다. 다른 나라들이 그 상황을 지켜보며 각성해야 옳았지만, 불행히도 그렇지 못했다. 2020년 베이징이 호주의 중국 수출을 금지하는 일련의 무역 규제를 단행하자 수많은 호주인이 놀란 것도 바로 그 이유 때문이다. 베이징의 부당한 무역 규제는 호주를 흔드는 중공의 영향력에 저항하는 조치를 취한 호주 정부에 불만을 드러내는 의도였다.

중공이 정치적 전쟁에 동원하는 무기는 교역과 투자뿐만이 아니다. 이미 한국의 재계에는 베이징의 만족을 유일한 목표로 삼고 활동하는 강력한 이익집단들이 자리 잡고 있다. 베이징은 또 한국의 학계와 정계, 문화계, 언론계 지도층 전반에 걸쳐 베이징 옹호자와 유화론자들을 확보했다. 중공은 영향력 행사자는 물론 첩보 공작원들도 동원하며, 대규모로 네트워크를 이룬 이들의 목표는 한국 기관들의 독립성을 훼손함으로써 지역 패권을 노리는 베이징에 저항할 한국의 힘을 약

중국의 조용한 침공

화시키는 것이다.

중국은 현재 기술적 의존을 이용해 해외에서 정치적 영향력을 확보하고 있다. 베이징이 화웨이를 앞세워 전 세계 많은 나라에서 5G 네트워크 구축을 강력하게 추진하는 이유가 바로 그 때문이다. 이제껏 화웨이와 연관된 수많은 사이버 간첩 활동 사례가 보고되고 있지만, 서구의 전략가들이 더 크게 염려하는 것은 분쟁이 발생할 경우 베이징이 화웨이 장비를 이용해 교통망과 전력망, 금융망은 물론 통신망까지 차단해 상대국을 마비시키는 경우이다. 사실 이런 상황은 가능성으로 그치지 않는다. 무력 충돌이 임박하면 거의 확실하게 발생할 것이다. 시진핑 주석이 추진하는 '민군 융합' 사업은 중국인민해방군의 전쟁 시나리오 기획에 민간 기업을 편입시키는 것도 포함하기 때문이다.

한국 정부는 5G 네트워크에 화웨이 장비를 사용하는 문제와 관련해 중국과 미국의 '중재자'가 되고 싶다는 의사를 피력하고 있지만, 위험한 선택이다. 한국이 베이징의 국제적 게임에 개입하는 순간 장기판의 졸처럼 희생될 것이 뻔하기 때문이다. 게다가 서구가 화웨이를 배제하면 당연히 삼성이 최대의 수혜자가 될 것이다.

중공은 일본이 중국인에게 저지른 역사적 만행을 이기적으로 이용하는 경우가 많다. 일본의 만행을 잊어선 안 되겠지만, 한국은 이런 역사적 전쟁에서 중국을 편듦으로써 중공의 선전에 휘말리지 않도록 조심해야만 한다. 한국은 고유의 역사와 문화가 자랑스러운 나라다. 하지만 최근 중공이 한국의 영화와 TV 산업에 미묘하게 영향력을 행사하는 상황이 우려스럽다. 할리우드에서 그런 것처럼 베이징은 중국인 투자자와 거대한 중국 시장을 미끼로 한국에서 전해지는 이야기를 검열하고, 중국과 중공을 바라보는 세계의 인식을 개조하려는 선전에 맞추어 역사를 왜곡한다.

베이징의 무분별한 괴롭힘과 미묘한 강압에 시달린 한국에서 요즘 중국을 향한 긍정적인 정서가 나타나고 있다. 호주도 마찬가지였다. 하지만 호주와 한국 두 나라 사이에 차이점이 있다. 호주 정부는 베이징의 괴롭힘에 맞섰지만, 한국의 정치 지도층은 지레 겁을 먹고 중국과 미국 사이에서 '전략적 모호성'이라는 나약한 태도를 유지한다는 점이다. 만일 한국 정부가 중국과 긴밀한 관계를 유지하면서 한국의 독립도 지킬 수 있다고 생각한다면 위험한 도박을 하는 셈이다. 오바마 정부에서 중국 정책을 책임졌던 미국의 저명한 진보주의자들은 이제야 비로소 중공의 진정한 본질과 야망이 무엇인지 깨닫고 있다. 한국도 눈을 떠야 한다. 중국의 진정한 본질과 야망을 깨닫지 못하면 한국도 위험하다. 현재 한국 정부는 베이징과 소통하며 민주주의와 인권을 옹호하려는 의지를 찾기 힘들다.

중국에서 망명한 사람들은 가끔 중공이 통치하는 중국을 민주주의가 없는 북한에 빗대어 '서한West Korea'이라 부르기도 한다. 중공은 안심하고 살아갈 모두의 권리를 위협한다. 티베트인과 위구르인, 파룬궁 수련자, 홍콩 민주화 운동가를 비롯해 서구의 수많은 해외 중국인이 최전선에서 중공의 억압에 시달리며, 끊임없는 공포 속에 살고 있다. 정부와 대학, 기업 경영자들은 혹시라도 베이징의 노여움을 사 경제적 보복을 당하지 않을까 두려워한다. 이런 두려움은 전염성이 강하고 치명적이다. 그 대가로 경제적 안정을 확보한다 해도 절대 치유될 수 없는 두려움이다.

클라이브 해밀턴

2021년 4월

중국이 조종하는 나라의
민주주의는 위태롭다

2008년 4월 24일이었다. 전 세계적인 성화 봉송의 마지막 구간에 접어든 베이징 올림픽 성화가 호주 캔버라에 도착했다. 나는 티베트 시위대를 조용히 응원할 생각으로 국회의사당 잔디밭으로 향했다. 당시만 해도 그런 일이 벌어질 줄은 몰랐다. 그곳에는 중국인 학생 수만 명이 모여 있었고 다들 매우 격앙되고 공격적인 분위기였다. 성화 봉송 행렬이 도착하자, 수적으로 턱없이 적은 티베트 지지 시위대는 붉은 깃발을 휘두르는 무수히 많은 중국인에게 둘러싸여 곤욕을 치렀다. 그 자리에 있던 평범한 호주 시민들은 중국인들에게 떠밀리고 발길질에 채이고 주먹질을 당했다며 분통을 터트렸다. 그곳에 있을 권리가 없다는 말을 들은 사람들도 있었다. 현지의 경찰관의 수는 질서를 잡기에는 너무나 부족해 보였다. 나는 혹시나 폭동이 발생해 심하게 구타당하는 사람이 생기거나 더 나쁜 상황이 벌어지지 않을까 초조했다.

그날 일어난 일은 나에게 너무나 큰 충격을 남겼다. 그들은 모두 어디에서 왔을까? 왜 그렇게 흥분한 채 날뛰었을까? 나는 모욕감마저 느꼈다. 어떻게 민주주의의 상징인 국회의사당 앞까지 몰려와 합법적인 시위를 막고, 자신의 의견을 표출한다는 이유로 나를 비롯한 수백

명을 겁박할 수 있을까?

당시에는 이 의문들에 대한 답을 찾을 수 없었다. 세상은 아무 일 없다는 듯이 평화로워 보였고 모두 그 일을 잊은 듯했다. 하지만 그 사건은 내 마음 한구석에 내내 자리잡고 있었다. 그로부터 8년이 지난 2016년 8월 샘 데스티에리Sam Dastyari 상원의원이 이듬해 의원직을 사임할 수밖에 없는 정치적 폭풍에 휘말렸다. 이후 몇 주 동안 여러 가지 내용이 밝혀지고, 대단히 부유한 중국인과 중국계 호주인 사업가 몇 명이 호주의 주요 정당들에 큰돈을 기부했다는 사실까지 폭로되었다. 돈으로 정치인들의 영향력을 사들인 것이다. 정치인들이 이들과 부적절한 관계를 맺었다는 사실을 입증하는 사진 증거도 나왔다.

호주의 민주주의와 중국이 또다시 충돌한 것이다. 큰일이 벌어지고 있다는 생각이 들었다. 나는 호주인들이 자신들의 나라에서 무슨 일이 벌어지고 있는지 이해할 수 있도록 책을 쓰기로 마음을 먹었다.

처음에는 책을 출간하기가 이토록 힘들지 짐작도 하지 못했다. 내가 이 책의 출판을 제안했을 때 평소 내 책을 출간했던 앨런 앤드 언윈 Allen & Unwin 출판사는 열렬히 환영했다. 우리는 곧바로 출판 계약을 체결했다. 하지만 원고를 조판 작업으로 넘기기 직전 출판사에서 계약을 파기하겠다는 연락이 왔다. 호주에서 중공을 대리하는 사람들이나 베이징 관계자들의 보복을 당할까 두려워한 것이다. 앨런 앤드 언윈 출판사가 계약을 파기했다는 사실이 알려지자 전 세계 언론이 그 소식을 보도했지만 책을 출간하자는 출판사는 선뜻 나타나지 않았다. 다른 출판사들도 겁을 먹는 것은 마찬가지였다. 다행히 하디 그랜트 북스Hardie Grant Books 출판사의 샌디 그랜트Sandy Grant가 나서주었다. 샌디 그랜트는 1987년에도 출간을 금지하려는 영국 정부의 반대를 꺾고 《스파이캐처Spycatcher》를 출간한 경험이 있었다.

• • •

"'양키'들은 어떻고요?"

내가 호주에서 영향력을 점점 더 키우는 중국의 당국가黨國家 체제에 관한 책을 쓰고 있다고 말할 때 사람들이 맨 처음 보인 반응이었다. 그리고 이렇게 묻는다. 파인갭Pine Gap• 스파이 기지는요? 우리가

중국의 조용한 침공

비굴하게 미국을 따라 이라크전에 참전한 것은 어떻고요? 호주는 이미 독립을 포기했어요, 아닌가요? 이런 마당에 중국이 대수겠어요?

그런 사람들이 이 책을 읽고 미국과 중국은 엄청나게 다르다는 사실을 알았으면 싶다. 각각의 경우에서 우리가 얼마나 많은 독립을 포기해야 했는지는 정확히 따져봐야 알 것이다. 호주는 방위 정책 때문에 미국과 동맹을 맺음으로써 독립성을 일부 양보했을 수 있다. 하지만 수십 년 동안 '미국 식민주의'를 겪은 호주인들 중 미국 때문에 일상생활이나 민주주의 자유를 침해받았다고 느끼는 이들은 얼마나 될까.

2003년 이후 이라크에서 벌어지는 참상과 관련해 호주는 미국과 더불어 책임이 있다. 하지만 교류하는 수십 년 동안에도 호주의 동맹국인 미국이 호주의 자유를 빼앗겠다고 위협한 적이 한 번도 없다. 미국은 중국처럼 영향력을 행사한 적도 없고, 따르지 않으면 해치겠다고 협박한 적도 없다. 우리가 민주적으로 선출한 정부 체제를 위협한 적도 없고, 정치인들을 돈으로 매수한 적도 없다. 미국은 법치를 무너뜨

● 호주 앨리스 스프링스 인근의 미국호주합동군사기지.

리려 한 적이 없고, 이주민들을 동원해 호주의 정책을 반대하려 한 적
도 없다. 무엇보다 호주에서 자신에 대한 반대 의견을 막은 적이 없다.
미국을 신랄하게 비판해도 제지하지 않았다. 미국 정부가 미국을 비판
하는 책이 출간되지 못하도록 호주 법률을 이용해 출판사를 위협하는
모습을 상상할 수 있을까? 오히려 호주와 미국의 동맹 관계 속에서 시
민 사회가 성숙한 덕분에 여성과 동성애자의 권리가 꽃을 피웠고, 소
수자의 권리가 보호되었다.

　1989년 베를린 장벽이 무너질 때 서구인들은 안도의 숨을 내쉬었
다. 더는 냉전 시대의 암울한 사고방식이나 사회를 어지럽히는 이념적
분열에 시달리며 살 필요가 없어졌기 때문이다. 그때로 다시 돌아가고
싶은 사람이 있을까? 하지만 아시아에서는 결코 냉전이 끝나지 않았
다. 앞으로 이야기하겠지만 동유럽에서 공산주의가 무너지고 특히 시
진핑 국가주석이 등장한 후 중국의 이념 전쟁은 격렬해지고 레닌주의
정당이 공고해졌다.

　특히 1980년대에 마오쩌둥주의가 사그라든 이후 서구에서는 중
국을 내부적으로 극복하기 어려운 도전에 시달리는 온순한 거인으로

보았다. 그리고 서구를 두고 '주구走狗'나 '제국주의의 승냥이'라고 표현하는 중국의 정치적 수사를 일종의 허세로 치부하는 사람이 많았다. 하지만 중국이 세계에서 두 번째 (어떤 측면에서는 첫 번째) 경제 대국이 된 지금은 '중화中華'를 업신여기는 태도는 위험하다. 이런 태도를 유지하면 중국이 서구와 경쟁에 얼마나 진지하게 임하고 있는지 그 심각성을 보지 못하기 때문이다. 아시아의 냉전은 이제 더는 과거의 공산주의와 자본주의의 대립이 아니지만, 깊은 뿌리에는 여전히 서구와 소련이 맞섰던 심각한 투쟁처럼 모든 것을 건 싸움이 있다.

차례

조용히 스며드는 영향력

이 책을 출간하겠다고 마음먹고 자료를 조사하기 시작한 2016년 말, 중공이 호주의 중요한 기관들에 영향력을 행사하기 위해 조직적인 활동을 벌이고 있다고 주장하는 사람들이 있었다. 이들은 중공의 최종 목표가 호주와 미국의 동맹을 깨트리고 호주를 속국으로 삼는 것이라고 주장했다. 나도 호주의 상황에 문제가 있다는 사실은 알고 있었지만, 이런 주장은 황당하게 여겨졌다. 그런데 호주와 중국 등 여러 곳에서 중국 소식통과 전공자, 전문가 수십 명을 만나 이야기를 나누며 문제를 깊이 파고들자 터무니없는 소리가 아님을 깨달았다.

정보원의 이름은 나중에 밝히겠지만 중국의 상황을 잘 아는 위치의 인물에 따르면 중국은 2004년 8월 중순, 전 세계 특사들을 베이징으로 소집해 비밀회의를 열어 호주를 공략할 방법을 논의했다. 공산당 총서기 후진타오胡錦濤가 회의 참석자들에게 향후 호주를 중국의 '전체적 주변'에 포함하기로 당 최고 권력 기관인 중앙위원회Central Committee에서 결정되었다고 전달했다. 이런 내용을 알려준 정보원은 내 눈을 똑바로 바라보며 말했다. "여기에 많은 의미가 담겨 있습니다." 중국은 이제껏 '전체적 주변Overall Periphery' 즉, 육상 국경을 맞댄 나라들을 중립화하려고 각별한 노력을 기울였다. 중국이 접경국을 통제하는 데 관심을 두는 이유는 사방이 적에게 둘러싸여 있어 역사적으로 중국이 약하다는 인식 때문이다.

중국에게 호주는 늘 바다 건너 멀리 떨어진 나라였다. 하지만 이제 중국이 호주를 전체적 주변에 포함된 이웃으로 다루겠다고 나섰다. 현재 중국이 생각하는 중국 영토는 국경 남쪽으로 멀리 확장해 남중국해 거의 전 영역까지 포함한다. 중국은 최근 남중국해의 여러 섬을 점유하고 그곳에 군사 기지를 세움으로써 최남단 국경을 보르네오섬의 북서 해안 근처까지 넓혔다.

그리고 2005년 2월 외교부 부부장 저우원중周文重이 캔버라에 도착했다. 캔버라 중국 대사관에 모인 고위 관리들에게 중앙위원회의 새로운 전략을 전달하기 위해서였다. 그 자리에서 저우원중은 중국이 호주를 전체적 주변에 포함하는 첫 번째 목적이 향후 20년 동안 중국 경제가 지속 발전하는 데 호주를 안정적이고 믿을 수 있는 공급 기지로 확보하기 위해서라고 했다. 더 장기적인 목적은 미국과 호주의 동맹 관계를 악화시키는 것이었다. 내 정보원의 표현에 따르면, 중국이 회의에 참석한 고위 관리들에게 경제, 정치, 문화 등 모든 면에서 호주에 종합적인 영향력을 행사할 가장 효과적인 방법을 찾아내라는 임무를 주었다.

양국의 고위직들이 자주 만나 친분을 맺고 개인적인 조언을 주고받도록 하는 계획도 포함되었다. 중국은 또한 군사와 인권 등 다양한 분야에서 호주의 양보를 받아내기 위해 경제적 영향력도 활용할 셈이었다. 경제적 제재로 위협하는 동시에 고위직끼리는 개인적으로 밀접한 관계를 유지하는 것이 중국의 기본 방식이다. 베이징은 호주를 '제2의 프랑스' 즉, 서방에서 미국에 감히 '노'라고 말할 수 있는 국가로 만들고 싶어 했다.

내가 이런 내용을 알 수 있었던 것은 나의 정보원이 그날 회의에 참석해 관련 문서를 읽은 시드니 주재 중국 영사관의 정무 담당 1등 서기관 천융린陳用林이기 때문이다.[1] 천융린은 그날 회의에 참석하고 몇 달 뒤인 2005년 6월에 중국 영사관을 빠져나와 호주에 정치적 망명을 신청했다. 그 당시에는 중국이 호주에서 추진하는 활동이나 목표에 관해 천융린이 증언한 내용을 믿기 어려웠다. 하지만 몇 년이 지나고 다양한 출처에서 확인된 증거들이 쌓이자 천융린의 경고가 옳았던 것이 밝혀졌다.

천융린은 이렇게 요약했다. "기본적으로 중공은 전략적 계획에 따라 호주에 체계적으로 침투하려는 노력을 차근차근 실행해왔습니다."[2] 호주는 뉴질랜드와 더불어 '서구 진영의 약한 고리'로 여겨졌고, 지금까지 중국 당국이 체제 침투와 전복 방법을 시험하는 무대가 되었다. 천융린은 호주의 다문화주의와 개방성, 비교적 적은 인구, 수많은

중국의 조용한 침공

중국인 이민자 같은 요소들이 중국의 위협을 인식하고 방어할 방패를 무디게 만들었다고 지적했다. 한마디로 호주가 스스로 문을 열고 위협을 받아들였다는 것이다.

중국학자나 정치부 기자, 전략 분석가, 정보 장교 중에도 베이징이 호주의 주권을 잠식하는 상황을 인식하는 사람들이 있다. 일부는 보복이 두려워 공개적으로 나서지 못하지만 용기 있게 나서 경고하는 사람도 있다. 그런 사람들이 직면하는 것은 중국을 안일하게 이해하는 고위층의 로비다. 다시 말해 중국을 호주 경제의 운명을 결정하는 현실판 엘도라도El Dorado●로 생각하며 비즈니스와 정치 두 분야에 모두 발을 담근 엘리트의 강력한 로비다. 언론계와 학계, 비즈니스 로비 단체, 의회에 있는 중국의 동조자들은 '판다 포용자들panda huggers'●●을 뒤에서 지지하면서 이를 경고하는 사람이 나타나면 재빨리 외국인 혐오증이나 반중국 정서를 부추긴다고 비난한다. 앞으로 이 책에서 이런 사람들을 많이 만나게 될 것이다.

이제부터 호주가 주권을 빼앗기는 과정을 설명하고 문서로 증명할 것이다. 이런 일이 벌어질 수 있던 이유는 호주가 중국만이 경제적 번영을 보장해줄 수 있다는 믿음에 사로잡혔기 때문이며 베이징의 괴롭힘에 맞서길 두려워했기 때문이다. 이제는 스스로 질문해봐야 한다. 호주 주권의 가치는 얼마인가? 호주인들은 호주의 독립성에 얼마의 값을 매기는가? 사실 호주인들은 매일 이 질문에 답하고 있으며, 호주

● 황금이 넘쳐난다는 전설의 이상향.

●● 친중파.

인들이 호주의 독립성에 매기는 가격은 '크지 않다.'

중공 대리인들이 호주의 기관에 조용히 스며들어 체계적으로 영향력을 행사한다는 사실을 깨달으면 대부분의 생각이 달라질 것이다. 나도 그랬다. 학교와 대학교, 전문직협회부터 언론은 물론이고 광업과 농업, 여행업 등의 산업부터 항구와 전력망 등 전략적으로 중요한 자산까지, 지방의회부터 주 정부, 캔버라의 정당들에도 중국의 영향력이 뻗치지 않은 곳이 없다.

호주인이 생각하는 중국이란 거대하고, 급속도로 발전하는, 빈곤 극복에 성공한, 이념적으로 엄격한, 극도로 예민한, 기본적으로 상냥한 나라다. 여기에 더해 2008년 세계적 불황에서 호주를 구한 유일한 나라이며 그 이후로 호주 발전의 근본이라는 매우 과장된 믿음을 덧붙일 수도 있다. 기업가와 정치인, 정책 고문, 공무원, 언론인, 평론가들이 느슨하게 연합한 호주의 '차이나 로비China lobby'가 이런 의견에 힘을 실어주었다.

최근에는 호주의 대중도 중국과 관계에서 드러난 부정적인 면들을 깨닫고 동요하고 있다. 현금을 싸 들고 경매에 뛰어든 중국인들이 호주인의 집을 차지하고 있다. 중국 이민자가 기하급수적으로 늘어 시드니에는 호주처럼 느껴지지 않는 곳이 수두룩하다. 기타 아시아계를 비롯해 중국계 학생들이 누구나 가고 싶어 하는 소수의 학교를 독차지하고 있다. 중국인 관광객들이 쓸어가는 바람에 물량이 부족해진 분유 가격이 치솟고 있다. 그리고 호주 정치인들의 영향력을 매수해 지나치게 그들을 휘두르고 있다.

'중국인'이란 용어를 무분별하게 사용해 중국계 호주인조차 똑같은 부류로 여겨지는 것은 불행한 일이다. 중국의 당국가 체제가 호주를 점점 더 흔들고 있다는 사실을 누구보다 경계하는 사람 중에는 자신을 호주인으로 자부하는 중국계 호주인들이 있다. 다시 말해 현재 살고 있는 나라에 더 애국심을 갖는 사람들이다. 이들은 당과 긴밀히 연결되어 있고 이력도 수상한 억만장자나 베이징을 대변하는 언론사 사주, 어릴 때부터 세뇌돼 애국심이 넘치는 학생, 중국 대사관이 세운 친중협회에 가입한 전문직 종사자 등 새로운 중국인들이 물결처럼 밀려오는 모습을 보며 불길한 예감을 느낀다. 그들의 마음이 모국인 중국에 있다는 느낌을 떨칠 수 없다.

내가 책의 자료를 조사하며 만난 중국계 호주인들은 1백만 명에 이르는 중국인 이민자에게 미치는 중공의 영향력이 점점 더 커지는 상황을 심각하게 바라본다. 이들은 영국계 호주인들이 이런 상황을 깨달을 때 불어올 역풍을 걱정한다. 인도네시아와 말레이시아 등을 휩쓴 반중 폭동의 심각성을 절감하며, 호주인으로 자부하며 중국 정권을 사랑하지도 않지만 자신들이 함께 묶여 그 역풍에 휘말릴 수 있다고 염려한다. 점점 더 커지는 베이징의 영향력에 저항하기 위해 호주가치연합Australian Values Alliance이라는 중국계 호주인 단체를 조직한 존 후John Hu는 이렇게 이야기한다. "만일 지금 우리가 나서지 않고 백인들이 막아주기만 기다린다면 우리가 곤경에 빠질 것입니다."

이 책이 출간되면 호주에 미치는 중공의 영향력을 경고해온 사람들이 듣던 온갖 욕설은 내게 쏟아질 것이다. 인종차별과 외국인 혐오를 조장한다고 비난받을 것이다. 이런 비난이 가능한 이유는 중공과 중국인을 하나로 본 결과다. 중공을 반대하는 것이 중국인을 반대하는 것과 같다고 생각하기 때문이다. 그리고 중공이 원하는 것이 바로 이런 생각이다. 호주에서는 이런 생각이 중국의 영향력을 경고하는 사람들의 입을 틀어막는 효과적인 장치가 된다. 인종 갈등 조장에 민감하게 반응하는 감수성이 널리 퍼진 덕분이기도 하다. 문제는 중공의 활동에 관심이 쏠리는 것을 원치 않는 사람들이 이용하는 것도 이런 감수성이다. 외국인 혐오 공포증Xenophobia, 인종차별로 비난받을 수 있다는 두려움을 이용하는 것이다. 사실이 이렇다 해도 편견을 지닌 사람들이 이 책 때문에 중국계 호주인 모두를 비난하지 않을까 걱정이 크다. 내가 중국계 호주인 친구에게 이런 걱정을 토로하자 그 친구는 중공이 호주에서 벌이는 추악한 행태를 사람들이 알아야 할 필요가 있다며 격려해주었다. "자네 책이 출간되면 좋겠어. 우린 한배를 탄 사이야."

이 친구나 존 후 같은 중국계 호주인들은 호주의 자유와 개방성, 법치주의의 소중함을 배웠으며, 호주 시민권을 얻었건 아니건 호주에 살면서 중국의 이익만 우선하는 중국 출신들과 자신들이 아무 관계가 없다는 사실을 모든 호주인에게 알리고 싶어 한다. 이들은 호주에 충성하는 중국계 호주인의 수와 영향력이 호주에 살면서 '베이징에 충성'하고 고국인 중국을 진정한 조국으로 생각하는 중국인의 수와 영향력에 점점 압도당하는 상황을 알고 있다.

여러분도 눈치챘겠지만, 방금 나는 '중국에 충성'이 아니라 '베이징에 충성'한다는 표현을 썼다. 해외 이주민과 그 자녀들이 고국을 사랑하는 것은 당연하다. 하지만 호주에 사는 '애국적인' 중국인들은 수십 년간 지속된 선동으로 '베이징'과 '중국', 다시 말해, 공산당이 철권 통치하는 중국 정부와 국가 개념의 중국을 동일시하도록 만들었다. 서양에 정착한 많은 중국인이 가장 이해하기 어려워하는 개념 중 하나가 민주주의의 핵심 즉, 국가와 정부의 구분이다. 그 차이를 제대로 이해할 때 이들은 조국을 배신한다는 죄책감 없이 당국가 체제를 비판할 수 있다. 중국을 사랑하고 중국 정부를 혐오하는 반체제인사가 될 수도 있다.

내가 '베이징에 충성'하는 동포들에 대해 언급하자 존 후는 '돈에 충성'하는 사람들이라고 정정했다. 존 후의 의견에 따르면, 베이징의 명령을 따르는 사업가 중에 공산당의 목표에 충실한 사람은 하나도 없다. 이들이 베이징의 명령대로 움직이는 이유는 정부 지원이 없으면 중국에서 사업을 할 수 없기 때문이다. 공산당에 헌신하지 않으면 중국 정부가 이들이 호주와 중국에서 진행하는 사업을 표적으로 삼아, 거래를 끊도록 협력 업체를 협박하는 등 문제를 일으킬 수 있기 때문이다.

호주에서 중국을 두둔하는 사람들도 중국 정부가 억압적이라는 사실을 알고 있다. 언론을 철저히 통제하고, 언론의 자유를 억압하고, 인권탄압을 자행하고, 당에 대한 그 어떤 도전도 용서하지 않는다는 사실을 알고 있다. 하지만 이 모든 사실을 애써 외면한다. 중국이 주는 경제적 기회에 눈독들이고, '낙관적인 견해'를 가지는 편이 물질적 이익으로 돌아오는 경우가 많기 때문이다. 이들은 세상에서 이야기하는 만큼 상황이 심각하지 않다고, 어떻게 해 볼 방법이 없다고, 우리에게 미치는 영향은 없다며 중국 정부의 억압을 합리화한다. 하지만 우리에게 영향을 미치지 않는다는 생각은 옳지 않다. 시간이 지날수록 이들의 생각이 틀리다는 것이 밝혀지고 있다. 점차 이야기하겠지만 중국 정부의 억압적인 체제는 호주에서도 나타나고 있다. 호주가 당장 이에 맞서 권리와 자유를 지키지 않으면 머지않아 뼈저린 후회를 하게 될 것이다. 지금 당장 나서지 않으면 호주 기관들은 부패할 것이고, 중공의 이익이 개입되는 상황에서 호주 기관들이 호주를 우선으로 여긴다고 믿을 수도 없을 것이다.

지금도 중국이 민주주의로 이행하고 있으며 정부의 억압은 그저 과도기에 어수선한 체제를 안정시키기 위한 일일 뿐이라고 믿는 사람들이 있다. 하지만 이제껏 드러난 모든 증거가 이런 믿음이 한낱 희망에 불과하다는 사실을 증명한다. 1989년 톈안먼天安門 사태가 발생한 이후 중국의 민주주의 정서와 민주화 조직은 전에 없이 위축되었다. 현재 중국의 체제는 문화혁명 이후 그 어느 때보다 더 견고하고, 시진핑 국가주석이 집권한 다음부터는 억압이 더욱 심해지고 있다. 이런 상황에서도 오늘날 중국을 이야기할 때 수억 명의 인민을 빈곤과 고통에서 구원한 놀라운 경제 성장이 가장 중요하다고 주장하는 사람들이 있다. 이들은 경제적 성취에 비하면 억압은 그리 대수로운 문제가 아니라고 주장한다. 실제로 경제 성장에 중앙집권이 필수라고 믿는 사람들도 있다. 티베트 자치권이나 인권 변호사 체포에 대해 신경 쓰기보다 중국의 경제 성장을 이용해 이익을 얻는 편이 낫다고 주장한다. 중국이 남중국해에 군사 기지를 세우는 것도 어쩔 수 없는 일이니 모른 척하고 경제적 이익이라도 얻자는 것이다. 여러분은 이 책을 다 읽을 즈음 이런 주장이 우리 자유를 얼마나 크게 위협하는지 깨닫길 바랄 뿐이다.

중국의 자화상

1990년대가 동틀 무렵 중공은 당장이라도 정권을 빼앗길 위기에 처했다. 1976년 마오쩌둥毛澤東 주석이 사망한 뒤 중국 인민이 대약진 정책(1958~1962년)과 문화혁명(1965~1975년)의 폐해에 직면하기 시작한 것이다. 혁명의 진실이 드러나면서 민심은 술렁이고 공산주의와 공산당의 정당성이 흔들렸다. 하지만 중공은 공산주의를 포기할 수는 있어도 권력을 넘겨줄 수는 없었다. 공산당은 인민에게 무엇을 표방하고 어떤 목표를 제시할지 모른 채 허둥지둥댔다. 1980년대 중공이 직면한 문제를 요약하면 '세 가지 신념의 위기'다. 사회주의 신념과 마르크스주의 신념, 당을 믿는 신념이 모두 무너질 위기 상황이었다. 중공은 다른 이념이 호시탐탐 자리를 노리는 새로운 이념 공백 상태와 정신 공백 상태에서 어떻게 인민의 지지를 끌어냈을까?

1970년대 말과 1980년 초 최고 지도자 덩샤오핑鄧小平이 자유 시장으로 개혁하기 위해 경제를 개방하자 서구 사상이 중국으로 밀려들기 시작했다. 일부 지식인과 많은 학생이 자유민주주의로의 개혁을 요구했다. 급격히 성장한 중국 민주화 운동의 절정이 바로 1989년 베이징 한복판 톈안먼 광장에서 펼쳐진 민주화 시위다.

통치권을 상실한 공산당에게 민주화 사상은 심각한 위협이었다. 대응책을 놓고 내부에서 격렬하게 입장이 갈렸다. 결국 리펑李鵬 총리가 이끄는 강경파가 최고 원로 덩샤오핑의 지지를 등에 업고 승리해 톈안먼 광장에 탱크를 투입했다. 이때부터 중국이 반체제 사상을 억압하고 강도도 심해졌다. 스탈린이 남긴 유명한 말대로였다. "사상은 총보다 강력하다. 적에게 총도 들려주지 않을진대 하물며 사상을 허락하겠는가?" 민주화 운동을 무자비하게 탄압한 공산당 지도부는 당이 살아남으려면 어떻게든 통치권을 되찾아야 한다는 사실을 깨달았다. 톈안먼 시위를 진압하고 몇 달 뒤 당 지도부는 또 다른 충격에 휩싸였다. 1989년 11월 베를린 장벽이 무너지고 동구의 공산주의 정권들이 흔들리며 사회주의의 강력한 보루인 소련마저 해체된 것이다. 소련의 해체가 베이징에 전한 메시지는 분명했다. 글라스노스트Glasnost● 즉, 정부를 개방하고 표현의 자유를 키운 탓에 통제할 힘이 약해졌기 때문에 유럽의 공산주의가 무너졌다는 것이다.

―――

● 소련이 실시한 개방정책.

중국의 조용한 침공

중공은 통치권을 확보하고 인민을 통제하기 위해 어떻게 이 절망적인 위기를 극복할 것인지 고민했다. 1990년대 경제 성장 덕분에 공산당은 정치적 입지와 정당성을 회복했지만, 그것만으로는 부족했다. 모든 인민에게 골고루 혜택이 돌아가려면 시간이 걸리고 개인의 이익보다 훨씬 더 강력하게 국가를 통합할 공통 이념이 필요했다. 그래서 1990년대 초 중공은 새로운 국가 서사를 중심으로 한 새로운 이념을 빠르게 만들었다. 그 핵심을 포착한 책이 정 왕Zheng Wang의 《나라의 수치를 잊지 마라Never Forget National Humiliation》와 마이클 필스버리Michael Pillsbury의 《백년의 마라톤The Hundred-Year Marathon》이다.[1] 이 두 권의 책이 전하는 메시지는 중국을 예리하게 관찰하는 중국통들도 공감하는 내용으로 호주의 미래에 대단히 중요한 의미를 담고 있다.

어린 시절부터 하는 세뇌 교육

성인보다는 어린아이의 믿음을 만들어내기가 더 쉽고 재교육보다는 교육이 더 효과적이다. 그래서 중공은 유치원생부터 대학생까지 인민들에게 국가의 역사와 운명을 가르침으로써 애국자 세대를 만드는 일에 착수했다. 톈안먼 광장 학살 이후 2년이 지난 1991년, 애국주의 교육 운동이 본격적으로 추진되었다. 당 총서기인 장쩌민江澤民이 몸소 새로운 서사의 윤곽을 그렸다.[2] 기본적인 이야기는 단순했다. 19세기 중반 아편전쟁 이후 한 세기 동안 중국은 외국인들에게 괴롭힘을 당하고 수모를 겪었다. 당시 봉건 통치자들은 부패했지만 수많은 중국인이 나라를 지키기 위해 용감하게 목숨을 내놓았다. 중공이 제국주의에 맞서 투쟁을 이끌고, 1949년에 나라를 해방하며 '중국인은 괴롭힘을 당할 수 없다'는 사실을 입증했다(사실 공산주의자들은 일본 침략군에 맞선 싸움을 자신들의 경쟁자인 민족주의 진영의 중국 국민당에 떠넘겼고, 1945년 마침내 일본을 물리친 주인공은 연합군이다). 그리고 1949년 공산당이 중국을 위대한 나라, 실로 세계에서 가장 위대한 문명국이라는 과거의 영광을 되찾는 궤도에 올려놓았다는 줄거리였다.

이 새로운 서사는 중국의 역사를 완전히 재해석했다. 과거 수십 년에 걸쳐 중공은 중국의 민중을 지속해서 억압한 보수 세력의 영향력과 봉건 권력에 맞선 계급 투쟁에 관한 이야기를 엮어냈다. 그런데 이제 국가를 괴롭히는 외세에 맞서는 투쟁을 이야기하는 것이다. 중국의 피억압자와 전 세계의 피억압자를 하나로 묶는 것은 국제주의 서사가 아니라, 중국 사람들을 외부 세계와 대립하게 만드는 민족주의 서사였다. 톈안먼 세대가 스스로를 중공의 희생자로 보았다면, 새로운 세대는 스스로를 식민주의의 희생자로 보게 될 것이다. 이 새로운 애국자들의 분노는 내부가 아니라 외부를 향할 것이다.

이렇게 해서 1991년 8월 중국 국가교육위원회가 역사 교육 개혁에 관한 칙령을 발표했다. '국제적인 적대 세력의 화평연변和平演邊● 음모를 막아내는 것'이 중국의 목표임을 강조하도록 모든 학교에 지시했다. 이것이 '학교가 추진할 가장 중요한 임무'였다. "중국의 근대사는 중국이 점차 반¥식민 반¥봉건 사회로 쇠퇴한 수치의 역사이다."

● 사회주의 체제를 평화적 수단으로 자본주의 민주주의 체제로 변화시키는 것.

하지만 중국인들은 중공의 지도를 받아 독립과 사회 진보를 위한 투쟁에 참여했다. 정 왕은 《나라의 수치를 잊지 마라》에서 "중국사 즉, '국가의 수모에 대한 교육'이 중국 교육 체제의 가장 중요한 주제가 되었다"고 평가한다.[3] 오늘날 세계에서 중국의 역할을 이해하는 열쇠가 바로 이 중국의 수모의 역사와 '국가의 위대한 회춘에 대한 믿음'이다.

중공은 애국주의 교육을 통해 중국 특유의 사회주의 건설이라는 대의명분에 맞춰 인민의 열정을 한데 모으기 시작했다. 중공이 인민의 눈높이에 맞춰 정당성을 회복하려 했다. 외세 때문에 약해진 시절의 비통함과 수치를 극복하되 절대 잊지 말고 다시 한번 위대한 국가가 되자고 중국 인민의 열망을 구체화한 것이다. 이제 희생자는 더 나오지 않고, 중국인이 승자가 될 것이다.

1990년대 초반부터 학교에 다니기 시작한 모든 학생은 고등학교나 대학교를 졸업할 때까지 철저하게 애국주의 교육을 받고 자랐다. 이전까지는 학생들이 대학교에 입학하려면 마르크스주의와 마오쩌둥 주석의 사상, 중공의 정책에 집중한 정치학 시험을 통과해야만 했다. 그러나 한 중국통의 전언에 따르면, 학생들은 마르크스주의 교리 수업을 거부하고 애국주의 교육을 훨씬 더 거부감 없이 받아들였다고 한다.[4] 정 왕은 '중국의 사회 운동이 1980년대 내부에 적을 두는 반부패 반독재 민주화 운동에서 1990년대 외부에 적을 두는 반서구 민족주의 운동으로 빠르게 전환'하도록 한 것이 애국주의 교육 운동이라고 결론지었다.[5]

내가 중국의 지식인들에게 요즘 젊은 세대가 어떠냐고 물으면, 무시하듯 '세뇌'되었다고 말하는 사람도 있지만, 평생에 걸친 선전과 거리를 둘 줄 아는 젊은이들도 있다고 대답하는 사람도 있다. 하지만 그런 젊은이를 찾기가 쉽지 않다. 캔버라의 국회의사당 바깥에서 올림픽 성화 봉송 행사가 열릴 때 중국인 학생 수만 명이 열렬하고 공격적으로 중국에 대한 애국심을 표출한 2008년 4월, 그날 애국주의 교육 운동의 효과를 엿볼 수 있었다.

당이 곧 국가다

중공은 새롭게 만든 중국 민족의 자부심을 바탕으로 세뇌 운동을 추진한 덕분에 마르크스주의 혁명과 계급 투쟁, 프롤레타리아 국제주의 등의 개념을 버린 후에도 권력을 강화하고 레닌주의 정당 체제의 철권통치를 유지할 수 있었다. 하지만 거기서 끝나지 않았다. 2016년 중국 교육부장 천바오성陳宝生이 교육 체제를 '당 이념 사업의 선봉'으로 선언하며, 중국의 학교에 들어와 여러분의 미래를 방해하려고 시도하는 적대 세력이 있다고 경고했다.[6]

국가 역사에 관한 중국인의 서사를 바꾸려는 운동은 이제껏 학교에서 집중적으로 추진되었지만, 대외 강경주의 메시지는 교실을 넘어섰다. 1990년대 초부터 대외 강경주의가 전국적 수준으로 확산됐다. 정 왕의 말처럼 "역사나 기억과 더불어 애국심이 당국가 체제의 이념 교육에서 가장 중요한 주제가 되었다."[7] 1994년 계획서에 따르면 공산당은 애국 사상이 '우리 사회의 핵심 주제'가 될 것이라고 선언했다.[8] 사람들의 생각을 통제함으로써 행동을 통제할 필요가 사라졌고, 당은 인민의 머릿속에 애국 사상을 주입하려고 부단히 노력했다.

오늘날 중국 어디를 가든 잔혹한 일본인과 오만한 서구인의 손에 당한 한 세기 동안의 국가의 수모와 중국인의 부활을 일깨우는 시설을 볼 수 있다. 곳곳에 설치된 기념물과 기념관, 역사 유물, 박물관 등이 모두 새로운 서사를 불어넣었다. 그리고 교사와 장교, 군인, 국가 기관의 공무원 등 관련된 사람은 모두 애국심을 강화할 목적으로 마련된 정규 수업을 들어야만 한다.

당 지도부가 애국주의 교육을 반드시 사회주의 건설의 기초 사업으로 삼아야 한다고 결정했을 때, 교육 대상에는 해외 중국인까지 포함되었다.[9] 중국의 경제력과 부가 커지면서 다른 나라와 마찬가지로 호주에서도 이 새로운 종류의 애국심이 한층 더 위협적이 되었다. 역사적 수모에 대한 믿음을 기초로 세워진 강력한 민족 자부심이 국가와 정부를 구분하지 못하는 무능력과 결합한 것, 이것이 중국계 호주 시민을 비롯해 많은 이주 중국인이 여전히 중국에 충성하고 호주의 가치나 이익과 충돌할 때도 중국의 행위를 변호하는지 그 이유를 잘 설명해준다.

1990년대 초반 이후 공산당에 대한 충성 요구가 국가에 대한 충성 요구로 빠르게 바뀔 수 있었던 이유는 당이 곧 국가가 됐기 때문이다. 당이 곧 국가라는 정체성을 강화하는 것은 애국주의 교육 운동에서 필수 요소였지만, 그 정체성이 애국주의 교육 운동으로 만들어진 것은 아니다. 역사적으로 강력한 중화 민족주의와 중국 예외론 Exceptionalism●을 교묘하게 이용해서 만들었다. 정 왕은 이렇게 설명한

● 역시 보편적 발전 과정에서 벗어나는 예외적이고 특별한 존재로 간주하는 관념. 중국 예외론은 중국이 다른 국가와는 차별성을 가지고 특별한 의미가 있다는 신념을 뜻한다.

다. "많은 중국인이 한 세기에 걸친 국가의 수모와 관련해 강력한 집단 역사의식을 공유하며, 이것이 중국의 국가 정체성을 형성하는 핵심 요소다."[10] 대체로 중국인은 세계 다른 지역으로 이주할 때도 중국의 역사적 운명과 예외론에 대한 믿음을 버리지 않고 가져간다. 이런 믿음은 오랜 시간이 지나야 서서히 사라진다.

중공이 수십 년간 부단히 노력했지만, 모든 중국인이 국가와 정부를 구분하지 못하는 것은 아니다. 열성 당원이자 중국인민대학교 교수인 천셴쿠이陳先奎가 '오늘날 중국에서는 당에 대한 애정과 국가에 대한 애정이 같아야 한다'고 주장하는 글을 기고했을 때, 네티즌 사이에서 반대하는 목소리가 거센 바람을 일으켰다.[11] 이에 천셴쿠이의 기고문을 게재한 민족주의 타블로이드 신문 〈글로벌타임스Global Times〉●는 국가에 대한 애정과 당에 대한 애정을 동일시하지 않는 사람을 '세뇌된 공공 지식인'으로 비난하는 사설을 실으며 반론을 펼쳤다.

현재 중국 사회를 하나로 뭉치게 하고 공산당의 통치를 정당화하는 것이 민족주의다. 이제 당이 중화민족을 상징하고 대표하게 된 것이다. 장쩌민 국가주석은 애국심을 열렬히 드러내지 않는 사람을 배신자, '국가의 인간쓰레기'라고까지 비난했다.[12] 그리고 2013년 국가주석이 된 시진핑도 장쩌민의 유지를 기꺼이 받들었다.

물론 당이 민족 자부심을 부당하게 이용한다고 반대한 사람들도 있다. 그 누구보다 신랄하게 비판한 이는 바로 인권을 보호하는 데 앞장선 공로를 인정받아 2010년 노벨평화상을 수상한 중국의 문학평론

● 중국 관영 매체 〈환구시보〉의 영문판.

가 류샤오보刘晓波다. 류샤오보는 오늘날 중국의 애국심을 '불평만 늘어놓는 강박적 민족주의이며, 버림받은 연인의 미련에 가깝다'고 정의했다.[13] 류샤오보는 2000년대 중공 정권이 외세에 시달린 긴 수모의 역사와 이에 복수하려는 대중의 열망을 묘사함으로써 일부 계층에 '호전적이고 팽창주의적인 애국심'을 불러일으켰고, 이 모든 것은 한때 중국이 하늘 아래 모든 것을 다스렸다는 확신에서 비롯된 역사적 자만심에 바탕을 두고 있다고 설명했다. 중국의 국가 심리가 자기 비하와 자기 과시의 양극단을 오간다고 진단한 것이다.[14]

이제 병든 육체는 없다

2008년 베이징 올림픽은 중공에는 '당은 국가'라는 정체성을 강화하고 당국가 체제에 대한 인민의 헌신을 한 단계 더 끌어올릴 절호의 기회였다. 올림픽 개최권을 따내고 금메달 집계 순위에서 1위를 차지하는 것, 이것이 국가적 강박 목표가 되었다. 중공의 체육계 관료는 이렇게 말했다. "조국을 위해 올림픽의 영광을 쟁취하는 것이 중앙위원회가 우리에게 맡긴 신성한 사명이다."[15] 류샤오보는 다르게 보았다. "빛나는 금메달은 독재정권이 지배권을 강화하고 이를 위한 민족주의의 불길을 키우는 데 이용될 수 있다."[16]

정 왕에 따르면 베이징 올림픽에서 드러난 맹목적 애국주의는 심리학적으로 더 깊은 곳에서 그 뿌리를 찾을 수 있다.[17] 19세기 오스만 제국은 쇠락하자 '유럽의 병자'로 조롱받았다. 중국이 외세의 압력으로 혼란을 겪을 때 누군가가 이 용어를 빌려 중국을 '아시아의 병자'로 불렀다. 20세기 들어서 많은 중국인이 이 표현을 중국인의 빈약한 체격과 좋지 못한 건강을 비웃는 치욕적인 표현으로 해석했다. 베이징 올림픽은 이런 경멸적인 표현이 틀렸으며 중국인도 세계 최고의 선수들과 육체적으로 경쟁할 수 있다는 사실을 세계에 증명할 기회였다. 베이징 올림픽 조직위원회는 '동아시아의 병자에서 스포츠 강국으로'라는 제목의 기사까지 발표했다. 베이징 올림픽 성공에 걸려 있는 것이 너무 많아서 실패는 상상도 할 수 없었다. 중국인이 승리를 거두면 역사적 수치심도 씻겨 지워질 것이었다. 2008년 베이징 올림픽을 앞두고 펼쳐진 캔버라의 성화 봉송 행사에서 나타난 격정적 사태를 설명하려면 애국적인 분노를 터트리기 위해 모인 학생들이 집단 세뇌 운동의 대상이었으며 그 과정에서 자신들의 몸도 과거에는 수치심의 상징이었다고 배운 사실을 먼저 이해해야 한다.

중국이 올림픽 메달 집계 순위 1위를 차지했을 때 터져 나온 애국적 기쁨의 물결은 본능적인 반응이었다. 8년 뒤 벌어진 2016년 리우데자네이루 올림픽에서 호주 수영선수 맥 호튼Mack Horton은 경쟁자인 중국의 쑨양孫楊 선수를 약물 사기꾼이라고 무시했고 이런 문화적 역사를 전혀 알지 못했다(중국의 수영 챔피언 쑨양은 2014년에 금지 약물 복용 사실이 드러나 3개월 출전 정지 징계를 받았다). 즉각적이고 잔인한 반격이 맥 호튼에게 쏟아졌다. 격분한 중국의 댓글 부대가 맥 호튼의 페이스북과 트위터 계정을 공격해 국수주의적인 내용이 담긴 욕설과 협박을 쏟아냈다. 맥 호튼의 웨이보 계정에 올라온 분노 댓글도 트위터 계정과 비슷하게 24만 3,000건이 넘었다고 한다.[18] 캥거루에 물려 죽길

중국의 조용한 침공

빌겠다는 댓글도 있었고, 2020년 장애인 올림픽에서나 잘하라고 비아 냥대는 댓글도 있었다. 이렇게 적대적인 내용의 댓글을 단 사람 중 상당수가 호주에 사는 한족으로 추정된다. 맥 호튼은 류샤오보가 설명한 대로 '현재 중국 인터넷을 떠도는 전쟁광의 격정과 폭력을 담은 폭언, 인종 증오를 뻔뻔하게 찬양하는 내용의 폭언'을 일삼는 이들의 표적이 되었다. 중국 국영 타블로이드 신문인 〈글로벌타임스〉도 호주를 '영국의 쓸모없는 범죄자들'이 정착해 '백인 우월주의'와 '야만스러운 기색'으로 얼룩진 나라라고 공격했다.[19]

　호주에 살면서 중국에 과도한 애국주의를 갖고 있는 이들에게는 맥 호튼과 쑨양의 문제 외에도 2016년 리우 올림픽 방송에서 생긴 일이 큰 불만이었다. 개막식을 중계하던 채널7 방송국이 중국 선수단이 입장할 때 중계를 끊고 광고를 내보내자 중국인들은 소셜미디어로 몰려들어 인종차별이자 국가 모독이라고 항의했다. 기술진이 실수로 메달 집계 순위표에서 중국China이라는 이름 옆에 칠레Chile 국기를 앉혔을 때는 반중 음모론이 과열 양상으로 치달았다(만일 채널7 방송국이 실수로 호주Australia라는 이름 옆에 오스트리아Austria 국기를 앉혔다면, 호주인들은 바보 같은 실수라고 웃어넘겼을 것이다).

　지금까지 시드니에서 본 가장 해괴한 시위 중 하나가 채널7 방송국의 중계 실수에 항의하는 시위였다. 호주건설임업광업에너지노조 CFMEU의 노조원 대여섯 명이 방송국 스튜디오 바깥에 모여 오성홍기를 휘두르며 방송국의 사과를 요구했다. 그리고 위원장인 위레이 저우 Yu Lei Zhou 명의로 채널7 방송국의 행위가 무지하고 차별적이라는 성명을 발표했다.[20] 이런 의문이 들 것이다. 호주의 주요 건설 노조가 TV

방송의 사소한 실수에 신경을 쓰는 이유가 무엇일까? 앞으로 자세히 이야기하겠지만, 중공의 정보기관들이 호주에서 공략 대상으로 삼는 조직에 노동조합도 포함된다.[21]

이처럼 애국심이 엇나간 이야기를 접한 중국 작가들은 일부 중국인이 열등감에 시달리며 강력한 두려움에 쫓기고 있으며 그 두려움은 전 세계의 인정을 받아야만 해소될 수 있다고 주장했다. 정 왕은 "인정을 받지 못하거나 조건부로만 인정받는다면, 처음 가졌던 자부심은 원한이나 분노, 깊은 불안으로 돌변할 수 있다"라고 말한다.[22] 적절하게 통제하지 않으면 이런 열정이 중공도 위협할 수 있다는 것이다.

애국심의 탈을 쓴 분노

애국심을 급격히 끌어올리며 중공은 호랑이 등에 올라타고 있다는 것을 알았다. 중국인이 접하는 모든 매체를 동원해 애국주의 교육을 추진한 지 25년이 지나자, 일부 계층이 극심한 피해의식과 민족주의적 분노에 빠져 외국인이 무시하는 듯한 태도를 보이면 크게 반응했다. 온라인의 '붉은 블로거'들은 대만이 독립으로 한 걸음 내딛는 것처럼 보이기만 하면 대만의 웹사이트들을 목표로 조직적인 공격을 시도했다.[23] 2012년 센카쿠 열도를 둘러싸고 일본과 대립했을 때는 중국의 도시 수십 곳에서 민족주의자들의 시위가 광기를 띄었다.[24] 정식 승인을 받고 열린 듯한 시위에서도 일본 식당과 슈퍼마켓이 파괴되고, 일제 자동차가 부서지고, 파나소닉 공장이 불탔다. 시위대 한 무리가 광저우의 호텔 지붕에 올라가 국기를 흔들고 중국 국가를 부르고 "일본은 중국에서 꺼져라!"고 외치는 등 경찰도 폭도들을 진압하는 데 애를 먹었다.

참다못한 정부가 강력한 단속을 시행했다. 하지만 대중의 분노가 워낙 커서 결국 당 지도부는 전보다 더 강력하게 일본 제국주의에 대항하겠다는 결의를 보여줄 수밖에 없었다. 이제껏 민족주의의 불을 지핀 시진핑 국가주석은 자신의 정치적 수사에 맞게 대중의 요구에 부응하는 모습을 보일 수밖에 없었다. 이는 앞으로도 중국이 다른 나라와 더 적극적으로 경쟁한다는 의미이다.

2016년 남중국해와 관련해 국제중재재판소의 판결이 나오자, 불법 시위가 발생할 것을 우려한 관영 매체가 대중에게 KFC 매장 앞에서 시위하려는 계획을 중지하라고 경고했다. 이미 일부 시위대가 KFC 매장을 찾는 고객들을 '매국노'로 몰아세우는 상황이었다. 〈중국일보China Daily〉는 올바른 애국심과 국가에 해악을 주는 맹목적 애국주의를 구분하는 사설을 게재했다.[25] 사설에서는 아이폰을 부수는 사진을 온라인에 올린 젊은이들을 공격적인 민족주의를 먹고 자란 '성난 청년'이라고 묘사했다. 베이징도 팽창주의 정책을 한층 적극적으로 추진하는 과정에서 혼란이 가중되는 상황을 염려한 듯, 2017년 초 '인민의 애국심과 사회 안정의 관계를 올바로 잡기 위해' 앞으로는 대중 폭동을 미연에 방지하겠다고 발표했다.[26]

초민족주의적인 〈글로벌타임스〉조차 그동안 그렇게도 고조시켰던 애국적 투쟁심을 누그러트릴 필요가 있다고 보았다. 2016년 12월 반일 시위대 한 사람이 기소되자, 〈글로벌타임스〉는 '뒤틀린 애국심'의

위험성을 경고했다.[27]

호주처럼 일부 중국인 공동체가 중국에 대한 충성심을 지키고 있는 나라에서는 이처럼 국가 자존심에 상처를 입었다는 위험한 생각이 곧바로 행동으로 드러나고 있다. 상하이의 원로 학술 평론가가 이야기한 대로 "중국인은 애국을 위해서는 무엇이든 해도 된다고 생각한다."

중국의 부흥기는 아직 오지 않았다

호주 언론인 필립 원Philip Wen이 만찬 겸 술자리에서 이런 말을 들었다고 한다. "머지않아 이 세상은 중국의 것이 됩니다."[28] 속내를 드러낸 사람은 현재 랜드브리지그룹Landbridge Group이라는 회사를 운영하며 호주의 다윈항을 주무르는 중국인 거부의 형제였다. 중국에는 이런 정서가 흔하다. 단순히 애국심을 넘어 야망이 서려 있는 정서다. 1949년을 기점으로 수모의 한 세기가 끝나고 중국이 세계의 중심에 다시 서려는 '백년의 마라톤'이 시작되었다. 1993년부터 2003년까지 국가주석을 지낸 장쩌민은 '중화민족의 위대한 부흥'이라는 슬로건을 내걸고 중국이 세계 강대국이던 시절을 상기시켰다.[29] 후진타오 국가 주석도 '역사적 명분'을 이어받아 인민들에게 외세의 괴롭힘을 떠올리게 하며 '중화민족의 위대한 부흥은 중국의 모든 세대가 실현하려는 확고한 목표가 되었다'고 선언하려 했다. 하지만 후진타오는 고대 손자병법의 교훈과 덩샤오핑의 가르침에 따라 야망을 숨기고 중국이 마음껏 행동해도 좋을 만큼 강해질 때까지 기회를 엿보는 전략을 채택

중국의 조용한 침공

했다. 이것이 바로 도광양회韜光養晦● 전략이다.

시진핑은 2012년 말 차기 주석으로 선임된 뒤 중화민족의 위대한 부흥이라는 중국몽中國夢의 실현을 자신의 원대한 야망으로 삼겠다고 발표했다. 이제 숨지 않고 모두가 알도록 새롭게 발견된 중국의 힘을 행사하겠다는 뜻이었다. 시진핑이 자신의 중국몽을 자세히 밝히지는 않았지만, 학자들은 경제적 지배를 포함해 과거 중국의 영광을 회복하고 중국을 세계 지배국으로 만드는 일로 해석한다.[30]

시진핑이 사용한 '중국몽'은 인민해방군 예비역 대령이자 군사학 교수이며 강경파로 유명한 류밍푸刘明福의 용어에서 빌려온 것으로 생각된다. 류밍푸는 영어로 출간된 책 《중국몽: 포스트 아메리카 시대의 강대국 사고와 전략 태세 The China Dream: Great power thinking and strategic posture in the Post-American era》에서 중국이 과거의 영광을 되찾고 미국을 대신해 세계 지도자 자리를 차지하기 위한 국가 전략을 명시한다.[31] 중국이 21세기 초 수십 년 안에 반드시 미국을 뛰어넘어 '세계 제일의 강대국이 되겠다'는 목표를 세워야 한다는 것이다.[32] 류밍푸가 2010년에 발표한 이 책은 중국에서 베스트셀러가 되었다. 중화의 부활을 통해 중국이 세계의 중심이라는 자리를 되찾고, 중국의 문화와 언어, 가치를 통해 널리 화합하고, 또 다른 학자의 표현처럼 '자유보다 질서, 법보다 윤리, 민주주의와 인권보다 엘리트 통치를 더 소중히 여기는'[33] 제국을 펼친다. 류밍푸의 책은 중국의 세계 제패 이야기를 기대하던

● 자신의 재능이나 명성을 드러내지 않고 참고 기다린다는 뜻. 1980년대 중국의 대외정책을 일컫는 용어.

대중의 마음을 사로잡은 것이다.

미국의 전략 사상가 마이클 필스버리Michael Pillsbury는 인민 해방군과 오랫동안 깊은 관계를 유지하고 통수권자 자리에 오른 시진핑이 '중국 군부의 민족주의 초강경파와 긴밀하게 연결되어 있다'고 주장한다.[34] 시진핑의 중국몽을 하나로 요약하면 '강력한 군대'이다. 서구인들은 시진핑이 집권하며 함께 힘을 키운 중국 강경파의 영향력을 심각하게 과소평가한다. 강경파는 1949년에 출발한 백년의 마라톤이 경제적, 정치적, 결국에는 군사적으로도 미국을 넘는 지배국이 됨으로써 이전 세기의 수모를 갚아주는 중국의 역사라고 생각한다. 그리고 시진핑은 바로 이런 의견에 동조하는 지도자였다.

이처럼 제국주의적 해석을 따르는 사람들은 시진핑의 등장으로 확신을 가졌고, '천하天下'라는 전통 개념으로 중국의 세계 지배를 정당화했다. 여러 가지 해석이 분분하지만, 천하 즉, '하늘 아래 모든 것'은 중국 황제가 세계를 다스린다는 의미이며, 모든 것이 중국 황제를 중심으로 돌아간다는 뜻이다. 예전 시대의 고리타분한 개념이라고 치부할 수만은 없다. 정 왕의 언급처럼 "중국인은 강력한 선민의식을 지니고 있으며, 자신들의 조상과 현대에 이룩한 성취를 자랑스러워한다."[35, 36]

이들의 생각이 바로 '중국몽'의 근원인 것 같다. 그리고 이 원대한 꿈은 '일대일로 이니셔티브BRI'라는 대규모 투자 사업부터 서구 기관에 중국의 가치를 불어넣고 인민해방군 해군을 키우고 남중국해를 공격적으로 합병하는 것에서도 잘 볼 수 있다. 중국이 더욱더 적극적으로 세계에 영향력을 가지려는 모습을 쉽게 확인할 수 있는 것이다. 허풍처럼 들릴 수도 있지만 류밍푸는 2015년에 중국의 '잠자는 사자'가 깨어났고 "언제든 거침없이 싸울 준비가 된 사자 무리의 우두머리가 시진핑이다"라고 주장했다.[37] 중국 지도층 중 강경파들은 2008년 미국에서 발생한 금융위기를 전환점으로 보고 이제 중국이 주도하는 세계 질서가 펼쳐질 거라 믿는다. 이들의 생각이 맞을 수도 있다. 어쩌면 백년의 마라톤은 80년 만에 끝날 수도 있다.

이 모든 일을 알고 있던 인물은 아시아에서 중국을 가장 오랫동안 예리하게 관찰한 리콴유李光耀 싱가포르 전 총리다. 리콴유 총리는 "중국의 목적은 세계 패권국가가 되는 것이다"라고 평가했다.[38] 중국은 장기적인 '화평굴기和平崛起'● 전략을 추구한다. 이 전략은 중국이 군사 대결이 아닌 류밍푸가 말한 '비정복 문명'을 통해 경제적 지배를 추구함으로써 세계 패권을 장악한다는 이야기다. 다시 말해, 경제적 지배를 하면 때가 되었을 때 똑같은 결과를 얻을 수 있다는 전략이다.[39] 베이징은 강대한 군사력을 유지하기 위해 막대한 자금을 쏟아붓는 미국과 정면 대결함으로써 힘을 빼는 일을 피하려는 것이다. 필스버리는 다른 수단을 통해 군사적으로 미국을 물리치는 것과 같은 결과를 내는 것이 중국의 전략이라고 설명한다. 그래도 군사력을 키우는 일도 게을리하지 않는다. 중국의 군사비 지출 규모는 해상 패권을 잡기 위해 빠르게 늘어나고 있으며 주변 국가들을 압박하는 수위도 나날이 높아지고 있다.

중공 지도부는 장기적인 야망을 드러내면 저항이 일어날 것을 알

● 평화적 대외 전략.

기 때문에 겉으로는 평화로운 경제 발전과 세계화 참여를 이야기한다. 하지만 종종 비밀이 새어나가기 마련이다. 2015년 국무원 교무판공실OCAO 부주임 허야페이何亚非가 고위 간부들에게 연설하는 자리였다.[40] 교무판공실은 중국 최고 행정기관인 국무원의 대표적인 조직으로 베이징이 세운 계획에 따라 이주 중국인을 동원하는 임무를 주로 맡고 있다. 아무튼 허야페이의 연설문이 국무원 신문판공실 홈페이지에 게재되었다. '중국의 목소리'를 전 세계에 알릴 필요가 있다는 것이 연설의 요지였다. 허야페이가 거론한 여섯 가지 주제 중 첫 번째는 서구의 미디어 그룹이 국제 여론을 지배하고 있으니 서구가 독점하고 있는 여론을 무너뜨릴 필요가 있다는 것이다. 그런 다음 그는 '자유와 민주주의, 인권 평등' 같은 개념은 물론 '소프트파워 Soft Power'● 나 '문명의 충돌Clash of Civilisations'●● 처럼 미국과 서구가 만든 중요한 개념들을 '중국이 중요하게 여기는 가치 체계'로 대체할 필요가 있다고 역설했다.

소프트파워 같은 학문적 개념과 기본권을 '서구의 개념'이라는 하나의 카테고리로 집어 넣고 그것을 중국의 개념으로 대체하자니 무척 충격적이다. 하지만 허야페이의 연설에서 정말 흥미로운 부분은 해외에서 중국의 목소리를 듣는 청중의 '결점과 타락'을 지적하는 지점이다. "만일 우리가 지배만 강조한다면 대외 선전에서 좋은 결과를 얻기는 어

● 군사력이나 경제제재 등 물리적으로 표현되는 하드파워에 대응되는 정보, 과학, 문화, 예술 등이 행사하는 영향력.
●● 공산권이 몰락하고 냉전이 종결된 이후 국제 정치는 이념과 경제를 둘러싼 충돌이 아닌 문명을 단위로 하는 세력 간의 충돌이 될 거라는 이론.

중국의 조용한 침공

려울 것입니다." 중공의 주요 간부(허야페이는 외교부 부부장을 역임했다)
가 밝힌 이 내용을 그저 한 개인의 지나친 애국적 열정으로 치부할 수
있을까? 아니면 자신도 모르게 비밀을 누설한 것으로 보아야 할까?
허야페이가 밝힌 내용이 최소한 중공의 진짜 야망임을 보여주는 증거
는 차고 넘친다. 앞으로 이 책에서 그 증거들을 자세히 설명하겠다.[41]

호주의 최고위층 중에서도 중국의 선전에 넘어간 사람들이 있다.
노동당 출신으로 총리를 지낸 폴 키팅Paul Keating은 "중국은 소련과 달
리 국제 이데올로기 전파를 노리는 이념 정권이 아니다. 거대한 민족
국가이지만 기본적으로 자기 영역 안에서 살려고 노력한다"며 우리들
을 안심시키는 말을 했다.[42] 그러나 베트남과 필리핀처럼 하룻밤 사이
에 섬들을 빼앗긴 나라나 영토를 점령당한 티베트 사람들이 이 말을
믿을 수 있을까.

중국을 그 누구보다 예리하게 분석하는 데이비드 켈리David Kelly
의 지적대로 중국 자본을 쫓는 서구의 '중국 벗'들과 달리 중국의 일부
학자는 중국에서 떠오르는 승리주의를 우려하고 있다.[43] 부득이 신분
을 숨기고 있지만 이런 학자들은 중국이 성숙한 세계 지도자가 될 수
없으며 당과 언론의 승리주의가 매우 위험하다고 비판한다. 한 학자는
중국의 승리주의를 1930년대 독일의 승리주의와 비교하며, 중국이 '세
계의 구세주' 시늉을 하기보다 국내 발전에 집중해야 한다고 충고한
다. 켈리는 이런 학자들의 현실적인 입장이 '지금 상황에 더 필요하며
지속 가능한 강대국 전략'이라고 주장한다.

하지만 중국에서는 강경파가 점점 더 힘을 얻고 있다. 류밍푸는

중국인이 세상의 민족 중 가장 뛰어나며 더 훌륭한 문명을 지닌 중국이 '세계를 주도하는 나라, 논란의 여지가 없는 세계 지도국'이 될 것이라고 선언한다.[44] 〈파이낸셜타임스Financial Times〉의 중국 특파원인 자밀 앤더리니Jamil Anderlini는 오늘날 가장 큰 미지수라며 우리에게 이런 질문을 던진다.

'중국의 위대한 부흥'이라는 논리는 기본적으로 복수를 꿈꾸는 보복주의이며, 중국의 힘과 영향력은 물론 영토 역시 그들이 생각하는 정당한 수준으로 회복하지 못했다는 논리다. 중국이 스스로 부흥기의 정점에 도달했다고 느끼는 때가 과연 언제일지 그리고 중화민족이라는 대가족에 속하지 않는 사람들에게는 중국 부흥기의 정점이 어떤 모습으로 다가올지, 이것이 전 세계가 풀어야 하는 위험한 질문이다.[45]

다른 나라의 역사도 바꾼다

도널드 트럼프가 시진핑을 처음 만난 직후 "실제로 한국은 과거 중국의 일부였다"는 중국 국가주석의 발언을 기자들에게 전했다. 트럼프의 귀가 얇은 것은 놀랄 일도 아니지만, 한국인들은 시진핑의 속셈을 잘 알고 있었다. 한국은 절대 중국의 일부였던 적이 없다. 구독자가 많은 한국의 미디어 〈조선일보〉는 논설에서 조공제도가 있던 시절까지 거슬러 올라가는 '강력한 패권주의 민족주의가 이런 허튼소리가 나오게 된 원인'이라고 신랄하게 꼬집었다.[46] 그러면서 중국이 한국을 압박하는 동기는 '한국의 고개를 숙이게 만들겠다는 불량배의 아집에 불과하다'고 비난했다.

아시아의 다른 나라들도 중국이 남중국해와 그 부속 도서에 주장하는 '역사적 근거'가 수상하고 조작되었다는 사실을 알고 있다. 중국은 대략 2,000년 전에 남중국해 전역을 발견해 이름을 붙이고 탐사하고 이용했다고 주장한다. 그리고 이 같은 주장을 근거로 1947년 손으로 아홉 개의 선을 U자로 배치한 구단선을 그어 남중국해 대부분 지역을 되찾았다며 통치권을 요구한다. 상황을 자세히 살핀 한 전문가는 "국제법상은 물론 역사적으로도 전혀 근거가 없는 주장이다"라고 단정한다.[47] 하지만 중국 강경파는 역사적으로 터무니없는 주장이라는 말에도 전혀 신경 쓰지 않는다. 그래서 역사적으로 남중국해에서 고기를 잡았다는 중국의 주장은 타당하지만 그것이 남중국해 도서를 통치할 권리를 뜻하지 않는다는 헤이그 중재재판소의 판결도 무시한다.[48]

호주의 대표적인 중국학자이자 호주인문학술원Australian Academy of the Humanities 원장인 존 피츠제럴드John Fitzgerald 교수는 중공의 생각을 이렇게 정리한다.

분쟁지역에 대한 권리를 주장할 때 베이징은 수 세기 전으로 거슬러 올라가 역사적인 근거를 만들어 육상과 해상 영토에 소유권을 세운다. 그 지역을 자기 소유로 강제 '회복'할 수 있도록 말이다. 한 나라가 자기 영토를 침략할 수는 없을 것이다. 중국의 지도층은 '잃어버린' 영토를 되찾는다고 주장함으로써 다른 나라를 침략한다는 비난

을 피할 수 있다고 믿는다.[49]

그러나 호주인들이 중국이 오직 전통적인 세력권 안에서만 그럴듯한 역사적 근거를 내세워 영토 야망을 정당화한다고 믿는다면 실수하는 것이다. 현재 중국은 장차 호주에도 권리를 주장하려고 가짜 역사를 이용하고 있다. 2003년 후진타오 국가주석은 터무니없는 역사수정주의를 바탕으로 호주 의회에서 연설을 시작했다.

중국인은 호주 국민에 대해 지금까지 줄곧 우호적인 감정을 소중히 간직해왔습니다. 멀리 거슬러 올라가 1420년대에 중국 명나라 원정 함대가 호주 해안에 도착했습니다. 중국인들은 수 세기 동안 망망대해를 가로질러 항해하고 당시 남방 땅이라고 부르던 곳 즉, 지금 호주에 정착했습니다. 이 땅에 중국 문화를 도입하고 현지인들과 조화롭게 살며, 자랑스럽게도 호주의 경제와 사회, 다원주의 문화가 성대하게 발전하도록 이바지했습니다.[50]

후진타오의 주장은 영국인 개빈 멘지스Gavin Menzies가 《1421 중국, 세계를 발견하다1421: The Year China discovered the world》에 쓴 중국 정크선의 역사에 근거한 것으로 보인다. 이 책에는 주만周滿 제독 함대가 세계를 항해하며 호주 뉴사우스웨일스주 이든 지역을 비롯해 중국 선원들이 원주민과 섞여 사는 주요 대륙을 모두 들른 것으로 기록되어 있다. 책이 출간되기 전부터 멘지스가 제시하는 증거의 허점들이 지적되고,[51] 2006년 ABC 방송사가 〈포 코너스Four Corners〉라는 프로그램

중국의 조용한 침공

에서 멘지스와 그의 역사서를 해부했다.[52] 멘지스가 자신의 주장을 입증하려고 제시한 지도들은 가짜로 드러났다. 서양의 학자들뿐 아니라 중국 학자들도 멘지스의 역사적 주장을 집요하게 파고들어 오류임을 밝혀냈다.[53] 한마디로 중국 명나라 함대가 호주 근처 어딘가에 도착했다는 증거는 하나도 없다(1421년 이야기를 이용할 만큼 이용한 멘지스는 사라진 도시 아틀란티스를 찾아 나섰다).

호주 의회 도서관은 2008년 책을 발행해, 후진타오 국가주석이 비록 '발견'이라는 단어를 언급하지는 않았으나 그의 발언은 중국인이 호주 해안에 도착해 이 땅에 이름을 붙이고 지도를 그리고 정착하는 등 상징적으로 중요한 행동을 했다는 주장을 하고 있다고 보았다. 또한 중공의 생각으로는 법률적으로 상징적인 행동에 참여함으로써 역사가 시작되었다는 이야기, 한마디로 본래의 호주 역사를 반박하는 이야기라고 해석했다.[54]

그래도 후진타오의 연설은 나름 효과를 보았다. 며칠 뒤 자유당 상원의원인 데이비드 존스턴David Johnston이 조화로운 협력이 필요하다는 생각만으로 중국 제독의 '기념비적인 탐험과 발견의 항해'를 인정하고 '1421년 중국 함대가 호주 해안에 도착했다는 후진타오 국가주석의 발언과 일치하도록' 역사책 수정을 제안한 것이다.[55]

멘지스의 '역사'는 완전한 오류로 밝혀졌지만, 후진타오 국가주석이 호주 의회에서 연설하고 2년 뒤에도 푸잉傅瑩 중국 대사가 호주 내셔널프레스클럽National Press Club에서 "호주는 지금까지 늘 중국의 세계 항해 지도상에 있었다"고 발언했다.[56] 같은 해 중앙대외선전판공실 홈페이지에도 정허鄭和 제독 함대가 제임스 쿡 선장이나 아벌 타스만

Abel Tasman보다 수백년 앞서 호주 북서부에 도착한 것 같다는 글이 게시되었다.[57] 중국이 호주를 발견했다는 주장을 잊지 않도록 2016년에는 전임 중국 외교부장인 리자오싱李肇星이 호주국립대학교ANU에서 연설하며 13~14세기 원나라 시대의 탐험가가 호주를 발견했다고 다시 주장했다. 당시 리자오싱의 연설이 거짓으로 호주 역사를 지어내고 있다고 이의를 제기한 사람이 아무도 없었다.

해외에 있는 중국인들

"해외 중국인들이 지위가 올라가고 민족의식이 깨어남에 따라
중국의 성장과 발전을 추진하기 위해 힘을 결집하는 능력과 갈망을 품게 될 것입니다."[1]

중국몽 달성의 필수 조건

국무원 교무판공실 부주임 허아페이의 위 발언은 중공이 세계 패권을 잡는 데 해외 중국인의 역할을 중요하게 여기고 기대한다는 의미였다. 중공은 해외 중국인을 대하는 태도를 2000년부터 실험적으로 고쳐가다가 2011년 이후 전면적으로 수정했다. 거리를 유지하던 태도에서 '중국 혈통의 외국인을 모두 하나로 포용하는' 태도로 바꾸었다.[2]

전 세계 5천만 명이 넘는 엄청난 이주 중국인을 동원하기 위해 중공은 대단히 정교하고 광범위한 계획을 수립했다. 100만 명이 넘는 호

주 거주 중국인을 포함한 해외 중국인을 겨냥해 자금이 풍부한 기관들을 이용하는 계획이었다.

중국계 뉴질랜드 학자인 제임스 젠화 토James Jiann Hua To는 철저하게 연구한 박사 학위 논문을 바탕으로 중요한 연구를 진행해, 중공 교무 계획의 역사와 목표, 방침, 전술 등을 상세히 밝혀냈다.[3] 제임스 토의 책은 현재 호주에서 무슨 일이 벌어지는지 이해하려면 반드시 읽어야 하는 자료다. 제임스 토는 베이징의 수많은 중요 비밀문서를 어렵사리 확인한 덕분에 중공의 해외 중국인 정책과 실행을 세세하게 기술할 수 있었다.[4] 해외 중국인 관리를 뜻하는 교무(侨务, '챠오우'로 발음)는 단어 그대로 해석하면 '해외 중국인 업무'라는 의미이지만, 정확히 설명하면 '각계각층의 해외 중국인을 포섭하고 장려책이나 억제책을 통해 중공이 바라는 환경에 맞게 해외 중국인의 행동과 인식을 관리하는 일을 포함하는 대대적인 활동'이다.[5]

눈이 번쩍 뜨이는 제임스 토의 책을 읽으며 나는 지금까지 중공의 대외 목표를 제대로 이해하지 못하고 있다는 사실을 깨달았다. 나는 중공이 다양한 방법으로 호주의 한족을 관리하는 주된 이유가 체제를 무너뜨리는 목소리나 비판적인 목소리에 반박하고 그 목소리를 지우는 일로만 짐작했다. 하지만 내가 짐작한 수동적인 목표 뒤에 능동적인 목표가 숨어 있었다. 이주 중국인을 활용해 호주 사회 전체를 중국의 가치에 공감하고 베이징이 수월하게 통제할 수 있도록 탈바꿈한다는 목표였다. 이렇게 해서 중국이 아시아와 그리고 이를 넘어 마침내 세계에서 패권국이 되도록 호주가 돕게 만들겠다는 것이다.

부유한 중국 사업가가 기부와 인맥으로 호주 정치계에 영향력을 행사하는 상황도 이 맥락에서 이해해야 한다. 장기적으로 한족을 유권자 집단으로 동원해 중국을 지지하는 후보를 호주 의회와 고위 공직에 진출시키는 일까지 공작에 포함된다는 사실이 문서로 드러났기 때문이다.[6]

사실 베이징은 뉴질랜드와 더불어 호주를 서구 진영의 '약한 고리' 즉, 미국의 국제적 영향력을 무너트리는 전략을 시험하고 시진핑의 중국몽을 실현하는 데 도움이 될 이상적인 장소로 본다. 2000년대 이전과 달리 중국 국적자의 해외 이민을 장려하는 이유가 바로 이 때문이다.[7] 베이징이 호주 등의 국가에 자유무역협정 조건으로 노동시장 규제 완화를 강력하게 밀어붙이는 까닭도 같은 이유다. 호주에 베이징을 지지하는 중국인이 많이 살수록, 중공이 호주 정부에 미치는 영향력도 더 커지기 때문이다.

중국 국무원의 2006년 내부 문건을 보면, 합법적인 이주자보다 불법으로 중국을 빠져나가는 사람의 수가 늘고 있다.[8] 중국은 부패한 관료나 사업가와 비리 혐의자들을 추적하는 등 불법 이주를 막기 위해 노력하고 있다고 하지만, 중국 당국이 불법 이주를 묵인한다고 주장하는 사람들도 있다.[9] 예를 들어 제임스 토는 2000년대 초 "피지의 수도인 수바에는 호주로 넘어갈 방법을 찾으며 관광 비자나 학생 비자를 받고 들어온 중국인들을 불법 고용해 운영하는 '중국인 전용' 윤락업소가 최소한 50곳이 넘었다"고 이야기한다[10] (매춘에 종사했다고 알려진 중국 국적자 77명이 2017년 피지에서 강제 추방되었다.[11] 중국 경찰은 강제 추방자들의 얼굴을 가린 채 비행기에 태우며 혹시 피지 당국의 처우에 위법 요소가 없었는지 물었다고 한다). 기밀문서를 살핀 제임스 토는 베이징이 물법 이주에 관대하다고 결론지었다. 교육 수준이 낮은 불법 이주자들의 낮은 도덕심과 가치관이 걱정이지만, 10~20년 뒤에는 이들이 이주민 사회의 일원으로 인정받고 당에 도움이 되는 존재가 될 것이기 때문에 불법 이주를 묵인하도록 당 간부들을 설득한다는 것이다.

중국의 교무 공작을 자세히 살피기 전에 현재 우리가 직면한 문제를 명확히 파악할 겸 호주 역사의 한 단면을 짚어 보자.

밥 호크 총리의 선물

1989년 톈안먼 광장 한복판에서 벌어진 시위를 폭력으로 진압한 사건이 호주까지 심각한 영향을 줄 것이라고 예상한 사람은 아무도 없었다. 심지어 지금도 엄청난 영향을 미치고 있다. 우선 중국이 탱크를 투입해 시위를 진압한 직후 호주에서 발생한 상황부터 살펴보자.

잔인한 시위 진압 장면에 크게 충격을 받은 밥 호크Bob Hawke 총리는 눈시울을 붉히며 호주에 있는 중국인 유학생들을 본국으로 돌려보내지 않겠다고 발표했다. 이 결정으로 중국인 4만 2,000명이 영주권을 취득하고 이들과 가족 관계인 중국인 10만여 명이 호주로 이주했다. 나는 물론이고 당시 호주인 대부분이 밥 호크 총리의 결정을 박애정신으로 존중했다. 친구가 죽거나 감옥에 갇히는 나라로 학생들을 돌려보내고 그 책임을 지고 싶은 사람이 누가 있겠는가?

하지만 현실은 보는 것과 달랐다. 호크 총리가 공직자들의 강력한 반대를 무릅쓰고 일방적으로 내린 결정은 지금까지 온 나라에 영향을 주고 있다. 당시 상황을 잘 아는 전직 공무원은 숨겨진 이야기를 들려주었다. 우선 중국인 유학생 중 4분의 3이 호주 대학교를 다니지 않고 몇 달짜리 단기 어학연수 과정을 밟는 학생이었다.[12] 이 학생들은 법적으로 1주일에 최대 20시간까지만 일할 수 있었지만, 실질적으로 단속이 이뤄지지 않아 정규직으로 일하는 학생이 많았다.

교육기관은 점점 늘어나는 중국인 입국자를 돈줄로 보았으나 이민부 관계자들은 수많은 중국인이 어학연수를 핑계로 호주에 일하러 온다고 판단해 이들의 입국 심사를 강화하려 했다. 하지만 눈앞의 경제적 이익만 생각하는 교육계 관료들에게 밀리고 말았다. 결국 비자 기간을 넘겨 호주에 체류한 학생이 거의 절반에 달했다.

호크 총리가 임시 체류 비자 발급을 승인하자, 수많은 중국인이 이민부에 난민 지위를 신청했다. 이들이 원한 것은 영주권과 최종적으로는 시민권이었다. 1년에 처리한 망명 신청이 고작해야 수백 건에 불과하던 이민부는 밀려드는 난민 신청에 어쩔 줄을 몰랐다. 중국계 호주인들의 목격담에 따르면, 난민 지위를 빨리 인정받기 위해 일부 학생들은 이전까지 전혀 활동한 적이 없던 민주화 운동 단체까지 가입해 시위에 참여하고 플래카드를 흔들며 친구에게 증거 사진을 찍게 했다고 한다. 이민부는 제대로 살펴보지도 못하고 난민 신청의 대부분을 승인할 수밖에 없었다.

밥 호크 총리가 1989년 6월 4일 당시 호주에 있던 모든 중국인 유학생이 민주화 운동에 가담했고 비자 만료로 본국에 돌아가면 정치적 박해를 받는다고 믿은 이유가 무엇일까? 사실 민주화 운동가는 물론 민주화 운동을 지지한 사람도 중국을 벗어나 해외에서 공부하기는 어려웠을 것이다. 실제로 당시 북아메리카 대륙에서 유학하던 중국인 학생 중 반중 활동을 한 사람은 겨우 10%에 불과하다.[13] 호주와 마찬가지로 북아메리카에서도 대부분의 학생이 영주권을 취득했다. 이들을 본국으로 돌려보내는 일은 비인간적으로 보였다. 그러나 학생들 대부분은 경제적인 이유로 이민을 선택했다.

물론 망명이 허락된 수많은 사람 중에는 정말 보호가 필요한 민주화 지지자들도 있을 것이고, 그중 일부는 호주를 흔드는 중국의 영향력을 줄기차게 반대하고 있다. 하지만 밥 호크의 결정 덕분에 운 좋게 영주권을 얻은 사람도 많았다. 호주 체류를 허락받은 뒤 반중 활동을 더 적극적으로 한 사람도 있었지만, 톈안먼 시위의 무력 진압을 지지하거나 무관심한 사람이 더 많았다. 매년 6월 4일이면 중국계 호주인들이 모여 톈안먼 광장 진압 덕분에 영주권을 얻었다고 자축하는 모습을 보았다는 목격담도 종종 들린다.

중공은 해외 중국인들이 모국에 봉사하는 협력자가 될 수 있다는 사실을 깨달았다. 정치적으로 망명한 중국인 중 일부가 호주를 영향력 아래 두려는 베이징의 작전에서 큰 도움을 줄 대리인이 될 수 있다고 판단한 것이다.

톈안먼 사태 이후 체류하는 중국인의 증가를 밥 호크 정부의 고용교육부 장관인 존 도킨스John Dawkins처럼 호주 기술 기반이 '지적으로 빠르게 발전'할 계기로 보거나, 이민 지지자인 제임스 주프James Jupp처럼 '무기력하고 위축된' 호주 중산층에 '완전히 새로운 중산층'을 강제적으로 불어넣을 방법으로 보고 환영한 사람도 있었지만, 사실 밥 호크의 결정에 따른 장기적인 효과는 베이징이 호주에 자신들의 욕망을 실

　　　　　　　　　　　　　　중국의 조용한 침공

현할 계획의 토대를 마련한 것이다.[14] 베이징의 계획이 이후 지금까지 어떻게 진행되고 있는지는 나중에 살펴보기로 하고, 먼저 오늘날 중국을 움직이는 것과 중국의 진정한 야망이 무엇인지 파악할 필요가 있다.

지시하는 손 대신 상냥한 얼굴

교무 공작을 지휘하는 것은 중공 중앙위원회의 통일전선공작부 UFWD이며, 마르크스 레닌주의의 군중 노선에 입각한 전술과 기술, 전략을 공작의 기초로 삼는다.[15] 통일전선공작부의 관리 대상은 중국어를 다루는 매체와 중국인 사회단체, 학생회, 전문직협회, 재계 지도층이다. 통일전선공작부는 당 기관이지만, 모든 정부 관계 기관이 나서서 교무 목표를 달성하려고 노력한다.[16] 당 기관이 아니라 정부 기관인 교무판공실이 교무정책 입안과 기획, 정책 실행을 담당하고, (중국학자인 앤-마리 브래디Anne-Marie Brady가 해외 기능을 설명한[17]) 중공 중앙선전부Propaganda Department of the CCP도 교무 활동의 핵심이다.[18] 그렇지 않아도 이미 권력의 중심에 선 통일전선공작부는 시진핑 국가주석이 통일전선 공작을 중화민족의 위대한 부흥을 위한 무기로 평가한 덕분에 힘이 더 커졌다.[19] 통일전선 공작을 모두 이야기하자면 책 한 권은 나오니 여기서는 중요한 활동 몇 가지만 살펴보는 것으로 만족하자. 앤-마리 브래디가 중국이 뉴질랜드에서 펼친 통일전선 공작을 상세히 설명했는데, 어찌 보면 호주에서 펼친 활동보다 더 진보적이고 저항도 덜 받았다.[20]

중국이 호주에서 중국 혈통의 사람들을 이끌고 '소프트파워'를 키우는 주요 수단이 중국어 매체와 더불어 중국계 호주인이 있는 사회단체와 전문가 단체다. 통일전선공작부의 핵심 기관은 중국평화통일추진회CCPPNR이며,[21] 호주 지부인 중국평화통일호주추진회ACPPRC는 지부가 수십 개가 넘는 호주의 해외 중국인 단체 중 가장 규모가 크고 활동도 활발하다.[22] 임원들은 모두 중국 대사관이 중국의 이익을 키운다고 믿는 사람이다. 중국평화통일호주추진회는 새롭게 바뀐 중공 통일전선 공작의 일환으로 2000년에 설립되었고, 베이징에 대한 충성심이 의심스러운 중국인 사회단체들을 견제하는 것이 목표였다. 기존의 사회단체를 세운 이들은 중공의 교무 분석가들이 '세 자루의 칼'이라 비하하던 사람들 즉, 식당과 채소밭, 의류업계에 근무하던 교육 수준이 낮은 중국 이민자들이었다.[23] 중공은 이 '세 자루의 칼'을 '여섯 사부' 즉, 변호사와 기술자, 의사, 회계사, 교수, 과학자로 대체하고, 이들을 새로운 조직으로 통합해 중국의 새로운 활력을 전파할 계획이었다.

정치 자금을 기부하는 억만장자 차우착윙周泽荣과 황샹모黄向墨가 중국평화통일호주추진회의 고위직을 거쳤지만, 2000년 초대 회장은 윌리엄 추William Chiu였다. 고국인 말레이시아에서 급진 마우쩌둥주의자로 박해를 받던 학생 시절을 지나, 뉴사우스웨일스주의 저명한 시민으로서 유력인사들과 어울리며 자유당에 정치자금을 기부하는 중요한 인물이 되었다. 동시에 충실한 중공 간부였다. 2015년 윌리엄 추가 사망했을 때는 자유당 고위층인 필립 러독Philip Ruddock이 장례식 연설을 맡고 연방 의회에서도 추도사를 낭독했다. 뉴사우스웨일스주 총리

중국의 조용한 침공

인 배리 오패럴Barry O'Farrel은 헌화했다. 추의 유해는 시진핑의 부친을 비롯해 혁명 영웅과 최고위층을 모시는 베이징의 바바오산혁명공묘八宝山革命公墓에 안장되었다. 관 위에는 호주에서 가져온 중국평화통일호주추진회의 깃발이 덮였다. 정치국 상무위원회 7인 중 한 사람이자 중국평화통일추진회 주석이며 중국인민정치협상회의CPPCC 주석인 위정성俞正声은 동지의 안장식에 꽃을 보내며 애도했다. 통일전선공작부와 교무판공실의 고위 간부들도 조의를 표했다. 〈인민일보People's Daily〉는 윌리엄 추를 '중국의 위대한 애국자'로 칭송했다.[24]

중국은 호주에 있는 수십 개의 통일전선 조직을 직접 관리할 필요가 없다. 돈과 대사관의 지원, 고국의 연결을 통해 이들 조직을 지도하고 보조한다. 캔버라 중국 대사관과 여러 대도시의 영사관에 근무하는 문화 담당관과 교육 담당관들이 주로 하는 일이 이런 임무다.[25] 이들은 노골적으로 강요할 필요가 없는, 수십 년에 걸쳐 개발된 심리적 기법과 사회적 기법을 활용한다. 그 결과 제임스 토는 교무 공작을 두고 "행동을 고도로 제어하고 조작하는 효과적인 도구이지만, 겉보기에는 친절하고 자비롭고 유익해 보인다"고 설명한다.[26] 이런 방식으로 설득되지 않는 파룬궁 수련생이나 티베트 자치권 지지자들 같은 조직은 고발, 블랙리스트, 사이버 공격, 괴롭힘 등 강압적인 방법으로 다룬다.

호주에서 중국평화통일호주추진회 같은 통일전선 조직들이 베이징의 일을 대신하는 덕분에 중공은 지시하는 손 대신 상냥한 얼굴을 공식적으로 내보일 수 있다. 그 결과 지금까지 수많은 유력 정치인이 명예직을 맡고 행사에 참석하는 등 이런 조직과 기꺼이 관계를 맺으며 교묘한 베이징의 선전을 귀가 따갑게 들었다.

전 총리인 고프 휘틀럼Gough Whitlam과 말콤 프레이저Malcolm Fraser, 밥 호크가 모두 중국평화통일호주추진회 후원자였고, 노동당 출신으로 연방 장관을 역임하고 현재 중국 로비스트로 활동하는 닉 볼커스Nick Bolkus와 뉴사우스웨일스주 노동당의 실력자 메레디스 부르크만Meredith Burgmann, 주요 양당의 수많은 주의원과 연방의원이 중국평화통일호주추진회의 명예 고문이었다. 뉴사우스웨일스주 노동당과 중국 거부들을 연결한 핵심 인물이자[27] 노동당의 지명으로 뉴사우스웨일스주 상원의원으로도 활동한 어니스트 윙Ernest Wong은 현재 중국평화통일호주추진회의 명예 고문이며, 조직에 깊이 연루된 것으로 보인다. 뉴사우스웨일스 우파 출신으로 노동당 예비 내각의 재무장관인 크리스 보웬Chris Bowen도 2016년 샘 데스티에리 사건으로 홈페이지에서 이름이 지워질 때까지 중국평화통일호주추진회의 후원자였다. 지금도 후원하고 있는지 모른다. 보웬은 이제까지 용케 레이더에 걸리지 않고 활동했지만 중국과 넓고 깊게 연결되어 있다.[28]

중국평화통일호주추진회는 다문화 행사와 제휴해 아이들에게 중국 문화를 가르치고, 2015년에는 시드니 영사관과 협력해 '중국이 일본에 승리'한 일을 축하하는 기념식을 열었다. (사실 1945년 일본을 물리친 것은 미국의 원자폭탄이지만, 이런 사실을 중국은 알리고 싶어 하지 않는다.[29]) 뉴사우스웨일스주 총리였던 마이크 베어드Mike Baird도 중국평화통일호주추진회가 여는 행사에 자주 참석했으며, 2015년에는 추진회의 설득으로 베어드의 주정부가 시드니 오페라 하우스를 중국 국기 색상인 선홍빛으로 밝히며 춘절을 기념했다. 호주인들이 열린 태도로 다문화를 받아들이며 춘절을 함께 축하하는 동안 〈인민일보〉는 그 상징성을

놓치지 않았다. 〈인민일보〉는 호주의 중국 문화 수용을 기뻐하는 총영
사의 말을 인용해 "시드니 오페라 하우스가 중국 고유의 붉은 색에 뒤
덮였다"고 보도했다.[30]

시드니 시의회는 음력설을 춘절로 명칭을 바꿔 매년 기념하는데,
이는 베트남과 한국을 비롯해 음력을 사용하는 기타 아시아 문화권의
'음력설'을 지우는 행위다. 호주에서 춘절은 통일전선 공작으로 세상
의 이목을 끄는 행사가 되었다. 제임스 토가 교무판공실 비밀문서에서
확인한 내용에 따르면, 중국은 전통 행사를 선전과 인맥 형성에 활용
한다. 특히 베이징을 의심하는 나이 든 이주 중국인들을 포섭하고 중
국이 이익을 얻을 수 있는 일에 협력하도록 권고한다.[31] 시진핑 국가주
석이 집권한 이후 중국은 문화부장을 앞세워 중국의 소프트파워 형성
에 돈과 인력을 쏟아부었고, 그 결과 전 세계 119개 나라에서 열리는
춘절 기념행사가 2010년에는 65개에서 2015년 900개로 급증했다.[32]

최근 호주에서 중국 전통의 용과 폭죽, 만두, 홍바오紅包●가 등
장한 춘절 기념행사가 열렸다. 〈페어팩스 미디어Fairfax Media〉의 필립
원 기자가 확인한 바에 따르면, 베이징의 교무판공실이 난하이 미디어
Nanhai Media 그룹을 통해 춘절 행사 자금 수백만 달러를 지원했다고 한
다.[33] 2017년 시드니 시내 곳곳에서 여덟 개 행사가 열리고 멜버른에
서 다섯 개 행사가 열리는 등 시드니의 차이나타운의 경계를 넘어 모
든 대도시에서 춘절 행사가 열린다.[34]

● 중국에서 세뱃돈이나 축의금을 담는 붉은색 봉투.

수십 년간 동아시아 문화권의 사람들이 기념하고 중국계 호주인 공동체의 모금으로 열리던 행사가 중공을 선전하고 총리를 시작으로 호주 정치 지도자들에게 중국의 영향력을 미치는 기회로 변질되었다. 춘절 행사에 참석하는 정치인들이 자신도 모르는 사이에 속아 넘어간 사람들이라면 호주 재계는 다문화를 지지한다는 명분으로 1백만이 넘는 중국계 호주인 시장을 노리며 시류에 뛰어들었다. 2017년 ABC TV는 프로그램 사이사이에 춘절 홍보 광고를 수없이 끼워 넣으며 교무판 공실의 손에 놀아나는 모습을 보여주었다.

2016년 4월 호주평화정의수호행동위원회Australian Action Committee라는 단체가 '(시드니에서) 남중국해 도서에 대한 베이징의 권리를 지키기 위해 중국인 공동체 지도자 60명을 회의에 소집했다.[35] 위원장인 첸치궈Qian Qiguo는 시드니에 근거지를 두고 각종 통일전선 공작에 참여하는 사업가다.[36]

2016년 말콤 턴불Malcolm Turnbull 총리가 처음으로 중국을 공식적으로 방문할 때, 중국인 '공동체 지도자'들은 총리에게 "남중국해에 대한 중국의 주권을 확고히 지켜달라"고 촉구했다.[37] 대변인으로 나선 린빈林斌은 중국의 주권을 인정하지 않을 경우 중국의 반발을 살 수 있다고 강력히 경고했다. 중국통인 필립 원 기자에 따르면, 공동체 지도자들은 황샹모의 중국평화통일호주추진회 및 중국 대사관과 연계되어 있었다. 이들이 턴불 총리를 행사하는 압박은 〈시드니 투데이Sydney Today〉나 차우착윙의 〈오스트레일리안 뉴 익스프레스 데일리Australian New Express Daily〉 같은 중국어 신문을 통해 더욱 커졌다.[38]

중국의 조용한 침공

빅토리아주 멜버른의 유력 단체 중 하나인 중국인협회연합FCA은 조직의 목표를 당당히 밝힌다.

> 중국인협회연합은 중국 문화를 전파하는 중에도 조국의 위엄과 이
> 익 보호를 잊지 않을 것이며, 반중 단체와 반중 활동에 맞서기 위해
> 다양한 모임을 조직한다. 몸은 비록 멀리 떨어져 있지만 우리의 마
> 음은 열정적으로 국가를 기억한다.[39]

중국인협회연합 회원들은 호주 여권을 소지하고 있지만 이들의 애국심은 열렬하게 다른 나라를 향한다. 상하이 교무판공실이나 광둥성 교무판공실의 대표단을 접견하며, 2016년 중국항일전쟁 기념식처럼 '순교자를 기리고 국가의 수모를 잊지 않는' 행사를 준비할 때 멜버른 영사관과의 관계를 밝히는 경우가 많다.[40] 앞서 이야기했듯, 국가의 수모는 중공이 자신의 목적을 위해 부추긴 감정이다.

현재 중국인협회연합 회장은 쑤쥔시苏俊希다. 쑤쥔시는 (낙선하긴 했지만) 2016년 멜버른 부시장에 출마할 때 시장 후보 필 클리어리Phil Cleary와 동반해 한족 출신인 전임 시장과 부시장을 롤모델로 내세웠다.[41] 쑤쥔시는 전임 시장 두 사람이 '중국인협회연합' 출신임을 거론하며 중국인협회연합이 정치 지도자 양성소라고 평가했다.[42] 〈인민일보〉는 2016년 7월 남중국해에 관한 헤이그 중재재판소 판결의 반대 시위에서 쑤쥔시가 한 연설을 자랑스럽게 인용했다. "남중국해의 모든 섬은 본래부터 중국 영토이고, 중국은 이 섬들을 관리할 권리가 있었으며, 역사를 바꿀 수는 없다."[43]

쑤쥔시가 연설한 시가행진에는 베이징을 지지하는 해외 중국인 3,000여 명이 참석했다. 그들은 중국 국기를 휘두르며 '평화'를 외쳤다. 2~3일 동안 '멜버른의 해외 중국인 협회 169개'가 참여해 조직한 시위였다고 한다.[44] 시위 주최자들은 중국 대사관의 허가를 받았다.[45] 시위 주최자들은 헤이그의 판결 때문에 "중국인들이 크게 분노하고 있다"라고 선언했다. 분노하는 중국인 중 상당수가 호주 시민이라는 언급은 없었다.

중국계 호주인들의 저항

2016년 9월 통일전선 조직들이 마오쩌둥의 인격과 행위를 영웅적으로 기리는 공연을 기획했다. 그러자 일부 중국계 호주인들은 '역사상 가장 끔찍한 중국 독재자'를 칭송하는 행사를 강력하게 반대했다. 호주를 아끼고 생각한다면 마오쩌둥을 칭송하는 행동은 할 수 없는 일이었다. 시드니와 멜버른의 시청에서 공연이 열릴 예정이었으나 온라인 탄원이 거세게 쏟아지고 반대 시위가 계획되는 등 문제가 발생될 조짐이 보이자 취소되었다.

2017년 2월에는 공산주의에 맞서는 중국계 호주인들이 〈홍색낭자군Red Detachment of Women〉 발레 공연에 반대하는 시위를 벌였다. 붉은 군대를 찬미하고 공산당을 미화하는 작품이기 때문이다. 공연을 후원한 시드니 마이어 펀드Sidney Myer Fund의 카릴로 갠트너Carrillo Gantner는 '선전의 힘을 잃은' 발레 작품이라고 변호했지만, '과거의 악몽'을 생생히 기억하는 중국계 호주인들은 그렇게 생각하지 않았다.[46] 소프트파워 방식으로 중국 문화를 해외에 전파하라고 당을 지도한 시진핑도 마찬가지로 선전의 힘이 있다는 것을 알았다. 시위를 주도한 정치범 출신 작가 치자전齊家貞은 그 작품이 증오를 부추기고 살육을 옹호한다고 비판하며, 중국이 서구 사회에 들어오기 위해 문화 교류를 이용한다고 경고했다.[47] 하지만 시위대는 발레 공연을 막는 데 실패했다.

베이징 지지자들이 호주의 중국인 단체를 서서히 장악하자 본래 있던 중국계 호주인 공동체는 불안에 휩싸였다. 박해를 피해 자유롭게 살려고 호주로 이주한 사람들은 늘어나는 베이징 지지자들을 이길 수 없음을 실감했다. 그래도 백기는 들지 않았다. 중국의 당국가 체제를 반대하는 중국계 호주인들은 2016년 9월 '친호주' 운동을 시작했다. 호주가치연합을 만든 존 후는 호주에서 살기로 했으면 "당연히 호주의 가치에 동의해야 한다"고 믿는다.[48] 존 후는 교무 계획의 목표나 교무 계획이 중국과 중공을 융합하는 방식에 격렬하게 반대하며 "이 나라의 가치가 싫고 다른 곳을 조국으로 그린다면 그곳으로 돌아가라"고 말한다.

불편해하는 사람들도 있을 강한 표현이다. 하지만 나는 한 시간 반 동안 존 후가 호주의 중국인 공동체와 관련해 들려주는 이야기가 흥미로웠다. 우리는 서큘러 선착장 건너 시드니 오페라 하우스가 훤히 내다보이는 현대미술관 카페에서 만났다. 당시 존 후는 패러매타 시의회 자유당 의원이었다. 그는 시드니의 중국 영사관이 뒤에서 관여하는 다양한 활동과 부유한 중국인 사업가들이 이익을 쫓아 영사관을 따르는 상황을 설명했다. 중국인 사업가들이 호주 정당에 기부한 거액에 대해 묻자 흥미로운 답변이 돌아왔다. "절대 사적인 기부가 아닙니다." 영사관이 기부금과 얽혀 있다는 것이다.

중국계 호주인들을 무수히 만나 이야기를 들으니 중국인 공동체 밑바닥에서 감도는 공포가 이해되기 시작했다. '베이징'에 충성을 요구하는 힘 있는 사람들에게 보복당할 수 있다는 공포였다. 일반적으로 호주인은 시위에 참여해도 보복을 두려워하지 않는다. 하지만 중국계 호주인들은 베이징의 정책에 반대하는 시위에 참여하기 위해서는 어떤 결과도 감수할 수 있는 용기와 결단이 필요하다. 사진이 찍혀 신분이 노출되고 자신의 이름이 적힌 명단이 중국 대사관에 들어갈 수 있기 때문이다. '힘 있는 사람'이 전화를 걸어 신변을 위협할 수도 있고, 병든 어머니를 만나러 중국에 갈 때 비자 발급이 거절될 수도 있다. 아니면 중국에 있는 형제의 사업장에 경찰이 들이닥칠지도 모른다. 이들의 이름과 인적 사항, 행동 등을 기록한 자료가 어딘가에 보관되어 있다가 언제 나타날지 몰랐다.

베이징 지지자들이 호주를 너무 빨리 장악하는 것이 아니냐고 묻자 존 후는 "멈출 수 있다"고 대답했다. 하지만 그러려면 반드시 백인 호주인들이 자신들의 나라에서 어떤 일이 벌어지고 있는지 알아야 한다고 했다. 그래서 그는 호주에는 베이징을 지지하는 '중국인 공동체'만 있는 것이 아니라는 사실을 알리고 소수의 다른 사람들과 힘을 합치기 위해 호주가치연합을 결성한 것이다.

새롭게 등장한 중화성

중공은 외국에 사는 한족을 다음과 같이 구분한다. 해외에 사는 중국 국민(화교華僑), 외국 국적을 취득한 한족(화인華人), '한족의 후손(화예華裔)'. 그리고 이들 모두 조국에 의무를 지닌 중국의 '아들딸'로 여긴다. 그래서 중공은 해외에 사는 모든 한족의 '중화성'과 민족 친화력을 강화하기 위해 노력한다.[49] 중공 지도부가 해외 중국인의 충성심을 조종한다는 인식에 민감하기 때문에[50] 교무 계획의 진짜 목적은 제임스 토의 말처럼 "조심스럽게 비밀에 가려져 있다."[51]

중공은 특히 학업이나 사업을 위해 해외에 나간 중국인 청년들에 관심을 갖는다. 초기 이주자와 달리 청년들은 '선조의 고향'에 대해 훨씬 더 강한 유대감과 친화력을 지니고 있어 스스로를 고국과 분리된 소수자가 아닌 중국의 일부로 생각하기 때문이다.[52] 따라서 이들은 중공의 국제 목표에 들어맞는 적임자이다. 더군다나 사업이나 과학, 기술 분야에서 뛰어난 능력을 지닌 청년이라면 더욱 그렇다.

중국 특파원인 자밀 앤더리니는 시진핑이 가장 좋아하는 문구인 '중화민족의 위대한 부흥'을 '중국 인종의 위대한 부흥'으로 번역하는 것이 더 정확하다고 주장했다.[53] 한족이건 한족이 아니건 중국인은 모두 이렇게 이해한다는 것이다(중국 본토 인구의 92%가 한족이다). 중국학자 중에는 이것도 정확한 번역이 아니고 '중국인의 위대한 부흥'이 최선의 표현이라고 믿는 사람도 있다. 제프 웨이드Geoff Wade는 중화민족이라는 표현이 흔히 티베트와 신장, 해외 중국인까지 포함함으로써 '유라시아 전역의 다른 민족에 대한 중국의 지배와 통제를 정당화하기 위해' 20세기에 고안된 개념이라고 주장한다.[54] 그리하여 중국이 이야기하는 '민족'은 맥락에 따라 국적이나 국민, 종족, 인종을 뜻할 수도 있다. 베이징은 비한족 지역에 대한 한족의 지배를 정당화하기 위해 중국인이라는 개념을 장려하고 있다.

뭐라고 번역하건, 오늘날 중국에 깊이 뿌리박힌 견해가 "중국인이 된다는 것은 인종에 속하는 것이다"라는 중국학자 다니엘 벨Daniel Bell의 주장에 대부분 고개를 끄덕일 것이다.[55] 리커창 총리를 비롯한 고위직들도 다음과 같은 발언을 한다. "중국 혈통을 물려받은 사람은 누구나 고국에 대한 사랑이 '피에 스며들어 있다'."[56] '중국 피'에는 공격 DNA가 없다는 시진핑의 말에도[57] 인종본질주의racial essentialism●라는 께름칙한 생각이 담겨 있다.

중공은 호주에 거주하며 호주 시민권을 취득한 한족의 첫 번째 충성 대상이 중국이길 기대한다. 이런 기대에 대한 또 하나의 증거를 2017년 6월 중국어판 〈글로벌타임스〉 기사에서도 볼 수 있다.[58] 중국 정보기관이 호주를 고발한 기사였고, 호주가 해외 중국인들에게 '변절하라'고 (더 자세히 말하면, 진영을 바꿔 호주 스파이가 되라고) 회유했다는 내용이었다. 이 기사에서 해외 중국인을 지칭하는 단어는 중국 혈통을 물려받은 사람을 뜻하는 '화인'이었다. 베이징은 호주 시민이 호주로 전향하는 일을 염려하는 것이다.

중공은 해외에 거주하는 이주민 1세대는 물론 중국 방언인 만다린어를 쓰지 않고 중국을 거의 모르는 자녀도 포섭 대상으로 본다. 서

● 인종의 분류에 찬성하며 그 중요성을 긍정하는 신념.

중국의 조용한 침공

구 가정에 입양되어 성장한 중국 아이들도 당연히 중국몽을 위한 포섭 대상이다.[59] 주말이면 호주의 한족 아이들을 중국어 학교에 데려가 중공 세계관을 가르치고, 여름이면 무료 캠프를 열어 10대 청소년들을 2주간 중국으로 데려간 다음 교묘하게 중화성을 키우고 중공의 세계관을 주입한다.

명석하고 훌륭한 인재들이 해외로 빠져나가는 현상을 다른 개발도상국들은 안타까워했지만, 1980년 초 중공은 다르게 생각했다. 뛰어난 인재들이 해외에 머무른다면 그들이 이룬 성과, 특히 과학과 기술 분야의 성과가 고국의 발전에 보탬이 될 것이라 본 것이다. 그 인재들이 더 뛰어난 동료들과 더 나은 실험실에서 더 많은 자원을 활용해 연구한다면 고국에 있을 때보다 더 많은 성과를 거둘 수 있다고 판단했다. 그러니 중공 총서기 자오쯔양趙紫陽의 말처럼 '지적 능력을 해외에 저장'하는 것이다.[60] 2001년 중공은 '해외에서 국가에 봉사하는' 정책을 공식 발표했다. 제임스 토의 표현을 빌리면 "중국 출신자가 도덕적 자질과 충성심을 바탕으로 해외에서 중국에 공헌함으로써, 이주민이 새롭고 본질적이며 이동하는 현대의 '중화성'을 대표한다"는 정책이다(이 정책이 호주에서 어떻게 작용하고 있는지는 9장과 10장에서 살펴볼 것이다).[61]

이 정책의 관건은 해외에 있는 중국 인재의 애국심 유지다. 유치원 때부터 애국주의 교육 운동을 통해 체계적으로 세뇌된 인재라면 어려운 일은 아니다. 진보주의자들은 중국 학생들이 해외에서 공부하며 마음을 열 것이라 기대하지만 실제 확인된 바에 따르면, 한 번도 해외에 나가지 않은 사람들 못지않게 열렬한 애국자였다.[62] 2015년 봉일선

선 간부 회의에서 시진핑 국가주석이 중국인 유학생들이 해외에 남겠다 해도 문제가 없을 거라 확신한 까닭도 바로 이 때문이다. 시진핑 주석은 학생들이 해외에서도 '다양한 방식으로 국가에 봉사'할 수 있다고 자신했다.[63]

중국은 이중 국적을 법으로 금지하며 인민에게 온전한 충성심을 요구한다. 하지만 이중 국적 금지법은 해외 중국인과 고국의 유대 관계를 강화하려는 중공의 목표와는 모순된다. 실제 호주와 미국 등의 여권을 소지한 수많은 중국인이 중국의 여권도 소지하며, 선조의 고향과 새로 국적을 취득한 나라를 자유롭게 오간다. 중공의 목표는 해외 중국인들이 베이징에 충성을 맹세하도록 유도하고 설득하는 것이다. (중공의 입장에서는 환영할 일이지만) 정계에 진출하는 중국계 호주인이 점점 늘어나면 2017년 호주 의회에서 엄청난 분란을 일으킨 호주 헌법 44조가 점점 더 중요하게 거론될 것이다. 호주 헌법 44조는 '외국 정부에 충성하거나 복종하거나 지지할 의무를 지거나, 외국 정부의 신민이나 국민이거나, 외국 정부의 신민이나 국민의 권리를 누릴 자격이 있는 사람'은 연방 의회 의원으로 선출될 수 없다고 규정하기 때문이다.

중공의 핵심 지도층은 지난 수십 년간 해외에서 영향력은 물론 자신들의 지위를 강화할 수단으로 무너진 중화성을 일으켜 세웠다. 생물학과 문화, 향수에 기초한 '공통 민족의식'을 고취하는 방법을 이용했고, 이 공통 민족의식에 공감하는 해외 중국인이 점점 늘고 있다.[64] 노래방에서 엄청난 인기를 끄는 공산당 공인 노래 〈용의 후예龙的传人, Descendants of the Dragon〉는 '검은 머리, 검은 눈, 노란 피부'를 찬양한다. 제임스 토는 교무 공작이 "해외 중국인 개인과 공동체 사이로 들어가 베이징의 정치적 정체성과 융합되는 민족주의적 혹은 애국적, 민족지학적인 정서를 주입하려 한다"고 설명한다.[65] 1990년대와 2000년대에 새롭게 나간 이주 중국인들에게는 교무 공작을 펼치기가 훨씬 더 수월했다. 이전 이주민들처럼 정치적 박해를 피해 이주한 사람들이 아니라 고국과 관계를 유지하면서 성공하려고 이주한 사람들이기 때문이다.

1989년 톈안먼 광장 학살 이후 중공은 교무 공작에 훨씬 더 많은 자원을 투입했다. 당 지도부는 이주민 사이에서 번지는 민주화 정서와 민주화 운동에 위협을 느끼고, 학생들을 다룰 방법을 찾기 시작했다. 반공산당 시위에 참여한 적이 있으나 중국으로 돌아가길 원하는 학생은 사면하고, 호주에 남는 학생은 적이 아니라 중국의 이익을 키워줄 인재로 보는 한편, 다루기 힘든 이들은 공격하고 사회에서 소외시킨다는 계획을 세웠다.[66] 1989년 반체제 분위기와 2008년 베이징 올림픽을 앞두고 대대적으로 나타난 민족주의적 친공산당 정서를 비교하면, 이주 중국인의 호감을 사는 베이징의 전략이 호주에서 얼마나 성공적이었는지 분명히 알 수 있다.

'중국 민족은 하나'라는 정체성을 적극적으로 홍보해 국경을 넘어 '민족을 모으는' 중국의 일은 문화 다양성을 인정하며 새로운 이주민 집단을 호주 공동체 안으로 통합하려는 호주의 다문화정책과 어긋난다. 호주 시민이 되면 호주에 애국심을 가져야 하지만, 중공은 수많은 중국계 호주인을 중국에 충성하도록 만드는 작업을 성공적으로 추진하고 있다. 이런 일이 계속 진행되도록 내버려두면, 호주 사회보 중국계 호주인을 통합하려는 작업은 실패할 가능성이 크다.

공산주의는 인종차별보다 무섭다

호주에 충성하는 중국계 호주인과 이야기를 나누던 중 깜짝 놀랄 만한 이야기를 들었다. 자신이 친하게 지내는 중국인 중에 우파 포퓰리스트인 폴린 핸슨Pauline Hanson에 동조하는 사람이 많다는 것이다. 나는 폴린 핸슨이 1990년대 호주가 아시아인들로 뒤덮인다고 위협함으로써 동양인에 대한 대대적인 인종차별을 불러온 정치인이라고 지적했지만, '호주 가치'를 직설적으로 옹호하는 핸슨을 지지하는 중국계 호주인이 많다는 것이다.

나는 이제껏 "중국인이 세상에서 제일 심한 인종차별주의자다" 라는 말을 여러 번 들었다. 시드니 킹스크로스 지역에서 카페를 운영하던 중국인 사장이 흑인 고용을 거부해 언론의 비판을 받았을 때에도 중국인들은 사장을 동정했다. 중국인 사장이 호주에서는 그런 일을 해서는 안 된다는 사실을 몰라서 벌인 일이라고 두둔했다. 역사적으로 중국인은 자신들이 아시아의 다른 민족들보다 우월하다고 생각한다. 이슬람교도를 동정하지 않으며, 이슬람교도를 단호하게 공격하는 핸슨을 인정한다. 그렇다고 실제로 핸슨에게 투표할 중국인은 거의 없겠지만, 호주에 있는 베이징 첩보원이나 정보원, 지지자를 바로 다음 비행기에 태워 중국으로 보내길 바라는 반공주의자들은 매국적인 시민을 쫓아내자는 핸슨의 주장이 옳다고 생각한다.

이런 중국계 호주인들은 '공산주의자'가 이슬람 과격파보다 훨씬 더 위험하며 점차 자신들의 힘을 행사하려는 장기적인 계획을 세우고 있다고 두려워한다. 이들은 핸슨주의로 촉발된 인종차별 폭동보다 공산주의를 더 무서워한다. 길거리에서 괴롭힘을 당하는 것보다 중국 영사관을 더 무서워한다. 이들이 이렇게 두려워하는 또 다른 이유가 있다. 1990년대 말 시드니의 중국 영사관이 핸슨의 위협을 이용해 중국인 공동체를 자신들의 영향력 아래에 두려고 시도했기 때문이다.

철저히 통제되는 뉴스

외국 정부가 호주에서 비밀리에 라디오 방송국을 소유하고 공산당을 선전할 수 있을까? 미국에서는 불법이다. 미국에서는 '외국 대리인'으로 등록한 사람만 라디오 방송국을 소유할 수 있기 때문이다. 2015년 〈로이터통신〉의 조사에 따르면, 중국국제방송China Radio International이 호주 등 14개국에서 라디오 방송국의 대주주 지분을 확보해 국제적인 네트워크를 형성하고 있다. 중국학자인 존 피츠제럴드는 중국국제방송이 '중공 중앙선전부의 국제 미디어 부문'이라고 설명한다.[67]

제임스 토가 비밀문서에서 확인한 내용에 따르면, 중국이 서구의 중국어 매체를 인수하는 것은 해외 중국인을 통제하기 위한 작업이며, 중국의 '소프트파워'를 키우라는 시진핑 국가주석의 요구에 따라 최근 그 중요성이 커진 교무 공작의 '핵심 목표'다.[68] 미니어 기업이 친공 노선을 취하도록 '보조금이나 자금 지원, 콘텐츠 공유, 인프라 지원, 기술 지원, 자원 지원' 등과 같은 방법을 쓰고,[69] 거부하면 해당 언론 매체의 배포자와 광고주를 주기적으로 위협하는 방법 등으로 미디어 기업이 협조할 수밖에 없도록 공격한다.

제임스 토는 2000년 멜버른의 중국 총영사가 중국 언론 임원들을 소집해 중공이 금지한 영적 수련법인 파룬궁에 동조하는 기사를 절대 보도하지 않도록 강력히 경고했다고 전한다.[70] 중국은 당의 방침을 따르지 않는 언론인을 블랙리스트에 올려 친중 모임이나 공식 행사에 참석하지 못하도록 막는다. 중공에 반대하는 행사가 열릴 때는 자체 행사를 열어 대중의 관심을 돌린다. 톈안먼 광장 학살 사건 17주기에 맞춰 시드니 오페라 하우스에 '화려한 쇼'를 연출한 일이 좋은 사례다. 2017년 8월 티베트 망명 정부의 수장이 캔버라를 방문했을 때는 많은 중국인 학생이 호주국립대학교에서 열리는 행사의 좌석을 예약하고 참석하지 않아 행사장 절반이 텅 비어버렸다.

중국어 매체가 집요한 압력을 견디려면 굳은 결심과 풍부한 자금 확보가 필요하다. 실질적으로 이런 매체는 지금까지 하나도 없었다. 중국이 인수에 실패하거나 폐업시키지 못한 주요 신문사는 파룬궁이 지원하는 〈에포크타임스The Epoch Times〉가 유일하다. 현재 〈에포크타임스〉는 베이징의 눈엣가시이며, 빈번한 사이버 공격에 시달린다. 미국에서도 〈에포크타임스〉와 협력하는 기자들이 폭행을 당하고 컴퓨터가 파손되는 사건이 발생했다.[71] 2010년 브리즈번에서 자동차를 타고 달리며 〈에포크타임스〉 사무실에 총을 난사한 사건도 중공 지지자들의 범행으로 알려졌다.[72]

중국의 조용한 침공

그러나 현재 호주에는 남중국해부터 홍콩 민주화 시위와 달라이 라마까지 모든 사안에서 공산당 지침에 따른 이야기만 전달하고 중국을 비판하는 기사는 절대 보도하지 않는 중국어 라디오 방송국 네트워크만 있다. 이런 방송국들을 소유한 기업은 멜버른의 CAMG 미디어 그룹이며, 중국국제방송이 자회사를 내세워 CAMG에 많은 보조금을 지원하며 통제하는 것으로 보인다.[73] CAMG는 뉴질랜드에서도 활동하고 있으며, 그곳에서는 영사관 관계자들이 훨씬 더 노골적으로 중국어 매체를 조종한다.[74]

CAMG 배후에 있는 인물은 바로 토미 장Tommy Jiang이다.(그도 밥 호크가 중국인 학생들의 체류를 허가한 덕을 본 것 같다.[75]) 1988년 호주에 입국한 토미 장은 1999년 호주 최초로 24시간 방송하는 중국어 라디오 방송국 3CW를 세운 뒤, 여덟 개 신문사와 수많은 라디오 방송국을 거느린 중국어 미디어 제국을 건설했다.[76] 이후 중국계 호주인 사이에서 저명인사가 되어 2007년에는 빅토리아 주정부로부터 다문화우수상까지 받았다.[77]

하지만 토미 장은 선조의 고향과 긴밀한 관계를 유지하고 있다. 2004년 〈신화넷Xinhuanet〉•에 토미 장을 비롯해 '해외 중국인 협회' 대표단이 통일전선공작부가 주최한 행사에 참여하기 위해 지린성을 방문한다는 기사가 실렸다.[78] 2006년에는 논란이 많은 중국의 반분열국가법 제정 1주년을 기념해 베이징에서 열린 해외 중국어 미디어 그룹

• 〈신화통신〉 인터넷판.

모임에도 참석했다. 반분열국가법은 대만이 분리 독립을 시도할 경우 중국 본토가 무력을 사용할 수 있다고 규정한 법률이다.[79] 〈신화넷〉은 토미 장을 포함한 중국계 호주인 대표 네 명이 "조국의 조속한 통일을 염원하며 반분열국가법을 굳게 지지한다"는 선언을 했다고 보도했다.[80]

토미 장은 2016년에도 '중국의 이야기를 제대로 알리고, 중국의 목소리를 제대로 전하라'는 제목으로 열린 또 다른 애국 해외 중국인 행사에서 중국의 이야기를 알리려면 "반드시 중국의 관점과 태도, 입장에서 해야 한다"고 발언했다.[81] 그러면서 자신이 호주에서 운영하는 방송국처럼 중국어 매체는 "같은 플랫폼에서 국제 미디어와 경쟁할 재원이 있으며, 해외에서 월등한 점유율을 제대로 보여주어야 한다"고 주장했다.

국가 이미지를 해외에 알리려는 것은 다른 나라도 마찬가지라고 이야기하는 사람들이 있다. 하지만 존 피츠제럴드는 다르다고 반박한다. "BBC는 정보를 독점적으로 통제하지 않는다. 다른 의견을 가졌다고 해서 침묵시키거나 협박, 강요하지 않으며, 속임수를 쓰지도 않는다."[82] 중국과 마찬가지로 호주에서도 중국에 애국적인 미디어 그룹은 관영 매체 〈신화통신〉의 지시를 받아 보도할 내용과 금지할 내용을 결정한다. 아예 중국국제방송에 초대 손님의 정치적 성향 조사를 맡기는 중국어 라디오 방송국도 있다. 피츠제럴드는 "멜버른에서는 라디오 대담 프로그램을 진행할 때 베이징에서 온 중국국제방송 직원이 뒤에 앉아 있다가 전화를 건 청취자가 껄끄러운 정치 문제를 거론하면 개입한다"고 설명한다.[83]

중국의 조용한 침공

호주의 중국어 라디오와 거의 모든 중국어 신문이 베이징에서 작성한 뉴스나 논설을 글자 그대로 베끼기도 한다. 친베이징 출판물을 담당하는 한 편집자도 "호주에 있는 거의 모든 중국어 신문이 중국 정부가 원하는 내용만 싣는다"고 인정했다.[84] 미디어 사주들은 베이징에 충성한 대가로 사업 기회를 잡을 우선권을 얻는다.

호주에서 중공의 방침을 따르지 않는 언론 매체는 탄압을 받는다. 영사관이 해당 언론 매체에 광고를 싣는 중국인 소유 기업을 압박해 광고를 취소시킨다. 당에 순응하지 않는 출판물을 내는 기업이나 사회 단체는 물론 중국에 있는 임원이나 직원의 가족들까지 위협한다.[85] 비단 중국인 소유 기업에만 적용되는 이야기가 아니다. 시드니에 있는 소피텔 호텔도 시드니 영사관으로부터 손님들에게 〈에포크타임스〉를 제공하지 말라는 압력을 받았다.[86]

호주에서 친베이징 뉴스 매체의 공급이 증가했지만, 뉴스 매체에 대한 중국계 호주인의 수요도 늘었다는 사실을 짚어봐야 한다. 다른 사람들보다 중국계 호주인은 일상생활에서 신문 구독이 더 큰 역할을 한다. 호주에서 중공의 선전이 점점 심해진다고 화를 내는 사람도 있지만 서구 언론의 내용과 비교해 볼 수 있다고 좋아하는 사람도 있다. 이들은 중국의 힘과 존재감이 커지는 상황을 다룬 기사를 읽으며 기뻐하고, 중국의 인권 탄압이나 대만에 대한 강경 자세를 비난하는 서구의 비평을 보면 무척 화를 낸다.

중공은 다른 곳과 마찬가지로 호주에서도 중국어 매체를 통해 베이징의 입장을 애국 교포들에게 전달하고 이들의 생각과 행동을 관리한다. 시드니공대의 미디어 전문가인 완닝 쑨Wanning Sun 교수는 숭공의 "'국한된' 선전이 중국어를 사용하는 청중에게 직접적인 영향을 준다는 증거는 거의 없다"고 주장하지만,[87] 호주 사회에서는 베이징이 만든 모양대로 세상을 이해하게 하고 중국에 충성하는 시민 집단의 인식을 퍼뜨리는 영향을 준다.

완닝 쑨과 존 피츠제럴드는 호주 땅에서 베이징이 '호주인의 대화에 행사하는 권한'을 제한할 방법을 고민한다. 피츠제럴드는 이런 베이징의 권한을 '호주 주권에 대한 외국 정권의 크나큰 도전'이라고 평가했다.[88] 언론 자유를 제한하는 소셜미디어 플랫폼에 대해서는 법적인 문제 제기가 가능하다. 완닝 쑨은 주류 매체가 중국의 관점을 (그리고 다른 관점을) 반영할 때 더 심사숙고해야 한다고 주장하지만, 이런 원론적인 주장은 베이징의 책임을 지울 뿐이다. 결국에는 베이징이 주류 매체를 압박할 수 있기 때문이다. 〈페어팩스 미디어〉는 지금까지 필요한 수입의 상당 부분을 〈중국일보〉 광고로 충당했다. 매체 분석 TV 프로그램인 〈미디어 워치Media Watch〉는 호주 ABC 방송국이 중국인 소비자에게 접근하기 위해 뉴스를 검열하고 있다고 보도했다.[89] 피츠제럴드는 노골적으로 다음과 같이 이야기한다. "ABC는 지금까지 국내와 해외에서 중국의 억압적인 미디어 정책을 암묵적으로 지지했다. 호주 국영 방송사가 중국과 거래한다는 것은 자신들의 이익을 얻기 위해서라면 호주의 가치와 핵심 이익을 팔 수 있다는 신호를 전 세계에 보내는 것이다."[90]

SBS 방송은 호주의 다양한 민족 공동체에 '공평하고 균형 잡힌' 뉴스를 제공한다고 하지만, 내가 만난 많은 중국계 호주인은 SBS의 만다린어 라디오 진행자 중 일부가 중공 당원임을 인정했다고 증언한다.

그러면서 방송국이 정치적으로 중국의 입장을 지지할 뿐만 아니라 가끔은 중국 관영 매체의 기사를 편집 없이 그대로 내보내기도 한다고 불평한다. 10년간 SBS의 만다린어 라디오 방송에서 리포터와 진행자로 활동한 리웨이궈Li Weiguo는 현재 주요 통일전선 조직인 중국평화통일호주추진회의 청년위원회 위원장이며,[91] ABC에서 〈라디오 오스트레일리아Radio Australia〉 프로듀서로 근무 중이다.[92]

소프트파워

공산당의 중국 통치를 반대하는 중국계 호주인들은 호주에서 교무 공작이 심해지는 모습에 경악한다. 나는 시드니 애쉬필드의 차이나타운 중심에 자리한 식당에서 그중 세 사람을 만났다. 허름한 식당은 외관과 달리 음식은 훌륭했다. 2층으로 올라가 예약해 둔 방에 들어서니 존 후가 친구 두 사람과 함께 기다리고 있었다.

목소리가 조용조용한 징핑 청Jingping Cheng은 〈홍색낭자군〉 공연 반대 시위에 참여하면서 '반중 의사'를 분명히 밝힌 공무원이다. 몇 년 전까지 호주중국인전문가동호회Chinese Professionals Club of Australia 회장을 지냈지만, 갑자기 친베이징 성향의 회원들이 가입하면서 기존 운영위원회가 선거에서 밀려나고 중국 영사관과 연결된 운영위원회가 새로 들어섰다고 한다. 징핑 청은 영사관이 모든 중국인 단체를 통제하려고 하며 오래된 중국인 공동체 단체 상당수가 이런 식의 정치적 공격에 무너졌다고 이야기한다. 독립적인 단체는 거의 살아남지 못했다. 징핑 청의 표현대로 "그들은 민주주의를 이용해 민주주의를 파괴합니다."

샤오강 존 장Xiaogang John Zhang은 공산주의자들이 '우리 집(호주)에 몰려오고' 있어서 공공의 이익을 대변하게 되었다고 이야기했다. 그가 반중 목소리를 내기 시작한 뒤 중국의 병든 노모를 방문하려고 신청한 비자는 발급이 거부되었다. 그는 또 내가 여러 중국인 공동체에서 보고 들은 내용이 사실이라고 확인했다. "사람들이 영사관을 두려워합니다."

베이징의 방침을 제대로 이해하려면 누구보다 앤슨 찬Anson Chan의 이야기를 귀담아들어야 한다. 앤슨 찬은 1997년, 영국령 홍콩이 중국에 반환된 전과 이후 1993년부터 2001년까지 홍콩 정부의 서열 2위인 정무사장을 역임했다. 한족 최초로 홍콩 공무원 조직을 이끌며 '철의 여인'으로 알려졌다. 앤슨 찬이 홍콩 반환 후에도 공직을 떠나지 않은 이유는 베이징이 '일국양제' 합의에 따라 홍콩의 독립성을 존중할 것이라고 믿었기 때문이다.

회원제로 운영되는 홍콩클럽에서 함께 아침을 먹던 중 앤슨 찬은 중공이 홍콩 시민의 자치권을 인정할 것이라고 기대한 자신이 순진했다고 고백했다. 그러면서 베이징이 NGO 단체를 돈으로 매수하는 일부터 시작해 반체제 목소리를 탄압하고 대학교 이사회에 동조자를 심고 향우회를 설립하고 언론 매체를 통제하고 기업을 압박하는 일까지 홍콩의 기관들을 압박하는 전략을 자세히 설명했다. 베이징은 홍콩사람들을 중국의 통치를 거부하는 변절자로 보며, 점점 더 조급해하고 있었다. 그런 베이징에 앤슨 찬의 존재는 눈엣가시다. 앤슨 찬은 아무

　　　　　　　　　　　　　중국의 조용한 침공

도 모르게 납치되어 사라질 위험 때문에 중국 본토에는 가지 않는다. 2015년 스웨덴인 한 명을 포함해 홍콩의 서점상 다섯 명이 중국 국가 안전부China's Ministry of State Security에 납치되어 정신적 고문을 당한 사건이 민주화 운동 단체들에 큰 충격을 안겨주었다.[93] 앤슨 찬은 홍콩에서도 안전하지 않다는 사실을 잘 알고 있다.

앤슨 찬이 또 무엇을 알고 있을까? 빅토리아주 총리와 호주중국기업협의회Australia China Business Council 회장을 역임하고 틈만 나면 호주와 중국의 긴밀한 관계를 강조하는 존 브럼비John Brumby는 2017년 〈신화넷〉과 인터뷰하는 자리에서 홍콩의 중국 반환은 성공적이며 "축하할 일이 많다"고 이야기했다.[94]

2016년 10월 앤슨 찬은 홍콩에서 민주화 운동을 함께 이끈 변호사 마틴 리Martin Lee와 호주를 찾았다. 캔버라의 중국 대사관은 두 사람이 호주의 장관이나 의원들을 만나지 못하도록 압력을 넣었지만 실패했다. 피터 하처Peter Hartcher 기자와 인터뷰하는 자리에서 앤슨 찬은 중국이 호주를 장악하고 있으며 호주인들이 '일당독재국의 의도'를 제대로 파악하지 못하고 있다고 경고했다.[95] 앤슨 찬은 중공이 사회단체와 NGO, 언론 매체 심지어 정부까지 전복하는 방법을 알고 있었다. 공자학원을 세우고 중국어 매체를 통제하고 정치 후보를 매수하는 방법이다. 중공이 통제하는 중국은 '철두철미한 장기적 지배 전략'을 세우고 있다며 우리에게 환상을 갖지 말라고 경고했다.

앤슨 찬과 마틴 리는 호주에서 의원들과 외무장관을 만난 뒤 예정된 일정에 따라 빌 잉글리시Bill English 부총리와 회담하기 위해 뉴질랜드로 넘어갔다.[96] 하지만 회담 전날 밤에 잉글리시 부총리가 '외교석으로 민감한 사안'이라며 갑자기 회담을 취소했다. 중국 대사관의 압력에 굴복했다는 신호였다. 지금까지 뉴질랜드는 호주보다 더 빠르게 베이징의 요구에 응하는 모습을 보여주었다. 2002년에도 오클랜드 국제 공항이 베이징의 압력에 굴복해 파룬궁 수행자들의 유료 광고판을 철거했다. 오클랜드대학교도 나중에 대중의 항의를 받고 결정을 번복하긴 했지만, 위구르 지도자인 레비야 카디르Rebiya Kadeer의 방문을 취소한 적이 있었다.[97] 중국학자 앤-마리 브래디에 따르면, 중국은 이제 "중국의 소프트파워 활동과 정치적 영향력을 수용하도록 뉴질랜드를 압박할 필요가 없다. 뉴질랜드 정부가 알아서 중국 비위를 맞추기 때문이다."[98]

중국 법은 어디에나 있다

중국 국가안전부가 호주에 요원을 파견해 용의자들을 위협한다는 사실이 드러났다.[99] 이는 명백한 호주 법 위반이다. 중국 국가안전부는 외국인을 납치해 비밀 감옥에 가두기도 한다. 1993년 호주인 제임스 젠둥 펑James Jiandong Peng은 마카오에서 납치된 뒤 중국 본토로 끌려가 조작된 혐의를 뒤집어쓰고 감옥에 갇혔다.[100] 덩샤오핑 조카딸이 관련된 회사와 얽힌 것이 문제였다. 나중에 홍콩 법원이 제임스는 무죄이며 8억 달러를 강탈당했다고 판결했다.[101]

국가안전부가 삼합회 패거리를 동원해 더러운 일을 맡기고 돈을 주거나 다른 방법으로 보상한다는 것도 잘 알려진 사실이다. 2014년과

중국의 조용한 침공

2017년에 대만 민주화 시위대가 '악명 높은 깡패'이자 '중국 통일전선 정책의 앞잡이'인 범죄자 '하얀 늑대'가 이끄는 폭력배에게 공격을 당했다.[102] 중공과 범죄자 카르텔은 오래된 역사다. 이미 덩샤오핑이 삼합회 무리 중에 애국자가 있다고 이야기하고, 또 다른 고위층도 중공에 삼합회와 힘을 합치라고 요구한 적이 있다.[103] 〈사우스 차이나 모닝 포스트The South China Morning Post〉는 중공이 홍콩에서 범죄자들을 정치적 목적에 이용한다는 기사를 싣곤 했다. 제임스 토는 중국 외교관들이 지역 사회단체를 염탐하기 위해 범죄자들과 유대 관계를 구축한다는 소문도 있다고 지적한다.[104] 중국 영사관과 연결되었다는 증거는 없으나 삼합회는 호주에서도 확실히 자리를 잡았다.

중공은 국제법에 대해 냉소적인 태도를 보인다. 유리할 땐 국제법을 적용하고 그렇지 않을 땐 무시하거나 비난한다. 중국이 유리해서 국제법을 적용한 경우가 2017년 인터폴에 중국인 재벌 궈원구이郭文贵에 대해 적색수배령을 요청할 때였다. 당시 궈원구이는 미국으로 피신해 중앙위원회 정치국까지 연루된 부정부패를 폭로하며 큰 파장을 일으켰다. 궈원구이의 주장이 〈뉴욕타임스The New York Times〉에 실리고 사흘 뒤, 인터폴이 법률 집행기관도 협력해야 하는 적색수배령을 내렸다. 그 즉시 인터폴의 개입 의혹이 제기되었다. 공안부 부부장을 역임한 멍홍웨이孟宏伟가 중국인 안보 관계자 최초로 2016년 인터폴 총재 자리에 올랐기 때문이다. 한 중국통의 지적처럼 인터폴이 "점점 더 영향력이 막대해지는 중국 정부의 연장선이자 해외에 있는 국민에게까지 영향력을 행사하는 수단으로 전락할 위험이 있다."[105]

호주와 중국의 범죄인 인도 조약 체결을 추진하는 사람들은 승국이 권한을 함부로 쓰지 않을 거라 주장하지만, 범죄인 인도 조약이 비준되면 가뜩이나 막대한 중국의 권한이 호주까지 확대될 것이다. 2017년 호주 정부가 비준 계획을 잘못 처리해 공론화되면서 범죄인 인도 조약의 여러 가지 문제가 드러났다. 범죄인 인도 조약은 존 하워드John Howard 정부가 2007년에 서명한 뒤 후속 작업이 계속 미뤄졌지만, 2017년 4월 턴불 정부가 마침내 비준을 요청해 중국 리커창 총리의 방문을 환영하는 표시를 했다. 턴불 정부가 비준을 요청하기 2주 전 나는 고위 공무원에게 정부가 비준을 추진하는 이유를 물었다. 그는 호주가 애초에 그런 조약에 합의한 이유를 이해할 수 없지만 '조약이 있으니' 비준해야 한다고 대답했다. 내부적으로 관리하면 되고, 게다가 호주 법무장관은 중국의 범죄인 인도 요구에 따를 의무가 없으므로 안전장치가 충분하다는 것이다.

줄리 비숍Julie Bishop 외무장관은 비준안이 무난히 의회를 통과할 것으로 예상했지만, 당시 자유당을 탈당해 직접 보수 정당을 창당한 우파 상원의원 코리 버나디Cory Bernardi가 비준 거부 의사를 밝혔다. 의원 총회에서 갑론을박이 벌어진 끝에 노동당 지도부도 버나디 상원의원의 결정을 지지하기로 했다. 녹색당과 무소속 의원들도 마찬가지였다. 난항을 겪었던 배경을 보면 호주법률협회가 중국의 사법 체계를 두고 정치권의 개입과 부패로 공정성을 잃었다고 지적한 데 있다.[106] 정부가 더 놀란 것은 정부 관계자 중에도 이미 비준 거부 의사를 넌지시 밝힌 사람들이 있다는 사실이었다. 대표적인 인물이 총리 재임 당시 비준을 추진하지 않기로 한 토니 애보트Tony Abbot였다.

리커창 총리가 방문한 상황에서 이런 일이 발생했으니 호주 정부는 난처했으나 조약을 철회할 수밖에 없었다. 당연히 중국 대사관은 호주 정부를 비난했고, 외무장관 줄리 비숍은 계속해서 노력하겠다고 약속했다. 하지만 리커창 총리가 호주 방문에 나설 무렵 중국 공안 당국이 중국을 방문 중인 시드니공대 펑충이冯崇义 교수의 출국을 금지하면서 중국의 비난도 힘을 잃었다. 부인과 딸은 호주 시민권자고 본인은 영주권자인 펑충이 부교수는 호주에서 영향력을 키우는 중국을 비판한 기사를 쓴 적이 있었다. 2주에 걸친 조사를 마치고 출국 허가를 받은 펑충이 부교수는 범죄인 인도 조약을 비준하면 '치명적인 실수'가 될 것이라고 발표했다.[107] 호주에 있는 반체제인사를 체포하기 위해 혐의를 날조하도록 중국 정부를 부추긴다는 경고였다.

● ● ●

좌파, 우파를 막론하고 정치계 전반이 중국의 사법 체계가 정부의 시녀라는 데 동의한다. 불투명한 공정성, 잦은 고문, 판사의 판결도 흔히 뇌물이나 위의 명령에 따라 달라진다. 중국 법원의 유죄판결 비율은 무려 99%다. (호주 형사 법원의 유죄판결 비율은 대략 87%다.[108]) 중국 대법원은 정치 체제로부터 법원의 독립이라는 원칙을 '그릇된 서구식 사고방식'이라고 거부했다.[109] 중국 법원은 파룬궁의 명상법을 실천한다는 죄목으로 지금까지 중국인 수만 명을 투옥했다. 감옥에서는 수많은 사람에게 약물을 주입하고, 주요 장기를 적출해 부유한 환자에게 이식하도록 중국의 병원에 판매했다.[110] 호주 상원은 2013년 사회 운동가와 피해자들의 증언을 들은 뒤 장기 적출을 규탄하는 결의안을 채택했다. 2016년에는 장기 이식 수술을 시행하는 퀸즐랜드주의 주요 병원 두 곳이 중국에서 행해지는 장기 적출을 문제 삼아 중국인 외과 의사의 수련을 거부했다는 보도도 있었다.[111]

중국 옹호파나 중국 유화론자 대부분이 물렁한 호주 정치의 중심에 자리 잡고 있다. 대부분 경제적 이익을 쫓지만 그래도 호주의 우파는 중국 회의론에 약속이나 한 듯이 일관적인 반응을 보인다. 그들은 '공산주의'라는 단어만 붙으면 즉각적으로 적개심을 드러낸다. 덩샤오핑 이후 중국에서는 집산주의를 확인하기는 어려운 반면, 공산주의가 독재적이고 억압적이라는 우파의 믿음을 입증하는 증거가 많다. 오늘날의 중국은 소련을 능가하는 레닌주의 당국가 체제를 일구고, 시진핑이 더욱 발전시켰다.

좌파 중에는 중국 사회주의 혁명에 대해 아직도 낭만적인 애착을 지닌 사람들이 있다. 1989년부터 오늘날까지 이어지고 있는 맹렬한 탄압과 마오쩌둥주의가 만드는 과도한 공포에도 말이다. 사회주의 혁명에 대한 애착이 지나치게 커지면 마오쩌둥 이후 정권을 무조건 동정하게 된다. 이런 애착을 강하게 보이는 인물 중 하나가 언론인 겸 영화제작자인 존 필거John Pilger다. 존 필거는 2016년에 제작한 영화 〈다가오는 중국과의 전쟁The Coming War on China〉에서 중국을 미국에 공격당한 무고한 희생양으로 그렸다. 40~50년 전이라면 정확한 묘사였을 수도 있지만, 지난 20년간 미국은 세계무역기구 가입을 포함해 성장하는 중국을 세계 경제 체제 안으로 통합하려고 노력했다. 필거는 심지어 인권탄압보다 경제 발전이 우선이라는 중공의 주장을 그대로 옮겼다.[112] 1970년대와 1980년대를 풍미한 호전적 반미주의는 이제 중국이 이웃 나라를 괴롭히고 아프리카 등에서 새로운 형태의 제국주의를 퍼뜨리는 핑계를 만들어줄 뿐이다.

• • •

범죄인 인도 조약 비준 실패로 드러난 것은 뜻대로 되지 않을 때 중국 정부와 언론이 쏟아내는 마오쩌둥식 히스테리에 호주 지도층이 과민반응한다는 사실이다. 플레어 앤더슨Fleur Anderson 기자의 말처럼, 비준에 대한 의견은 달라도 당시 연립정부와 노동당 모두 "외교 단절 가능성을 염려해 중국 사법 체계에 대한 우려를 명백히 밝히지 않으려고 애썼다."[113] 흥미롭게도 2014년 총리부에서 비준 요청 반대 보고서를 작성했는데, 반대 이유 중 하나가 범죄인 인도 조약 문제가 불거지면 중국 사법 체계를 비판하는 호주인들의 논평과 비난이 베이징을 자극할까봐이다.[114]

'전쟁은 입에도 올리지 말라'는 태도가 지금까지는 상호 경제 이익이라는 안전지대를 지키며 양국 관계를 뒷받침했다. 호주 정치인들은 중국과 '당당하게' 교류한다고 주장하지만, 사실 그들은 중국이 만들어낸 분노와 '중국인의 감정이 상한다'는 호소에 겁먹어 중국 당국가 체제가 호주 사회를 잠식하는 문제나 인권탄압을 비롯한 모든 사안에서 입을 다물었다. 반체제 작가 류샤오보가 중국 교도소 내 병원에서 사망했을 때, 검열 담당자들은 슬픔이나 분노의 표현이 나오지 않도록 대대적으로 검열했고, 심지어 이미지 인식 프로그램까지 동원해 2010년 류샤오보의 노벨평화상 수상식장을 연상시키는 텅 빈 의자 ⅃

림이 실리지 않도록 차단했다. 호주 정부의 미온적인 반응은 검열할 필요도 없었다. 이미 자체적으로 검열해 류사오보가 사망한 뒤에 비로소 사망 소식만 알리며 간단히 유감의 뜻을 전달했기 때문이다. 물론 호주와 중국이 서로 공평하게 국민감정을 존중하고 자제하는 것은 아니다. 중공이 통제하는 매체는 빈번히 호주 정부를 향해 격렬한 비난과 모욕을 퍼붓고, 호주인의 도덕적 결함을 공격한다.

범죄인 인도 조약 역시 중국이 호주를 압박하는 또 하나의 수단이 될 것이다. 호주 법무장관은 범죄인 인도 요청을 거부할 때마다 중국의 엄포와 경제적 위협에 시달릴 것이다. 호주 재계의 베이징 동조자들도 나서서 감옥에 갇힐 게 뻔한 정치 비평가를 비롯해 베이징이 원하는 인물을 넘겨주라며 정부를 압박할 것이다.

사실 중국은 원하는 인물을 본국으로 송환할 수단을 이미 내부에 마련해두고 있다. 바로 자발적으로 중국에 돌아오도록 권유하는 방법이다. 중국 경찰은 "도피자는 연과 같다. 몸은 해외에 있지만 연을 조종하는 실은 중국에 있다. 가족과 친구들을 통해 언제든 그들을 찾아낼 수 있다"고 이야기한다.[115] 2015년 중국 경찰이 사전 연락도 없이 불법적으로 호주에 건너와 파룬궁 수행자인 버스 기사 둥펑Dong Feng에게 중국에 돌아가 횡령 혐의 재판을 받으라고 설득해 호주 당국을 난처하게 만든 일이 있었다. 보도에 따르면 당시 중국의 노부모가 당국의 압력을 받고 있었다.[116]

2016년에는 호주 영주권자인 저우스친Zhou Shiqin 할머니가 비리 혐의로 다롄 법원에 기소되었다. 할머니는 정치적 분쟁에 이용하는 전략이라고 주장하며 자신의 혐의를 강력히 부인했다. 중국에서는 사업상 분쟁이 생길 때 상대방이 판사를 매수해 체포 영장을 발급하는 일이 흔하기 때문이다.[117] 하지만 중국에 있는 할머니 자매의 자산이 동결되고 할머니의 사진이 범죄자로 중국 매체에 뿌려지자, 할머니는 변호사의 말처럼 엄청난 심리적 압박을 받았고 결국 중국으로 돌아갔다. 필립 원은 '중국 당국이 상호 법률 집행 협력의 경계를 벗어나 사용하는 전방위적 압박 전술을 똑똑히 보여준 사건'이라고 지적한다.[118]

저들은 뭐든 할 수 있습니다

좌파와 우파를 떠나 호주의 양심 있는 정치인들이 중국과 범죄인 인도 조약 체결을 심각하게 걱정했다는 사실이 놀랍지 않은가? 2017년 7월 중국의 국가정보법이 새로 제정되며 이런 우려가 한층 더 깊어졌다. 베이징 특파원 로완 캘릭Rowan Callick은 표현은 모호해도 국가정보법은 결국 호주에서 중국의 정보활동을 합법화하는 의미라고 보도했다.[119] 해외에서 활동하는 중국 국영 기업에 당위원회가 있다는 것은 잘 알려진 사실이지만, 새로운 국가정보법에 따르면 국영 기업이 스파이가 위장해서 활동할 일자리를 마련하도록 한다.[120] 이 법률은 모든 중국인이 정보기관에 협조할 것을 요구한다. 중국은 어느 나라 여권을 소지했건 중국 혈통을 이어받은 사람이면 모두 '중국인'으로 보기 때문에, 중국계 호주인도 호주에서 베이징의 스파이 활동에 협력하라고 요구받을 수 있다.

오늘날 중국에서 그 누구보다 가혹하게 끊임없이 박해를 받는 조직이 파룬궁이다. 중국의 전통적인 기공(천천히 흐르듯 움직이는 명상)에 기반을 두고 정치적 의도도 없이 정신 수련을 권장하는 느슨한 조직이 그처럼 무자비한 탄압을 받는다는 사실이 외부인의 눈에는 이상해 보인다. 하지만 중공 지도부는 당원들보다 더 많은 인원이 가입해 더 큰 헌신을 보이는 수련 단체에 위협을 느꼈고, 결국 1999년 파룬궁을 불법단체로 선언했다. 중공 중앙위원회는 해외로 탈출한 수행자들을 뒤쫓기 위해 610 판공실을 설립해 파룬궁을 조직적으로 박해했다. 이들의 활동을 감시하고, 여권을 압류하고, 중국 내 가족들의 사업을 무너뜨리고, 파룬궁 관련 보도가 나오지 않도록 언론 매체를 압박하고, 지방과 주, 연방 정치인들에게 전화를 걸어 파룬궁을 지원하는 모든 행위를 철회하도록 강압한다.[121] 해외에 있는 중국인 학생들에게도 '사이비 종교 집단'에 반대하는 시위를 떠들썩하게 열라고 압력을 넣는다.

캔버라의 중국 대사관은 듣기 불편한 경우에는 호주의 언론을 억누르려고 적극적으로 개입한다. 알렉산더 다우너Alexander Downer 외무장관은 2002년 중국의 압력에 굴복해 파룬궁 수행자들이 중국 대사관 앞에서 장기간 지속하던 평화 시위의 규모를 줄이도록 했다. 베이징의 활동이 효과를 발휘해서 호주에서 파룬궁의 목소리는 파묻히고 공적인 토론장의 주변으로 밀려났다. 그 사이 베이징을 지지하는 중국 이주자들이 계속 유입되며 대사관이 부르기만 하면 달려와 힘을 보태는 해외 중국인의 수가 증가했다.

제임스 토는 교무 공작을 세심히 연구한 결과를 요약해, 호주와 뉴질랜드 등에서 점점 늘고 있는 해외 중국인이 "재력을 갖춘 숙련된 인재로 쓰이고, 전 세계에 걸쳐 베이징의 활동을 지지하게 함으로써 소프트파워를 키워나가는 역할을 할 것이다"라고 경고한다.[122] 또한 해외 중국인이 "초국가적인 충성심을 갖추고 고도로 조직화한 종족 민족주의ethno-nationalist 세력으로 동원되고 정치화되어 정치적, 경제적, 외교적, 군사적 결과에 영향을 미칠 가능성이 있다"고 경고한다.[123]

2017년 12월 베넬롱 보궐선거 당시 베이징은 집권 자유당 후보인 존 알렉산더John Alexander를 떨어트리려고 온갖 수단을 동원했다. 반외국간섭법을 새로 도입한 턴불 정부를 응징할 목적이었다. 세간의 주목을 받는 노동당 후보 크리스티나 케닐리Kristina Keneally가 선거에서 승리할 경우 정부 여당이 하원에서 다수당 지위를 잃게 되므로, 베넬롱 보궐선거가 치열한 통일전선 공작의 거점이 된 것이다. 시드니 북쪽 해안에 자리한 베넬롱은 중공이 활동하기에 최적의 장소이다. 전체 거주민의 20%에 이를 정도로 한족의 비율이 가장 높은 선거구이기 때문이다. 더군다나 이들은 최근에 이주해 베이징을 지지하는 성향이 더 강하다.

베이징은 전통 매체와 소셜미디어를 망라한 중국어 매체를 동원해 호주 정부가 '인종차별적인 반중' 자세를 취한다고 매섭게 공격하는 방법도 이용했다.[124] 자유당이 "중국과 중국인, 한족 이주민, 중국 유학생을 배척한다"며 "우리 중국인이 이 극우 자유당을 여당에서 끌어내리자"고 촉구하는 1,700 단어로 쓰인 익명의 편지가 만다린어 소셜미디어를 통해 대대적으로 유포되었다[125](이 편지는 통일전선 정보원이 유포했고, 시드니 영사관이 작성했을 것이다). '중국을 배척한다'는 메시지가 주목을 받고, 결국 노동당도 중공의 장단에 맞춰 호주 정부가 '중국 공포증'에 빠졌다고 비난했다. 실제 선거에서 알렉산더가 재선되었지만, 한족 유권자 비율이 아주 높은 교외 지역에서는 노동당의 득표율이 자유당보다 10% 이상 앞선 결과가 나왔다.[126]

선거 결과에 누구보다 놀란 사람은 호주에 충성하는 중국계 호주인들이었다. 멜버른에서 반체제 작가 치자전을 만날 때, 함께 나온 그의 친구가 당신이 어디에 있건 당은 통제하려 한다며 이렇게 이야기했다. "저들은 뭐든 할 수 있습니다. 거리낄 게 없죠……절대 마음을 놓을 수가 없습니다." 치자전의 친구가 중국계 호주인 동포에게 전달하는 메시지는 이것이다. "당신은 이곳을 집으로 선택했다. 만일 당신이 밖에 나가 공산당을 지지하는 시위를 한다면 호주는 당신을 중국으로 돌려보내는 것이 맞다."

호주에서 가장 정통한 중국 전문가로 흔히 거론되는 존 피츠제럴드 교수는 중국의 당국가 체제가 "거대하고, 유능하고, 독재적이고, 기본권에 무관심하고, 자유주의 서구에 분노하고, 자유주의 서구의 입지를 질투하고, 우리 생활의 일부다"라고 이야기한다.[127] 평소 조용하고 신중하던 피츠제럴드 교수가 큰 소리로 경종을 울리고 있다. "베이징이 호주의 작고 개방적이며 포괄적인 사회에 침투해 영향력을 행사하려 한다"고 주장한다. "베이징이 호주의 언론과 종교, 집회 결사의 자유를 억압하려 한다. 사회의 조화를 위협한다. 베이징이 성공하면 호주의 주권과 안전이 무너진다"고 경고한다.[128]

북적거리는 멜버른 번화가 카페에서 피츠제럴드 교수를 만난 그날 아침, 이제부터는 그가 평생을 바쳐 연구한 결과를 그 어떤 고매한 중국학자의 의견보다 먼저 참고해야겠다는 생각이 들었다. 피츠제럴드는 사람들의 입을 틀어막는 베이징의 선전과 안보 체계가 "호주에 편안하게 이주해 정착했다"고 경고했다. 멜버른의 번화가를 벗어나며 나는 압도적으로 강력한 힘에 호주의 미래를 빼앗기고 있다는 생각이 들어 무섭고 두려웠다. 그리고 솔직히 말해서, 중국 안보 기관의 힘과 무자비함을 생각하면 나 자신의 미래도 불안했다.

4장

밀려들어오는 돈

중국의 억만장자 로비스트

억만장자 황샹모는 총리를 역임한 인물 모두를 비롯해 호주에서 가장 힘 있는 정치인들과 웃으며 이야기하는 사진들을 자신의 사무실 벽과 홈페이지에 자랑스럽게 내걸었다. 이들과 접촉할 수 있는 방법은 한 가지뿐이다. 매수다. 황샹모는 매수를 통해 호주에 들어온 지 불과 4~5년 만에 중국인 공동체의 거물이 되고, 호주 정당에 큰돈을 기부하며 뉴사우스웨일스주와 호주 정치에서 중요한 인물로 떠올랐다. 그는 이미 2012년 12월에 총리를 역임하고 재선을 눈앞에 둔 케빈 러드Kevin

중국의 조용한 침공

Rudd를 만났는데, 이 모임은 그 자리에 함께한 또 다른 실세인 노동당 뉴사우스웨일스 지부장 샘 데스티에리가 모임을 주선했을 것이다.

황샹모는 호주의 정계와 재계, 언론계에 전반에 걸쳐 인맥을 쥐고 있다. 그는 2016년에는 호주 주재 중국 대사의 송별회에서 연설자로 나섰고, 2014년에는 시진핑 국가주석이 호주를 공식 방문할 때 중국계 호주인 대표 중 한 사람으로 연회에 참석했다. 이런 사실만 봐도 황샹모가 중공의 핵심 인물인 것은 틀림없다. 그리고 그가 누린 영광이 호주의 중국인 공동체에 던진 메시지는 분명했다.

또한 황샹모가 중국에서 어떻게 부를 쌓았고, 막대한 부에도 불구하고 서둘러 중국을 떠난 이유와 호주에서 영향력을 가진 과정을 파악하면 호주가 얼마나 중국 앞에 허술했는지 알 수 있다.

황샹모는 1969년 광둥성 차오저우潮州 지방의 위후(玉湖, '옥호수'라는 뜻)라는 마을에서 태어났다(차오저우는 우리가 나중에 다룰 차우착윙의 선조가 살던 고향이기도 하다). 위후라는 회사 이름도 고향의 지명을 따서 지은 것이다. 인터뷰 기사에 따르면, 황샹모는 가난한 집안에서 태어났고 어린 시절 아버지를 여의었다고 한다.[1] 너무 가난해서 학업을 중도에 포기하고 돈벌이에 나섰다는 이야기도 중국 언론에 실렸다.[2] 광둥성 사회과학원에서 경제학을 전공했다는 보도도 있지만, 사회과학원은 연구원과 대학원생을 위한 기관이므로 이는 신빙성이 떨어진다. 정확한 시기는 알 수 없지만 황샹모는 제양으로 거처를 옮겼다. 그리고 2000년대에는 특색이 없었던 제양시에 엄청난 부동산 개발 붐이 몰아쳤다. 황샹모는 호주로 이주한 사업가를 포함해 여러 사업가, 중국철도그룹의 고위 관리직까지 이어지는 인맥을 쌓았다.

황샹모는 자본과 사업 정보, 중요한 인맥을 손에 쥐었다. 부동산 투자개발 계약에 관여한 덕분에 얻은 것으로 예상되지만 공식적으로 확인된 내용은 거의 없다. 회사 홈페이지와 정부의 기업 자료에는 황샹모가 2006년에 위후를 설립했다고 나오지만, 언론인 프림로즈 리오던Primrose Riordan과의 인터뷰에서 황샹모는 서른두 살이던 2001년에 회사를 설립했다고 이야기했다. 리오던은 "이후 10년간 제양에서 황샹모의 사업이 번창했다. 2009년 친구인 제양시 공산당 서기 천훙핑陈弘平이 숙원 사업으로 추진한 석탑 스타일의 거대한 문루門樓 건설에 1억 5,000만 위안을 기부할 정도였다"고 보도했다.[3]

후룬Hurun, 胡润이 발표한 중국인 부호와 고액 기부자 명단을 보면 2016년 황샹모의 자산은 62억 위안에 달한다.[4] 아직 중국에 머물던 2011년에만 각종 단체에 총 3억 위안을 기부한 것으로 보도되었다.[5] 황샹모는 2011년 〈후룬 리포트〉의 고액 기부자 명단에 10위로 등재되고, 2012년에는 22위로 이름을 올렸다.[6] 황샹모는 자신의 기부가 변변찮은 기부라고 겸손해하며, 사업 목적이 아니라고 주장한다. 기부하게 된 유일한 동기는 연민과 '사회 환원'이며, '대중을 풍족하게 만드는 것'이라고 주장한다.[7] 하지만 제양시에서 황샹모는 빈민들을 위한 병원이나 학교에 기부하는 대신 시장보다 강력하고 그 도시에서 가장 힘 있는 시당 서기의 숙원사업인 문루 건설에 기부했다.

제양시 문루 건설과 관련 있는 부패는 이 책에서 정리할 수 없을 만큼 복잡하고, 많은 내용이 여전히 베일에 싸여 있다. 그래도 간단히 정리하면 이렇다. 황샹모는 2008년 제양시 공산당 서기 천훙핑을 만났다. 당시 천훙핑은 제양시에 기념비적인 문루를 세우기 위해 혈안

중국의 조용한 침공

이 돼 있었다. 황샹모는 그에게 1억 5,000만 위안이라는 엄청난 금액을 기부하기로 약속했다.[8] 황샹모가 기부한 모든 돈이 실제 문루 건설에 쓰였는지 아니면 일부 금액은 누군가의 호주머니로 들어가고 그 대신 공금으로 충당했는지는 확실치 않다. 제양시의 또 다른 유력 사업가 황홍밍黄鸿明도 권유를 받고 문루 건설 사업에 (그리고 아마도 룽장의 관음각 건설 사업에) 큰돈을 기부했다.

미신에 빠져 풍수를 맹신하던 천훙핑은 수천만 위안의 돈을 들여 1,600킬로미터 떨어진 태산에서 유문암 덩어리를 들여와 세우고 그 주변에 아홉 개의 첨탑을 세웠다. 나중에 〈인민일보〉는 천훙핑이 "귀신과 영혼을 믿는다"고 비난했다. 황샹모가 2012년 시드니 항구 외곽 모스만의 뷰티포인트 지역 언덕 맨 위에 저택을 짓기 위해 1,280만 달러를 쏟아부은 것을 보면 그도 풍수를 믿은 것 같다. 부동산 중개업자의 말에 따르면 뷰티포인트는 풍수지리적으로 더없이 훌륭한 지역이다.[9] 황샹모가 그곳에 정착하기만 기다리던 중국인 사업가들도 인근 주택을 매입했다. 하지만 모두 황샹모의 저택보다 지대가 낮고 가치도 떨어지는 집이었다.

제양시 문루는 2009년 중반 완공되고, 개통식 행사장에서 천훙핑 서기가 황샹모 옆에서 활짝 웃으며 기념사진을 촬영했다. 하지만 얼마 지나지 않아 비리로 얼룩진 정황이 드러나기 시작했다. 천훙핑 서기는 2012년 7월 쌍규双规● 처분을 받았다. 쌍규는 중공의 초법적인 반부패

● 비리 혐의로 조사받는 간부에 대해 정해진 시간에 정해진 장소에서 진술을 하게 하는 것. 일종의 감찰법으로 이 처분이 내려지면 직무 정지, 재산 동결, 변호인 접견도 제한된다.

심문 절차로 자백을 받아내기 위해 피의자를 고문하는 일도 많다고 알려졌다. 보도에 따르면, 뇌물 수수를 비롯해 천훙핑의 다양한 불법 행위를 고발하는 탄원서 수십 통이 부패 방지 기관에 접수되었다고 한다. 쌍규를 받은 사람 대부분이 연달아 기소되어 법원에서 중대범죄로 유죄 판결받고 처벌받았다. 심문 과정에서 천훙핑은 제양시 제1부시장 류성파刘盛发도 문루 추문에 연루되었다고 자백했다. 2013년 2월에는 제양시 부시장 정쌍뱌오도 뇌물을 받았다는 의혹이 일었다. 정쌍뱌오와 류성파 모두 당에서 쫓겨나고, 류성파는 뇌물 수수로 기소되었다.

2013년 11월 황상모의 사업 동료인 황훙밍도 체포되어 천훙핑에게 뇌물을 공여한 혐의로 기소되었다. 천훙핑은 황훙밍에게 뇌물을 받았다고 자백하며 눈물로 법원의 관대한 처분을 호소했다고 한다.

황상모는 쌍규를 받는다는 공식적인 언급도 없었고, 그 어떤 불법 행위로도 처벌받지 않았다. 중국 뉴스 사이트에 게재된 기사를 보면 제양시 부패 사건에 연루된 사업가만 최소한 일곱 명이다.[10] 익명의 제양시 고위 공직자가 "2006년부터 2011년까지 사업가들과 제양시 공무원 사이의 결탁이 극에 달했다"고 증언한 내용도 보도되었다.[11]

황훙밍은 전임 제양시 당서기 완칭량万庆良과도 친밀한 관계였다. 완칭량은 2004년부터 2008년까지 제양시 당서기로 재직한 뒤 더 큰 권력과 이권이 걸린 광저우시 당서기로 승진한 인물이다. 결국 완칭량도 뇌물수수 혐의로 조사받고, 그를 따라 제양시와 광저우시에서 당부서기를 지낸 뤄어우罗欧도 조사를 받았다. 완칭량과 천훙핑은 수년간 범죄 활동에 공모하며, 제양시 부패 네트워크를 이끌었던 것으로 추정된다.[12] 결국 '제양시에서 함께 근무한 적이 있는 광둥성 공무원들이 줄줄이' 몰락하는 사태가 벌어졌다.

완칭량은 제양시 당서기 재임 시절 막강한 지위를 남용해 뇌물을 청탁한 혐의로 2016년 9월에 종신형을 선고받았다. 천홍핑은 2017년 6월 사형 집행유예를 선고받았다. 감옥에서 남은 생을 마감할 것이다.[13] 지역 언론은 완칭량과 천홍핑이 한 내연녀를 동시에 만나는 등 두 사람의 다양한 월권행위를 상세히 설명하며 사건을 대대적으로 보도했다.[14] 그러나 〈페어팩스 미디어〉는 "황샹모가 제양 문루 건설에 기부한 성금이 뇌물로 해석될 조짐은 없다"고 보도했다.[15]

황홍밍도 천홍핑에 뇌물을 제공한 혐의로 2017년 2월에 2년 11개월 징역형을 선고받았다. 〈페어팩스 미디어〉 기자인 필립 원과 루시 매켄Lucy Macken은 사건을 잘 아는 소식통의 말을 인용해 황샹모가 '가까운 정치 후원자도 뇌물 수수 조사를 받는다'는 소식에 중국을 탈출했다고 보도했다.

제양시 추문 사건은 더 큰 그림으로 이해하는 것이 중요하다. 중국 체제가 얼마나 부패했는지 제대로 아는 호주인이 거의 없기 때문이다. 중국은 권위주의 사회이기에 체제 내부의 작은 구멍을 제외하면 부패가 만연할 틈이 없다고 생각하지만, 사실은 정반대다. 체제 전체가 부패로 썩었고 깨끗한 부분은 몇몇 작은 틈에 불과하다.

중국의 정실 자본주의

저명한 학자 민신 페이Minxin Pei의 책《중국의 정실 자본주의

China's Crony Capitalism》는 톈안먼 사건 이후 중국에 나타난 고질적인 부패를 가장 체계적이고 철저하게 파헤친 자료다.[16] 2012년 말 시진핑은 새로운 국가주석이 되면서 부패근절 방안을 세웠다. 고질적인 부패가 정권의 권위를 흔들고 경제적 안정을 위협한다고 보았기 때문이다. 하지만 민신 페이는 "부패근절 대책을 추진하는 과정에서 법의 테두리를 넘는 약탈과 방탕 등이 계속되고 독재 정권은 현대화를 추진하며 탐욕스러운 '정실 자본주의 Crony Capitalism'●만 낳았다는 사실이 확인되었다"고 지적한다.[17]

시진핑이 보기 드물게 중국의 상황을 솔직하게 인정하며 부패근절 운동을 시작했지만 부패의 뿌리는 너무 깊게 자리 잡고 있었다. 지방의 말단 공무원은 말할 것도 없이 국가를 통치하는 최고위층까지 부패에 연루돼 있었다. 내각에 해당하는 정치국 상무위원회 위원 일곱 명도 부패에 연루됐을 정도였다. 중국의 국내 안보를 책임진 정치국 상무위원 저우융캉周永康이 체포되면서 그가 흉악한 마피아 두목 여러 명을 비롯해 사업가와 부패 공무원의 인맥을 쌓고 본인과 가족 명의로 엄청난 재산을 축적한 사실이 드러났다.[18]

관련 자료에 따르면 중국의 체계적이고 고질적인 비리는 1990년대에 등장한 뒤 2000년대에 특히 심각해졌다. 여러 기관의 공무원들이 수십 명씩 공모해 비리에 가담하는 새로운 형태로 발전했다.[19] 민신 페이는 중국에서 비리 공무원에게 청탁을 하지 않으면 사업하고 부를 쌓

● 정치, 경제의 관료들의 유착관계가 형성되면서 경제 성장이 어떤 특정 집단에게 혜택을 주어 성장하는 불공정한 경제 체제.

는 일은 불가능하다고 이야기한다. 웅덩이 물을 흐리는 미꾸라지는 한 마리가 아닌 셈이다. 지방 당서기가 통제하는 관할지역이 넓으면 고위 공직자와 사업가 그리고 때론 범죄조직의 우두머리까지 그물처럼 연결돼 이들을 통틀어 '붕괴형 부패collapse-style corruption'로 부르기도 한다.[20] 민신 페이는 2015년 광둥성 마오밍시에서 벌어진 부패 사건을 대표적인 사례로 든다. 당시 마오밍시 당서기 세 명과 시장 두 명, 경찰서장, 심지어 부패 척결이 임무인 당기율검사위원회 서기까지 포함해 200명이 넘는 공무원이 줄줄이 비리에 연루돼 처벌받았다.[21]

가장 흔한 비리는 매관매직이다. 성과 현의 당서기 중 돈을 주고 자리를 사지 않은 사람이 없었다. 뇌물로 자리를 살 때 치르는 가격은 국가의 자산을 싸게 팔거나 마음에 드는 사업가에게 계약을 주거나 횡령하거나 기업이 환경을 오염시키는 일을 눈감아 주고 돈을 받거나 하급자에게 진급을 약속하는 등의 방법으로 상쇄하고도 넉넉히 챙길 수 있다. 시장과 당서기들은 온갖 자리를 만들어 가장 많은 돈을 내는 사람에게 자리를 준 것으로 밝혀졌다. 뇌물을 주고 자리에 오른 사람은 돈을 대준 사람의 밑에서 또 다른 비리를 은폐하기에 급급하다. 그물처럼 얽힌 비리 조직은 공무원 한 사람이 체포돼 고문받으며 다른 연루자를 발설할 때 모습을 드러내는 경우가 많다. 흔히 첫 번째 혐의자는 대중의 제보로 체포되거나[22], 자리를 얻기 위해 입찰했다 떨어진 사람이나 불만을 품은 내연녀가 제보할 가능성이 크다.

부패 척결에 대한 의지를 밝히는 자리에서 시진핑 국가주석은 '관시关系그물이 더 치밀하고 복잡하게 얽혀' 공무원과 사업가가 결탁할 기회와 대가가 더 커졌다고 지적했다.[23] 민신 페이의 설명에 따르면,

중국의 모든 사업가는 시진핑의 지적을 '약탈을 일삼는 정권에서 정치 권력과 연결되지 않은 사유재산은 본질적으로 안전하지 않다'고 이해했다.[24] 후원자가 의심을 받으면 정치적 보호막이 하룻밤 사이에 흔적도 없이 사라질 위험이 있기 때문이다. 훨씬 더 강력한 보호자를 찾지 못한다면 수사를 받기 전에 중국을 빠져나가는 것이 최선이었다. 나무가 넘어지면 그 나무에 살던 원숭이들이 흩어지는 법이다.

비리 공무원들은 사업체를 직접 운영하기보다 공직을 이용해 가족들의 재산을 불린다. 많은 공무원이 자신의 사업적 이익을 돌보는 내연녀를 두고 있다. 하지만 내연녀들이 버림받으면서 공무원을 밀고하는 것으로 알려졌다.[25] 대체로 사업가들은 포섭하려는 공무원을 값비싼 식당에서 대접하거나 선물을 주거나 발 마사지나 매춘 업소 비용을 대신 지급하며 친교를 맺기 시작하며 관시의 그물을 차근차근 엮어 나간다.[26] 친교를 맺은 다음에는 관행적으로 선물을 주고받는 춘절을 노려 조그마한 현금 봉투를 건넨다.

부패의 뿌리가 닿지 않는 기관이 없다. 사법부에서도 뇌물을 주고받은 인맥이 드러났고, 중국 대법원까지 연루되었다. 딩하이위라는 사업가는 판사 25명에게 매월 돈을 전달했다. 그는 그럴듯하게 날조한 이유를 들어 거래하던 사업체 대부분을 고소했고, 매수한 판사를 통해 유리한 판결을 얻어냈다. 고위급 판사 한 명은 증거를 위조하기까지 했다.[27] 딩하이위의 회사는 사실상 판사와 법원 공무원의 비자금 창구였고, 이들이 요구하는 온갖 비용을 대납했다.[28]

중국의 모든 언론인은 당에 봉사하는 애국적인 자세를 잊지 않는다. 혹시라도 당이 원하는 바와 다른 태도를 취하더라도 재빨리 돌아

중국의 조용한 침공

와 당과 보조를 맞춘다. 가끔은 언론이 기업들이 저지르는 끔찍한 환경오염을 비롯해 불법 행위를 조사해 보도하기도 한다. 하지만 〈인민일보〉와 온라인 자회사에 근무하는 직원들은 수년간 조사해서 수집한 자료를 다른 목적으로 이용하고 있다. 불법 행위를 저지른 회사를 협박해 입을 다무는 대가로 돈을 요구하는 것이다. 호주로 전향한 쥔메이 우Jun Mei Wu 기자는 환경오염이 극심한 우한시의 조사에 참여한 경험을 이야기하며 "매월 말 모든 기자가 1~2만 위안이 담긴 돈 봉투를 받았습니다. 그게 일반적인 일이었습니다"라고 증언했다.[29] 강에 유독물질을 버린다는 지역 주민들의 항의도 기업을 협박하는 증거로 사용되었다. 환경을 파괴하는 일을 서슴없이 하는 회사는 입을 다무는 대가로 언론 매체에 매년 11만 9,000달러를 지급했다. 시진핑과 중앙위원회 정치국 위원을 비롯해 실력자들이 구독하는 중앙 일간지의 편집자와 기자들이 권력층을 찬양하는 기사를 싣는 대가로 돈을 받는다는 소문도 있다.

군대에서도 돈을 주고 계급을 사고파는 일이 흔하다. 실제로 인민해방군의 비리는 '전염병 수준'으로 판단된다.[30] 2015년 3월 〈신화넷〉은 비리를 저질러 유죄를 선고받거나 조사 중인 장군이 14명이라고 보도했다.[31] 중국 최고위급 장군인 쉬차이허우徐才厚를 비롯해 시진핑의 부패근절 운동이 시작된 이후 지금까지 총 30여 명의 장군이 체포되었다. 중앙위원회 정치국 위원이던 쉬차이허우는 진급을 바라는 부하들에게 엄청난 대가를 요구해 재산을 축적했다.[32] 2014년 체포될 당시 쉬차이허우가 집에 쌓아놓은 뇌물을 실어내는 데만 트럭 서너 대가 필요할 정도였다. 2012년까지 10년간 중앙군사위원회 부주석을 시내고 군내 서열 2위이던 궈보슝郭伯雄도 2015년 초 쌍규 처분을 받았다.[33] 장쩌민 전 국가주석과 연결된 궈보슝은 돈을 받고 부하들을 진급시켰다. 소장 계급장은 500만 위안, 중장 계급장은 1,000만 위안을 받고 팔았다고 한다.

인민해방군에 비리가 만연한 탓에 정직해 뇌물을 주지도 받지도 않는 사람은 진급에 불리하고, 뇌물을 주고 진급해 다시 부하들에게 뇌물을 받는 사람만 진급에 유리했다. 그리하여 서구 군사 전략가들은 중국군이 물리적 충돌이 벌어졌을 때 높은 성과를 내기 어려울 것으로 평가한다. 중국은 국제적으로 군사 개입이 많아지는 상황에서 이러한 평가를 의식했는지 최근에는 인민해방군이 지위와 계급 체계를 개혁하며 전투력 향상을 꾀하고 있다.[34]

부패와의 전쟁인가, 정적 제거인가

시진핑은 2012년 11월 당 총서기 및 중앙군사위원회 주석으로 취임한 이후 지금까지 반부패 운동을 강력하게 추진하고 있다. 제양시의 대중을 속인 사건과 같은 추잡한 음모가 전국 수십 개 도시에서 적발되었다. 이와 동시에 시진핑은 수많은 인권 변호사를 투옥하고 해외에서 체제를 비판하는 사람들의 가족을 체포하는 등 온갖 종류의 반체제 활동도 무자비하게 단속하고 있다. 이 바람은 당의 최고위직까지 불어와 중앙위원회 정치국 위원도 가차없이 숙청되었지만, 가장 강력한 핵심 간부와 태자당太子黨● 인사들, 특히 시진핑 국가주석의 가족은 무사했다.

2015년 파나마의 한 로펌에서 금융 관련 문서인 파나마 페이퍼스 Panama Papers●●가 유출되고, 전현직 정치국 위원 일곱 명과 함께 시진핑의 가족이 비밀 역외 계좌를 소유하고 있다는 사실이 드러났다. 시진핑이 자신의 지위를 이용해 가족의 재산을 축적했다는 증거는 없지만, 시진핑의 누이와 매형은 엄청나게 재산을 모았다.[35] 중국 언론은 파나마 페이퍼스에 등장한 중국 관료들의 이름을 일체 언급할 수 없었다. 〈블룸버그통신〉이 장문의 기사를 실어 시진핑 가족의 재산을 공개하자, 중국은 〈블룸버그통신〉 기자들을 추방했다. 이후 〈블룸버그통신〉은 베이징이 정한 규칙에 따르기로 합의했다.

대부분 시진핑의 정치적 후원자인 최고위 관료들은 처벌을 받지 않고 넘어가며 이들과 연루된 사업가나 공무원들도 큰 피해는 없었지만, 정치 바람이 언제 어떻게 바뀔지 몰라 두려움에 떨었다. 게다가 반부패 운동은 '장쩌민 전임 주석의 영향력 약화'라는 새로운 목표를 추가했다. 장쩌민파가 시진핑의 정권 장악에 방해가 됐기 때문이다. 특히 장쩌민파의 방패 역할을 하는 홍콩 고위 간부들이 집중 공격을 받았다.[36] 뇌물을 주고 중국인민정치협상회의 위원이 되어 VIP 대접을 받으며 고위 관료와 접촉한 홍콩 거부들도 대상에 포함되었다.[37] 몸을 피해 달아난 사람들도 있었다. 홍콩의 거부들은 중국인민정치협상회의 위원으로 지명받기 위해 수시로 뇌물을 건넨다.[38] 위원이 되면 최고위

● 중국 당·정·군·재계 고위층 인사들의 자녀를 일컫는 말.
●● 파나마의 최대 로펌인 모색 폰세카가 보유하던 비밀문서로 20만 개 이상의 조세피난처 회사에 관한 금융 및 고객 정보가 담겨 있다.

층까지 관시를 확장할 수 있는 절호의 기회가 생기기 때문이다. 일반적으로 관시를 중국 특유의 인맥으로 생각하지만, 정치적, 경제적으로 이익을 얻기 위한 연줄로 보는 것이 더 정확하다.

시진핑 국가주석이 주도한 반부패 운동은 과연 성공했을까? 공식적인 수치는 깜짝 놀랄 정도다. 〈중국일보〉는 2016년 73만 4,000건의 부패 혐의를 조사하고 장관급 인사 76명을 포함해 41만 명의 공무원이 '기율 위반이나 불법 행위'로 처벌받았다고 보도했다.[39] 죄질이 특히 나쁜 사람들은 처형되었다. 부패를 조사하는 조사관 중에서도 부패를 저지르는 무리에 포함된 사람들이 있었다. 불안에 떤 고위층과 달리 대중은 반부패 운동을 강력히 지지했다. 내부 사정에 밝은 관찰자의 말에 따르면, 하급 관료들은 몸을 사리며 신중해졌지만, 발각될 위험이 더 커짐에 따라 고위급 관료들은 사업가들이 분통을 터트릴 정도로 뇌물 액수를 올렸다고 한다.[40] 해외 은행 계좌로 직접 외화를 송금하는 등 뇌물을 주는 방법은 더욱 교묘해졌다. 한 사업가는 미국인 카드 타짜를 고용해 고위직들과의 게임에서 일부러 짐으로써 거금을 건네는 기발한 방법을 쓰기도 했다. 이 방법은 카드 전문가를 이긴 고위직들의 '체면'을 세워주는 부수적인 효과도 있었다.[41]

민신 페이는 레닌주의 당국가 체제의 최고 권력이 시장 경제와 결합하면 어쩔 수 없이 비리가 생기고 이 때문에 일시적인 단속으로는 이들을 척결할 수 없다고 주장한다.[42] 마틴 울프Martin Wolf는 "시장 경제가 합리적인 반부패 정권과 결합하려면 경제 주체들이 독립된 법원에서 보호받을 법적인 권리가 필요하다. 하지만 레닌주의 당국가 체제는 이런 권리를 인정하지 않는다. 당국가 체제가 법 위에 있다고 정해져 있기 때문이다"고 설명한다.[43] 지방이나 도시 그 어디에서든 당서기가 시장이나 법원장, 경찰서장보다 더 큰 권력을 행사한다. 또 시진핑이 반부패 운동을 정치적 공격에 이용한다는 사실 때문에 대의명분도 힘을 잃었다.

중국에서 지난 20여 년간 부를 축적한 많은 사업가가 비리나 기타 죄목으로 기소될 수 있다는 두려움 때문에 해외 부동산을 구입하고 자녀를 유학 보내고 비자나 여권을 취득하는 등 해외 도피처를 마련했다. 이들이 선호하는 국가가 미국과 캐나다, 뉴질랜드, 호주다. 중국과 범죄인 인도 조약을 체결하지 않은 국가들이기 때문이다.

호주에서는 중국의 체제가 부패했고 비리가 만연하다는 이야기를 하는 것은 예의에 어긋나는 일이다. 비록 부패한 체제 아래 사는 중국인들이 누구보다 더 분개할 일이지만, 이런 말은 자칫 인종차별로 해석될 수 있기 때문이다. 그래서 중국 정재계 실력자와 거래할 때는 감춰진 더러운 비밀을 알고 있다는 기색만 보여도 관계가 불편해지거나 더 나아가 도덕적 의심을 받을 수 있으므로 계약을 추진하는 동안에는 아예 그런 생각을 하지 않는 편이 낫다.

호주의 황샹모

황샹모는 2011년 즈음부터 호주에서 사업을 시작한 것으로 보인다.[44] 2012년 호주에 위후그룹을 설립하고, 2013닌에 중국을 완전히 떠난 것 같다.[45] 그리고 즉시 자신의 부를 이용해 중국계 호주인 공동체에서 입지를 굳히고 정치적 영향력을 넓히기 시작했다.

위후그룹 홈페이지를 살펴보면 황샹모가 빠른 속도로 중국계 호주인 공동체를 장악한 비결이 무엇인지 알 수 있다.[46] 황샹모는 2014년 중국평화통일호주추진회 회장으로 선임되며 자신의 새로운 영향력을 확실히 보여주었다. 이 추진회는 호주에서 베이징이 통제하는 조직 중 가장 중요한 조직이다. 캔버라의 중국 대사관이나 시드니의 중국 영사관이 보증하는 사람만 고위직에 오를 수 있다. 중국평화통일호주추진회는 중국평화통일추진회가 관리하는 전 세계 80개 이상의 지부 중 하나이며, 최근까지 중국평화통일추진회를 이끈 인물은 정치국 상무위원회 위원으로 중국에서 가장 강력한 지도자 중 한 사람인 위정성이다.[47] 따라서 중국평화통일호주추진회는 중국이 호주에서 추진하는 통일전선 공작의 핵심이다.[48]

황샹모는 호주에서 영향력을 행사하는 각종 해외 중국인 단체에서 줄줄이 간부직을 차지하고 있다. 그중 하나가 호주광둥교단연합총회 회장직이다. 2013년 9월 출범식 행사에서 황샹모는 광둥성 교무판공실의 지원을 받아 총회를 출범한다고 연설했다. 광둥성 교무판공실은 중공의 교무 계획을 실행하는 지역 단위 조직이다.[49]

중국평화통일호주추진회 고위직에 임명된 중국계 호주인은 그 사실 하나만으로도 베이징의 신임을 얻고, 실제로는 돈벌이가 목적이지만 애국적인 활동을 한다는 신뢰를 받는다. 중국평화통일호주추진회는 베이징을 지지하며 남중국해 등의 문제에 대한 호주 양당의 입장을 줄기차게 비판함으로써 호주의 공론장에서 베이징의 믿음직한 대변자 역할을 수행한다.

중국평화통일호주추진회는 황샹모가 간곡한 요청에 못 이겨 회장직을 맡았다고 소개한다. 그러면서 그가 '호주의 해외 공동체와 정계, 재계, 학계에서 받는 높은 신망을 바탕으로 광범위한 영향력과 호소력'을 행사하며 지난 수년간 총 3억 7,800만 위안을 기부했다고 알린다. 또한 총리를 비롯해 유명 인사들과 만나는 자리에서 "황샹모는 고국에 있건 해외에 있건 중국의 아들딸은 한마음 한뜻이며 하나로 뭉쳐 있다고 강조한다"고 밝힌다.[50] 하지만 사실 호주의 이주 중국인들은 하나가 아니라 심각하게 분열되어 있다.

황샹모는 새로운 나라에서 '관시'를 만드는 중요한 작업을 진행하며 노동당 소속으로 뉴사우스웨일스주 재무장관을 지낸 에릭 루젠달 Eric Roozendaal을 끌어들였다. 에릭 루젠달은 1999년부터 뉴사우스웨일스 의회 상원에 입성한 2004년까지 (공교롭게도 시드니 차이나타운의 서섹스가에 위치한) 노동당 뉴사우스웨일스 지부의 총서기를 역임했다. 당의 기금을 모집하는 중요한 임무 외에도 뉴사우스웨일스 노동당의 선거 유세도 맡고, 뉴사우스웨일스주 연방 선거 유세도 책임졌다. 곧 자세히 이야기할 샘 데스티에리를 빼면 노동당 중진 중에서도 에릭 루젠달의 인맥을 뛰어넘을 사람이 없었다. 루젠달이 감옥을 제집처럼 드나드는 에디 오베이드Eddie Obeid와 모지스 오베이드Moses Obeid 부자의 부패 혐의에 연루되었지만 독립부패방지위원회ICAC에서 혐의를 벗었기에 황샹모는 주저 없이 루젠달을 영입했다.

2012년 11월 황샹모가 호주 노동당 뉴사우스웨일스 지부에 15만 달러를 기부했다. 이후 4년간 황샹모의 회사와 직원, 가족, 측근 등의 명의로 뉴사우스웨일스 노동당 계좌에 입금된 황샹모의 자금이 무려 178만 달러에 달한다.[51] 황샹모의 직원과 측근들도 거액의 정치자금을 기부한 것으로 알려졌다.[52] 메이쥐안 애나 우Meijuan Anna Wu라는 이름만 알려진 인물도 기부를 했는데, 나중에 알고 보니 위후그룹 비서였다.[53] (메이쥐안 우는 위후에 입사해 5만 달러를 기부하기 전까지 맥스브래너 초콜릿바 체인점에서 바리스타로 일했다.[54]) 2014년 3월에는 쑤자오카이苏昭楷가 노동당 뉴사우스웨일스 지부에 6만 달러를 보냈는데, 기부자의 연락처는 시드니 교외 로즈의 아파트와 구글 메일 주소가 전부였다.[55] 사실 쑤자오카이는 위후의 지점장이었다[56](신고서에는 '샘 데스티에리'에게 보내는 기부금으로 표기되었다).

2013년 3월 당시 상원의원이던 루젠달이 위후 그룹 호주 본사를 방문했다. 위후그룹의 홈페이지에는 황샹모가 위후그룹과 호주 정부의 관계 증진을 위해 루젠달을 초대한 것으로 소개되었다.[57] 그리고 같은 달 역시 황샹모의 초대를 받아 루젠달은 위후그룹이 중국에서 추진하는 사업들을 둘러봤다.[58] 위후그룹 홈페이지는 루젠달 의원이 "위후그룹과 호주 정부의 협력을…… 증진하기로 합의했다"고 소개했다. 루젠달은 위후그룹의 로비스트가 되었다. 2013년 5월 의원직을 사임하고 2014년 2월부터 호주 위후그룹의 부회장으로 새롭게 출발했다.[59] 그리고 2016년 최고경영자로 승진했다.

루젠달이 임기 만료를 6년이나 앞두고 뉴사우스웨일스주 상원의원직에서 물러나자 뉴사우스웨일스 노동당은 그 자리를 어니스트 웡에게 넘겨주었다. 버우드 시장을 지낸 어니스트 웡이 현재 노동당과 중국 돈을 잇는 가장 중요한 인물인 것 같다.[60] 그는 황샹모와 아주 친밀한 사이다.

황샹모는 총리를 지낸 노동당의 줄리아 길라드Julia Gillard, 케빈 러드와도 신속하게 관계를 구축했다. 황샹모와 호주 연방 정치인의 만남이 최초로 보도된 것은 2012년 12월 케빈 러드를 만났을 때였다(당시 러드는 총리 재선을 준비하던 중이었다). 뉴사우스웨일스 노동당 총서기인 샘 데스티에리도 참석했는데, 중국인 사업가와 연결된 미심쩍은 관계가 4년 뒤 샘 데스티에리의 정치 경력에 발목을 잡고 2017년 12월에는 그의 정치 인생에 종지부를 찍었다.

위후그룹 홈페이지에는 2002년부터 복건회관연합 회장을 역임한 홍용위洪永裕가 이 모임을 주선한 것으로 되어 있다.[61] (일명 앙엥주Ang Eng Joo로도 알려진) 홍용위는 중국계 호주인 재계 원로로 적어도 2002년부터 중국 대사관과 긴밀한 관계를 유지한 인물이다.[62] 홍용위는 나중에 기부한 사실이 기억나지 않는다고 대답했지만[63] 2014년부터 2015년까지 앙엥주라는 이름으로 뉴사우스웨일스 노동당에 11만 달러를 기부했고, 당시 중국평화통일호주추진회의 부회장이었다.[64] 홍용위는 황샹모가 호주에서 관시를 구축하도록 힘을 보태기도 했다.[65] 2012년 12월 호주를 방문한 중국 정치국 위원 류옌둥刘延东이 중국인 공동체 지도자들이 마련한 행사에 참석하고, 행사장에서 류옌둥과 황샹모가 악수할 때 옆에 서 있던 인물이 홍용위였다.[66]

2013년 3월 황샹모는 본인이 명예직을 맡고 있던 차오저우협회와 푸젠협회가 공동 주최해 푸젠협회 공회장에서 열린 등불축제 행사에서 케빈 러드와 후원자인 크리스 보웬 사이에 앉았다. 봅 카Bob Carr와 홍용위, 중국평화통일호주추진회의 초대 회장을 지낸 '위대한 중국 에

국자' 윌리엄 추, 호주중국차오저우협회 회장인 저우광밍周光明도 행사에 참석했다. 황샹모는 호주에 정착한 지 불과 수개월 만에 중국인 공동체의 유명 인사로 떠올랐다.[67]

황샹모는 〈글로벌타임스〉에 중국어로 기고한 (그리고 로완 캘릭이 〈디 오스트레일리안The Australian〉에 보도한) 글에서 "해외 중국인은 정치에서 힘을 축적해야 한다"며 돈의 소프트파워에 대해 "돈이 정치의 우유다"라고 주장했다.[68] 그러면서 해외 중국인이 호주 정치에 입문해 영향력을 행사하려는 노력이 부족했다고 한탄했다. 황샹모가 추진할 계획이 분명히 드러난 셈이다.

황샹모의 기부는 정치 기부자가 한결같이 바라는 신분 상승과 사업 확장이라는 목표를 달성한 것과 더불어 베이징을 기쁘게 했다. 중국의 정책과 목표 추진에 도움이 되기 때문이다. 연구 결과에 따르면 중국에서 성공한 기업가들은 공산당의 정치적 가치에 '대단히 공감'한다. 결국 그들이 부와 영향력을 쌓은 것이 중공의 체제 덕분이기 때문이다.[69]

황샹모가 얼마나 민첩하게 움직였는지는 어렵지 않게 확인할 수 있다. 수많은 행사에서 중국 총영사와 나란히 찍은 사진을 비롯해 황샹모에 관한 기사가 시드니 중국 영사관 홈페이지에 자주 등장하기 시작했다. 2014년 겨우 2건, 2015년 3건의 기사가 실린 데 비해 2016년에는 무려 7건의 기사가 실렸다. 2013년에는 황샹모가 대사관이나 영사관과 접촉한 일이 적었던 것으로 짐작된다. 황샹모가 웨스트미드병원에 기부금을 전달하는 행사장에 당시 대사인 마자오쉬馬朝旭가 참석한 것을 제외하면 2013년에 황샹모가 대사관과 접촉했다는 보도는 전혀 없었다.[70] 2014년 2월 황샹모는 홍융위를 포함한 공동체 지도자들과 영사관 직원들, 평소처럼 떼로 몰려온 호주 정치인들과 함께 시드니에서 춘절 축제를 열었다.[71] 2016년에는 대사관의 선임을 받아 중국인 공동체 대표로 신임 대사 청징예成竟业를 맞이했다.[72] 황샹모가 몇년 만에 본인을 중국인 공동체 대표로 만든 것이다.

2014년 3월 황샹모는 중공의 주요 기관인 〈인민일보〉와 인터뷰를 진행하며 중국 전국인민대표대회와 당시 중국과 호주가 추진 중이던 자유무역협정에 관한 의견을 개진했다. 그는 시진핑 국가주석의 캐치프레이즈를 인용해 "제 '중국몽'은 조국이 계속해서 점점 더 위대하게 성장해 인민의 자신감을 높이는 것이며, 제 소망은 조국이 평화적인 통일을 이뤄 번영하는 것입니다"라고 선언했다.[73]

양당에 모두 연줄을 대다

부패 추문에 휘말린 황샹모는 언론에 보도된 대로 부랴부랴 중국을 떠나 2012년이나 2013년에 호주에 정착했다. 황샹모는 서둘러 중국을 빠져나온 것이 아니라고 주장하지만, 진실이 무엇이건 그는 호주에 도착한 즉시 부를 이용해 중국계 호주인 공동체에서 입지를 굳히고 정치인들과 인맥을 쌓는 일에 착수했다. 앞서 이야기한 대로 그는 2014년 호주에서 활동하는 통일전선 조직의 정점인 중국평화통일호주추진회 회장으로 선출되었다. 중국학자 앤-마리 브래디의 말에 따르면 중국평화통일호주추진회에 해당하는 뉴질랜드의 단체는 중공 중

앙위원회가 통제하며, 중국 정부가 단체를 조직하고 지원하고 보조금을 지급한다.[74]

황샹모는 자신과 중국평화통일호주추진회는 베이징이나 중공과 아무 연관이 없다고 주장하지만, 2016년 9월 중국평화통일호주추진회가 소집해 베이징에서 열린 제14차 해외 평화통일추진회 회의에 중국평화통일호주추진회 간부 네 명이 참석했다. 그리고 그 자리에서 부회장인 톈페이Tian Fei가 황샹모 회장을 대신해 연설했다.[75] 2017년 3월 황샹모는 쑨링안孫凌雁 부비서장이 이끌고 호주에 온 중국평화통일추진회 대표단을 맞이해 연회를 베풀었다.[76] 그리고 같은 달 중국 교무판공실 주임 추위안핑裘援平을 영접했다.[77] 중국평화통일호주추진회는 2017년 리커창 총리가 호주를 방문했을 때도 공개적으로 지지하는 행사를 기획했다.[78]

중국평화통일추진회는 해외에서 활동하는 중국 정부의 '비정부 기관' 중 영향력이 가장 큰 기관이며, 호주에서도 예외는 아니다. 중국 정부가 각 나라의 한족을 통제할 수 있도록 돕는 역할을 하며, 중국 국무원 교무판공실과 임무를 공유한다.[79]

호주의 유력 정치인 중에도 겉으로 드러난 중국평화통일호주추진회의 가면에 철저히 속은 사람들이 있다. 특히 두드러진 인물이 다음과 같이 이야기한 봅 카Bob Carr다.

중국평화통일호주추진회 연례 만찬회에 참석한 연립정부 정치인과 노동당 정치인들에게 '추진회'는 (예를 들어 호주 안과의사를 티베트에 파견하는 기금을 마련하는 등) 한결같은 자선 단체이자, 중국인 공동체를 보호하는 우산 조직이다. 추진회와 중국 통일전선 공작부의 관계가 소홀해졌건 여전히 활발하건, 이제 신경 쓸 필요가 없다.[80]

중국평화통일호주추진회의 역할과 활동을 완전히 오해한 것이다. 자선활동은 언제나 정치적 역할을 숨기는 가림막 역할을 했다. 중국평화통일호주추진회는 통일전선공작부의 작품이며, 호주 정치 원로들을 끌어들이는 이유는 중국의 영향력을 확보하기 위함이었다.

황샹모의 정치 노선은 어느 한쪽으로 치우치지 않는다. 호주에 들어온 이후 황샹모와 그의 회사는 노동당과 자유당에 130만 달러를 기부했다. 가족과 직원, 가까운 지인들이 기부한 금액까지 합치면 총 290만 달러에 육박하며, 그중 180만 달러는 노동당, 110만 달러는 자유당의 몫이다.[81]

노동당 실세 에릭 루젠달의 지원을 등에 업고 황샹모는 2015년 전임 뉴사우스웨일스주 부총리이자 국민당 대표였던 앤드루 스토너 Andrew Stoner를 영입했다. 스토너가 의원직을 사임하고 불과 몇 달 뒤였다.[82] 스토너의 역할은 황샹모가 호주 농업에 투자하려고 조성한 20억 달러의 용도와 기업식 농업 투자에 대한 내용을 조언하는 것이었다.

황샹모는 연방 통상투자부 장관인 앤드루 롭Andrew Robb과도 밀접한 관계를 맺었다. 롭이 다양한 중국 기업과 일하기 위해 의원직에서 물러나자 황샹모는 롭의 언론 담당 비서였던 캐머런 힐Cameron Hill을 고용해 위후그룹의 언론과 관계된 업무를 맡겼다.[83]

황샹모가 시드니공대에 설립한 호주중국관계연구소Australia-China

Relations Institute의 출범식 행사에서 외무장관 줄리 비숍이 참석해 20분간 연설한 일을 봐도 정부 고위직과 억만장자의 *끈끈한* 관계를 알 수 있다. 황샹모는 자신이 직접 밥 카를 호주중국관계연구소 소장으로 선임했다고 자랑스럽게 발표했다.

시드니공대는 기쁜 나머지 황샹모를 '겸임 교수'로 임명했고, 〈인민일보〉는 곧바로 황샹모를 "호주의 학자"로 부르기 시작했다.[84]

2013년 당시 황샹모는 서호주 지역에서 추진하던 사업도 없고 다른 연결고리도 없어 보였지만 위후그룹은 줄리 비숍이 이끄는 자유당 서호주 지부에 23만 달러를 기부했다.[85] 줄리 비숍은 이날 행사에서 황샹모를 만나 대단히 기쁘다는 소감을 밝히며, 중국은 선의의 힘이고 호주의 가장 큰 무역 상대국일 뿐만 아니라 '우리에게 오는 이민자, 유학생, 국제관광객이 중국에서 가장 많이 온다'고 평가했다.[86]

줄리 비숍이 2016년 남중국해와 관련해 중국에 국제법을 인정하라고 강경하게 요구한 것을 보면, 줄리 비숍이 중국 돈은 받아도 그 노예가 되지는 않았던 것 같다. 이런 비숍이 혹시 마음을 바꾼다면 호주와 미국의 동맹을 깨뜨리려는 베이징의 계획이 성공하고 있다는 신호가 되겠지만, 다행히 아직은 그럴 조짐이 보이지 않는다.

황샹모는 총리 재임 시절 토니 애보트와도 사진을 찍었다. 그러나 2015년 9월 총리 자리가 말콤 턴불에게 넘어가자 황샹모는 새로운 사령탑과도 친분을 쌓아야만 했다. 친분을 쌓는 데는 오랜 시간이 걸리지 않았다. 2016년 2월 황샹모와 턴불이 시드니의 춘절 행사장에서 나란히 사진을 찍었다.

하지만 더 수상한 것은 사업가 황샹모와 또 다른 고위 각료의 관계다. 과거를 조금 더 거슬러 가 보면 2014년 4월, 황샹모는 홍콩에서 통상투자부 장관인 앤드루 롭과 회의를 열었다. 홍콩 주재 호주 영사관 대표들도 참석해 중국과 호주의 자유무역협정을 논의하는 자리였다.

이날 회의에는 황샹모와 위후그룹 직원들 외에 중국 회사 두 곳의 대표도 참석했다. 한 곳은 중국농업개발집단유한공사China National Agricultural Development Group이고, 또 한 곳은 중국애지집단China Aidi Group이었다.[87] 이들과 함께 위후그룹 사람 다섯 명이 중국 측을 대표해 회의를 진행했다. 그리고 몇 개월 뒤, 앤드루 롭이 낙농업에 관한 연설을 하며 위후그룹의 농업 투자 기금을 콕 찍어 추켜세웠다.[88]

위후그룹은 이날 회의와 과련해 "롭이……두 나라가 올해 말까지 자유무역협정에 관한 협상을 끝내고 최종적으로 협정을 체결해 8년여에 걸친 논의를 성공적으로 마칠 수 있을 것으로 기대했다"는 보고서를 작성했다. 앤드루 롭은 중국 기업이 호주에 투자할 때 발생하는 문제 특히, 취업 비자 발급의 어려움에 관한 황샹모의 의견도 청취하고 메모했다.[89]

여기서 주목할 점이 취업 비자 발급 문제다. 중국과 호주의 자유무역협정을 비판하는 사람들이 가장 먼저 거론하는 부분이 중국인 노동자 수입 조항이기 때문이다. 롭 장관은 노동력 부족과 관련해 외국인 채용 전에 먼저 현지인 고용 가능성을 검토하는 제도를 도입하라는 노조의 요구를 '진실성이 없고 비도덕적이며 인종차별적'이라고 공격하고, 노동당이 '외국인 혐오'를 하고 있다고 비난하곤 했다.[90]

이날 회의는 성공적으로 끝났다. 황샹모는 (롭의 근거지인) 빅토리아주 자유당에 기부하고 골드스타인 선거구에 출마하는 롭의 선거 자금을 대기 위해 서둘러 거금을 마련했다. 2016년 5월 〈페어팩스 미디어〉는 "위후그룹 경영진이 통상투자관광부 장관인 앤드루 롭의 기금 모금 단체인 베이사이드 포럼Bayside Forum에 중호자유무역협정이 체결되던 날의 5만 달러를 포함해 총 10만 달러를 기부했다"고 폭로했다.[91]

이뿐만이 아니다. 2013년에도 롭은 황샹모의 초대 손님으로서 입장권과 후한 대접을 받으며 멜버른 컵 경마 대회를 참관했다.[92] 황샹모는 경마 산업에서도 영향력 있는 인물로 멜버른 컵 대회에서 우승컵을 시상했다.[93]

2015년 앤드루 롭은 여러 정치인과 함께 미소 띤 얼굴로 '기부의 날' 행사에 참석했다. 황샹모가 집중적으로 홍보하고 재계 거물과 사업 동료들이 앞장서 아동의학연구소 등의 자선 단체에 거액을 기부한 행사였다. 앤드루 롭은 노동당 대표인 빌 쇼튼Bill Shorten과 함께 2016년 1월 황샹모의 딸인 카리나Carina의 결혼식에도 귀빈으로 참석한 것으로 보인다.

2016년만 해도 베이징은 황샹모를 신뢰했다. 중공이 신임하는 사람만 당 대변지인 〈인민일보〉에 의견을 실을 수 있는데, 그해 7월 〈인민일보〉에 황샹모의 기고문이 실렸기 때문이다. 황샹모는 기고문에서 공산당 문화는 "해외에 있는 6천만 애국 중국인이 '함께 호흡하고 함께 행운을 나누도록' 하는 공통 유전자"라고 주장했다.[94]

이보다 한 달 앞서 황샹모는 호주중국관계연구소ACRI 회장 자격으로 〈오스트레일리안 파이낸셜 리뷰Australian Financial Review〉에도 기고문을 실어, 남중국해에서 미국이 실시한 '항행의 자유 작전 FONOP●'을 지지한 호주를 '중국은 대단히 불쾌할 것'이라며 베이징의

　　　　　　　　　　　　　　중국의 조용한 침공

협박을 그대로 되풀이했다.[95] 호주가 후회할 '어리석은 행동'을 저질렀다는 것이다.

계속해서 황샹모는 신임 필리핀 대통령 로드리고 두테르테Rodrigo Duterte가 중국에 취하는 '실용적' 접근법을 호주가 따라야 할 모범 사례로 들었다. 총을 쏘는 자경단원이 2016년 5월에 필리핀 대통령으로 선출된 사건●●은 믿기 힘든 중국의 행운이었다.[96] 베이징은 줄곧 호주에 필리핀처럼 실용적으로 접근하라고 요구했고, 낯 뜨겁게도 샘 데스티에리가 이에 화답해 중국 언론과 기자 회견에서 베이징이 원하는 대로 이야기했다.

그런데 2016년 9월 데스티에리 사건이 처음 불거지며 황샹모도 서서히 베이징의 신뢰를 잃은 것 같다. 2016년 이후에는 황샹모의 이름이 시드니 영사관 홈페이지에 자주 등장하지 않았다. 2017년 11월 두 번째로 터진 데스티에리 사건에 휩쓸려 급기야 턴불 총리에게 중국 정부와 '정말 가까운' 외국 시민이라는 평가까지 받게 되자[97] 황샹모는 중국평화통일호주추진회 회장직을 사임했다.[98]

2017년 2월 영사관이 통제하는 춘절 행사가 시드니에서 열릴 때, 황샹모는 뒷전으로 밀려나 총리를 영접하는 임무는 쉐수이허薛水和에게 돌아갔다. 쉐수이허는 중국 국적자로 호주에서 대규모 부동산 개발 사업을 벌이고 푸젠성과 쓰촨성에서 건축과 섬유, 식품 사업을 하며

● 공해에서 자유로운 항행을 국제법으로 보장하는 원칙. 중국은 남중국해 스프래틀리 제도에 영유권을 주장하고 있고, 미국은 국제법을 근거로 남중국해에 군함을 보내어 자유롭게 항행하는 작전을 펼쳐 중국의 주장을 인정하지 않는다는 뜻을 보임.

●● 로드리고 두테르테 대통령이 과거 자경단을 운영하며 정적 제거를 지시했다는 증언이 있었다.

돈을 모은 것으로 보인다.[99] 쉐수이허는 황상모가 물러난 중국평화통일호주추진회 최고 명예 회장직을 포함해 중국인 협회들의 명예직을 줄줄이 차지했고, 호중경제교역문화협회ACETCA 회장까지 맡았다. 호중경제교역문화협회는 문화와 청춘, 조화, 평화 등 원대한 목표를 기준으로 내세우는 통일전선 조직이다.[100] 쉐수이허의 형제인 쉐수이화薛水华, 쉐예광薛叶光도 호중경제교역문화협회의 명예 회장이다. 쉐수이화는 자신을 소개하는 글에서 "우리는 중국 가치의 씨앗을 키워 해외로 전파해야 한다"고 선언하고 있다.[101]

차우착윙

부유한 중국 사업가들이 재계에서 주의회와 연방 의회에 영향을 미치는 가장 강력하거나 유일한 세력은 아니다. 이들의 힘은 광업회사나 언론 재벌의 힘에는 상대가 되지 않는다. 하지만 광업회사나 언론 기업은 중국 사업가들보다 더 큰 이익을 추구할 뿐이다. 중국 당국가 체제의 영향력이 호주의 가장 중요한 기관들에까지 퍼지고 있으므로 금권 정치를 우려하는 사람들은 중국 사업가와 이들에게 순종하는 정치인들이 호주의 정계와 재계에 뿌리내리지 않도록 경계해야만 한다. 전통적인 기업 로비가 오직 기업의 이익 보호와 성장을 목표로 삼았다면, 일부 부유한 중국 사업가들은 중공의 목표에 공헌하기 위해 정치적 연줄을 이용한다.

인맥 관리의 달인인 차우착윙은 자신이 세간에 알려지는 일을 꺼

려 하지만 프랭크 게리Frank Gehry가 설계한 경영대학원 건축을 위해
시드니공대에 2,000만 달러를 기부한 일은 두고두고 회자될 사건이었
다(게리는 그 건물이 '갈색 종이봉투'처럼 보인다고 말했다). 시드니공대 부총
장 로스 밀본Ross Milbourne은 차우착윙이 지갑을 활짝 열도록 교묘한
방법을 동원했다. 시드니공대 건축학과에 재학 중인 차우착윙의 아들
에릭 차우에게 미국 LA에서 세계적으로 유명한 건축가 프랭크 게리를
직접 만나게 해주겠다고 제안한 것이다.[102]

차우착윙은 2009년 자유당과 노동당, 국민당에 큰돈을 기부해
언론의 주목을 받았다. 지금까지 확인된 내용에 따르면, 차우착윙
은 2007년부터 현재까지 주요 정당에 460만 달러를 (자유당과 국민당에
290만 달러, 노동당에 170만 달러를) 기부했다.[103] 그가 거금을 기부한 해
는 공교롭게도 연방 선거가 있던 해였다. 돈은 끊임없이 흘러 들어갔
다. 2007~2008년에 거의 140만 달러를 기부했고, 2013~2014년에도
같은 금액을 기부했다.[104] 2015~2016년에는 86만 달러를 기부했는
데, 대부분이 자유당에 기부한 돈이었고, 그중 20만 달러는 줄리 비숍
의 자유당 서호주 지부로 들어갔다.[105] 호주 정당에 이보다 후하게 기
부한 중국인 사업가가 없을 것이고, 어쩌면 호주 전체 사업가 중에도
이보다 큰돈을 기부한 사람이 없을 것이다.[106] 만일 돈이 말을 한다면,
호주에서 만다린어를 구사하는 돈이 점점 더 늘고 있었다.

차우착윙은 호주 시민이지만 광저우의 호화 저택에 살고 있다. 차
우착윙은 2015년 카지노 업계 거물 제임스 패커James Packer의 버클루
즈 저택 라 메르를 호주 최고가인 7,000만 달러에 매입한 다음 철거했
다. 스스로 '보잘것없는 사업가'라고 낮춰 부르는 억만장자가 이렇게

중국 차오저우 지방에서 부동산 개발 사업으로 돈을 벌었는지 그 과정은 여전히 베일에 싸여 있다. 〈페어팩스 미디어〉 기자인 존 가넛John Garnaut이 그 비밀을 알기 위해 수년간 공을 들였지만 차우착윙은 좀처럼 입을 열지 않는다.[107] 존 가넛은 차우착윙 지인의 말을 인용해, '차오저우 지방의 이웃인 시에페이謝非가 1991년 광둥성 공산당 서기가 될 때부터 차우착윙의 위상이 오르기 시작했고' 시에페이는 8년간 광둥성 당서기 자리를 지켰다고 보도했다. 주룽지朱鎔基 전 총리 휘하의 린수썬林樹森이 1998년 광둥성 광저우 시장으로 임명되고 2003년 시 당서기로 승진하자, 차우착윙의 위상은 더 높이 솟아올랐다.[108] 그러나 친구인 린수썬이 구이저우성으로 옮긴 다음부터는 차우착윙이 명성에 걸맞지 않게 대규모 토지를 매입하는 데 어려움을 겪었다.[109]

차우착윙이 총리부터 시작해 호주 정치인들과 줄줄이 인맥을 쌓는 데는 별다른 어려움이 없었던 것이 분명하다. 빠르게 출세가도를 달리는 사람들과도 친분을 쌓았다. 2009년 〈디 에이지The Age〉 기자세 명이 "2004년과 2005년 차우착윙이 경비 일부를 지원해 장차 총리가 될 케빈 러드와 재무장관이 될 웨인 스완Wayne Swan, 미래의 외무장관 스티븐 스미스Stephen Smith, 미래의 농림수산부 장관 토니 버크Tony Burke가 중국을 여행했다"고 보도했다.[110] (중국 부호들을 겨냥한 최대 부동산 거래 사이트인) 쥐와이닷컴Juwai.com은 차우착윙을 "광저우 북쪽에 있는 충화시의 호화 저택에서 호주 고위 정치인들을 수시로 접대하는 A급 사교가"로 소개한다.[111] 가넛 기자가 차우착윙에게 어렵사리 인터뷰 허락을 받고 중국에 도착했을 때, 보딩브리지 안까지 들어와 기다리던 직원이 가넛 일행을 광저우 바이윈 국제공항 지하 터널로 안내했다. 그러고는 대기 중이던 벤틀리에 태워 (그 직원이 '성채'라고 부르는) 차우착윙의 저택으로 데려갔다. 차우착윙은 인터뷰가 끝날 즈음 가넷에게 값비싼 프랑스 와인 여러 병을 건네며 가족 휴가와 일자리를 제안했지만[112] 가넷은 모든 제안을 거절했다. 당시 함께 간 동료들에게는 차우착윙이 덫을 놓고 있으며 만일 그 선물을 받아들이면 자신을 '차우착윙의 사람'으로 믿을 것이라고 설명했다(차우착윙은 가넷이 2016년에 또 다른 기사를 보도하자 〈페어팩스 미디어〉를 명예훼손으로 고소했고, 이 책이 출간될 당시에도 재판이 진행 중이었다).

흥미로운 점은 차우착윙과 황샹모 사이에 특별한 관계가 보이지 않는다는 것이다. 차우착윙은 2000년대 초반 중국평화통일호주추진회 명예 회장을 지냈지만, 황샹모가 조직을 이끄는 2017년 11월까지 공식적인 직책을 맡지 않았다.

차우착윙은 노동당 뉴사우스웨일스 지부의 실세들과 친분이 두터워 2006년 봅 카가 차우착윙이 설립한 호중우호교류협회ACFEA의 단독 명예 회장직을 맡았다.[113] 이 협회와 긴밀히 협력하는 중국인대외우호협회는 중국 주석이자 중국인민정치협상회의 주석을 역임한 리셴녠李先念의 딸 리샤오린李小琳이 이끄는 유명한 통일전선 조직이다.

봅 카는 차우착윙의 딸 윙키 차우Winky Chow를 높이 평가하고 2004년 총리실 인턴사원으로 채용했다. 윙키는 모리스 이마Morris Iemma가 봅 카의 후임으로 뉴사우스웨일스주 총리직에 오를 때까지 총리실에 근무한 다음, 정계를 은퇴한 모리스 이마와 함께 컨설팅 기업을 설립했다. 현재 윙키는 차우착윙이 시드니에 설립한 중국어 신문 〈오스트레일리안 뉴 익스프레스 데일리〉를 운영하고 있다. 이 신문사는 차우착웡이 2001년에 양청만보羊城晚報 그룹과 합작해 인수한 〈광저우일보〉의 호주판이다.[114] 차우착웡은 〈광저우일보〉에 대해 "정부는 우리 신문이 대단히 훌륭하다고 인정한다. 부정적인 기사를 전혀 싣지 않기 때문이다"라고 평가했다.[115] 2008년 애국적인 중국 학생들이 베이징 올림픽 성화 봉송 행렬을 지키고 '호주를 빨갛게 물들이기' 위해 대규모 집회를 준비할 때, 차우착웡의 〈오스트레일리안 뉴 익스프레스 데일리〉가 서둘러 중국 국기 1,000장을 수입했다.[116]

　　2004년 봅 카가 출범시킨 〈광저우일보〉 호주판 〈오스트레일리안 뉴 익스프레스 데일리〉도 베이징의 노선을 충실히 따른다. 존 가넛은 호주 시민인 차우착웡이 중국에서 신문사를 운영할 수 있다는 사실에 놀라지만, 그 이유를 알고 있다. 차우착웡이 해외중국기업광저우상공회 등 중국에서 공산당의 지원을 받는 수많은 단체에서 요직을 맡고 있기 때문이다. 그는 '중국인민애국통일전선 조직'인 텐허구 중국인민정치협상회의 위원이며,[117] 산터우시 통일전선공작부로부터 '대표적 인물'로 칭송받고 있다.[118] 앞서 이야기한 대로 시진핑 국가주석이 집권한 다음부터 통일전선공작부의 중요성이 새롭게 대두되었다. 통일전선 간부들은 자신들의 세력권 안에서 당의 견해를 홍보하고 결과를 보고해야 하며, 그 대가로 지위가 올라가고 물질적인 보상을 받는다.[119]

　　〈페어팩스 미디어〉와 ABC가 중국의 영향력을 공동 조사해 2017년 6월 〈포 코너스〉 프로그램과 페어팩스 그룹의 신문에 관련 내용을 보도했다. 차우착웡이 통일전선 조직과 연결되어 있으며, 미국 뇌물 사건과도 관련이 있는지 조사한 내용이었다. 이에 차우착웡은 "마음에 큰 상처를 입었다. 대중의 악평과 증오, 조롱, 경멸에 시달리며 기업과 개인의 직업적 명성이 실추됐고 앞으로도 그럴 것이다"라고 주장하며, 호전적이기로 소문난 명예훼손 전문 변호사 마크 오브라이언Mark O'Brien을 고용해 ABC와 〈페어팩스 미디어〉, 닉 매켄지Nick McKenzie 기자를 명예훼손으로 고소했다.[120] 이 책이 출간될 당시에도 관련 재판이 진행 중이었다.

차우착윙은 ABC 프로그램과 신문 기사가 자신에게 '중국과 중공의 이익에 봉사하기 위해 이 나라 호주와 호주의 이익을 배신했다'는 누명을 씌웠다고 청구 원인을 밝혔다. 중공과 중국인민정치협상회의의 일원이며 '따라서 통일전선공작부라는 중공의 비밀 로비 기관의 일을 수행한다'는 비난에 이의를 제기한 것이다. 차우착윙은 〈디 오스트레일리안〉의 사이먼 벤슨Simon Benson 기자와 접촉했고, 벤슨 기자는 분개한 억만장자의 입장을 알리는 기사를 실었다. 그 기사에서 차우착윙은 〈페어팩스 미디어〉와 〈포 코너스〉가 호주안보정보원ASIO의 평가를 근거로 보도한 것 같다며 평가를 부인했다.[121]

차우착윙이 통일전선공작부가 무슨 일을 하는지 '전혀 모른다'고 주장하자 〈페어팩스 미디어〉는 닉 매켄지와 리처드 베이커Richard Baker 기자를 통해 즉각 그의 주장을 반박했다. 차우착윙이 통일전선공작부와 자주 회동한 사실과 차우착윙이 등장하는 통일전선공작부 출판물, 차우착윙을 통일전선공작부관련 기관의 일원으로 명시한 중국 정부 문서 등을 공개했다.[122] 두 기자는 또 2007년 미국 외교관이 작성한 '민감한' 보고서를 위키리크스를 통해 입수했다. 만다린어로 저우쩌룽周泽荣이라 불리는 차우착윙이 자신을 해외중국기업인광둥협회라는 새로운 조직의 책임자로 밝혔다는 내용이 담긴 문서였다. 문서를 작성한 미국 외교관은 차우착윙이 이끄는 새로운 조직을 '공산당 통일전선 전략의 일부'로 판단했다.

ABC와 〈페어팩스 미디어〉를 고소하며 차우착윙은 '부패한 중국 정부 간첩'을 고용하고 유엔총회 의장에게 20만 달러의 뇌물을 제공했다는 혐의도 극구 부인했다. 2015년 차우착윙은 심각한 뇌물 스캔들에 휘말렸다. 시드니 사교계의 명사인 미국 시민 옌쉐루이严雪瑞가 유엔 총회 의장인 존 애쉬John Ashe에게 광저우에 있는 차우착윙의 호화 리조트를 공식적으로 방문해달라는 부탁과 함께 20만 달러를 건넨 혐의로 뉴욕에서 FBI에 체포되는 사건이 발생했다.[123] 옌쉐루이의 남편 로저 우렌Roger Uren은 베이징과 워싱턴에서 외교관으로 근무한 뒤 국가평가국ONA●에서 일한 호주의 고위급 정보 분석가였다.[124]

유엔도 차우착윙이 애쉬 의장 뇌물 사건과 연관되었는지 조사한 것으로 보도되었다.[125] 차우착윙은 옌쉐루이와 애쉬 의장의 거래를 전혀 몰랐다고 주장했다. 그러나 2016년 7월 옌쉐루이는 '고소장에 CC-3으로 표기된 중국 부동산 개발업자가 주최한' 사적인 회담에 참석하는 조건으로 건넨 20만 달러를 포함해 애쉬 의장에게 총 80만 달러의 뇌물을 전달했다고 유죄를 인정했다.[126] 옌쉐루이는 20개월 징역형을 선고받았다. 아버지가 유엔 뇌물 추문과 관련된 것이 사실이냐는 질문에 대해 윙키 차우는 "모든 것이 오해다"라고 답변했다.[127]

존 애쉬 의장은 뇌물 관련 탈세 혐의로 기소되었다. 2016년 6월 애쉬 의장이 법정에서 진실을 말하는 조건으로 형량을 조정하고 있는

● 호주 총리실 직속 정보기관.

듯하다는 언론 보도가 나왔지만, 불행히도 법정 출두를 며칠 앞두고 사고로 사망했다. 애쉬의 변호인은 심장마비로 발표했지만, 검시관은 집에서 운동하던 중 실수로 역기를 떨어트리며 기도 폐쇄로 사망했다고 결론지었다.[128]

ABC와 〈페어팩스 미디어〉는 차우착윙이 '외세 중국과 중공의 이익에 봉사하기 위해 호주를 배신하며 간첩 활동에 가담했다'고 주장하며 믿을 만한 근거가 있다는 변론서를 법원에 제출했다.[129] 두 언론 매체는 계속해서 차우착윙이 '중공의 비밀 로비 기관인 통일전선공작부의 일을 실행하는' 조직의 일원이며……'중국과 중국 정부, 중공의 이익을 키우는 결정을 내리도록 정치인을 포섭할 목적으로 호주 정당에 엄청난 금액을 뇌물로 제공했다'고 믿을 만한 합리적인 근거가 있다고 주장했다.

또한 차우착윙이 CC-3이며 유엔 총회 존 애쉬 의장에게 뇌물 20만 달러를 건넸으며, 따라서 유엔 총회 의장을 매수하려는 추잡한 계획에 의도적으로 가담했다고 볼 근거가 있다고 주장했다.

그리고 '원고가 호주의 이익을 저버리고 비밀리에 외국의 이익을 추구함으로써 호주 시민이 될 때 맹세한 충성 서약을 파기했다고 볼 합리적 근거가 있다'고 변론서를 마무리했다.

주민선

주목한 사람은 거의 없었지만, 주민선祝敏申의 탑에듀케이션인스티튜트Top Education Institute는 신문 1면에 등장하기 몇 년 전부터 수상한 냄새를 풍겼다. 2013년 언론인 프림로즈 리오던이 〈오스트레일리안 파이낸셜 리뷰〉에 글을 실어 중국에서 사립 교육기관 인가를 받기가 대단히 어려운데 영리 목적으로 설립된 시드니의 사립 단과대학을 공식 인가했다고 보도했다.[130] 주민선은 다른 사립대학교들이 중국의 인가를 받지 못하는 이유를 알 수 없다고 이야기했지만, 리커창 총리를 시작으로 수많은 정부 고위 관료와 찍은 사진들로 대학교 홈페이지를 도배한 모습을 볼 때 한 가지 분명한 점은 그의 중국에서의 연줄이 막강하다는 것이다.

주민선이 호주 정치 지도자들과 사진을 찍은 경위는 설명하기가 더 쉽다. 돈 때문이다. 주민선은 2014~2015년 호주 주요 정당들에 23만 달러 이상, 2015~2016년에 추가로 7만 2천 달러를 기부했는데, 대부분 뉴사우스웨일스 자유당에 기부한 돈이었다.[131] 현재까지 확인된 주민선의 기부금 내역은 여기까지다.[132] 의무적으로 촬영한 사진들에는 주민선이 말콤 턴불과 토니 애보트, 케빈 러드, 줄리아 길라드, 줄리 비숍, 밥 카, 킴 카Kim Carr, 킴 카의 후임 교육부 장관인 크리스토퍼 파인Christopher Pyne과 만나는 장면이 담겨 있다.

거금을 기부하고 그 대가로 명예 학위를 받은 황샹모나 차우착윙과 달리 주민선은 실제로 고대한자를 연구한 학자다. 그의 아버지와 할아버지 역시 지식인이었으나 문화혁명 당시 반혁명 반동분자로 낙인찍혀 처형되었다. 그런 일을 겪고도 주민선은 공산당 통치와 거리를 두지 않은 듯싶다.[133] 주민선은 호주국립대학교에서 서예학 박사 과정을 밟기 위해 1984년 호주에 들어왔고, 1989년에 정식 박사 학위를 받았다.[134] 여러 곳에 교수직을 지원했지만 뜻을 이루지 못하자 시드니로 옮겨 의류 공장을 세웠다. 문화혁명 당시 상하이 면직 공장에서 10여 년간 일한 경험을 살렸다고 한다. 주민선은 현재 호주 시민이다.

1990년대 초 주민선은 중국의 거대 국영 투자기업인 중신그룹中国中信集团有限公司, CITIC Group과 호주 내 의류 판매에 관한 제휴 협약을 체결했다.[135] 중신그룹이 공산당과 '외부 세계와의 창구' 역할을 하도록 조직된 재무부 소유의 거대 투자기업이라는 점을 생각하면 주민선과 제휴는 모험이라 할 만큼 이례적인 일이었다.[136] 이 점만 봐도 그의 연줄이 막강한 것은 틀림없다. 주민선은 그렇게 중신그룹이 설립한 회사의 경영자가 되어 5,000만 달러가 넘는 연매출을 기록했다. 그리고 여기서 번 돈으로 1996년 부동산개발회사를 세워 수천만 달러를 벌어들였다.[137]

돈을 크게 벌어들인 주민선은 같은 해 신문사〈오스트레일리안 차이니스 타임스Australian Chinese Times〉를 설립했다. 전투적 마오쩌둥주의를 지향하는 (마르크스 레닌주의) 호주 공산당이 발행하던 월간지〈뱅가드Vanguard〉를 제외하면, 호주 최초로 중공을 지지하는 신문이었다.[138] 훗날 주민선은 기존의 중국어 신문들이 '공산당을 지나치게 지지한다'는 이유로 자신의 글을 싣지 않아 직접 신문사를 세웠다고 밝혔다.[139] 그리고 자신이 세운 신문사는 '반중 세력'에 결연히 맞설 것이며, '조국을 선전하는 글'을 쓰는 일에 헌신한다는 각오로 신문사를 설립했다고 선언했다.[140] 주민선의 신문은 '중국 통일이라는 위대한 사업은 방해받을 수 없다'고 선포하며 특히 파룬궁을 '사이비 종교 집단'으로 고발하는 기사를 자주 실었다.

주민선은 자신의 각오를 지켰다. 중국 정부를 아낌없이 지지하며 긴밀한 관계를 유지했다. 시드니 영사관 서기관 출신의 천융린의 말에 따르면 〈오스트레일리안 차이니스 타임스〉는 중국 본토 신문의 기사를 그대로 옮겨 싣는 대가로 베이징에서 돈을 받았다고 한다.[141] 2003년 관영 〈신화통신〉 주최로 난징에서 열린 회의에 참석한 주민선은 파룬궁을 악마로 묘사한 관영 신문의 많은 기사를 다시 게재했다고 자랑스럽게 밝혔다.[142] 이러한 노력이 인정받아 1999년 9월, 장쩌민 국가주석이 호주를 방문했을 때 열린 연회에서 중국인 공동체 대표 중 한 명으로 선정되어 장쩌민과 나란히 단상에 앉는 영광을 누렸다.[143] 당시 장쩌민은 파룬궁을 특히 증오했고, 전 세계 영사관들은 해외의 파룬궁 세력을 색출해 비방하고 와해시키는 작업에 엄청난 자원을 투입했다.

2001년 주민선의 난징 연설을 두고 중국계 호주인 세대 사이에서 평가가 크게 갈렸다. 구세대는 공산당을 지지하는 주민선을 불쾌하게 생각했지만, 신세대는 그의 연설에서 '선조의 고향에 대한 깊은 애정'을 느꼈다. 주민선은 〈오스트레일리안 차이니스 타임스〉가 초창기에는 힘겨운 투쟁을 치러야 했지만 '새로운 이주 중국인의 힘이 점점 더 강해질 것'을 확신한다고 연설했다.[144] 그리고 2000년대 초 중국평화통일호주추진회 고문으로 자리를 잡았다.[145]

늘 자신을 학자로 자부하던 주민선은 학문적 관심과 사업 감각을 결합해 2001년 탑에듀케이션인스트튜트를 설립했다('Top'은 중국어 '정예'를 번역한 말이었다). 그의 사립 단과대학은 이윤을 굉장히 많이 내는 사업으로 번창했다. 학생 1,000명 중 98.5%가 해외 유학생이고 대부분이 중국 출신이다. 2016년 크리스토퍼 파인이 몇몇 사립 단과대학을 선정해 비자 발급 절차를 간소화하는 혜택을 줄 때 주민선의 사립대학도 포함되며 큰 힘을 얻었다. 노동당의 킴 카는 자신이 교육부 장관이던 2013년에도 탑에듀케이션인스트튜트가 비자 발급 간소화를 신청했지만, 중국인들이 '공부'보다 일할 목적으로 들어올 '위험성이 매우 높다'는 이민부의 권고에 따라 신청을 기각했다고 밝혔다.[146] 주민선의 여러 단체가 2014~2015년 자유당에 기부한 금액이 4만 4,275달러였다.

올림픽에 숨겨진 배경

주민선은 시드니대학교 공자학원의 이사이며 상하이의 명문 대학인 푸단대학교와 밀접한 관계를 맺고 있다. 또한 앞서 살펴본 중국인민정치협상회의 해외 위원이기도 하다. 중국인민정치협상회의는 지도층중 한 사람인 자칭린이 '애국적인 통일전선 조직'으로 설명한 단체로, 위원 자리는 중공 최고위층까지 관시를 넓히려는 사람이나 중국 거부들이 높이 평가하는 자리다. 이 조직의 위원은 공항에서 줄을 설 필요도 없이 가장 먼저 탑승하고, 목적지에 도착하면 미리 대기 중인 리무진을 타고 이동한다.

주민선은 호주 시민이지만 2008년 캔버라에서 열린 베이징 올림픽 성화 봉송 행사에 맞춰 중국인 학생들이 시위를 조직할 때 중요한 역할을 한 것으로 보인다. 중국인 학생들에게 재정적 지원을 아끼지 않았고, "평생 잊지 못할" 날이 될 것이라고 기록하며 독려했다.[147] 주민선은 시위에 참여한 학생을 3만 명으로 추산한 뒤, 중국 대사관이 시위를 조직했고 시위 이후 열린 모임에서 장쥔싸이章均賽 대사가 학생들의 애국적 행동을 '감동적으로 칭찬'했다고 전했다. 주민선은 특히 뉴잉글랜드대학교의 중국인 유학생들을 칭찬했다. 본인이 2000년대에 뉴잉글랜드대학교 국제교육원 원장을 지냈기 때문이다.[148] 그의 설명에 따르면, 채 100명이 되지 않는 뉴잉글랜드대학교의 중국인 학생 중 42명이 12시간이나 운전해 차를 몰고 와 시위에 참여했다고 한다.

주민선은 자신이 운영하는 탑에듀케이션인스티튜트의 학생 90여명이 시위에 참여한 것도 자랑스러워했다. 사실 이것은 시위를 '성적평가에 반영하는' 교내 활동으로 삼고 전세 버스까지 동원한 결과이기도 하다(호주에서 공인된 학부 교육과정 중 외세 찬양 선동 활동을 성적 평가에 반영하는 유일한 과정일 것이다). 주민선은 자그마한 중국 국기 100장과 대형 국기 20장, 특별히 제작한 30m²짜리 초대형 국기도 직접 준비했다. 학생들과 함께 캔버라에 도착해 '활기차게 붉은 깃발을 흔드는' 시위대를 목격했다.

성화 봉송 행사장에서 학생들과 함께 시위에 참여한 뒤 주민선은 '하나의 중국 영원하라'와 '중국 힘내라'는 구호가 '하늘 높이 울려 퍼졌다.'[149] 말썽꾼들의 목소리는 '큰 바닷속으로 가라앉은 듯 들리지 않았다'는 열정적인 소감을 쏟아냈다. '절대 잊지 못할 2008년 4월 24일!'이라고 감격했다.

성화 환영 행사가 끝난 뒤 학생들이 내게 말했다. "총장님, 오늘 행사는 대단히 중요합니다. 기념품으로 간직할 수 있도록 국기를 주시면 어떨까요?" 그리고 학생들은 모두 국기를 소중히 여기며 가져갔다.

주민선은 호주 민주주의의 심장부에서 외국인 학생들이 위협적이고 때론 폭력적인 군중 집회를 열도록 조직했지만 별다른 제재를 받지 않았다. 내부 사정에 밝은 기자의 증언에 따르면 그 일로 호주안보정보원은 '난리가 났다.' 하지만 호주의 나태한 정치 지도자들은 지켜만 볼 뿐이었다. 만일 주중 호주 대사가 수많은 호주인을 동원해 톈안먼 광장에서 호주 국기를 흔들며 요란한 시위를 할 계획을 세운다면 베이징의 정치 지도자들이 어떻게 반응할지 생각하는 사람은 아무도 없었다. 오히려 정반대였다. 2012년 봅 카는 외무부 장관 자리에 오르자마자 주민선을 연방장관중국자문위원회 위원으로 위촉했다. 위촉식 장면을 촬영한 사진을 보면 봅 카와 줄리아 길라드가 양쪽에서 주민선을 호위하고 있다.[150] 당시 주민선이 중국 정부와 호주 정부의 고위급 자문 위원으로 동시에 활동하는 상황을 미심쩍게 바라본 사람은 아무도 없었던 것 같다.

호주의 정치인은 어떻게 몰락했는가

2015년 4월 연방 재무부가 노동당의 떠오르는 별인 샘 데스티에리 앞으로 청구서를 발송했다. 연간 예산인 9만 5,279달러 63센트를 초과해 지출한 여행 경비 1,670달러 82센트를 갚으라는 청구서였다. 데스티에리는 청구서를 주민선의 탑에듀케이션인스티튜트로 전달했고, 주민선이 초과 경비를 대납했다. 2016년 8월 30일 리티키 비그

Latika Bourke가 〈시드니 모닝 헤럴드〉에 기사를 실어 이를 폭로하자 그 야말로 아수라장이었다.[151] 수면 아래에 있던 뉴사우스웨일스 노동당과 부유한 중국 기부자의 관계가 드러났으며, 대중이 가장 분노한 점은 샘 데스티에리가 부유한 친구에게 돈을 대신 내달라고 아무렇지도 않게 부탁했다는 사실이었다. 데스티에리는 탑에듀케이션인스티튜트를 필요할 때 언제든 이용할 수 있는 현금인출기로 본 듯하다. 황샹모의 위후그룹도 데스티에리의 또 다른 현금인출기였다. 2014년 데스티에리는 법원에서 송달한 5,000달러짜리 고지서를 받았을 때도 황샹모에게 돈을 대신 내달라고 요청했고, 황샹모는 기꺼이 대납했다.[152] 중국에서는 정치인에게 돈을 건네는 일이 일반적인 관행이기 때문이다.

노동당 상원의원 후보로 공천받기 전까지 샘 데스티에리는 뉴사우스웨일스주 노동당의 조직과 기금 모금 책임자로 활동하며 밀실 정치로 악명 높은 시드니 서섹스가에 있는 당사를 패러매타시로 이전했다. 데스티에리는 2014년 초 중국인민외교학교 초청으로 중국으로 가 호주에서 영향력을 키우기 위해 무던히 공을 들인 통신업계 공룡 화웨이를 비롯해 황샹모의 위후그룹 본사를 방문했다. 2016년 1월에는 (황샹모가 이끄는) 호주광둥상공회 초청으로 중국을 방문했다. 중공 대외연락부도 여행 경비를 지원하고, 황샹모는 값비싼 와인을 선물하며 데스티에리와 친분을 쌓았다. 노동당 우파의 실세가 CIA 초청을 받고 미국으로 날아가 공산 세력 대응 방안을 논의한 것은 오래전 일인 듯싶다.[153] 2016년에 새로 부임한 미국 대사가 호주 정치에 간섭하는 외세의 위험성을 경고했지만, 아이러니하게도 그 전임 미국 대사들은 이미 수십 년 동안 호주 정치에 간섭했다.[154] 그래도 중국의 '전방위 압박'에 비하면 미국의 간섭은 장난 수준이었다.

데스티에리는 주민선이 대납한 1,670달러 82센트를 원주민 재단에 기부함으로써 여론을 잠재우고자 했다. 고작 그런 방법으로 막대한 부를 지닌 기부자와 결탁했다는 인식을 불식시킬 수 있다고 믿었는지 알 수 없는 노릇이다. 데스티에리는 돌아가는 상황을 제대로 파악하지 못했다. 하지만 원주민 재단은 상황을 제대로 알아차리고 데스티에리가 낸 기부금을 반환했다. 그의 혐의는 가벼워지지 않았다. 프림로즈 리오던은 중국계 호주인 유권자들에게 구애하며 기부자 황샹모 옆에 선 데스티에리가 호주 노동당의 남중국해 정책을 완전히 부정했다고 보도했다. 데스티에리는 담당자가 〈인민일보〉를 보고 작성했을 법한 연설문으로 중국어 사용자들의 환심을 사려고 했다. "남중국해는 중국이 알아서 할 문제다. 이 문제에 관해 호주는 중립을 지키고 중국의 결정을 존중해야만 한다."[155] 중국 관영 언론은 기세등등해져서 데스티에리의 개입과 베이징의 성공을 대대적으로 선전했다. 〈인민일보〉는 데스티에리를 중국의 국제적인 핵심 지지자로 치켜세웠다.[156] 캔버라의 기자들은 의회 속기록을 뒤져 샘 데스티에리가 남중국해 사안 관련 입장을 정부에 조언한 국방부 관료와 외무부 관료들을 닦달하는 자료를 찾아냈다.[157] (샘 데스티에리는 2010년 개혁적인 뉴사우스웨일스주 노동당 사무총장이던 시절에는 지부 회의 자리에서 이런 발언을 한 적이 있다. "일곱 명이 중식당에 모여 모든 것을 결정하는 관행을 끝내야 합니다."[158])

데스티에리는 다른 사안에서도 직위를 이용해 자신에게 시민권을 준 호주의 이익보다 베이징의 이익을 더 추구했다. 2014년 중국이 일본과 영유권 분쟁 중인 동중국해 도서 상공에 공격적이고 불법적으로 '방공식별구역'을 선포한 일에 대해서도 호주는 반대하지 말라고 주장했다. 이런 식으로 데스티에리가 베이징을 지지한 사실이 온 세상에 드러났다.

턴불 총리가 상원의원이 '돈을 받고 발언'했다며 비난하자 데스티에리는 기분이 상했다.[159] 그러니 억만장자 기부자인 황샹모가 노동당이 남중국해에 관한 정책을 바꿀 것 같지 않다는 이유로 2016년 선거 전까지 전달하기로 약속한 40만 달러 기부를 접었을 때 데스티에리의 속이 얼마나 상했겠는가. 〈포 코너스〉와 〈페어팩스 미디어〉의 공동 조사에 참여한 닉 매켄지 기자는 돈과 정책을 맞바꾸려던 이 놀라운 계획을 폭로했다.[160]

데스티에리 사건으로 호주 민주주의 심장부의 부패가 만천하에 드러났다. 호주국립대학교 국가안보대학장인 로리 메드카프Rory Medcalf의 지적대로 "만일 외국 정부와 연결된 단체가 중국 정부 조직에서 떠오르는 신세력이 사용한 여행 경비와 법률 비용을 대납했다면 베이징은 어떤 반응을 보일지 상상해 보자."[161] 그러나 빌 쇼튼 노동당 대표는 데스티에리에게 상원의원직 사퇴를 요구하지 않았다. 오히려 가벼운 경고 조치로 끝냈다. 그렇지만 정부의 압력이 점점 더 거세지고, 언론이 금융계에서 회계 부정을 근절하자고 주장한 상원의원의 윗선까지 공격하자, 결국 데스티에리는 상원의원직에서 물러날 수밖에 없었다. 하지만 불과 몇 달 뒤 다시 돌아왔다. 데스티에리는 2017년 2월 원내 부총무에 임명되고, 6월에는 멜버른대학교 출판사가 그의 회고록을 출간하며 복귀에 힘을 보탰다. ABC 방송은 〈오스트레일리안 스토리Australian Story〉프로그램에서 부드럽게 다듬은 데스티에리의 모습을 내보내며 회고록을 홍보했다. 로리 메드카프는 데스티에리 사건을 '아시아라는 접전지에서 호주 민주주의가 외세에 얼마나 쉽게 영향을 받는지를 보여주는 귀중한 교훈'으로 평가한다.

결국 데스티에리의 정치 이력은 황샹모와의 관계 때문에 끝이 났다. 2017년 11월 말 〈페어팩스 미디어〉의 닉 매켄지와 제임스 마솔라James Massola, 리처드 베이커 기자가 데스티에리 상원의원이 사건이 불거진 몇 주 뒤 모스만 저택으로 후원자 황샹모를 찾아간 일을 보도했다. 상원의원이 황샹모에게 호주 정보기관에서 전화를 도청할지 모른다고 경고한 내용이었다.[162] 그리고 같은 날, 데스티에리가 노동당의 남중국해 정책을 반박하며 기자 회견한 내용을 녹화한 문제의 장면이 방송을 탔다. 그의 발언은 한마디 한마디가 신중했다. 본인의 주장처럼 사전 준비 없이 즉흥적으로 내뱉은 말이 아니었다. 턴불 총리는 어떻게 의원이 외국 정부와 밀접하게 연결된 외국인에게 감시를 조심하라고 경고할 수 있느냐며 힐난했다. "샘은 누구 편인가? 호주 편은 아닌 것 같다."[163] 압박이 거세지자 결국 노동당 대표 빌 쇼튼이 데스티에리를 파면했다.

닉 오말리Nick O'Malley와 필립 원, 마이클 코지올Michael Koziol 기자는 더 큰 문제를 조명했다. 데스티에리는 호주와 전 세계에서 영향력을 키우기 위해 "중국이 뇌물을 주고 정치 영향력을 사는 거대한 구조에서 작은 톱니바퀴에 불과하다"고 지적한 것이다.[164] 로리 메드카프는 데스티에리 사건이 "호주에 영향력을 행사하는 중국 '소프트파워'의 값비싼 융단의 올이 풀리기 시작하는 계기가 될 수 있다"고 설명했다.[165] 그럴 수도 있지만, 아직은 갈 길이 멀다.

중국 갑부가 정치인들을 포섭해 베이징의 의견을 지지하도록 호주 정치를 주무른다는 기사로 호주 언론이 도배될 때, 〈글로벌타임스〉는 호주의 일부 평론가들이 '지나친 중국 공포증'과 반중 편집증을 조장한다는 논평을 실었다. 말하는 것은 자유이지만 만일 호주가 "남중국해에 군함을 파견하는 등 중국의 안보를 헤치는 행동을 한다면 엄청난 대가를 치를 것이다"라고 평소처럼 위협적인 논조로 경고했다.[166]

〈글로벌타임스〉는 평소에도 중국 지도층이 거침없이 쏟아내는 감정을 그대로 싣는 일이 많은데, 호전적인 타블로이드 신문은 2016년 6월 호주 정부가 남중국해 관련 국제중재재판소 결과를 존중하라고 중국에 요청하자 호주를 맹렬히 비난했다. 영국의 해외 감옥이었다는 '불명예스러운 역사'를 들먹이고, 남극에 대한 호주의 권리 주장을 위선이라고 공격하고, 호주는 경제적 이익이 걸릴 때만 중국에 아첨한다고 했다. 또한 '중국은 반드시 호주에 복수해야 한다'고 하며, 호주는 '종이 호랑이' 축에도 못 든다고 마무리했다. 호주는 '기껏해야 종이 고양이', 오래 버티지도 못할 종이 고양이에 불과하다고 깔아뭉갰다.[167] 중공의 반응을 그저 웃어넘길 수도 있다. 중국의 영향력을 최대로 넓히려는 공격이 숨어 있다는 것을 알아차리기 전까지는 말이다.

정치공장[168]

중공이 호주 정치에 영향력을 행사하는 가장 확실하고 효과적인 방법은 정당에 기부하는 것이다. 그리고 이 방법이 효과가 있는 듯 중공과 밀접한 중국계 호주인 일부가 호주 정치 기구에서 중요한 자리를 차지하고 있다. 점점 그 수는 늘고 있다. 지금은 많지 않으나 이 추세대로 가면 베이징 대리인들이 호주 정치를 장악해 보이지 않는 영향력을 행사하지 않을지 염려스럽다. 중국이 영향력을 행사하며 호주 정치를 흔드는 중심지는 뉴사우스웨일스주 노동당이 될 것이다. 중국과 호주 노동당의 관계는 책 한 권 분량이 될 만큼 복잡하고 미묘하지만, 현재 뉴사우스웨일스 노동당 대표인 루크 폴리Luke Foley가 베이징이 원하는 쪽으로 정치적 노선을 바꾼 것 같다는 점은 짚고 넘어갈 필요가 있다. 2017년 9월 루크 폴리는 황샹모와 친분이 있는 상원의원인 어니스트 윙과 나란히 선 자리에서 호주가 시진핑이 중국의 잉여 자본을 투자해 전 세계 인프라를 개발하려고 구상한 원대한 전략, 일대일로에 참여하는 일을 망설인다고 비난했다.[169] 폴리는 중공의 표현을 빌려 '냉전 시대의 사고방식'이 중국과 호주의 우정을 방해하고 있다며, 뉴질랜드의 선례를 좇아 즉시 일대일로에 가입하라고 요구했다.

폴리의 동료이자 차기 당대표로 점쳐지던 노동당 샛별 크리스 민스Chris Minns는 제임스 저우James Zhou를 참모로 기용했다. 제임스 저우는 중국평화통일호주추진회 부회장으로 황샹모와 두터운 친분이 있었다.[170] (또한 크리스 민스의 아내와 함께 중국으로 상품을 수출하는 사업체도 운영했다.) 크리스 민스는 어니스트 윙을 존경했고, 2015년 황샹모의 또 다른 통일전선 조직과 중공의 초청을 받아 중국을 다녀왔다. 노동당 예비 내각의 연방 재무장관인 크리스 보웬도 동행했다. 크리스 보웬은 2017년 9월에 노동당 정부기 북부호주인프라기금을 일대일로와 연결할 것이라는 내용을 은근히 드러낸 연설을 한 인물이다.

　뉴사우스웨일스주 노동당이 중공이 정치적 영향력을 키우는 중심
지지만 자유당도 못지않다. 2016년 연방 선거가 치러지던 날 밤, 자유
당의 크레이그 론디Craig Laundy는 리드Reid 선거구의 의원직을 지키도
록 유세를 도운 지지자 수십 명에 둘러싸여 활짝 웃는 모습으로 사진
을 찍었다. 론디는 3년 전 노동당이 차지했던 시드니 중서부 리드 선
거구 의석을 낚아챈 인물이었다. 당시의 사진을 보면 론디 의원이 중
앙에 있는 한 남자와 어깨동무를 하고 있는데, 그 남자가 론디의 '공동
체 고문'이라는 양동동杨东东이다. 론디와 리드 선거구의 대규모 중국
계 호주인 공동체를 연결하는 역할이기도 했다.

　두 사람의 관계를 묻자, 자유당 론디 의원은 서로 친한 사이라는
양동동의 주장은 물론 그가 고문으로 활동했다는 주장도 부인했다. 론
디의 참모가 양동동은 론디의 '자문 위원'이며 두 사람이 '상당히 가까
운' 사이라고 대답했는데도 말이다.[171] 두 사람이 정확히 어떤 관계이
건, 한 가지 분명한 점은 양동동이 출세 가도에 오른 자유당 론디 의원
과 가까워지려고 노력했다는 사실이다. 그동안 양동동은 시드니 중국
영사관과 오랫동안 친분을 쌓으며 중공의 목표를 추진하려고 애썼다.

　1989년 말 호주에 들어오기 전 양동동은 중국공산주의청년단 상
하이 지부 부서기였다. 양동동은 소셜미디어에 자신이 집회에 참석한
예전 사진들을 올리며 당 지배층에 몸담았던 시절을 자랑스럽게 기억
한다. 1988년에는 중국공산주의청년단 명예의 전당에 이름을 올리고,
당을 선전하는 청년단의 임무에 헌신한 공로를 인정받아 '상하이 신장
정 돌격대'라는 칭호까지 얻었다.[172]

시드니의 반중공 단체인 민주중국전선FDC의 핵심 회원인 친진秦晉의 증언에 따르면, 톈안먼 광장 학살 사건이 발생하고 얼마 지나지 않아 시드니에 도착한 양동동은 중국 학생용 비자 발급 자격을 갖추는 데 필사적이었다.[173] 민주중국전선에 가입해 시위도 참여하고, 상하이에서 지하 기독교인으로도 활동했다고 주장했다. 중국처럼 종교의 자유를 금지하는 나라에서 온 이민자들이 보호권이나 거주권을 요구할 때 흔히 사용하는 책략이다. 결국 양동동은 영주권을 얻고, 나중에는 시민권까지 취득했다.

양동동의 최근 활동을 보면 호주 도착 초기에 했던 민주화 운동을 한 흔적을 거의 찾아볼 수 없다. 현재 그는 호주에서 중공을 가장 강력하게 지지하는 인물 중 하나이다. 옛 동료인 친진은 양동동이 충성하는 첫 번째 대상이 베이징이라고 믿는다. 그는 중화전국귀국화교연합회All-China Federation of Returned Overseas Chinese 회원인 동시에 그 지부격인 상하이귀국화교연합회Shanghai Federation of Returned Overseas Chinese 회원이다. 양동동의 회사 소개서에는 이 두 단체가 중공 통일전선공작부 소속으로 묘사되어 있다.[174]

온라인에 잠시 게시되었다가 사라졌지만, 2014년 양동동이 상하이귀국화교연합회에 제출한 회원 가입 신청서를 보면 중국 정부를 위해 활동한 사항이 자세히 기록되어 있다. 신청서 말미에는 더 자세한 정보를 원하면 시드니 중국 영사관이나 캔버라 중국 대사관에 문의하라는 안내까지 있다.[175]

시드니에서 통신판매점도 운영한 양동동은 호주를 방문하는 중국 국가주서과 중국올림픽위원회, 중국 외교관 심지어 중국 해군과 접속할 수 있는 부가서비스도 제공했다고 신청서에 기록했다.[176] 전직 외교관인 천융린은 양동동의 주장이 사실이라며, 이는 중국 대사관과 영사관, 중국 정보기관에서 큰 신뢰를 얻고 있다는 증거라고 설명한다.

양동동은 시드니 애쉬필드에서 운영하는 통신판매점을 통해 중국 영사관에 직원용 전화기를 납품했다. 천융린의 증언에 따르면, 양동동이 호주안보정보원에게 영사관 직원들의 전화기에 관한 정보 제공을 요구받은 적이 있다는 사실을 영사관에 보고했다고 한다. 호주안보정보원의 정책상 활동 사항을 전혀 언급하지 않으므로 양동동의 보고 내용이 사실인지 아닌지는 확인할 수 없다.[177]

2008년 캔버라에서 성화 봉송 행사가 열릴 때 양동동은 '질서유지대' 두 팀을 이끌었다.[178] 스스로 중국 관영 매체에서 이야기한 대로 티베트 독립 시위대로부터 성화를 지키는 임무였다.[179] 현장을 목격하고 고무된 양동동은 '이 밤 호숫가에서 우리는 잠들지 않았다 – 호주가 올림픽 성화를 보호한 기록'이라는 제목의 기사를 작성했다.

양동동은 티베트 지도자의 방문을 방해할 목적으로 2015년을 포함해 지금까지 여러 차례 달라이 라마 반대 시위를 조직했다.[180] 그는 또 통일전선공작부와 연결되어 있으며 사람들이 흔히 황샹모의 중국평화통일호주추진회와 혼동하는 중국평화통일시드니추진회의 명예회장이다.

양동동은 호주중국비즈니스서밋을 비롯해 표면적으로 사업 개발에 초점을 맞춘 각종 단체를 통해 호주 자유당원들과의 만남을 넓혔다. 2015년 당시 총리인 토니 애보트가 그의 호의를 치하하며 ('친애하는 동동'으로 시작하는) 감사장을 보냈다. 2016년에는 말콤 턴불, 중국 대사 마자오쉬와 더불어 건배하는 장면이 찍히기도 했다. 앤드루 롭과 (자유당 실세인 존 시도티John Sidoti와 함께 양동동에게 공동체봉사상을 수여한) 뉴사우스웨일스주 글래디스 베레지클리안Gladys Berejiklian 총리를 비롯해 지금까지 수많은 자유당 중진과 사진을 촬영했다.[181] 하지만 양동동과 가장 가까운 사람은 리드 선거구의 크레이그 론디 의원이다.

크레이그 론디는 호주에서 가장 큰 규모에 속하는 펍의 기업 상속자로 헌터스힐의 800만 달러짜리 저택에 살고 있으며, 2013년 자유당 소속으로 리드 선거구에서 연방의원에 당선되었다. 자유당이 1922년 창당 이후 리드에서 의석을 확보하기는 그때가 처음이었다. 리드는 시드니 중서부의 스트라스필드 여러 지역과 버우드, 드러모인을 포함한 지역구로 전체 유권자의 10% 정도가 중국 출신이다.[182] 이 선거에서 승리한 이후 론디는 연방 다문화부 정무차관으로 임명되며 전면에 나섰다. 그 뒤 론디는 산업혁신과학부 정무차관으로 근무하며 턴불 협력자로서 지금도 장관이 될 재목으로 거론되고 있다.

양동동은 론디의 2016년 선거 유세를 전폭적으로 지원했을 뿐만 아니라 자유당 중국인평의회도 출범시킨 인물이다.[183] 노동당은 예상치 못한 중국어 매체의 효과적인 유세에 타격을 입었다.[184] 양동동은 론디를 치켜세우는 글을 기고하고, 중국계 호주인을 수십 명씩 동원해 길거리에서 자유당 후보의 선거 유세를 도왔다.[185] 론디는 중국과 호주의 우호 관계의 필요성을 가장 강력하게 주장하는 연방 정치인 중 한 사람이 되었다. 론디는 시드니의 중국 영사관과 협력하고 싶다는 바람을 숨기지 않는다. 2016년 양동농이 운영하는 사업체의 주선으로 론디와 중국 총영사 구샤오졔顾小杰가 만났다. 중국 영사관은 이날 모임에서 '영사관과 긴밀히 협력하고······ 양국의 실질적인 협력을 강화하고 싶다는' 론디 의원의 의욕을 확인했다고 전했다.[186]

론디가 2015년 12월 억만장자 기부자 황샹모를 만났을 때, 중국 평화통일호주추진회는 '호주 자유당 의원이 중국평화통일호주추진회가 호주와 중국의 이익에 크게 공헌했다며 높이 치하했다'는 기사를 올렸다. 그리고 론디가 '호주의 문화와 경제, 역사 등을 꿰뚫는 황샹모의 통찰에 감탄하며, 따뜻한 마음으로 자선사업에 공헌한 황샹모에게 감사의 뜻을 표현했다'고 전했다.

양둥둥이 2014년 3월 아베 신조 일본 총리의 야스쿠니 신사 참배에 반대하는 시위를 조직했을 때, 중국 국기와 한국 국기를 흔드는 양둥둥 옆에 론디도 함께 서 있었다. 이날 양둥둥은 시위대의 청원을 외무장관과 총리, 의회에 전달하고 지지를 촉구하겠다고 약속했다.[187] 양둥둥이 호주 정부 입장에 반대할 생각은 아니었지만, 일본 총리의 신사 참배 문제에 대한 그의 공격은 베이징 선전기구에 의해 강도가 거세지며 중국통들을 놀라게 했다.

양둥둥은 상하이귀국화교연합회에 제출한 입회 신청서에서 '연방의원이 의회에서 아베 신조의 영혼 숭배를 반대하는 연설을 하도록 만들었다'고 밝혔다. 그 연방의원은 틀림없이 론디다. 〈인민일보〉가 '호주 의회에서 아베 신조의 야스쿠니 신사 참배를 반대하는 목소리가 최초로 울려 퍼져'라는 제목의 기사를 실어 론디와 그의 동료인 자유당 평의원 데이비드 콜먼David Coleman이 아베 총리를 비난했다고 의기양양하게 보도했기 때문이다.[188] 2015년 7월 티베트인들이 시드니 외곽 캠퍼다운의 중국 영사관 밖에서 시위할 때, 양동동이 운영하는 사업체들은 소셜미디어에서 크레이그 론디 의원이 '시드니 중국 영사관을 공격하는 무리의 행위를 강력히 비난하는' 성명을 발표했다고 주장했다.[189] 론디는 '리드 지역구의 중국계 호주인 공동체'와 만난 뒤 시위대의 '폭력'을 비난하게 되었다는 언론 보도 자료를 뿌렸다. 사실 티베트 시위대가 한 일은 중국 국기를 걷어 내린 것이 다였다. 론디는 시위가 벌어진 이유나 티베트의 명망 높은 수도승이 중국 감옥에서 사망한 사건은 거론도 하지 않았다.

광산 부호 클라이브 팔머Clive Palmer가 중국인을 모욕하는 발언을 하자 양동동은 즉각 팔머를 비난하는 시위를 조직했다. 론디도 샘 데스티에리와 더불어 시위에 참여했다. 양동동은 팔머를 압박하도록 의원들과 정부를 상대로 로비를 벌였고, 마침내 팔머가 '아주 진솔하고 진지하게 사과했다'고 입회 신청서에 기록했다.[190]

한결같이 베이징을 지지하는 론디의 태도에 주목한 중국 관영 언론은 그를 믿음직한 논평가로 대접했다. 중공이 통제하는 신문들은 론디 의원의 호주를 위한 중국의 공헌을 높이 산다고 인용했고, 중국남방항공과 중국국제항공의 기내 잡지인 〈BQ 위클리BQ Weekly〉는 '호주몽을 대표하는 이주 중국인: 반중 정서에 반대하는 연방의원 론디의 단독 인터뷰'라는 제목과 함께 론디 의원의 사진으로 표지를 장식하기도 했다.[191]

론디는 친베이징 발언이나 양동동과의 관계 때문에 혹시라도 자신이 중국에 포섭된 것은 아닌지 하는 의문을 제기할 필요가 없다고 확신한다. 하지만 그는 샘 데스티에리 상원의원과 중국의 관계에 대해서는 다른 기준을 적용했다. 2016년 9월 론디는 데스티에리를 "아무리 좋게 보아도 의도적이었고 무모했다"고 평가했다.[192]

보도에 따르면, 양둥둥이 광범위하게 중공과 인맥을 맺고 있다는 이야기가 흘러나오고 이틀이 지나 자유당 실세와 면담한 뒤 버우드 시의원 후보 공천 신청을 철회했다.[193] 공천 심사에서 2위를 차지했으므로 출마만 하면 당선이 확실한 상황이었다. 자유당 인사들은 인맥도 넓고, 기금 모집 실력도 뛰어나고, 중국계 주민들의 표도 모을 게 확실한 양둥둥을 신이 준 선물로 생각하고 있었다. 하지만 중공과 아주 가까운 인물을 시의회에 들이면 전체 유권자의 90%를 차지하는 비중국계 주민들이 공감하지 않을 것이라고 계산한 게 분명하다.

양둥둥 외에도 중공과 밀접한 관계를 유지하며 호주 정치에 적극적으로 참여하는 사람이 아주 많다. 그들 중 누군가는 의원으로 선출된다. 물론 노동당에서 출마하는 경우가 더 많다. 2017년 9월 뉴사우스웨일스주 지방의회 선거 당시 중국계 호주인 수십 명이 출마했고, 그때 당선된 사람 중 여섯, 일곱 명이 통일전선 조직과 연결된 인물이다.

5장

연구소부터 언론까지

연구소까지 들어온 중국의 돈

2015년이 되자 황샹모는 거의 공식적인 중국 정치 문제 논평가로 나서, 중국계 호주인 재계 대표로 활동하며 자유무역을 주창했다. 대학과 연결된 차우착윙을 보고 자극을 받았는지, 시드니공대에 180만 달러를 기부해 2014년 5월 호주중국관계연구소를 설치하도록 했다. 더 큰무대로 나선 것이다. 그리고 베이징도 황샹모의 결정을 지지하는 뜻으로 국내외 싱크탱크 기관에 대규모로 투자하겠다고 발표했다.

황샹모는 노동당 외무장관과 뉴사우스웨일스주 총리를 지낸 밥 카를 연구소 소장으로 영입했다. 학계 경험은 없었지만, 호주나 해외 구분 없이 유력인사들과 친분 있는 봅 카의 인맥을 생각하면 크게 문제 삼을 일도 아니었다.[1] 현직 외무장관 줄리 비숍도 초대에 응해 연구소 개관식에 참석했다. 개관식장에서 황상모는 중국 대사 마자오쉬 옆에 앉았는데, 짧은 시간 동안 자신이 얼마나 큰 성취를 이루었는지 돌아보고 있었을 것이다.[2] 그리고 6개월 뒤 시진핑 국가주석의 방문을 기념해 캔버라 국회의사당에서 성대하게 열린 만찬에 중국 대사의 초대를 받아 참석했을 때, 황상모에 대한 베이징의 일말의 의심도 사라졌다.[3]

호주의 공론장에서 베이징의 세계관이 더 크게 주목받은 것을 보면, 황상모가 투자한 180만 달러가 성과를 거둔 셈이다. 이런 상황을 예의 주시하던 프림로즈 리오던은 2016년 연방 의회에서 중호자유무역협정의 혜택을 입증하는 자료로 호주중국관계연구소의 보고서가 인용되었다고 보도했다.[4] 보고서는 특히 자유무역협정의 이주노동자 관련 조항에 대한 노동당과 노조의 우려를 비웃는 용도로 사용되었다. 호주중국관계연구소의 봅 카가 노동당을 배신할 계획은 아니었겠지만 보수 진영의 의원들은 중국 자금으로 설립된 싱크탱크 보고서를 이용해 자유무역협정 조건을 회의적으로 바라보는 노동당을 비난했다. 의회에서 앤드루 롭은 호주중국관계연구소의 보고서를 인용해, 베이징이 세계은행에 맞서 설립한 아시아인프라투자은행에 가입하기로 한 호주의 결정을 칭찬했다. 호주중국관계연구소의 경제전문가이자 부소장인 제임스 로렌스슨James Laurenceson은 중국과 무역 관계를 더욱 활발하게 해야 한다고 노래를 부르는 중이었다. 그런 상황에서 파키스탄

언론의 베이징 동조자들까지 로렌스슨에게 몰려와 '열린 세계 경제를 위한 중국의 헌신에 환호'했다.[5]

호주중국관계연구소에 자리를 잡은 봅 카는 "호주와 중국의 관계를 긍정적이고 낙관적으로 보는 데 한 치의 망설임도 없다"고 선언했다.[6] 1989년 6월 4일 톈안먼 광장 학살 이틀 뒤 시드니에서 열린 시위에 뉴사우스웨일스 야당 대표로 참여해 연설할 때와 완전히 다른 입장이었다. 당시 애도하는 1만여 명의 시위대 앞에서 봅 카는 마르크 레닌주의 일당 체제를 '낡은 개념'으로 맹렬히 비난하며 중국에 다당제 민주주의가 들어서는 것이 더 이상의 유혈사태를 막는 유일한 방법이라고 연설했다.[7] 그 뒤 2012년에도 당시 외무장관이던 봅 카는 호주의 '친중 로비'를 매섭게 질타했다.[8] 상황이 얼마나 달라졌는가.

봅 카는 호주중국관계연구소에 자리 잡자마자 의회가 노조의 반대를 무릅쓰고 중호자유무역협정을 통과시키도록 하는 것이 새로운 연구소의 역할이라고 주장했다.[9] 호주가 중국에 휘둘리고 있다고 주장하는 사람들을 '냉전 시대 사상'에서 벗어나지 못한 사람이라고 공격했다. 이들의 접근법은 '대단히 이념적'이지만 자신의 접근법은 '실용적'이라고 주장했다. 노동당 중진들은 봅 카가 노동당 전당대회와 특히 뉴사우스웨일스 우파 모임에서 적극적으로 친중 입장을 독려했다고 증언한다.[10]

수많은 중국인 학생이 차이나타운 인근의 시드니공대에 다닌다 (2015년 기준 5,500명 정도로 전체 유학생의 40%가 넘는 수치였다[11]). 나중에 자세히 살펴보겠지만, 시드니공대는 중국의 여러 대학과 폭넓게 교류하고 있다.[12] 프랭크 게리 빌딩 선축을 위해 자우치웡이 기부한 2,000만 달러에 비하면 약소했지만, 시드니공대는 황샹모가 기부한 180만 달러도 기꺼이 받아들였다.[13] 그 대가로 황샹모는 겸임 교수가 되고, 호주중국관계연구소 이사회 의장으로 임명되었다. 황샹모는 봅 카를 호주중국관계연구소 연구소장으로 '직접 선임'했다고 자랑하고 다녔다.[14] 내가 개인적으로 시드니공대 부총장보인 글렌 와이트윅Glenn Wightwick과 빌 퍼셀Bill Purcell에게 사실관계를 물으니, 대답하기 곤란한 상황에서도 두 사람은 황샹모가 봅 카를 지목했다는 사실을 확인해주었다. 하지만 두 사람 모두 서면 답변서에서는 그 질문에 대답하지 않았다. 현재 중국에서 교수로 부르는 황샹모는 당시 연구소장 자리에 '훨씬 더 강력한 정치인'을 염두에 두고 있었다고 기자들에게 털어놓았지만 (이 말이 사실이라면 그가 염두에 두고 있던 인물은 케빈 러드밖에 없었겠지만), 결국 황샹모는 "아주 훌륭한 학자로 인정한다"는 말과 함께 봅 카를 연구소장으로 선임했다.[15]

　내가 보낸 서면 질의서에 대해 시드니공대는 황샹모에 대한 엄격한 실사를 마쳤고, 황샹모의 기부를 빚으로 여기지 않으며 '국제 관계에 공헌하는 기업가로 탁월한 성취'를 이루었기에 겸임 교수로 임명했다고 대답했다. 2017년 11월 상원의원 샘 데스티에리가 황샹모의 집으로 찾아가 전화가 도청되고 있다고 경고했다는 사실이 폭로되자, 턴불 총리는 데스티에리가 외국 정부를 돕고 있으며 황샹모는 '외국 정부와 밀접하게 연결된 외국인'이라고 발표했다.[16]

학문의 자유는 없다

학문의 자유와 지식의 독립성을 이해하는 사람이면 누구나 호주 중국관계연구소에 문제가 있다고 생각한다. 중공이 아무리 학문의 자유를 사회를 '오염시키는' 서구의 개념으로 비난해도,[17] 제대로 된 대학이라면 기부자가 대학교 교원 임명에 영향력을 행사할 수 없다고 주장했을 것이다. 하지만 오늘날 두둑이 쌓인 현금 다발만 쳐다보는 호주의 다른 대학들과 마찬가지로 시드니공대도 대학의 진정한 역할에 대해서는 신경을 쓰지 않았던 것 같다.

호주중국관계연구소는 스스로 '완전히 독립적이고 학문적으로 엄격하고 투명한 연구 기관'이라고 주장한다.[18] 2017년 시드니공대는 호주중국관계연구소의 재정 상황을 하나도 빠짐없이 발표하겠다고 약속했지만, 맨 처음 180만 달러가 기부된 이후 자금 상황이 어떤지 현재까지 밝히지 않고 있다.[19] 시드니공대에서 모든 과정을 지켜본 학자 중에도 의혹을 제기하는 사람들이 있다. 호주중국관계연구소의 세미나와 출판물이 중국 정부가 하는 당 선전물들과 비슷하다고 말한다.[20] 중국 전문가인 호주 라트로브대학교의 제임스 레이볼드James Leibold 교수는 시드니공대가 황샹모에게 호주중국관계연구소 이사회 의장직을 맡긴 것이 실수였다며 "연구소가 중국계 호주인 공동체에 중공을 선전하는 비밀 선전기관이 되었다"[21]고 솔직하게 평가한다. 물론 밥 카와 시드니공대는 이런 평가를 부인한다.

2014년 5월 호주중국관계연구소 개관식은 그야말로 성대한 잔치였다. 중국 대사 마자오쉬는 '중국과 호주 관계에 대한 연구를 발전시킬 큰 도약'이라고 연구소 개관을 반기며, 심지어 '양국 관계의 역사적 사건'으로 환호했다. 연단에 올라선 호주 외무장관도 호주와 중국이 그 어떤 나라도 이루지 못한 수준의 '상호 의존과 상호 보완의 유대 관계'를 구축했다는 마자오쉬 대사의 의견에 공감했다.

마자오쉬 대사는 호주중국관계연구소 때문에 훗날 자신이 난처해질 일은 없으리라고 확신했을 것이다. 인권 유린이나 반체제인사 탄압, 주변국에 대한 횡포 등 중국을 신랄하게 비판하는 내용은 모두 금지하면 그만이기 때문이다. 호주중국관계연구소는 '호주와 중국의 관계에 대한 긍정적이고 낙관적인 시각'에 기초해 연구한다고 분명히 밝히고 있다.[22] 사전적 의미로 볼 때, 낙관적인 시각은 최선을 희망하거나 사안의 밝은 면만 바라보는 태도다. 봅 카는 연구소가 '인권 문제 등 양국 관계에서 껄끄러운 부분도 외면하지 않는다'고 주장했다. 그러나 그 뒤로 중국은 점점 더 거세고 잔혹한 방식으로 인권을 탄압했지만, 호주중국관계연구소는 현재까지 중국의 인권 상황을 다룬 그 어떤 자료도 발표하지 않았다. 내가 이런 상황에 대해 질문하자 봅 카는 중국을 '비판'했다고 생각하는 발언과 출판물들을 제시했다.[23] 내가 보기에 봅 카가 제시한 자료는 하나같이 베이징이 영향력을 확대하는 과정에서 실수하지 않도록 조언하는 내용 같았다.

봅 카가 뉴사우스웨일스주와 연방 노동당에서 베이징 입장을 지지한 덕분에 얻은 별명이 '베이징 봅'이다. 2015년 9월 봅 카가 통일전선공작부 부부장을 지낸 주웨이췬朱維群과 시드니 회담을 주최한 사진이 〈인민일보〉에 실렸을 때 보니 '베이징 봅'이라는 별명이 아주 잘 어울렸다. 주웨이췬은 달라이 라마와 '티베트 분리파'를 비난하는 역할도 하는 민족종교사무위원회 위원장을 지낸 인물이었다.[24] 사진 속에서 황금빛 법복을 입고 봅 카와 나란히 선 인물은 '생불' 투덩커주土登克珠였다. 투덩커주는 티베트인 '대표'로 베이징에 가서 당의 비위만 맞추는 아첨꾼이다. 봅 카는 중국이 티베트에 대해 (1950년 인민해방군이 들어가 무장 봉기를 진압했다며) 주장하는 역사적 권리를 존중하고, 달라이 라마를 적대시한 덕분에 외무장관으로 빨리 지명될 수 있었다. 봅 카는 2011년 달라이 라마를 두고 '이 교활한 수도승을 만나지 마라'는 제목의 글을 블로그에 올렸다. 길라드 총리에게 호주와 중국의 관계를 이간질할 목적으로 '신권정치 권력을 추구하며 말썽만 일으키는' 달라이 라마를 피하라고 권고하는 것이었다.[25] 이 블로그는 봅 카가 외무장관으로 취임하기 전에 지워졌다. 달라이 라마를 적대시하는 이유를 묻자 봅 카는 '자신의 티베트 방침이 곧 호주 정부의 티베트 방침'이라고 답변했다.[26]

현재 봅 카와 시드니공대는 황샹모의 역할을 축소하며 자금 출처의 '다양성'을 강조한다(봅 카는 황샹모의 자금을 부채로 생각하지 않기 때문에 추가로 기부하겠다면 언제든 환영한다고 이야기했다[27]). 황샹모가 호주중국관계연구소 설립을 위해 시드니공대에 180만 달러를 기부한 직후 저우추룽周楚龙도 100만 달러를 기부했다.[28] 저우추룽은 어떤 사람일까? 100만 달러를 기부한 사람치곤 관련 정보를 찾기 어렵다. 시드니공대나 호주중국관계연구소가 그에 관해 언급하지 않는 것도 특이한 일이다.[29] 공개된 자료에서 확인한 내용은 저우추룽이 중국 선전에 있는 부동산회사 즈웨이그룹의 최고경영자이며 중국평화통일호주추진회의 명예 회장이라는 것이 전부다.[30] 즈웨이그룹과 황샹모의 위후그룹은 모두 선전차오산상공회Shenzhen Chaoshan Chamber of Commerce 회원이며, 저우추룽도 2013년 10월 황샹모가 거주하는 모스만 뷰티포인트 지역에서 황샹모의 저택보다 낮은 곳에 자리한 560만 달러짜리 주택을 구입했다.[31]

시드니공대는 황샹모에 대해 엄격한 실사를 진행한 결과 부적절한 행위를 발견하지 못했다고 주장했다.[32] 부총장보 두 사람은 시드니공대가 외부 기관에 의뢰해 다양한 '위험 요소'를 '엄격하게 실사 평가'한다고 확인해주었다. (나는 그 외부 기관이 중국어 자료에 접근할 수 있는지 의문이 들었다.) 하지만 두 사람은 저우추룽에 대해서도 엄격한 실사가 진행되었는지는 확실히 알지 못했다.

연구소가 설립된 배경과 관련해 걱정되는 점이 하나 있다.[33] 2005년 시드니공대 학생회가 파룬궁을 다룬 미술 작품들을 전시했는데, 그 일로 대학이 중국 정부의 직접적인 압력을 받았다. 영사관 관계자가 불만을 표시하며 관련 작품 철거를 요구했지만, 대학이 거절하자 중국은 그 즉시 시드니공대 홈페이지를 차단함으로써 대학이 중국 유학생을 모집하는 가장 중요한 수단을 빼앗아 버렸다. 부총장 로스 밀본은 중국 입학생이 급격히 줄어들며 대학이 '대단히 심각한 타격'을 입었다고 증언했다. 중국이 다른 대학도 예의 주시하고 있다는 사실이 알려지며 파룬궁과 관련한 것들은 자취를 감추었다. 손해를 무릅쓰고라도 원칙적인 입장을 지키겠다는 밀본 부총장의 발언이 보도된 후 시드니공대의 홈페이지는 다시 차단되었다. 중국 정부는 관련된 그 어떤 접속도 허용하지 않았다. 존 피츠제럴드는 중국이 이 사건을 통해 전하고 있는 메시지를 이렇게 정리했다. "중국과 깊은 관계를 쌓고자 하는 대학에는 자유롭고 열린 비판적 탐구가 필요 없으며 현명한 선택도 아닐 것이다."[34]

황샹모는 호주중국관계연구소에 자금을 댄 덕분에 줄리 비숍과 노동당 예비 내각의 태냐 필버세크Tanya Plibersek 장관, 중국 대사 마자오쉬 등 저명인사들과 교제를 기회를 얻었다. 2016년 2월에는 생각지도 못한 선물처럼 브라이언 윌슨Brian Wilson이 시드니공대 임시 총장직을 맡았다. 당시 브라이언 윌슨은 외국인투자심의위원회FIRB 위원장이었고, 외국인투자심의위원회는 재무장관의 명령에 따라 부유한 중국인의 불법적인 고가 부동산 매입을 단속하는 기구였다.

〈시드니 모닝 헤럴드〉는 봅 카가 호주중국관계연구소 연구소장 직위를 이용해 "호주에서 가장 강력하게 베이징을 지지하는 평론가 중 한 사람이 되었다"고 주장했다.[35] 그리고 존 피츠제럴드는 '봅 카의 논평이 천편일률적으로 무조건 중국 편을 드는 논평'이라고 평가했다.[36] 봅 카는 비난을 듣고 가만히 있는 사람이 아니다. 자신이라면 황샹모의 돈을 받지 않았을 것이라고 밝힌 초대 주중 호주 대사 스티븐 피츠제럴드Stephen FitzGerald를 비롯해 비난하는 사람들을 '호주 정치 주변부의 냉전주의자'라고 비꼬았다.[37]

2016년 9월 언론의 비난이 거세지자, 시드니공대 부총장보 글렌 와이트윅이 용감하게 앞에 나서 연구소가 '고품질의 막중한 연구'를 수행하고 있다고 변호했다.[38] 연구소 이사회가 연구의 품질과 방향을 감독한다면, 황샹모는 무슨 자격으로 그런 이사회의 의장이 되었을까? 데스티에리 사건이 터지고 3주 뒤 황샹모는 '중국의 영향력'에 쏠리는 사람들의 관심이 너무 버겁다는 이유로 의상식을 사임했다. 호주중국관계연구소는 호주중국의회친선회 회장이던 자유당 고위층 필립 러독에게 의장직을 맡아달라고 부탁했다(당시 러독의 딸인 케이틀린 러독Caitlin Ruddock이 시드니공대에서 기업 관계 업무를 책임지고 있었다[39]). 하지만 필립 러독이 의장직을 수락할 가능성이 없다고 판단한 대학은 연구소 운영 방식을 재고하겠다고 발표했다.[40] 그리고 호주중국관계연구소 이사회의 해산이 결정되었다. 프림로즈 리오던은 "호주중국관계연구소의 운영 방식에 대한 대대적인 검토가 이루어지고, 황샹모가 의장직을 맡은 이사회를 해산, 부총장보인 빌 퍼셀 교수를 중심으로 새로 구성된 운영위원회가 연구소를 감독할 것이라고 시드니공대가 확인했다"고 보도했다.[41]

그런데 부총장보가 이끄는 새로운 호주중국관계연구소 운영위원회에 국제부장 레오 멘 류Leo Mian Liu, 刘勉가 합류했다.[42] 시드니공대에서 국제 업무를 책임지는 레오 멘 류는 국제 협력 부총장의 직위도 겸직한다.[43] 중국 언론은 그를 항상 '호주중국관계연구소 상임이사'로 지칭하고, 중국평화통일호주추진회는 그를 호주중국관계연구소의 '관리 책임자'로 소개한다.[44] 레오 멘 류는 2000년대 초 시드니 중국 영사관에 근무하던 외교관이었다. 망명한 천용린도 그가 영사관에서 함께 근무한 동료이며 총영사의 일정을 관리했다고 확인해주었다.[45] 레오 멘 류는 중국 및 호주의 통일전선 조직들과 깊은 관계를 유지하고 있다.[46] 특히 중국평화통일호주추진회의 고문으로 활동하며 청년위원회 회원들에게 정치에 적극적으로 참여하고 호주 정계에서 힘을 과시하도록 독려했다. 2015년 5월 황샹모는 중국평화통일호주추진회 회장과 사이먼 저우Simon Zhou 부회장도 참석한 청년위원회 회의에서 뉴사우스웨일스주 자유당 상원의원인 마크 쿠어Mark Coure가 청년들에게 정

중국의 조용한 침공

치에 입문하는 방법을 주제로 연설했다.[47] 자유당 연방 하원의원인 데이비드 콜먼도 참석해 호주 정치의 구조와 의원에게 필요한 자질이 무엇인지 설명했다.

레오 멘 류는 최근 호주에서 설립된 베이징외국어대학교 동문회 회장도 겸하고 있다.[48] 베이징외국어대학교는 외교관을 배출하는 주요 대학 중 하나로 주호 중국 대사를 지낸 푸잉 외교부 부부장이 레오 멘 류에게 동문회 설립을 축하하는 축전을 보내기도 했다. 〈인민일보〉 보도에 따르면, 2015년 톈안먼 광장에서 일제 패망 70주년 기념 열병식이 열릴 때 레오 멘 류도 단상에 서 있었다.[49] 당시 톈안먼 옆에 설치된 단상에는 공식 초청을 받은 사람만 올라갈 수 있었다. 레오 멘 류는 '해외 중국인의 한 사람으로서 조국의 힘을 생생히 경험했다'고 〈인민일보〉와 인터뷰했다.

현재 호주중국관계연구소는 후원 기업들로만 구성된 의장협의회가 이사회를 대신하고 있다. 의장이 누구냐고 물었지만, 의장은 없다는 답변만 돌아왔다.[50] 그러면 누가 의장협의회를 주재하냐고 묻자 주재하는 사람도 없다고 대답했다. 봅 카는 의장협의회 위원들과 호주중국관계연구소의 연구 계획을 협의하면서도 회의를 열지 않는다고 말한다.[51] 황샹모는 2016년 '위후그룹이 호주중국관계연구소 의장협의회에서 탈퇴할 것이다'라고 〈오스트레일리안 파이낸셜 리뷰〉와 인터뷰했고, 봅 카는 2017년 7월 현재 호주중국관계연구소는 황샹모의 자금을 받지 않는다고 발표했다. 하지만 2017년 7월에도 여전히 위후그룹은 후원 기업으로 등록되어 있었고, 저우추룽의 즈웨이그룹도 마찬가지였다.

긍정적이고 낙관적인 시각

호주중국관계연구소 개관식에서 제임스 로렌스슨 부소장은 '호주 중국관계연구소가 중국에 관한 논평의 주요 출처'가 되길 바란다는 희망을 피력했고,[52] 일부 기자들이 그 희망이 실현되도록 힘을 보태고 있다. 한편 본인은 중국에 아무런 영향력도 없다고 주장하지만[53] 중국에서 봅 카의 위상은 그 어느 때보다 밝게 빛났다. 공산당 관영 언론은 봅 카를 호중 문제의 진실을 전하는 믿음직한 인물로 내세웠다. 2014년 말 〈중국일보〉는 봅 카가 자유무역협정의 혜택을 높이 평가하고 호주가 중국의 주요 이익을 존중하도록 대중을 설득하고 있다고 보도했다.[54] 전임 총리는 2015년 내내 언론에서 '미국이 중국의 새로운 위상을 인정해야 한다'고 주장했다. 그뿐만 아니라 덩샤오핑 개혁의 '눈부신 성공'을 찬양하고, 중국 '문명사회의 힘'을 동경하고, 호주인들에게 중국의 '다른 정치적 가치'를 이해하도록 촉구하는 한편 자유무역협정의 노동력 수입 조항과 관련해 '인종차별적 거짓'이 호주에 퍼져 있다고 비판했다.

2016년 (〈인민일보〉 자매지이자) 초민족주의적인 〈글로벌타임스〉는 봅 카가 '향후 15년간 호주가 누릴 가장 좋은 것'은 중국과의 관계라고 선언하고, 중국 비판자들을 냉전 시대의 분노에 사로잡혀 '매카시즘적으로 비난'하는 죄인들이라고 단언했다고 보도했다. 또한 중국의 투자를 걱정하는 것을 '반중 공포'와 '히스테리'로 일축했다고 보도했다.[55] 봅 카가 동포들에게 중국을 미국의 눈으로 바라보지 말라고 경고했다는 것이다.

중국의 조용한 침공

2016년 8월 재무장관 스콧 모리슨Scott Morrison이 안보상의 이유로 중국 국영 기업의 뉴사우스웨일스주 전력 공급사 오스그리드Ausgrid 매입을 불허하자, 〈인민일보〉는 밥 카의 해설을 실었다. 〈시드니공대 호주중국관계연구소: 호주 정부의 맹목적인 외국인 혐오〉라는 제목의 기사에서 밥 카는 재무장관의 결정이 중국과 호주의 경제 관계를 위협할 것이라고 경고했다. 그러면서 모리슨 장관의 결정이 '호주 국민의 의견'을 대표하지 않는다고 중국 독자들을 안심시켰다.[56] 자신이 호주 사람들의 생각을 속속들이 알고 있다는 듯이 말이다.

그보다 앞서 호주중국관계연구소 개관 직후 〈인민일보〉와 진행한 단독 인터뷰에서 밥 카는 호주와 중국 양국 관계의 심화를 자신이 외무장관으로 이룩한 가장 큰 성과로 꼽았다. "저는 외교정책을 입안할 때 호주와 중국이 더욱 협력해야 한다고 믿습니다. 국가 안보와 관련해 두 나라의 협력은 더욱 공고해질 것입니다. 이것은 현재 호주중국관계연구소의 연구 방향이기도 합니다."[57] 그리고 중국 신문의 논설위원이나 쓸 법한 표현으로 이렇게 덧붙였다. "호주와 중국은 관심사가 다르지 않습니다. 두 나라 모두 평화를 추구하고, 영토 분쟁을 바라지 않으며, 분쟁에 신중하게 대처하길 바랍니다."[58]

2017년 중국이 전통적으로 영유권을 주장하는 수역에 군사 시설을 세우던 때에도 밥 카는 중국이 동남아시아 이웃국가들을 괴롭히지 않을 것이라고 주장했다.[59] 그리고 아시아의 지도자들도 새로운 전략적 상황을 인식하고 인정했다고 설명했다. 이런 밥 카의 주장은 중국의 '국지적 성공'을 대변하며, 전형적으로 '긍정적이고 낙관적인 시각'이다.

밥 카는 이보다 앞선 인터뷰에서도 호주가 항상 중립을 지켜야 한다고 강조했다. "처음부터 저는 호주가 그 어떤 상황에서도 중립적인 입장을 밝히고 견지하는 것이 중요하다고 생각해왔습니다. 중국과 일본의 동중국해 분쟁에서는 특히 그렇습니다."[60] 그런 다음 외무장관 줄리 비숍에게 '중국은 약점을 존중하지 않는다는 발언의 의미를 설명'하라고 요구했다. 밥 카가 베이징의 지도층이 듣고 싶어 하는 이야기를 하는 함정에 빠져버린 것이다.

중국의 약탈적 경제 정책을 비판하기로 유명한 도널드 트럼프가 백악관 주인이 되자, 밥 카는 또 한 번 호주와 미국을 갈라놓는 글을 남겼다. 그는 트럼프가 '비웃으며 경멸하는 태도로 민주주의를 이야기하고, 자신에게 반대하는 자를 기소하고, 선거 결과에 승복하지 않는다'는 글을 기고했다. 이런 일이 벌어지는 나라와 협력하고 싶은 사람이 어디 있겠냐는 것이다. 제 무덤을 파는 줄도 모른 채, 밥 카는 호주가 미국 동맹에 대한 '감상주의'를 버리고, 호주 경제를 위해 미국이 아닌 중국과의 관계에 집중해야 한다고 주장했다.[61]

밥 카를 모시던 제임스 로렌스슨 부소장도 곧바로 신문사에 기고해 호주의 '반중 포퓰리즘'을 경고했다.[62] 로렌스슨은 호주 경제의 발전을 가로막는 장애물은 중국이 아니라 미국이며, 무역 확대와 투자, 노동자 유입의 규모가 훨씬 더 큰 북쪽의 이웃 나라 중국이 황금빛 미래를 약속한다고 치켜세웠다.

밥 카와 제임스 로렌스슨에게 자극을 받았던지 황샹모도 펜을 들었다. 도널드 트럼프가 미국 대통령으로 당선됨에 따라 호주는 중국과 관계를 강화하지 않으면 어린 양처럼 '도살'될 것이라는 글을 중국어 웹사이트에 올렸다. 이 애국적인 부동산 개발업자는 호주에게 중국과 더 크게 협력하는 것이 이익이라고 충고한 것이다.[63] 2015년 일제 패망 70주년 기념 열병식이 열린 직후 〈인민일보〉가 〈호주 정치인: 중국이 세계 평화를 지키는 핵심 세력이다〉는 제목의 기사를 올렸다. 호주 정치인 세 사람이 모두 파시즘에 저항한 중국의 역할에 감사한다는 보도였다. 인터뷰한 정치인 세 사람은 봅 카와 그의 친구인 샘 데스티에리, 어니스트 웡이었다.[64]

이 세 사람이 맺은 관시는 단단했다. 공석인 상원의원에 봅 카를 앉히자는 계획을 세우고, 줄리아 길라드를 설득해 봅 카를 외무장관에 앉힌 주인공이 샘 데스티에리다.[65] 그 대가로 봅 카는 샘 데스티에리가 에릭 루젠달에 이어 뉴사우스웨일스주 당대표가 되도록 지원했다. 어니스트 웡은 샘 데스티에리와 중국인 기부자를 연결했고,[66] 샘 데스티에리는 어니스트 웡이 상원의원으로 신분 상승하도록 힘을 보탰다. 황샹모는 자신이 직접 봅 카를 호주중국관계연구소 연구소장으로 선임했다고 자랑하고, 샘 데스티에리가 예산 초과한 여행 경비도 대납했다. 에릭 루젠달은 현재 황샹모를 위해 일하며, 그와 더불어 중국평화통일호주추진회에서 활동한다. 황샹모는 호주 노동당의 기금 모금에 힘을 보태고 있다.

언론사 협약

2016년 5월 중공의 고위급 인사가 조용히 호주에 들어왔다. 중공 중앙선전부 부장이자 정치국 위원으로 서열 25위 안에 드는 류치바오

劉奇葆였다.[67] 중앙선전부는 지난 25년간 애국주의 교육 운동을 책임지고 추진해 중국을 철저히 변화시킨 주인공이다. 그리고 매주 의무적으로 편집자 회의를 열어 보도 내용을 결정하는 언론 검열의 책임자다. 또한 해외에서 중국의 '정치전'을 추진하는 주체다. 자주 찾아가 대화를 나누고 공동 연구 프로젝트를 진행하는 등의 방법으로 해외 재계와 학계, 언론계 지도층에 영향력을 행사하도록 지도한다.[68]

노련한 기자들도 아직 자세한 내막을 파악하지 못하고 있지만, 호주를 방문한 류치바오는 주요 언론사와 여섯 건의 협약을 체결했다. 중국의 자금을 받는 대신 〈신화통신〉과 〈인민일보〉, 〈중국일보〉에서 제공하는 중국 선전 기사를 싣는다는 협약이었다. 〈페어팩스 미디어〉와 (루퍼트 머독Rupert Murdoch이 지분을 소유한) 〈스카이뉴스Sky News〉가 중국의 기사를 싣거나 방송하기로 계약하고,[69] 〈시드니 모닝 헤럴드〉와 〈디 에이지〉, 〈오스트레일리안 파이낸셜 리뷰〉도 매달 〈중국일보〉가 제공하는 여덟 쪽짜리 특종을 싣기로 합의했다.

류치바오의 방문은 호주 외교통상부 차관보 게리 퀸란Gary Quinlan의 승인으로 이루어졌다. 언론사 협약은 중국이 총 100억 달러의 예산을 투입해 추진한 것으로 알려진 대외 선전 운동의 승리를 상징한다.[70] 주요 언론사들이 중국의 돈을 받은 호주에서는 대체로 별다른 언급이 없었지만, 존 피츠제럴드는 '중국 공산당은 언론사 협약을 통해 세계 여론을 바꾸려는 해외 선전 시도가 승리했다고 자축할 것'이라고 지적했다.[71] 그리고 〈페어팩스 미디어〉가 베이징 특파원 필립 원이 송고한 언론사 협약 관련 기사를 실었다.[72] 관련 기사를 보도하지 않고 넘어갈 수는 없었기 때문이다.

호주 최고의 중국 언론 분석가인 존 피츠제럴드와 완닝 쑨은 "레닌주의 선전 체제가 작동하는 방식은 상대를 말로 설득하는 것이 아니라 중요한 내용을 보도하지 못하도록 위협하거나 방해하는 것이다"라고 지적한다.[73] 호주 언론사 협약은 중국이 서구 체제의 개방성과 주류 언론의 위태로운 재정 상태를 어떻게 이용하는지를 보여준 놀라운 사례였다. 세계언론자유지수에서 180개 국가 중 176위로 평가된 중국이 호주 언론에 영향력을 행사하게 된 협약에 대해 아무도 항의하지 않았다는 사실은 우리가 신뢰하는 기관들이 얼마나 부실한지를 상징적으로 보여준다.

2015년 11월 베이징에서 밥 카가 중공 중앙선전부 부부장 쑨즈쥔孙志军을 만났다.[74] 중국은 이 모임과 관련해 "양측이 중국 언론과 호주 언론의 우호 관계를 강화하고 양국의 협력과 교류를 심화시켰다"고 보도했다. 또한 양측이 "양국 관계의 증진과 기타 사안에 대한 의견을 교환했다"고 전했다. 이날 모임에는 중공 중앙선전부의 '관련 동지들'과 더불어 중국기자협회의 고위급 인사들도 참석했다.

흔들리는 언론인, 무너지는 언론

2016년 5월에 체결된 여섯 건의 협약 중 나머지 하나는 밥 카의 호주중국관계연구소와 중국 관영 매체 〈신화통신〉의 양해각서다. 양해각서에 서명한 직후 호주중국관계연구소는 호주 언론인들의 중국 견학을 기획했다. 외국 언론인은 미리 인가받은 언론 매체에 소속되어 공식 승인 절차를 거치지 않으면 기자로서 중국에 입국하는 것이 불가능하다. 따라서 봅 카는 공식 승인된 단발성 취재 여행이라는 특별한 기회를 호주 언론인들에게 제공하려 했다.

봅 카는 수많은 호주 중견 언론인에게 이메일을 보내 전액 무료로 5일 일정의 중국 취재 여행에 초대했다. 중국기자협회All-China Journalists Association가 파견한 담당자의 인솔에 따라 호주중국관계연구소와 〈신화통신〉이 기획한 여행지를 방문하는 일정이었다. 중국기자협회는 모든 언론인이 '반드시 마르크스주의 뉴스의 가치를 터득해야 한다'는 규범을 따르는 당기관이다.[75] 호주에서 크게 존경받는 많은 언론인이 봅 카의 초대에 응했고, 2016년 7월 〈시드니 모닝 헤럴드〉의 로스 기틴스Ross Gittins, 〈오스트레일리안 파이낸셜 리뷰〉의 브라이언 투히Brian Toohey와 앤드루 클락Andrew Clark, 〈디 오스트레일리안〉의 글렌다 코포랄Glenda Korporaal, 〈웨스트 오스트레일리안The West Australian〉의 셰인 라이트Shane Wright 등이 중국으로 날아갔다.

중공 중앙선전부가 기획한 전략은 효과를 발휘했다. 로스 기틴스는 중국의 놀라운 경제 성장과 단호한 의사 결정, 부를 향한 의지 등을 찬양하는 기사를 연거푸 쏟아냈다.[76] 기틴스는 "내가 너무 순진해서 그랬을 수도 있지만, 중국을 방문하고 엄청나게 감동했……그 친구들은 지금 성공으로 가고 있다"며 이렇게 이야기했다. 중국은 더 나은 미래를 건설하는 일에 대담하게 행동하고 간절하지만, 호주는 겁에 질려 운에 맡긴 채 중국이 계속해서 금광으로 남기만 바란다. 우리는 너무 소심해서 중국의 원대한 일대일로 전략에 가입하지 못하지만, 일본과 한국은 '우리가 꿈도 꾸지 못하는 중국의 점심을 맛있게 즐길 것이다.'

앤드루 클락은 중국의 숨 막히는 변화의 규모에 놀라워했다.[77] 클락은 '중국이 놀랍다'며 새로운 중국에서 '사람들이 키가 더 크고, 더 생기있고, 더 건강하고, 목소리도 더 크고, 더 행복해 보인다'고 적었다(사실, 확인된 객관적 수치로 보면 전보다 덜 행복하다[78]). 클락은 '당시 드러나고 있던 조지 오웰의 《1984》 분위기'를 감지하지 못했다. 게다가 그는 생활수준이 적절해짐에 따라 새롭게 누릴 수 있는 자유가 많기에 정치적 억압쯤은 정당화될 수 있다고 암시했다. 호주 기자들은 가장 역동적인 도시와 가장 빛나는 기업 본사만 찾아다녔다. 청두시의 거대한 건물과 세계에서 가장 붐비는 루이비통 매장에 깊은 인상을 받은 클락은 중국이 당면한 과제에 고도로 집중하는 능력과 언제든 적응하는 독특한 정신을 동력 삼아 자기 길을 걷고 있다고 기사를 썼다. 그러면서 독자들에게 만일 호주가 중국의 요구에 따르지 않으면 중국의 희생양이 될지 모른다는 암울한 경고를 던졌다. 예를 들어, 남중국해에 대한 중국의 권리를 인정하지 않으면 중국이 '호주 캥거루의 얼굴에 그 유명한 귀싸대기를 날리는 장면'을 보게 될 수도 있다면서 말이다. 중국의 성장은 피할 수 없는 현실이며 호주의 번영은 중국의 성장에 달렸다는 것이다.

중국에 도착하기 전부터 기사를 쓰기 시작한 브라이언 투히는 여태껏 내가 본 보고서 중 가장 기이한 전략 보고서를 발표했다.[79] 요지는 이렇다. 존 하워드 총리가 합당한 이유 없이 이라크 침공에 가담하며 호주가 엉망진창이 되었기에 우리는 중국의 남중국해 점령을 잠자코 받아들여야 한다. 만일 우리가 미국이나 다른 동맹들과 함께 중국의 남중국해 합병에 이의를 제기하면, 군사적으로는 중국을 물리칠 수 있겠지만 세계 경제를 망칠 것이다. 중국을 계속해서 누르려면 중국 본토를 점령한 다음 '수많은 중국 애국자와 길고 긴 게릴라전'을 펼치는 수밖에 없다. 따라서 우리는 무슨 수를 쓰더라도 전쟁을 피해야 한다. 우리의 선택은 둘 중 하나다. 군대를 동원해 또 다른 이라크전을 치를 것인가, 아니면 묵인할 것인가.

이렇게 타협하는 태도가 바로 베이징이 바라는 것이다. 하지만 투히가 중국을 여행하며 가장 깊은 인상을 받은 것은 미래 기술에 대한 엄청난 투자다. 투히는 선전시에서 목격한 화웨이와 전기차업체 비야디BYD, 베이징유전체연구소BGI의 놀라운 통계 수치를 보도했다(공교롭게 다른 기자들도 이 세 기업에 깊은 인상을 받았다). 또한 투히는 중국의 의도를 걱정하며 외국인 혐오증이 점점 더 커지는 호주를 '겁에 질린 나라'로 묘사했다. 중국이 경제적 위험을 무릅쓰며 스파이 활동을 벌일 리 없으므로 중국인의 오스그리드 전력망 소유를 막은 일은 납득하기 어렵고, 만일 중국이 스파이 활동을 벌이면 호주 정보기관이 감지할 테니 그때 자산을 돌려받으면 된다고 주장했다.

글렌다 코포랄에게는 선전시의 눈부신 유리 건물이나 새로 건설한 고속도로보다 중국 외교부 공무원의 무시무시한 브리핑이 더 큰 인상을 남긴 것 같다. 그 공무원은 호주가 남중국해 권리와 관련해 필리핀의 손을 들어준 헤이그 중재재판소의 결정을 지지했을 때 중국 정부가 '대단히 실망했다'고 강조했다. 코포랄은 판에 박힌 중국의 위협을 과장해 호주가 태도를 바꾸지 않으면 전쟁이 발생할 수 있다고까지 경고했다.[80] 그러면서 중국이 원하는 것은 평화와 안정뿐이라고 보도했다. 중국 외교부 공무원의 브리핑을 함께 들은 밥 카는 국제법의 중요성을 언급한 호주의 발언을 심각하게 받아들이지 말라고 중국에 요청했다. 그러자 그 공무원은 화가 조금 누그러진 듯 중국의 투자를 더 받아들이라고 호주에 요청했다.

그리고 며칠 뒤 코포랄은 중국에 맞서면 호주의 경제 이익이 위태로워지니 관련 발언을 중단해 위험을 피하자는 후속 기사를 작성했다. 그러면서 중국 외교부 공무원의 협박을 강조했다. "중국은 호주가 지역 평화와 안정을 헤치는 일을 하지 않길 희망한다."

셰인 라이트가 〈웨스트 오스트레일리안〉에 올린 기사도 베이징의 협박을 대변하기는 마찬가지였다. 만일 호주가 분쟁 도서 인근에서 미국이 실시하는 항행의 자유 작전을 지지하면 중국이 '아주 심각한 대책'을 마련할 것이라는 중국 외교부 공무원의 위협을 그대로 전했다.[81]

호주의 중견 기자들이 주요 정통 언론에 발표한 이런 기사에서 두드러진 점은 중국이 신중하게 계획하고 감독 연출한 일들을 보고 듣고도 의심하지 않았다는 것이다. 호주 언론인들이 떠나고 2주 뒤 중국기자협회에서 발표한 기사가 〈신화통신〉에 실렸다. 〈중국 방문 인상기: 호주 기자들이 "기대 이상"이라고 말한 이유〉라는 제목으로 실린 기사는 잠깐 인터뷰한 호주 언론인 하나하나가 모두 중국의 경제 발전과 기술 발전에 감동했다고 보도했다.[82] 그리고 호주에 돌아간 이 기자들이 "중국의 경제 발전이 호주에 주는 역사적 기회와 '중국의 목소리'를 호주 사회에 편견 없이 전달했다"고 보도했다.

여기서 중국기자협회가 호주에 개입하는 또 다른 방법을 살펴볼 필요가 있다. 중국기자협회는 아시아 지역의 언론 수준 향상을 목적으로 멜버른에 설립된 비영리단체 아시아태평양저널리즘센터APJC에 기금을 대는 협력 단체다. 아시아태평양저널리즘센터는 중국기자협회와 협력해 중국 관영 언론의 지원을 받아 호주 언론인들에게 중국 견학 기회를 제공한다. 센터 회장인 존 월레스John Wallace는 금전 거래는 없으며, 인권과 언론의 자유는 금기 사항이라는 듯 이는 언급하지 않고 경제 관계에 집중한 교류라고 이야기한다.

2016년 6월 〈페어팩스 미디어〉와 ABC의 〈포 코너스〉 프로그램이 호주 정계에 유입된 중국 자금을 조사해 보도하자, 존 월레스가 차우 착윙을 변호하는 글을 발표했다.[83] 월레스는 인종차별에서 비롯된 이야기일 뿐 차우착윙이 중공과 연계되었다는 증거가 없다고 이야기하며, 오히려 차우착윙을 변변치 못한 언론에 찍힌 무고한 희생자로 그렸다. 그러면서 루퍼트 머독의 정치적 행위는 정상으로 받아들여진다고 주장했다. 사실 이 대단한 미국 언론 재벌은 정치에 개입하며 미국과 호주의 작가나 평론가들에게 수없이 많은 비난을 받았다. 월레스는 〈포 코너스〉 같은 프로그램을 방송할 수 없는 중국의 언론 상황에 대해서는 한마디도 하지 않고, '그 프로그램의 보도 양상에 대해 우려를 표명하는 호주 사회의 중국인들'을 위해 기사를 썼다고 말했다. 하지만 호주에는 당연히 이런 프로그램을 응원하는 또 다른 중국인들도 있다. 이들은 이 프로그램을 호주에서 무슨 일이 벌어지고 있는지 깨닫기 시작했다는 신호로 본다.

현지 견학의 대단한 효과에 놀란 듯 밥 카는 2017년 3월과 4월에 또 다른 호주 기자단을 이끌고 중국을 방문했다. 묘하게도 톈진 국가안보국이 시드니공대 펑충이 교수를 억류해 심문하던 시기와 맞물렸다. 당시 호주중국관계연구소의 초대로 중국에 머물던 말콤 파Malcolm

Farr와 트로이 브램스톤Troy Bramston이 전달한 내용만 듣고 판단하면, 펑충이 교수가 풀려난 것은 오직 봅 카 덕분이었다.[84] 말콤 파는 호주에서 봅 카가 공식적으로 아무 말도 하지 않아 어리둥절한 사람들이 있었지만, 호주중국관계연구소 책임자는 막후에서 움직이고 있었다고 기사를 썼다. 중국 관료가 봅 카에게 중국은 메가폰 외교megaphone diplomacy●를 좋아하지 않으며, '문제를 조용히 해결하길 원한다'고 말했다는 것이다(중국이 메가폰 외교를 좋아하지 않는다는 말은 당연히 사실이 아니며, 펑충이 교수 사건처럼 아주 곤란한 경우에만 조용한 해결을 원한다). 말콤 파가 봅 카를 유일한 뉴스 출처로 밝히며 작성한 이 기사의 제목은 〈봅 카의 막후 조정 덕분에 끝난 시드니 학자의 중국 악몽〉이었다.

트로이 브램스톤은 '굳이' 밝히자면 봅 카가 '중국의 고위급 관료에게 개인적으로 항의했다'고 기사를 썼다. 그리고 '우리는 메가폰 외교를 좋아하지 않는다'는 베이징의 메시지를 전달했다. 감히 인권 변호사를 인터뷰했다고 펑충이 교수를 억류한 사건처럼 중국이 인권을 탄압했다는 세계의 비난이 쏟아질 때 베이징이 좋아하지 않는 것은 사실이다.

이 사건에 연관된 또 다른 인물의 이야기는 다르다. 호주에 돌아온 펑충이 교수에게 석방 과정에서 봅 카가 어떤 역할을 했는지 묻자, 펑충이 교수는 막후 협상이 역할을 했다는 주장을 반박했다. 펑충이 교수는 조심하고 또 조심하는 접근법이 최선이라는 말콤 파의 주장을 '완전 엉터리 주장'이라고 일축했다.[85] 어떤 일을 '은밀히 숨어서' 추진

● 외교 당사자들이 직접 협상하지 않고 다른 곳에 공개적으로 의사표시를 하며 압박하는 방식

하며 밝히지 않으면, 당국이 절대적인 통제권을 획득하고 무슨 일이든 벌일 수 있다면서 말이다.[86]

호주중국관계연구소의 정체를 정리하면 이렇다. 베이징의 지원을 받아 합법적인 연구 기관으로 위장한 선전 집단이며, 최종 목표는 호주의 정계와 정책에 미치는 중공의 영향력을 키우는 것이다. 연구소를 관리하는 대학은 돈 욕심에 눈이 멀어 학문의 자유와 참된 실천의 약속을 저버리고, 연구소를 책임지는 전직 정치인은 자신이 베이징의 얼마나 귀중한 자산이 되었는지 알지 못한다.

적어도 이 연구소장은 친베이징 태도로 인해 공공의 목소리로서 신뢰성을 상당히 잃었다는 비난과 조롱이 넘칠 때까지는 베이징의 귀중한 자산이었다. 밥 카의 최근 행보를 보면 벙커 심리bunker mentality● 가 드러난다. 하지만 2018년 1월만 해도 베를린에서 열린 명나라와 청나라의 회화 전시회에 참석한 뒤, 호주에서는 '매카시즘적 반중 공포에 사로잡히고' 미술관도 두려워하기 때문에 이런 전시회가 열릴 수 없을 것이라는 글을 트위터에 올렸다.

● 포탄이 쏟아지는 전장에서 위험하게 나서지 않고 사태가 진정되기를 기다리는 심리.

중국의 조용한 침공

중국에 저당잡힌 경제

"경제적 관계는 정치 목적에 기여한다."[1]

호주의 GDP에서 상품과 서비스 수출이 차지하는 비중은 19%다.[2] 중국도 마찬가지다. 독일은 GDP 대비 수출 비중이 46%이고, 한국은 42%, 필리핀은 28%다. 미국은 12%다.[3] 호주가 수출하는 물량의 약 3분의 1이 중국으로 들어간다. 지난 몇 년 사이 수출이 급증하며 의존도가 증가했지만, 전체적인 수출 비중은 정점을 지났다고 볼 수 있다.[4] 호주의 중국 수출 의존도는 높은 편이지만, GDP 대비 수출 비중이 그리 크지 않기 때문에 전체적인 리스크는 내려갔다.[5]

하지만 일부 경제평론가들은 중국이 재채기만 해도 호주는 폐렴에 걸릴 수 있으므로 위쪽에 있는 거인의 심기를 불편하게 하지 말라고 이야기한다. 만일 이들의 주장처럼 호주가 취약하다면, 어쩔 수 없는 현실로 받아들이며 체념하기보다 중국 의존도를 낮출 방법을 찾는 것이 정답이 아닐까?

경제적으로 얼마나 의존하고 있는가

호주국립대학교 전략학 교수인 로리 메드카프는 중국이 호주의 가장 큰 수출 품목인 철광석을 이용해 호주를 압박할 가능성은 적다고 지적한다. 중국이 철광석 수입의 60%를 호주에 의존하기 때문이라는 것이다.[6] 석탄이나 관광, 교육 등 호주가 수출하는 다른 품목들에 대해서는 중국이 대안을 마련하고 있으므로 큰 어려움 없이 수입처를 바꿔 호주를 압박할 수 있다. 중국의 경제 강압에 대한 부분은 다음 장에서 자세히 설명하기로 하고, 이 장에서는 호주 정부와 수출품 생산자에게 호주의 취약점을 분석하고 이를 제거하는 대책을 마련하라고 제안하고 싶다. 통상 관련 장관이나 주정부가 중국의 요구를 들어주며 호주의 의존도를 높이고 있기 때문이다.

2015년에 체결된 중호자유무역협정은 호주의 중국 수출에 작은 변화를 주기 위한 것이었다. 하지만 실제로 변화시킨 것은 교역이 아니라 투자의 흐름이었다. 중국인의 투자와 호주에 사는 호주인의 투자를 동일하게 다룬다는 합의가 명백히 포함되어 있기 때문이다.[7] 9조 3항에 담긴 이 합의는 표면적으로는 상호 적용하는 조건이지만, 순진한 사람들이나 상호주의 원칙이 잘 지켜질 것으로 믿었을 것이다. 호주에서는 법원이 이 합의를 강제 이행하기로 했지만, 중국에서는 중국에 있는 호주인 투자자를 배려한 보장책은 전혀 없었기 때문이다. 외국인투자 심의위원회가 조사해야 할 투자금의 기준도 대폭 상향 조정되었다(민감한 분야에 대해서는 조사 기준 금액을 낮추었지만, 전체적으로 2억 5,200만 달러에서 10억 9,400만 달러로 기준 금액이 대폭 상승했다[8]). 이렇게 해서 호주에 밀려든 중국 자본은 호주의 주권을 실질적으로 위협하는 요소가 됐다.

중국을 지지하는 사람들은 대중의 불안을 잠재우기 위해 중국인이 소유한 호주 자산 총액과 미국 기업이나 일본 기업이 소유한 호주 자산 규모와 비교한다. 하지만 미국인들은 100여 년에 걸쳐 호주 자산을 취득했고, 일본인들도 50여 년에 걸쳐 취득했다. 중국의 투자는 지난 10년간 엄청나게 늘어났고, 앞으로 수년간 더 빠르게 증가할 것으로 예상된다.

호주가 더욱 신경을 써서 봐야 할 수치는 따로 있다. 세계적으로 중국에서 나온 막대한 자금이 흘러 들어가는 첫 번째 목적지가 미국이고 그다음이 호주라는 사실이다. 그것도 간발의 차이로. KPMG 회계법인의 분석에 따르면, 2007년 이후 중국이 새롭게 미국에 투자한 누적 총액이 1,000억 달러이고, 같은 기간 호주에 투자한 총액은 900억 달러에 이른다.[9] 호주의 경제 규모가 미국의 13분의 1에 불과하다는 사실에 비춰 비율적으로 계산하면 호주에 쏟아져 들어온 중국 자본은 미국에 들어간 자본의 무려 12배다.

중국을 편드는 재계 인사들은 어느 나라건 외국의 투자가 절실히 필요하기 때문에 중국 자본의 유입을 걱정할 이유가 없다고 강조한다.

이들에게는 2016년이 아주 반가운 해였다. 중국의 호주 투자가 기록을 경신했기 때문이다. 계약 건수는 물론이고 중국이 호주 기반시설과 농업, 태즈메이니아주에 투자한 금액이 기록을 경신했다(중국은 이후 태즈메이니아에 더 많은 돈을 투자했다[10]).

2016~2017 회계연도에 중국인 소유 농지가 급증했다. 무려 10배가 증가해 중국이 영국에 이어 두 번째로 호주에서 가장 큰 농지를 소유한 나라가 되었다. 중국과 영국이 각각 소유한 농지는 외국인이 소유한 호주 농지 전체 면적의 4분의 1이다.[11] 중국의 경제 정책 입안자들이 점점 더 심각해지는 중국의 '동물성 단백질 부족 현상'을 해결하려고 몰두하는 상황을 생각하면, 중국은 앞으로도 계속해서 호주 농업에 관심을 쏟을 것이다. 중국의 연간 육류 소비량은 1인당 60kg에서 최대 76kg으로 대만과 같은 수치며 증가 추세에 있다. 이런 추세에 대응하려면 중국은 "1,500만 헥타르 즉, 잉글랜드와 웨일스를 합한 면적에 맞먹는 농지를 추가로 확보해야 한다."[12] 브라질과 아르헨티나 등 많은 나라가 대책을 마련해 중국 기업의 농지 취득을 막고 있지만, 호주는 오히려 중국과 자유무역협정을 체결해 장벽을 허물고, 세계적인 은행들은 중국의 호주 농지 매입을 돕기 위해 줄을 서고 있다.[13]

중화권이 호주 자산 취득을 위해 입찰한 현황을 보면, 투자 제안 금액이 2015~2016년 90억 달러에서 2016~2017년 205억 달러로 치솟았다. 외국인이 투자 제안한 가치 총액의 54%를 차지하고,[14] 그중 80% 이상이 에너지와 광업, 공공설비에 집중되었다.

호주 지도층이 중국을 심각하게 오해하고 있다는 사실을 잘 보여주는 예가 전임 총리 존 하워드의 "중국의 투자에 대해 일본이나 미국

중국의 조용한 침공

의 투자와 다른 기준을 적용할 수 없다"는 발언이다.[15] 호주국립대 경제학자들과 다음 장에서 다룰 베이징의 공산당 싱크탱크가 공동 조사해 발표한 드라이스데일 보고서도 같은 실수를 저질렀다. 이 보고서는 중국 국영 기업들이 중국 정부의 통제를 받지 않는다고 여러 쪽에 걸쳐 장황하게 늘어놓은 뒤 이렇게 주장했다. "중국 국영 기업 대다수를 다른 잠재적 호주 투자자들과 조금이라도 다르게 취급할 근거가 전혀 없다."[16] 다윈항의 새 주인인 랜드브리지그룹이 베이징과 밀접하게 연결되었다는 주장도 근거가 없다고 말한다. 중국의 163만 개사기업에도 공산당위원회가 설치되어 있기 때문이다. '중국 정치 체제의 자연스러운 결과'일 뿐이니 걱정할 필요가 전혀 없다는 것이다. 중국사무China Matters라는 정책 연구소의 고문인 린다 제이컵슨Linda Jakobson과 앤드루 파커Andrew Parker처럼 중국 전문가로 자처하는 사람들도 "공산당과 관련된 중국의 투자를 받지 않겠다고 말하는 것은 중국의 투자를 원하지 않는다라고 말하는 것과 같다"는 순진한 주장을 펴기는 마찬가지다.[17] 그리고 리오틴토Rio Tinto와 프라이스워터하우스쿠퍼스PwC, 오리존Aurizon, 웨스트팩Westpac, 제임스 패커James Packer's의 스타 카지노Star casino group 그룹 등 돈벌이를 위해 중국에 대단한 관심을 쏟는 기업들이 중국사무를 후원하고 있다.[18]

하지만 중국의 투자는 분명히 다르다. 무슨 이유인지는 모르겠으나 미국 기업은 미국의 전략적 이익에 맞춰 행동하라는 워싱턴의 지시를 잘 따르지 않는다. 워싱턴의 지시에 따라 움직이려 해도, 책임을 물고 늘어지는 언론이나 미국 시민 사회와 힘겨운 싸움을 벌여야 한다. 해외에서 뇌물을 주고받은 미국 기업은 당연히 기소되어 엄청난 벌금을 묻다. 존 하워드는 1970년대 일본 투자에 대한 불안과 오늘날 중국 투자에 대한 불안이 역사적으로 같다고 말하지만 이는 맞지 않다. 호주인이 기질적으로 외국의 영향력을 불편해하는 것은 사실이다. 하지만 중국의 투자에 대한 의심은 정치적 진실에 근거한 것이다. 호주를 장악하려고 작정하고 덤비는 전체주의 정권이 호주를 조종할 수 있기 때문이다. 이제껏 보지 못한 완전히 새로운 형태다.

사실 호주는 위태위태한 비영리 기업을 겨냥한 중국의 투자에 대해 다른 기준을 적용할 수 있고 또 응당 적용해야 한다. 제이컵슨과 파커가 중공을 변호하자 조금 더 물정에 밝은 제프 웨이드는 중국이 "전세계에서 전략적 영향력을 더 빨리 확대하려고 노골적으로 경제력을 이용하고 있다. 중국의 투자가 전략적 도구로 활용되는 것은 의심할 여지가 없다"고 지적했다.[19] 영국이나 미국, 일본의 투자자들은 해외 무역과 투자를 통해 다른 나라가 자신들의 전략적 이익에 동조하는 정책을 세우도록 강요하는 일당독재 국가 출신이 아니다. 이들은 '경제적 관계는 정치 목적에 기여한다'는 원칙에 따라 움직이지 않는다. 은밀하고 기만적이고 부정부패를 일삼는 방식으로 일하지도 않으며, 본국의 전체주의 정당을 대리해 기업에 파견된 당간부들이 중요한 결정을 내리지도 않는다. 중국 정부가 이런 식으로 움직이는 것을 멈출 때 비로소 호주는 중국의 투자와 다른 나라의 투자를 같은 것으로 바라볼 수 있다.

중국의 조용한 침공

당과 기업은 한몸이다

2016년 12월 전 세계 산업 국가들이 중국의 '시장 경제' 지위 인정을 거부했다. '시장 경제' 지위는 베이징이 실질적인 혜택과 정치적 이익을 얻을 수 있기 때문에 절실히 원하는 것이었다. 그러나 중국이 자유 시장 활동 기준을 위반한 사례는 아주 많다. 환율 조작부터 강철 등 보조금을 지급하는 상품을 세계 시장에 저가로 공급해 경쟁자를 제거하는 것까지, 보건 규정 악용부터 정치적 이유로 수입품을 공격하며 중국 투자자들이 미국이나 호주에서 겪지 않는 각종 제재를 당하는 것까지.

문제는 중국 정부가 시장의 흐름에 개입한다는 것이 아니다. 그보다 훨씬 더 심각한 문제가 있다. 정부와 시장이 분리될 수 없다는 것이다. 중공은 중국의 모든 주요 기업에 상주하며, 정치적이고 전략적인 목적을 달성하기 위해 기업의 결정을 조종하거나 직접 통제한다. 호주 기업인들은 거래 당사자인 중국 기업에 당위원회가 있다는 사실을 알고 있지만, 기업 운영과 무관한 과거의 유물 정도로 가볍게 생각한다. 전혀 그렇지 않지만 말이다. 하지만 베이징의 입장에서는 외국인들이 그렇게 믿는 편이 좋다.

중국 분석가인 그레그 레베스크Greg Levesque는 시사 잡지 〈더 디플로맷The Diplomat〉에 기고한 글에서 중공이 '민군 융합'과 일대일로 정책에 따라 당국가 체제의 세계 목표를 추진할 상업 배우들로 배치하기 시작했다고 지적했다.[20] 즉 국영 기업들이 더 강해지고, 중공이 이들 기업을 통제하는 힘도 더 커지고 있다는 지적이다. 이미 2016년 시진핑 국가주석은 국영 기업이 '당의 결정을 실행하는 중요한 힘'이 되어

야 한다고 선언했고, 현재 기업의 이사회는 중요한 결정을 내릴 때 당위원회의 지침을 따라야 한다.[21]

당의 통제는 중국 산업 생산량의 30%를 차지하는 국영 기업에 국한되지 않는다.[22] 중국통인 이정 롄Yi-Zheng Lian의 표현을 빌리면, 중공은 "점점 더 커지는 민간 부문에 체계적으로 침투해 비교적 규모가 큰 기업을 중심으로 일부 외국인 기업까지 통제하고 있다. 오늘날 중국의 경제는 '당과 기업의 복합체'다."[23]

당위원회가 어쩌다 한 번씩 회사 경영에 개입한다고 생각하면 큰 오산이다. 당위원회는 경영 조직과 긴밀히 통합되어 있다. 당서기가 고위 관리자를 임명 및 해임하거나 이사를 선임할 수 있고, 이사회 의장이나 회사 중역 자리를 차지할 수도 있기 때문이다. 중국에서 신망을 얻는 경제 매체 〈차이신財新〉은 2016년 말 "당서기가 이사회 의장을 겸직하는 국영 기업이 점점 더 늘고 있다"고 보도했다.[24] 상장 기업을 자세히 조사한 결과 그중 90%의 회사에서 '공산당원이 고위 관리직을 겸임하기에 당이 기업의 전략과 정책에 중대한 영향을 미치고 당서기가 민간 부문에서 강력한 역할을 맡아 큰 영향력을 행사'하는 것으로 확인되었으며,[25] 민영이건 국영이건 기업의 규모가 클수록 더 강력한 당서기가 회사를 장악한다는 것이다.

통제력을 잃지 않으려는 중공의 욕망에서 비롯된 결과이지만, 강력한 당서기가 기업을 성공시킬 수 있는 것은 사실이다. 정부 관료들이 부패해서 정치적 연줄이 든든한 당서기라야 사업을 무난히 이끌어 갈 수 있기 때문이다(중국의 대학도 마찬가지다. 당서기가 총장보다 높은 자리에 앉아 당국가 체제의 요구에 부응하도록 대학을 움직인다).

그래도 일부 국영 기업에서는 이사회가 선호하는 사업 방향과 당의 중점 사항이 갈등을 빚기도 했다. 2016년 12월에 향후 공산당위원회 서기가 반드시 이사회 의장을 겸직한다고 발표한 이유가 바로 그 때문이었다.[26] '국영 기업은 당의 지도력을 강화하는 동시에 기업의 경영 구조를 개선해야 한다'는 목적을 가진 개혁이었다.

2000년대 초반부터 공산당은 자본가와 회사 경영진을 당 기구에 끌어들이는 정책을 시행했다. 경영진을 중국인민정치협상회의 위원으로 임명하거나, 당이 편의를 봐주는 대가로 당의 지휘 체계를 따르도록 했다. 억만장자나 은행가, 최고경영자에게도 공산당에 가입하라고 권고했다. 저항하기 어려운 방법을 동원해 베이징의 요구에 따르도록 설득했다. 오죽하면 마윈 같은 슈퍼스타 사업가도 베이징의 정치적이고 전략적인 부탁을 거절하지 못하고, 톈안먼 광장에서 시위하는 학생들을 탱크로 진압한 일을 '옳은 결정'이었다고 말했을까.[27]

이대로면 조공국이 된다

중국은 세계를 장악하려는 계획을 세우고 있으며, 이제껏 호주와 뉴질랜드를 서구에서 패권을 확보하기 위한 전략을 점검하는 시험장으로 활용했다. 2년 전이었다면 나도 이런 주장을 망상으로 치부했을 것이다. 하지만 지금은 다르다. 베이징이 야망과 계획을 숨기려고 기를 쓰지만, 너무 많은 증거가 쌓여 이런 결론을 부인할 수 없을 것 같다.

역사학자들은 이런 야망이 중국인의 의식 속에 아주 오랫동안 동면하고 있다가 2장에서 설명한 애국주의 교육 운동과 함께 새롭게 다시 깨어났다고 설명한다. 애국주의 교육 운동이 중화 즉, 중국이 조화로운 우주 질서 속에서 온 천하를 다스리는 세상의 중심이라는 오랜 사상을 미화하고 실체를 부여해왔다는 것이다. 중화사상의 역사적 타당성은 차치하고, 이 오랜 꿈은 중국의 경제력이 팽창하는 2000년대 초반부터 특히, 점점 커지는 중국의 영향력과 서구의 내재적 약점이 드러난 듯한 2008년 금융위기 이후부터 가능성 있는 야심으로 빠르게 변모했다. 호주 총리를 역임하고 현재 베이징과 아주 가까운 폴 키팅은 월스트리트의 공포가 중국 지도부를 각성시켰다고 설명했다. "중국은 금융 시스템의 운영을 미국에 믿고 맡기는 시대가 끝나고 있다고 생각했다. 리먼 브라더스와 월스트리트 사태 때 발생한 금융위기를 기회로 삼아 중국은 '신중, 절제, 유보' 정책을 '명료, 주장, 야망' 정책으로 바꾸었다."[28]

1장에서 이야기한 대로 이미 2004년 후진타오 주석과 정치국은 호주를 중국의 '전체적 주변'에 포함하기로 하고 캔버라의 중국 대사관에 호주를 장악할 전략을 세우라고 지시했다. 우리는 중국 당국가 체제가 경제 통제와 외교 압박, 군비 확장을 포함한 국지적 전략과 국제적 전략을 실행하는 모습을 보며 비로소 깨닫기 시작했다. 이대로 두면 호주 기관 내부는 전복되고 베이징의 끈질긴 외부 압박이 계속되면서 민주주의 가치를 점점 잊게 되고 결국 호주가 부활한 중화의 조공국이 되리라는 것을 말이다.

미국과의 동맹 깨뜨리기

앤드루 롭은 2013년 9월 호주 통상투자부 장관에 임명되자마자 호주와 중국의 자유무역협정을 즉각 체결할 것이라고 관계 부처 공무원들에게 분명히 밝혔다. 관계 부처 담당자들이 10여 년간 중국의 엄포와 압박에 맞서 힘겨운 협상을 벌이며 상호 동등한 관계가 반영된 문서를 조금씩 만들어가는 중이었다. 중국은 교활한 책략으로 경쟁자에 손해를 입히는 것으로 악명이 높았기 때문에 장관 자리를 차지한 앤드루 롭까지 무슨 일이 있어도 자유무역협정을 체결하겠다고 밝히자 공무원들은 절망했다.

노련한 호주 공무원들이 중국 협상자의 체계적인 아첨과 구애, 압박, 조종, 교묘한 위협에 어떻게 대응할지 고민하는 사이, 중국 공무원들은 수년간 호주 정치인들을 바보로 만들었다. 원래 '할 수 있다'고 자신하는 사람이 아주 쉽게 속는 법이다. 특히 중국에서 수년간 한 사업 경험으로 중국의 모든 것을 잘 알고 있다고 믿는 사람들이 쉽게 속는다. 존 가넛 기자의 지적처럼, 중국에는 외부 영향력에 관한 기획과 행사를 전담하는 인민해방군 연락부라는 부서가 있다.[29] 이 부서의 목적은 외국인이 중국을 따르도록 하는 것이다.

이들은 처음에는 외국인을 '친절한 친구'로 끌어들인 다음 중국의 이익에 헌신하도록 만든다. 광산업으로 크게 부를 얻은 순진한 앤드루 포레스트Andrew Forrest도 그런 친구가 되어, 호주 정치인들을 중국이 제공하는 것에 감사할 줄 모른다고 공격하기 시작했다. 포레스트는 베이징의 발언을 거의 그대로 옮겨 "호주는 이 지역에서 독립적이어야 한다. 우리는 중국을 적으로 대할 필요가 없다"며[30] 중국이 설립한 아시아인프라투자은행AIIB 가입을 망설이는 호주를 호되게 나무랐다. 이 순진한 외국인을 자주 대접한 중국의 좋은 친구인 싱윈밍Xing Yunming이 줄곧 인민해방군 연락부에 근무한 중장이었다는 사실을 지적하는 일은 존 가넛의 몫이었다.[31]

중국이 원하는 것을 주기로 마음먹은 앤드루 롭은 상원에서 자유무역협정을 통과시켜야만 했다. 방송에서 원색적인 경고를 날리며 '자정 5분 전'이라고 부르짖었다. 조금이라도 더 지체하면 '중국은 떠나버리고, 호주가 이제껏 다른 나라와 추진한 가장 큰 계약'이 중단될 것이라고 경고했다(더 노련한 사람은 협상장을 떠나는 것이 최후의 수단 직전에 쓰는 방법임을 잘 안다).

호주노동조합협의회ACTU가 호주인의 일자리 감소를 우려했지만, 중국 기업이 대형 사업에 필요한 특별 이민을 주선할 수 있다는 협정 초안이 마련되었다. 호주노동조합협의회는 값싼 수입 노동력 때문에 실직하는 호주 근로자가 생기지 않도록 더 엄격한 점검을 요구했다. 일반적인 통상 협정과 달리 자유무역협정은 임시 취업 비자인 457 비자로 숙련되지 않은 노동자도 들어올 수 있기 때문이었다. 이민부 내에서도 의견이 엇갈렸지만, 결국 중국 기업은 작업에 적합한 호주인 근로자가 없다는 사실을 굳이 입증하지 않아도 되었다.[32]

노동당도 자유무역협정에 대해 유보적인 입장이었지만 기를 쓰고 반대할 생각은 없었다. 노동당이 이런 결정을 내리도록 영향을 미친 것은 밥 카의 호주중국관계연구소와 중국 돈에 매수돼 협정이 통과되도록 도운 뉴사우스웨일스주 우파였다.[33]

중국의 조용한 침공

노동시장 전문가들은 호주 근로자를 보호하는 조치가 허술하다고 결론지었다. 하지만 중국이 자금을 지원하는 밥 카의 싱크탱크에 근무하는 제임스 로렌스슨은 '긍정적이고 낙관적인 시각'을 보이며 호주 근로자를 보호하는 조치가 적절히 있다고 주장했다.[34] 자유무역협정이 '호주의 큰 성과'라는 것이다. 하지만 호주중국관계연구소에 합류하기 1년 전 제임스 로렌스슨은 '호주와 중국의 FTA가 절대 타당하지 않은 이유'라는 제목의 글에서 중국과 자유무역협정 체결이 터무니없다는 주장과 온갖 근거를 제시한 바 있다.[35] 한편 베이징에서는 중국수출입은행의 리뤄구李若谷 행장이 인건비가 높은 호주가 문호를 개방해 중국 근로자를 대거 받아들임으로써 문제를 해결할 수 있다는 주장을 펴고 있었다.[36]

　　자유무역협정은 의회에서 강행 통과되었다. 구속력 있는 조약의 10.4.3 조항은 협약 당사자, 즉 호주가 중국에서 들어오는 근로자의 수를 제한하지 않는다고 분명히 규정하고, 모든 '노동시장 테스트'를 금지했다.[37] 호주가 진 것이다. FTA 체결이라는 성과를 올린 직후 정계를 떠난 앤드루 롭은 다윈항을 임차한 랜드브리지그룹을 비롯해 여러 중국 기업을 위해 일했다. 랜드브리지그룹 한 곳에서 받은 연봉만 88만 달러(상품용역세GTS 포함)였다.[38]

　　비즈니스 분석가인 이언 버렌더Ian Verrender는 앤드루 롭 장관이 "FTA를 추진한 열정을 의심하는 기색만 보이면 열변을 토했다"고 이야기했다.[39] 비열하게도 롭은 의회에서 야당이 '외국인 혐오와 인종차별적인 행동'을 자행한다고 비난했고, 롭의 이런 비난에 대해 노동당 대변인 페니 웡Penny Wong 상원의원은 호주의 일자리를 보호해야 하나고 대꾸했다. 중국을 비평하는 이들을 인종차별과 외국인 혐오라는 프레임을 씌워 비난하는 전술은 효과적이다. 중국 관영 매체와 베이징을 지지하는 중국계 호주인들은 이 전술을 자주 구사한다.

독립적인 분석연구기관들은 호주 정치인들이 가장 큰 성과로 광고하는 자유무역협정의 혜택 대부분이 중국으로 흘러 들어가고 호주는 오히려 손실을 보게 된다고 경고했다. 특히 생산성위원회Productivity Commission의 냉철한 자유 시장 경제학자들은 자유무역협정에 반대하며, 상호협정이 외국인 투자자에게 부여한 법적 혜택을 비판했다.[40]

자유무역협정을 논의하는 과정에서 호주가 지금껏 가졌던 편협한 근시안이 그대로 드러났다. 호주는 베이징이 그 협정을 어떻게 이해하는지 전혀 몰랐다. 제프 웨이드가 설명한 대로, 자유무역협정은 '중국이 열망하는 세계 전략의 골자'다.[41] 시진핑 중국몽의 새로운 단계는 중국이 자원과 에너지, 식품 산업은 물론 인프라를 겨냥해 전 세계에 수천억 달러를 내보낸 것이다. 이런 투자금을 통해 경제를 개방시킨 뒤 점차 정치적 영향력을 확보하는 것이 전략의 기본이다. 중국의 자유무역협정은 무역협정이라기보다 투자협정이며, 중국에 아주 유리한 협정이고, 중국몽이라는 원대한 계획의 또 다른 요소인 일대일로와 아시아인프라투자은행을 강화하는 협정이었다.

제프 웨이드는 중국이 최근 체결한 자유무역협정 대부분이 미국의 동맹국과 이루어졌다고 지적한다. 동남아시아국가연합ASEAN과 뉴질랜드, 싱가포르, 한국, 호주와 협정을 체결했고, 유럽연합과도 협정을 체결할 예정이다. 중국의 목표는 이런 국가나 연합이 베이징에 의존하게 만들어 미국으로부터 떼어내는 것이다. 미국 동맹을 깨트리는 것이 베이징의 가장 중요한 전략적 목표인 것이다.

　2017년 2월 관영 언론은 중국이 이러한 목적을 달성하도록 '새로운 세계 질서'를 이끌고 국제 사회를 지도할 것이라는 시진핑 국가주석의 다짐을 전하는 기사로 도배를 했다.[42] 시진핑의 발언은 대체로 도널드 트럼프가 집권한 미국이 국제 지도력을 명백히 포기하고 18세기 이후 서구가 구축해놓은 세계 질서가 끝나가는 데 따른 중국의 대응으로 해석되었다. 시진핑이 다보스 세계경제포럼에 참석해 중국이 '경제 세계화' 과정에서 (인권 분야의 지도력을 제외한 '경제'에서) 세계 지도자의 역할을 하겠다고 주장하고 한 달이 지난 뒤 나온 발언이었다.

　〈글로벌타임스〉가 중호자유무역협정이 체결되었다는 소식을 전하자 중국 네티즌들의 반응은 의미심장했다.[43] "중국이 상호 이익과 지구 평화 증진을 위해 모든 나라의 사람들과 계속해서 교역하고 협력하는 반면, 전쟁광 미국 정부는 전쟁을 선동하고……이슬람 테러 집단 ISIS를 지원하고 무장시키는 데 모든 힘과 자원을 집중한다.", "중국은 호주에 군사적 위협 없이 평화적 방법으로 강대국의 면모를 보여주고, 그 어떤 나라도 위협하지 않는다는 것을 보이기 위해 할 수 있는 모든 일을 할 것이다. 중국은 반드시 미국으로부터 호주를 떼어내야 한다.", "굳이 떼어내지 않아도 이 캥거루는 먹을 게 많은 곳으로 뛰어갈 것이다."

자산 매각

　호주는 순진하게도 수년간 중국의 온갖 투자를 기쁘게 받아들였다. 대중이 가진 불안은 외국인 혐오로 비난받고, 정보기관의 경고는 냉전 시대의 사고방식 취급을 받았다. 호주 경제를 최대한 개방하는 것이 경제와 기업, 정치 지도층 사이에서 진리처럼 자리 잡았다. 반면 미국 정부는 신중하게 다가가야 한다는 것을 알고 있었다. 미국 정부는 군사 시설과 아주 근접한 땅이나 항구, 산업 시설을 구매하려는 중국 기업에 주목했다. 미해군무기체계훈련기지 옆에 풍력발전소를 세우려는 중국 기업도 있었다.[44] 반면 호주는 북쪽에서 침략하는 적의 공격으로부터 나라를 지키는 데 필수적인 항구가 인민해방군과 연결된 기업에 팔려나가도 위기 의식을 느끼지 못했다.

그래도 2016년 턴불 정부는 문제점을 인식한 것 같다. 중국의 특정 자산 취득이 국가 이익을 위태롭게 한다는 소식통들의 경고가 통한 듯했다. 정보 브리핑을 받고 나서 턴불이 움직였다. 우선 수년간 잠에 빠진 듯 이름뿐이던 외국인투자심의위원회를 강화했다. 미국이 다윈 항을 중국 기업에 매각하는 것에 반대하며 경종을 울린 덕분이었다.

턴불 정부는 호주안보정보원 원장과 주중 대사를 역임한 데이비드 어빈David Irvine을 외국인투자심의위원회 이사로 임명하며 국가 안보를 더 중요하게 다루라고 지시했다. 그리고 정부의 의지를 강조하려는 듯 2017년 4월 데이비드 어빈을 브라이언 윌슨의 후임으로 이사회 의장에 지명했다. 브라이언 윌슨은 위원회 의장으로 재직하는 동안에도 아시아 기업을 전문적으로 인수하는 사모펀드회사에 적을 둔 사실이 밝혀져 큰 비난을 받았다.[45]

정부는 2017년 1월 호주안보정보원과 재무부를 포함한 여러 기관에서 인원을 선발해 중요인프라센터Critical Infrastructure Centre라는 기구

중국의 조용한 침공

도 새로 설립했다. 전력과 항구, 수도 시설처럼 해외 구매자가 눈독을 들일 만한 민감한 자산을 감시하고, 위원회에 관련 정보를 신속히 전달하는 기구였다.

새로 설립되거나 강화된 기관들이 문제를 해결할 자원과 의지가 있을지는 아직은 더 두고 볼 일이다. 연방 정부도 마찬가지다. 지금까지 중국인 기부자와 관계를 맺거나 베이징에 충성하는 사람들이 침투해 호주의 주요 양당이 심각한 지경에 이르렀기 때문이다.

호주는 이미 여러 마리의 소를 잃었다. 중국의 '당과 기업 복합체'는 중요 자산을 취득하며 우리 대부분이 인식하는 것보다 더 깊숙이 호주에 침투해 있다. 여기서 중국의 자산 취득 과정을 철저히 검토하기란 사실상 불가능하다. 무엇보다 그 과정을 추적 관찰한 기관이 하나도 없기 때문이다. 하지만 몇 가지 사례만 살펴보아도 충분히 짐작할 수 있을 것이다.[46]

통제시스템을 넘겨주다

중국 국영 국가전력망공사State Grid는 사우스오스트레일리아주 전력 송신망을 비롯해 빅토리아주 전력 배급사 다섯 곳 중 세 곳의 지분을 소유하는 등 호주 에너지 공급망의 상당히 큰 부분을 소유하고 있다. 홍콩에 본사를 둔 리자청李嘉誠의 청쿵인프라스트럭처CKI도 호주 에너지 공급망의 많은 부분을 소유하고 있다. 호주 동부에서 거의 3백만 고객에게 전기를 공급하는 3대 전기 소매업체 중 하나인 에너지 오스트레일리아EnergyAustralia의 경우에는 홍콩에 본사를 두고 베이징과 가까운 홍콩전력회사China Light and Power가 전체 지분을 소유하고 있다.[47] 호주 최대 에너지 인프라 기업 중 하나인 알린타 에너지Alinta Energy는 '호주에서 자산을 찾아 헤매는' 홍콩의 보석 소매업체인 초우타이푹Chow Tai Fook에 40억 달러에 매각되었다.[48]

현재 전기 배급업이 통신 서비스와 결합하고 있으므로 전기 배급업체를 소유하면 호주의 인터넷과 전화 메시지에 접근할 수 있다. 전략정책 전문가인 피터 제닝스Peter Jennings는 트랜스그리드TransGrid 경우를 예로 들며 "뉴사우스웨일스주와 오스트레일리아수도주의 방위시설과 정보 시설에 전력을 공급하면서 호주에서 세 번째로 큰 통신망을 운영한다"고 지적했다.[49]

2016년 8월 뉴사우스웨일스주가 전력회사 오스그리드를 중국 국가전력망공사나 청쿵인프라스트럭처에 99년간 임대하려 할 때 연방정부가 이를 제지하자, 베이징을 지지하는 로비스트들은 일관성 없는 조치라고 항의했다. 이들이 말하는 일관성 있는 조치는 호주가 이전과 같은 실수를 반복하는 것이다. 정부가 중국의 에너지 자산 매입을 제지하자 외국인투자심의위원회도 정부를 거들고 나섰다. 재무장관 스콧 모리슨이 중국이 호주의 주요 기반시설을 너무 많이 소유하면 안보에 문제가 생길 수 있다고 발표하자, 밥 카가 득달같이 기사를 실어 스콧 모리슨이 "외국인 혐오증과 경제 민족주의라는 마녀들의 집회"에 굴복했다고 비난했다.[50] 〈신화통신〉은 밥 카의 말을 인용해 호주가 새삼스럽게 중국 투자를 염려한다고 비난하는 기사를 실었다.[51]

그런데 새삼 안보를 의식하던 외국인투자심의위원회가 묘하게도

2017년 4월 청쿵인프라스트럭처를 주축으로 한 컨소시엄이 대형 에너지 사업자 듀엣DUET을 74억 8,000만 달러에 인수하도록 승인했다. 듀엣은 전략적으로 중요한 웨스턴오스트레일리아주의 번버리시와 댐피어시를 잇는 가스관을 비롯해 아주 많은 주요 에너지 자산을 소유하고, 빅토리아주에서도 전력 배급 인프라 시설의 상당 부분을 소유해 지배적 위치에 있는 기업이다.[52] 게다가 바로 그 컨소시엄은 이미 빅토리아주의 가스 공급망을 소유한 상태였다. 말도 안 되는 일이다.

이렇게까지 걱정하는 이유가 무엇이냐고? 첫 번째 이유는 스파이 활동의 위험성이 높아지기 때문이다. 호주사이버보안센터Australian Cyber Security Centre의 2017년 위협 보고서에서도 이를 확인할 수 있다. "외국인의 호주 민간 부문 투자로 인해 적들이 호주 이익에 반하는 사이버 스파이 활동을 벌일 동기와 기회가 새롭게 조성되고 있다."[53] 또 다른 이유는 간단하다. 엄청난 정치적 영향력을 확보한 중국 기업이 갈등 상황이 발생할 때 전력을 차단할 수 있기 때문이다. 데이비드 어빈은 이미 중국인 해커가 호주 전력망을 차단할 수 있는 지경이 되었다고 경고했다.[54] 이런 상황에서 왜 호주는 대비책을 강화하기는커녕 약화시키고 있을까?

만일 호주가 미국과 중국의 격렬한 갈등에 연루된다면, 적의 전력망을 차단할 수 있는 베이징의 능력은 가공할 무기가 될 것이고, 큰 이해관계가 걸린 상황이라면 베이징은 한 치의 망설임도 없이 그 무기를 사용할 것이다. 호주가 베이징에 그런 무기를 넘겨준 것이다. 미국에서는 이미 전력망통제시스템이 심각한 사이버 공격을 받고 있으며, 지금도 적대 세력들은 분쟁이 발생할 때 전력망을 차단할 여러 가지 방법을 찾고 있을 것이다.[55] 호주의 에너지망을 소유한 중국은 굳이 통제시스템을 해킹할 필요도 없다. 통제시스템 자체를 소유할 것이기 때문이다. 오늘날 전쟁이 일어난다면 처음 몇 시간은 사이버전이 될 것이다.

중국과 연결된 기업이 호주의 에너지 인프라를 잠식하는 상황에서 더 큰 걱정거리가 있다. 바로 호주에너지네트워크Energy Networks Australia다. 호주의 전력망과 가스 공급망을 소유한 기업들을 대표하는 최고 기관인 호주에너지네트워크의 이사 절반이 베이징이 통제하거나 베이징과 연결된 국가전력망공사와 청쿵인프라스트럭처를 대변한다.[56] 이 최고 기관이 2016년 호주연방과학산업연구기구CSIRO와 공동으로 향후 10년간 호주 전력망을 혁신할 상세한 로드맵을 발표했다.[57] 호주의 에너지망이 현재 어떤 상태이고 그것이 장차 어떻게 발전할지 로드맵에 실린 내용은 모두 베이징이 이미 알고 있는 것들이었다.

항구와 공항

중공과 밀접하게 연결된 중국 기업이 2015년에 다윈항을 99년 동안 임대하는 조건으로 인수했다. 2014년에는 중국 국영 재벌 기업인 자오상쥐그룹招商局集团, China Merchants Group[58]이 윌리엄타운 공군 기지에서 가까운 세계 최대 석탄 수출항 뉴캐슬항만공사를 17억 5,000만 달러에 매입했다. 2016년 멜버른항만공사가 투자자 컨소시엄에 매각될 당시에도 중국 국영 국부펀드인 CIC 캐피탈이 지분 20%를 차지했다.

중국은 얼마 전부터 호주의 지역 항만 시설에 눈독을 들이고 있다. 특히 타운즈빌이 그렇다. 유럽의 그리스처럼 대도시 중심 지역으로부터 무시당한다고 느끼고 비교적 가난한 지역으로 투자가 절실하기 때문이다. 태즈메이니아도 이들이 노리던 지역이었다. 퀸즐랜드주 최북단에 위치한 타운즈빌은 주로 광물과 농산물을 실어내는 수출 거점이며, 중국은 퀸즐랜드 북부에서 관광객을 겨냥한 부지 개발에 특히 더 큰 관심을 보였다.

2015년 3월 중국 남부 도시 광저우와 후이저우의 정부 기관 대표단이 중국의 '해상 실크로드 이니셔티브'에 따른 투자 기회를 살피기 위해 타운즈빌에 도착했다.[59] 퀸즐랜드 주정부의 발표에 따르면, 타운즈빌이 "지역 내 있는 생우生牛 시장과 항구 덕분에 해상 실크로드 계획의 잠재적인 핵심 파트너로 뜨거운 관심을 받았다."[60] 중국 대표단과 타운즈빌 항만은 타운즈빌시와 후이저우시의 해상 운송 개발 계획에 협력한다는 양해각서에 서명했다.

이보다 앞선 2013년 타운즈빌의 제니 힐Jenny Hill 시장이 타운즈빌 항만을 민영화하면 중국 이익단체가 인수할 위험이 있다고 경고한 적이 있다.[61] 그러나 제니 힐 시장은 '개 호루라기dog whistling'●를 분다고 비난받았다. 제니 힐 시장은 호주의 가장 중요한 군사 기지인 공군 기지와 특히 전투통신연대가 주둔한 래버랙 배럭스Lavarack Barracks 육군 기지가 타운즈빌에 있다는 사실을 깨달은 것 같다. 그리고 중국이

● 개는 듣고 사람은 못 듣는다는 뜻으로, 특정 그룹의 지지를 얻기 위해 정치적 메시지에 암호를 사용하여 정치 목적을 달성하는 전략.

아직 제압하지 못한 싱가포르가 타운즈빌 야외 훈련장에서 대규모 군사 훈련을 시행하기로 타운즈빌시와 계약을 체결한 상태였다.

2017년 5월 시드니 서부 배저리스 크릭에 새로 건설하는 국제공항에 중국이 눈독을 들인다는 사실이 드러났다.[62] 당연히 경계심을 가져야 할 상황이었다. 배저리스 크릭 공항은 호주를 드나드는 제1관문이 될 예정이었으므로 사업가와 정치 지도자, 반체제인사, 스파이 등 중국 정부와 이해관계가 얽힌 모든 사람의 이동 상황을 긴밀히 감시하고 추적할 수 있는 대단히 중요한 장소이다. 거기에 더해 베이징은 현재 중국 전역에 보급되고 있는 정교한 안면인식기술을 접목해 광범위한 지역에 비디오 감시 체계를 가동하거나 혹은 항공사 예약 시스템을 통해 전체 수송 현황을 은밀히 감시할 수 있다.

단순한 추측이 아니다. 만일 중국 기업이 공항을 건설한다면, 나는 누가 그 공항을 운영하건 이 모든 일이 실제로 시도될 것이라고 믿어 의심치 않는다. 예를 들어, 중국군과 연결된 세계 최대 CCTV 제작사인 하이크비전Hikvision의 감시 카메라 수십 대가 공항에 설치된다면 어떨까? 현재 베이징은 '중국 파키스탄 경제회랑'이라는 엄청난 계획의 일환으로 페샤와르부터 카라치까지 파키스탄의 도시들을 24시간 지켜보는 비디오 감시 체계를 계획 중이다.[63] 중공은 중국에서도 전국을 일종의 현대적 원형 교도소로 바꾸고 있다. 모든 거리와 도로, 건물을 CCTV로 상시 감시하고, 얼굴 모습을 비롯한 방대한 자료를 모아 최첨단 인공지능 기술을 활용해 정교하게 분석하는 작업을 진행하고 있다. 이미 설치된 CCTV만 1억 7천 9백만 대가 넘는다. 시민 일곱 명당 한 대꼴이며, 그 숫자가 계속해서 빠르게 늘고 있다.[64]

중국의 조용한 침공

중국의 실크로드, 일대일로

BRI(일대일로 이니셔티브)로도 알려진 일대일로OBOR는 중국을 아프리카와 오세아니아는 물론 더 넓은 유라시아 대륙과 연결하려는 원대한 전략 구상이다.[65] 시진핑 국가주석이 고대 실크로드에서 영감을 받아 2013년에 최초 발표한 일대일로는 각각 육상 실크로드와 해상 실크로드를 추진하고 있다. 일대일로라는 전략적 구상을 추진할 수 있는 원동력은 중국이 투자와 대외 원조를 위해 비축한 막대한 현금이다. 중국이 이런 전략적 구상을 세우게 된 한 가지 강력한 동기는 중국의 돈과 기업, 노동력을 해외로 내보내 경제 성장을 유지하는 것이다. 이를 통해 에너지 공급원을 다양하게 만들고, 낙후한 지방을 활성화하고, 과잉 생산되는 철강과 건축 자재 등의 판로를 확보하려는 의도다. 하지만 일대일로는 경제적 목적을 뛰어넘는 야심이다.

일대일로가 강조하는 것은 항구와 철도, 도로, 에너지망, 통신 등 대부분 '연결성'을 끌어올리는 사회기반시설을 구축하거나 획득하는 것이다. 현재까지는 항만 시설의 건설이나 획득에 집중했다. 2017년 관영 TV 보도에 따르면 중국은 외국 항구 60여 개를 확보했다.[66] 지금까지는 서쪽으로 중앙아시아를 거쳐 서유럽과 러시아, 파키스탄에 접근하는 해륙 운송이 강조되었지만, 인도차이나반도와 동남아시아를 거쳐 호주에 이르는 해로가 점점 더 중요해지고 있다. '일대일로를 따라 주요 항구들을 잇는 수월하고 안전하고 효율적인 수송로를 구축하는 것'이 목표다.[67] 앞으로 민영이건 국영이건 중국 기업들이 일대일로 공격의 선봉에 설 것이다.

국영 기업이 일대일로에서 매우 중요한 역할을 한다는 것은 2016년 국유자산관리위원회 샤오야칭肖亞慶 주임이 중국이 하는 해외 투자의 60%를 국영 기업이 한다고 발표했을 때 이미 확인된 사실이다. 그리고 국영 기업에 근무하는 공산당원 1천만 명은 공산당 통치의 '기초를 떠받치는 가장 견고하고 믿음직한 계급'이다.[68]

시진핑 국가주석이 떠올린 일대일로 아이디어는 중국에서 엄청난 정치적 동력을 획득했다. 개발 자금을 싸게 빌려준다는 명분과 새로운 세계화로 홍보하지만, 일대일로는 군사적 점령 대신 경제적 지배를 통해 중국을 예전의 모습으로 되돌리려는 시진핑의 중국몽이 실질적으로 발현된 것이다. 시진핑의 일대일로는 중국이 계획하는 모든 정책에 반영되고 있다. 경제 강국으로 새롭게 떠오른 중국은 자신이 제자리를 되찾는 세계를 열망하며, 이런 열망을 담은 표현이 지겹도록 반복되는 '중화민족의 위대한 부흥'이다. 이것이 백년의 마라톤이 끝나는 종착점이다. 즉 일대일로는 경제 목표인 동시에 전략지정학적 목표다. 한 중국통은 일대일로를 이렇게 요약한다.

시진핑 국가주석은 일대일로를 자신의 재임 시절을 상징하는 외교 정책의 주제, 민족 부흥을 촉진하고 중국을 세계 최강대국으로 만들려는 '중국몽'의 실질적인 방법으로 보고 있다는 것은 틀림없는 사실이다.[69]

해외의 중국 전문가 중에도 중국의 빠른 성장에 매료되어 일대일로를 21세기의 결정적 흐름으로 설명하고 '윈윈' 협력이라는 베이징의 듣기 좋은 소리를 그대로 따라 하는 사람들이 있다(중국의 새로운 글로벌 거버넌스 이론을 재탕해 '식민주의와 제국주의, 패권주의 다음에 윈윈주의'라고 주장하는 중국인 학자도 있다.[70] 윈윈주의는 중공이 미국의 낡은 경영 슬로건을 국가 이념으로 바꾼 것이다).

중국이 비축한 막대한 자금은 중국 국영 은행을 거쳐 일대일로 정책으로 들어간다. 중국은 아시아인프라투자은행도 일대일로 정책에 자금을 투입하도록 지휘한다.[71] 그리고 아시아인프라투자은행은 베이징이 세계은행을 밀어내기 위해 설립하고 호주 등 많은 나라가 기금을 대고 지지하는 다자개발은행이다. 또한 제프 웨이드의 지적처럼 일대일로 정책의 사업 자금을 마련하려고 설립된 은행이다.

일대일로는 중국 위안화를 가입국들의 주요 교역 및 투자 통화로 만드는 일을 비롯해 중국의 경제적 영향력을 다각화하려는 원대한 전략이다.[72] 많은 나라가 각종 개발 사업에 자금을 투입하겠다는 중국의 약속을 환영한다. 하지만 문제가 생긴 사업들도 있다. 스리랑카 정부가 호주의 뉴캐슬항만공사를 소유한 자오상쥐그룹의 해운사에 함반토타 항구를 매각한다고 발표하자, 지역 사회에서 폭동이 일어났다. 그러나 이미 실크로드 개발 계획에 따라 대규모 공업단지가 새로 들어서며 현지 농민들이 쫓겨난 상황이었다.[73] 지역 정치인들도 '중국의 식민지'가 될 수 없다며 반대했다. 공업단지 개소식에 참석한 중국 대사는 50억 달러와 일자리 10만 개를 약속했지만, 인근에서는 불교 승려를 비롯한 지역 시민들이 경찰과 대치 중이었다.[74] 중국 대사는 중국이 인도양에서 해군을 운영하는 전략적 요충지가 함반토타항이라는 사실은 언급하지 않았다. 2017년 7월 스리랑카는 공업단지 건설에 들어간 엄청난 중국 차관을 상환하기 위해 함반토타항의 지분 70%를 중국에 넘길 수밖에 없었다. 감당할 수 없을 만큼 부채를 안기는 것이 중국이 일대일로를 추진할 때 쓰는 강력한 방법 중 하나다.[75]

특히 베트남과 인도 등 역사적으로 중국과 갈등을 겪은 나라들은 이보다 훨씬 더 회의적이어서, 신실크로드를 중국이 경제적 지배를 넘어 전략적 지배까지 추진하는 수단으로 본다. 인도의 한 학자는 중국의 일대일로가 "철권을 감추려고 낀 실크 장갑"이라고 주장했다.[76]

중국은 이미 캄보디아와 미얀마 등 동남아시아와 나미비아와 앙골라 등 아프리카의 작고 가난한 나라들을 장악했다. 남미에서도 영향력을 점점 키우고 있어 멕시코 무역기관장이 "우리는 중국의 다음 아프리카가 되길 원치 않는다"고 말할 정도다.[77] 중국은 신용 제공과 인프라 통제, 천연자원 소유권을 통해 막강한 영향력을 행사한다. 일대일로가 이런 과정을 더욱 강화할 것이다. 이미 국영 기업과 국가 연계 사업자들이 항구와 공항, 철도, 에너지망, 댐 등 동남아시아 전역의 사회기반시설에 투자하고 있다. 중국이 특히 중요하게 여기는 시설은 항구다. 해상 무역의 비중이 큰 데다 평상시든 전쟁이 발생할 때든 전략적으로 활용할 수 있기 때문이다.

말레이시아와 인도네시아에 흘러드는 일대일로 투자금과 중국이 관심을 기울이는 남중국해 통제권을 별개로 보는 것은 순진한 생각이다. 중국은 남중국해의 합병을 인정하라고 모든 나라에 강요하고 있다. 경제적, 전략적으로 아주 중요한 이 지역에서 중국의 경제적 영향력이 커질수록 그리고 중국이 분명히 밝힌 계획에 따라 이 지역 전체 항구와 도로, 철도 등 사회기반시설이 연결될수록 중국의 강요에 저항하기는 점점 더 어려워질 것이다.

더 놀라운 것은 인민해방군의 역할이다. 군사 전략가들은 일대일로를 따라 중국의 자산과 시민을 보호할 인민해방군의 역할을 두고 열띤 토론을 펼치고 있다.[78] 인민해방군에 과연 그럴 능력이 있느냐에 대해서는 중국 내부에서도 의견이 갈리지만, 일대일로를 따라 인민해방군을 배치해 중국의 이익을 지켜야 한다는 것은 대체로 일치된 의견이다. 논의 과정을 자세히 살핀 한 전문가는 인민해방군이 '일대일로에 지대한 관심'을 쏟고 있으며 "중국의 해외 이익 보호와 평상시 인민해방군 동원의 관계가 점점 더 강해지고 있다"고 결론짓는다.[79]

미국 펜타곤은 2017년 보고서에서 중국의 경제 자산이 늘어남에 따라 인민해방군의 국제적 입지도 커질 것이며, 아덴만 지부티에 있는 중국해군기지는 인민해방군 해군이 최초로 상주하는 해외 기지가 될 것으로 예측했다. 또한 중국의 해상민병대 즉, 군사 훈련을 마친 시민들로 구성된 엄청난 규모의 예비군이 어업에 종사하거나 항구에서 일하고 있다는 점도 지적했다. 해상민병대는 남중국해 등의 지역에서 중국과 경쟁하는 어부들을 위협하거나 '권리 보호'와 정보 수집을 맡고 있다.[80] 미국 해군전쟁대학의 앤드루 에릭슨Andrew Erickson 교수는 인민해방군의 지휘를 받는 "중국의 해상민병대가 전쟁을 일으킬 생각이 아니면 쉽게 대응할 수 없는 행위로 반대자를 압도하거나 강압하여 해상 활동에서 핵심 역할을 맡고 있다"고 분석했다.[81] 해상민병대는 시진핑 국가주석이 집권하며 새로운 지원을 얻었다. 기업 내부 문건을 확인한 제프 웨이드는 다윈항을 인수한 중국계 랜드브리지그룹이 해

상민병대를 운영하고 있다고 지적했다.[82]

10년이나 15년 뒤 중국의 해외 인프라 투자 규모가 예정된 목표에 근접한 상황을 가정해 보자. 이렇게 되면 중국의 지속적인 경제 번영과 국제 영향력을 결정하는 것은 대단히 중요하지만 지리적으로 멀리 떨어져 있는 자산이다. 만일 그런 자산이 현지에서 일어난 반란이나 국경 봉쇄, 국유화 등으로 위험해지면, 중국이 중국인 소유 시설과 중국 시민을 보호하려고 군대를 해외 파병하는 일은 시간문제일 뿐이다. 이미 중국의 군사 전략가들은 일대일로 구상에 따라 구축된 자산을 보호하기 위해 인민해방군을 어떻게 이용할지 검토 중이다.[83]

미국이 지난 수십 년간 중미와 남미에서 벌인 일과 정확히 일치하지 않는가? 중국이 손안에 들어온 호주의 자산을 다시 뺏기지 않도록 인민해방군이나 해상민병대를 동원하는 상황을 예상하면 억지일까?

호주 방위와 정보를 담당하는 기관은 일대일로를 중국이 세계 야망을 추진하는 또 다른 수단으로 본다. 그래서 경제를 중시하는 경제 관련 부서 및 외교통상부와 대립한다.[84] 중국 국영 기업이 베이징에서 계획한 전략에 따라 대부분의 투자를 주도할 때, 호주가 얻을 경제적 보상만 계산하는 것은 위험을 눈앞에 두고도 의도적으로 눈을 감는 행동이다.

호주의 일대일로 연결

베이징은 호주 북부를 눈여겨보고 있다. 호주는 이미 2014년 11월 시진핑이 직접 호주 의회에서 연설할 때부터 일대일로와 연결되고 있

중국의 조용한 침공

었다. 시진핑은 "오세아니아는 자연적으로 고대 해상 실크로드의 연장선이며, 중국은 호주의 21세기 해상 실크로드 참여에 대해 긍정적인 입장이다"라고 연설했다.[85] 시진핑은 호주 북부를 특별히 지목해 "중국은 호주가 시행하는 북부개발계획Northern Development Plan을 지지한다"고 밝혔다(북부개발계획을 가장 많이 지지한 인물이 광산 거부 지나 라인하트Gina Rinehart다. 라인하트가 자금을 대고 공공문제연구소가 대대적인 로비를 벌인 결과, 자유당이 2013년 선거 전에 북부개발계획을 채택했다). 그리고 1년 뒤 G20 정상회담 자리에서 중국 주석은 이 주제를 다시 꺼냈다. "중국은 일대일로 이니셔티브를 호주의 북부개발계획과 기꺼이 제휴할 생각이며, 중국 기업들에 호주 북부의 인프라 건설 참여를 권고하고 있다."[86]

그 이전인 2015년 8월, 재무장관 조 하키Joe Hockey와 통상장관 앤드루 롭이 중국의 강력한 국가발전개혁위원회National Development and Reform Commission의 쉬사오스徐紹史 주임을 만나 일대일로를 논의했다. 〈인민일보〉는 이 자리에서 논의한 내용에 대해 이렇게 열변을 토했다.

> 양측은 중국의 일대일로 이니셔티브와 국제적인 생산력 협력이 호주의 북부개발계획 및 국가인프라개발계획과 공통점이 많다는 인식을 같이했다. 양측은 기꺼이 개발 전략을 제휴해 양국 협력의 폭을 넓히고 깊이 하기로 했다.[87]

캔버라의 중국 대사관도 자세한 내용을 보고받은 뒤 양측의 통합을 서두르기 시작했다. 바로 다음 날인 2015년 8월 14일, 마자오쉬 대사가 호주국립대학교에서 다음과 같이 연설했다.

중국과 호주는 함께 '21세기 해상 실크로드'를 건설할 수 있습니다. 호주는 해상 실크로드 계획과 아주 밀접한 관계입니다. 해상 실크로드는 중국 동부 해안의 도시들을 남중국해 건너 남태평양과 연결할 것이며, 그 경로의 끝에 있는 주요 국가가 바로 호주입니다.[88]

중국이 호주 북부의 농업 개발에 국고를 투자한 이유는 장기적인 식량 안보 불안 때문이다.[89] 중국이 호주에서 추진할 수 있다고 확인한 일대일로 사업은 2016년 중반에 이미 900여 개에 달했다.[90] 베이징은 2016년 11월 전임 외교부장인 리자오싱을 캔버라에 보내 호주 대중에게 일대일로를 홍보하고,[91] 2017년 2월에는 왕이王毅 외교부장을 캔버라에 보내 호주와 제휴하겠다는 의지를 재차 확인시켰다(왕이 외교부장은 일대일로와 호주의 국가혁신과학아젠다를 연결하고 싶다는 의사도 밝혔다[92]).

호주 정부가 중국이 손짓하면 언제든 달려갈 태세를 갖춘 것이 이때부터다. 2017년 2월 신임 통상장관 스티브 치오보Steve Ciobo가 중국 국가발전개혁위원회 쉬사오스 주임과 함께 일대일로를 띄우기 시작했고, 중요인프라센터가 정밀 조사 필수 부문을 선정하는 과정에서 중국의 투자를 가로막는 장애물이 있다면 제거할 것이라고 이야기했다.[93]

호주의 정재계 지도층은 일대일로 정책을 호주 전역에 퍼트리려고 애를 썼다. 그중 앤드루 롭은 일대일로를 가장 열정적으로 선전한 인물일 것이다.[94] 광산기업 BHP의 이사이자 화약회사 오리카Orica의 회장인 말콤 브룸헤드Malcolm Broomhead도 일대일로 팬이다. 이 두 사람 모두 유혹에 넘어가 호중 일대일로 이니셔티브ACBRI 이사회에 합류했다. 호중 일대일로 이니셔티브는 세간에 잘 알려지지 않은 세 사람이 이끌고 있지만, 베이징의 국가발전개혁위원회가 조직한 단체이다.[95] 스스로 '호주와 중국 산업계의 선두주자들이 일대일로에서 얻게될 사업 기회를 소개하는 플랫폼'이라고 소개한다.

여러 가지 목표가 있지만 특히 집중하는 목표는 '중국의 인프라 건설 계획을 나머지 아시아 지역과 상호연결시키는 것'이다. 중국 정부가 관여한 것으로 보이는 이 조직에 호주 외교통상부가 2만 달러의 보조금을 지급했다. 그리고 이 조직의 후원을 받아 앤드루 롭이 고위급 임원 20명으로 구성된 호주 기업 대표단을 이끌고 중국을 방문해 일대일로 구상 전반에 걸친 사업 기회를 모색했다.

뉴질랜드의 국민당 정부는 호주보다 훨씬 더 빠르게 일대일로를 받아들였다. 뉴질랜드 일대일로위원회는 조해너 코글란Johanna Coughlan을 비롯한 친중 인사들을 모두 끌어모았다. 일대일로위원회 위원장과 일대일로 싱크탱크OBOR Think Tank라는 단체의 회장을 겸임하는 조해너 코글란은 전임 총리 빌 잉글리시의 제수다. 일대일로 로비 단체는 여론의 지지를 끌어내기 위한 의견을 끊임없이 개진했다. 정치권의 저항은 거의 없었지만, 윈스턴 피터스Winston Peters만큼은 뉴질랜드의 일대일로 참여를 반대하며 중국에 지배당할 위험이 있다고 경고했다.[96] 하지만 윈스턴 피터스도 2017년 말 뉴질랜드 외무장관에 임명된 이후에는 생각을 완전히 바꿨다. 배울 점이 많다며 중국을 찬양하고, '낭만적인 자유'를 부르짖는 사람들을 꾸짖었다.[97] 도대체 무슨 일이 있었던 것일까?

중국 정부는 학자와 여론 주도층을 돈으로 설득하는 전략을 고수해, 각종 세미나와 회의에 사금을 지원하며 호주에서 일대일로를 선전하고 있다. 그 선두에 선 대학이 퀸즐랜드대학교와 시드니대학교이고, 일부 학자들은 몇 푼 되지 않는 돈에 넘어가 일대일로를 지지한다. 2015년 리커창 총리는 해외 중국인들이 '자본과 기술, 경영, 사업 분야의 인맥'을 활용해 일대일로 사업 추진에 협조할 것을 기대한다고 분명히 밝혔다.[98]

2016년 12월 관영 〈신화통신〉이 전 세계 공자학원이 한자리에 모여 모두 일대일로 보급에 앞장서기로 합의했다는 기사를 실었다. 공자학원이 중국 기업에 고용된 현지 근로자에게 중국어를 가르치는 일 외에도 호주 등의 국가에서 활동 영역을 넓히며 '싱크탱크' 역할을 할 수 있다는 소식이었다.[99]

중국의 호주 북부 전략은 빈말이 아니다. 2016년 1월 〈인민일보〉가 호주의 일대일로 참여와 호주 북부에 관한 소식을 전하며, '호주 북부 관문'인 다윈항이 중국 남해안에서 비행기로 불과 다섯 시간 거리라고 설명했다.[100] 의견이 분분한 다윈항 임대 매각 문제는 호주 정치 기관과 군사 기관의 고위층까지 중국에 대해 잘못 생각한다는 사실을 완벽히 보여주는 사례이다.

중국 선전 기관은 만화를 활용한 온라인 홍보까지 시작했다. 만화에 등장하는 귀여운 서양 아이들은 '모두 친구가 될 수 있다'는 노래를 부르며 시진핑의 일대일로를 찬양하고, 사랑이 넘치는 모습의 아버지는 어린 딸을 재우며 이 위대한 '세계화 추진 기회'의 경이로움을 극찬하는 이야기를 들려준다.[101] 만화를 제작한 것으로 짐작되는 푸싱 로드 스튜디오Fuxing Road Studio는 2015년에도 미국식 영어를 쓰는 주인공들이 중국 13차 5개년 개발 계획을 찬양하는 노래를 부르는 이상야

룻한 만화를 만든 비밀스러운 제작사이다.[102] 귀여운 백인 아이들이 중국을 자유무역과 국제 협력의 새로운 수호자로 찬양하는 만화였다. 중국이 끊임없이 무역과 투자를 규제한다는 사실을 아는 전문가는 이런 홍보를 '아이러니로 넘길 일이 아니다'고 지적한다. 휴 화이트Hugh White 같은 호주의 전략 사상가들까지도 이런 홍보를 전혀 의심하지 않고 일대일로 참여를 호주의 이익으로 주장한다는 것이다.[103]

그런데 2017년 3월, 캔버라에서 중국의 과장 광고에 찬물을 끼얹는 일이 발생했다. 리커창 총리가 호주를 방문 중인 당시, 호주가 일대일로와 북부호주인프라기금을 연결하는 양해각서에 서명할 의사가 없다는 사실이 밝혀진 것이다. 외교통상부는 양해각서 체결을 간절히 원했지만, 국방부 쪽에서는 혹시라도 각서에 서명할까 불안해했다. 호주 최고위층도 양해하지 못한 각서에 서명할 수 없다는 입장이었다. 그러자 주중 호주 대사를 역임하고 베이징에서 기업 고문으로 활동하던 제프 래비Geoff Raby가 방위 안보 기관이 경제보다 '가치'를 지나치게 강조한다며 애석해했다. 호주안보정보원과 국방부의 노쇠한 인사들이 또다시 바보 같은 짓을 한다는 것이다. 제프 래비의 베이징 사무실 인근에 있는 인민대학에서 국제 관계를 가르치는 스인홍时殷弘 교수는 그 원인을 더 정확하게 진단했다. "호주가 신실크로드 참여를 망설이는 이유는 남중국해와 관련해 기본적인 의견이 다르기 때문이다."[104] 하지만 2017년 9월 노동당 예비 내각의 재무장관인 마크 버틀러Mark Butler는 노동당이 집권하면 50억 달러가 투입된 북부호주인프라기금을 일대일로와 연결할 것이라고 발표했다.

7장

유혹 혹은 강압

2002년 8월 호주 컨소시엄이 치열한 경쟁을 뚫고 광둥성과 천연가스 공급 계약을 체결했다는 기사가 호주 언론에 대서특필되었다. 당시 존 하워드 총리는 250억 달러 규모의 가스 공급 계약 체결이 중국과 밀접한 관계 덕분에 얻은 과실이며 '금메달을 딴 쾌거'와 마찬가지라고 선언했다.[1] 계약을 성사시키기 위해 하워드 총리는 그 어느 나라 정상보다 장쩌민 주석을 자주 만나 압력을 넣었다. 박빙의 승부였고, 계약이 체결되기 불과 2주 전만 해도 호주가 카타르나 말레이시아, 러시아, 인도네시아를 제치고 계약을 따낼 가능성은 희박해 보였다. 하지만 호주는 계약을 따냈고 이후 하워드 총리는 재계에서 상업적 승자라는 후광을 얻었다.

〈인민일보〉는 애써 웃음을 참으며 "호주가 단일 건으로 가장 큰 수출 계약 체결에 환호했다"고 보도했다.[2] 호주는 자축했지만, 사실 베이징에 농락당한 것이며, 어찌 보면 지금까지 그 대가를 치르고 있다고 볼 수 있다. 당시 시드니 영사관에서 정무 서기관으로 근무해 내막을 잘 알고 있는 천융린이 훗날 폭로한 바에 따르면, 광둥성 지방 정부는 가장 낮은 금액을 제시한 인도네시아와 계약할 생각이었지만 베이징의 중공 중앙위원회가 호주와 계약하라는 지시를 내렸다. 천융린은 "중앙위원회는 거점상 매우 중요한 호주가 미국 쪽으로 완전히 기울어 있다고 판단해 호주를 되돌리기 위해 경제적 수단을 이용한 것입니다"라고 증언했다.[3]

경제라는 끈을 당기면 호주가 재빨리 움직인다는 것을 간파한 베이징은 이후 '경제적인 수단으로 호주를 끌고 가려 했다.' 결국 하워드 총리는 베이징이 250억 달러짜리 계약이라는 당근을 흔드는 동안 달라이 라마와 만나길 거부했다.[4] 가스 공급 계약이 체결되고 한 달 뒤, 하워드 총리에게 축하 인사도 전하고 양국의 '상호 신뢰를 두텁게 하고 공통점을 넓혀 협력을 심화하기 위해'라는 명목으로 전국인민대표대회 상무위원장 리펑李鵬이 호주를 찾았다.[5] 현재 호주 지도층이 '중국이 우리의 미래'라고 열광하게 된 시발점이 바로 이 가스 공급 계약이며, 이는 정확히 베이징이 의도한 결과이다. 이 협상 과정에서 차우착윙이 대단히 중요한 역할을 하고, 특히 존 하워드와 끈끈한 우정을 쌓았다고 알려졌다. 덕분에 하워드는 차우착윙의 '황궁'에 수도 없이 초대받았다.[6]

자유보다 중요한 것은 경제

중국이 가장 효과적으로 활용하는 경제 전략 중 하나가 마음에 들지 않는 나라에 끔찍한 경제적 피해를 주겠다고 넌지시 협박하는 것이다. 이런 협박이 통하는 이유는 다른 나라 정부가 진지하게 받아들이기 때문이다. 호주에서는 중국과 호주의 경제 관계 덕분에 성장한 기업들이 각종 모략 활동을 하며 집단을 형성한 탓에 중국의 협박이 더욱 효과적으로 작용한다. 재계를 이끄는 지도층이 중국에 신세를 갚는 과정에서 자신도 모르게 호주의 주권을 갉아먹기 때문이다. 이런 재계 지도층과 기업 고문들이 호주와 중국을 빈번하게 오가며 (배경과 동기가 충분히 파악된 사람들끼리만) '친교'를 맺는다.

호주에서 중국의 '제5열 fifth column'●, 즉 내부의 적이 된 기업인 중에는 총리나 재무장관과 스스럼없이 통화할 수 있는 인물이 많다. 이들은 '중국을 잘 안다'고 자부하며, 중국과 경제 관계를 심화하고 정치나 '가치'의 차이가 개입하지 못하도록 하는 데 호주의 미래가 달려 있다는 것을 기정사실로 받아들인다. 이들은 '국가 이익'에 헌신한다고 자처하지만, 이들이 내세우는 국가 이익이 언제나 중국의 이익과 일치하는 것은 우연이 아니다. 이들이 몇 가지 제한된 선택지만 제시하는 이유는 베이징의 노예이기 때문이다.

중국을 지지하는 사람들의 힘이 세기도 하지만, 호주가 경제적 압박에 민감한 더 큰 이유가 있다. 비록 소리 높여 떠들지는 않아도, 자

● 적국 내에서 각종 모략활동을 하는 조직적인 집단으로 간첩을 뜻하기도 함.

유를 비롯한 그 무엇보다 경제가 중요하다는 자유 시장 사상이 큰 힘을 갖고 있기 때문이다. 중국을 옹호하는 사람들은 자유의 중요성이나 자유를 위협하는 위험을 늘 과소평가하거나 무시한다. 혹은 경제 성장이야말로 자유를 확보하는 최선의 길이라고 주장한다. 돈은 법치를 해치는 요소가 아닌 법치를 살 수 있는 수단이라 이야기한다. 이들의 관점에서는 국가의 주권은 점점 더 과거의 유물이 되고 있다. 호주의 한 고위 공무원이 쓴웃음을 지으며 풍자한 대로 "피 따위에 신경 쓸 사람이 있을까?"

중국이 우리의 운명이다

호주 경제가 중국에 달려 있으므로 중국과의 친분 관계는 호주의 미래를 위해 필수적이다. 하지만 호주 경제가 중국에 달려 있다는 인식 때문에 중국이 호주에 막강한 영향력을 행사한다는 것이 더 정확한 표현이다. 한 가지 예를 들어 보자. 대다수 사람들이 호주가 중국과 경제적으로 밀접한 관계를 맺은 덕분에 2008년 세계 금융위기에서 살아남았다고 믿는다. 중국이 호주를 위해 한 일은 중국의 발전에 도움이 될 철광석과 기타 자원을 호주에서 구매한 것뿐이지만, 호주를 위기에서 구한 중국에 감사해야 하고 중국에 빚을 졌다고 생각하는 사람이 많다. 많은 중국인도 이렇게 믿고 있다. 예를 들어 남중국해 사안처럼 호주가 혹시 다른 의견을 내면, 중국 네티즌들은 호주를 흔히 하는 야만적이라는 비난과 더불어 배은망덕하다고 욕하는 경우가 디반

사다. 그러면 호주의 논평가나 정치인들은 중국이 경제 붐을 일으킨 것은 호주의 자원 덕분이니 감사하라고 반박하며 중국의 주장을 뒤집는 것이 아니라 호주가 중국에 빚을 졌다는 말만 되풀이한다.

호주에 침투해 점점 더 영향력을 키우는 중공에 대항할 의지가 약해진 이유는 호주가 약해서 중국의 비위를 맞춰야 한다는 인식 때문이다. 이를 간파한 베이징은 건전한 경제 관계를 유지하려면 조화로운 정치 관계를 유지해야 하고, 호주가 베이징의 요구를 따를 때 그런 조화가 확보된다고 끊임없이 상기시킨다. 호주국립대학교 국가안보대학장인 로리 메드카프의 말처럼 "기본적으로 베이징이 상업적 동반국에 요구하는 계약은 중국 인민과 맺는 계약과 동일하다. 정치와 안보와 관련된 것들을 묵인하는 대가로 경제적 혜택을 준다는 계약이다."[7]

호주에서 중국을 적극적으로 옹호하는 사람들의 입장은 12장에서 자세히 다루기로 하고, 여기서는 '중국이 우리 운명이다'는 주장이 공론장에서 어떤 역할을 하는지 살펴보자.

'중국에 관한 현실적이고 미묘한 논의를 활성화하기 위해' 설립된 비영리단체 중국사무의 린다 제이컵슨은 호주가 중국의 투자에 대해 '감정적으로 격렬한 반응'을 보인다고 안타까워한다. 그도 '중국의 주요 사업가가 모두 당과 긴밀히 연결된 것'은 사실이라고 인정하지만, 중국의 현실이니 신경 쓸 게 없다고 이야기한다. 그리고 우리가 '성숙한 토론'을 하면 중국의 투자를 받지 못한 채 병원이나 학교에 쓸 돈이 줄어든다는 사실을 깨닫게 될 것이므로 '공공연한 입씨름'을 중지하고 중국에게 계속 투자를 받아야 할 때라고 주장한다.[8]

중국의 투자에 대해 회의적인 제프 웨이드는 이런 식의 옹호론에

중국의 조용한 침공

맞서 중국 기업에 행사하는 당의 영향력과 중국 기업들이 오직 이익에만 관심 있다는 믿음 사이에는 모순이 있다고 지적한다. "자본은……중국 정부가 원하는 곳으로 들어간다."[9] 따라서 중국 정부의 주도대로 중국 자본이 호주의 에너지 인프라와 통신, 항구 등을 매입하고 있다면, '공공연한 입씨름'을 하는 것이 현실을 외면하는 것보다 더 성숙하고 나은 자세라는 것이다.

린다 제이컵슨은 2017년 베이츠 길Bates Gill과 공동 집필한 책에서 중국이나 호주 관계는 워낙 복잡하고 미묘해서 명확히 설명하기 어렵다고 주장했다.[10] 두 사람은 모두 호주로 이주할 당시 중국에 관해 지나치게 무지한 호주를 보고 놀랐다고 고백했다. 호주가 중국과 거래할 때 오해와 실수, 실책이 빈번하게 드러났다는 것이다. 호주 대중은 물론 전문가라고 불리는 사람 중에도 호주와 중국의 거래에 숨겨진 복잡성과 미묘함을 파악하지 못하는 사람이 많기 때문에 자신들처럼 중국을 잘 알고 제대로 이해하는 사람들에게 논평이나 조언을 맡기는 것이 최선이라고 주장했다.

'중국이 우리 운명이다'는 믿음은 사실 중국 덕분에 생계를 유지하는 사람과 기업 관계자들이 과장하고 언론이 퍼뜨린 것이다. 이들은 전임 대사이자 중국광인 스티븐 피츠제럴드처럼 '우리가 중화 세계에 살고 있다'고 믿는다.[11] 이런 믿음에 합리적으로 대응하는 유일한 길은 중국을 더 깊이 이해하고 중국을 더 예민하고 능숙하게 대하는 방법을 배우는 것이다. 중국을 대하는 방법을 배워야 한다는 것은 당연한 이야기이고, 이 책의 목적은 중국에 대한 이해를 키우는 것이다. 하지만 우리가 현재 중화 세계에서 살고 있다는 믿음은 함정이다. 사실이 아니기 때문이다. 우리는 복합적이고 다극화된 세상에 살고 있다. 우리는 스스로 선택할 때만 중화 세계에 살게 될 것이다.

스티븐 피츠제럴드는 중국이 호주에 미치는 영향력은 대체로 긍정적이며, 중국의 태도 역시 온화하고 호의적이라고 주장한다. 그리고 중공이 호주 사회와 정치에 개입하는 다양한 모습을 제시하며, 우리의 가치 체계에 어떻게 파고드는지 설명한다.[12] 우리는 어떻게 대응해야 할까? 피츠제럴드는 '베이징이 호주에 자주 의견을 묻고 경청하도록' 중국과 아주 밀접해져야 한다고 주장한다. 그래야 이득이 된다는 것이다. 사실 피츠제럴드는 호주가 살아남는 유일한 길은 미국에서 벗어나 베이징에 '유력한 연줄'을 만드는 것, 다시 말해 미국이 아닌 중국에 의존하는 나라가 되는 것이라고 말한다. 도널드 트럼프의 협박 탓에 중국이 아직 전략적 동반국을 확보하지 못했으므로 호주가 중국의 첫 전략적 동반국이 되어야 한다고 주장한다. 국가 주권을 쉽게 포기하지 않으려는 호주인들이 있지만, 피츠제럴드는 호주의 대기업들이 힘을 모아 자신의 꿈을 지지하길 바라며 다음에 살펴볼 드라이스데일 보고서가 베이징의 전체적 경제 계획을 마치 호주의 경제 계획처럼 깔끔하게 정리하고 논증했다고 칭찬했다.

흔히들 중국의 공식 선전이 조잡하고 우습다고 생각하지만, 서양인들이 그 선전을 받아들이는 모습을 보면 베이징의 의도와 전략이 놀라울 따름이다. 중국을 정교하게 이해한다고 자부하는 사람들도 깜빡 속아 넘어간다. 앤드루 포레스트처럼 생각 없이 상황을 멀뚱멀뚱 쳐다보는 기업가들은 중국 당국이 얇은 막 아래 감춘 꿍꿍이를 전혀 발견하지 못해도, 학자나 경제 고문들이라면 더 많이 찾아낼 것이라 기대하기 마련이다. 하지만 2016년 8월 화려하게 발표된 호중경제관계의 미래에 관한 보고서를 보면 지식인들의 순진함을 발견할 수 있다. 호중경제관계를 '최초로 탐구한 주요 독립 연구'로 칭찬받은 보고서 〈변화를 향한 협력 *Partnership for Change*〉은 호주국립대학교 동아시아경제연구국EABER과 중국국제경제교류센터CCIEE가 공동으로 발표한 자료다. 보고서를 발표하는 자리에 턴불 총리도 참석했다. 하지만 턴불 총리가 보고서를 대놓고 지지한 것은 아니다.[13]

이 보고서를 '공동 편집'한 피터 드라이스데일Peter Drysdale 교수는 일본 전문가로 수십 년간 호주에서 가장 열정적으로 자유무역을 주창하며, 중국인 '관광객과 학생, 투자자, 이민자'의 대규모 유입을 통해 경제적 정치적 관계를 공고하게 해야 한다고 주장했다.[14] 드라이스데일 교수는 '호주가 보호하는 산업'에 중국과의 경쟁이라는 요소를 넣음으로써 효율성과 생산성을 높일 수 있다고 믿는다. 호주의 수입 장벽은 사실상 없는 것이나 다름없고, 중국의 수입 장벽은 여전히 어마어마하게 높은데도 말이다.

이 보고서의 첫 번째 전제는 상호 관계를 위협하는 행동을 절대 하지 말아야 한다는 것이다. 보고서는 호주의 미래 번영을 위해서는 중국의 경제적 성공이 필요하다는 보편적인 믿음을 강조하지만, 사실 이 믿음은 과장된 것이다.[15] 이런 믿음이 사실이라면, 중국에 의존하기보다는 중국에 집중된 외교에서 벗어나야 하지 않을까? 하지만 드라이스데일 보고서는 호주 사회가 중국이 추진하는 해외 투자의 혜택을 제대로 파악하지 못하는 것이 안타깝다며, 불평등한 기준으로 중국 투자를 대하지 말라고 권고한다.[16] 중국의 투자가 다른 나라의 투자와 다를 바 없으니 자유롭게 받아들여야 한다는 주장은 영국이나 미국, 일본과 달리 중국은 경제를 대부분 통제하고 그 통제력을 정치적 영향력과 전략적 지역 지배에 이용하는 독재국이라는 사실을 무시한 주장이다. 드라이스데일 보고서는 진정한 문제는 중국에서 내리는 중요한 사업 결정이 당국가 체제의 이익이나 전략적 야망과 긴밀하게 연결되는 것이 아니라, 호주 대중이 무지하고 외국인 혐오증에 휘둘리는 경우가 많은 것이라고 지적한다.

9장에서 자세히 이야기하겠지만, 드라이스데일 보고서에서 우려되는 부분은 중국이 호주의 첨단 과학 기술 연구에 제한 없이 투자하도록 우선권을 주어야 한다는 권고이다. 미국과 캐나다, 유럽연합은 중국의 이런 투자가 대단히 위험할 수 있다는 사실을 깨달았고, 이미 미국은 2017년 첨단 산업 분야에 대한 중국의 약탈적 투자로부터 미국을 지키는 방법을 찾기 위한 조사에 착수했다.

드라이스데일 보고서는 호주가 중국의 전략적 투자 몇 건을 거부해 불쾌하다는 베이징의 목소리를 전하며, 중국의 투자 의욕이 꺾일 위험이 있다고 안타까워한다. 해외 교역과 투자를 최대치로 끌어올리는 것이 호주의 최대 국익인 것처럼 이야기한다. 중국 정부의 제재가 워낙 심해 중국 진출을 꺼리는 서양 기업이 많으니 중국이 경제를 조금 더 개방해 외국의 투자를 수용하길 바란다는 희망을 얼핏 내비치기도 하지만, 그보다는 호주가 중국의 투자에 대한 규제를 철폐해야 한다고 주장한다.

드라이스데일 교수는 2014년에 과거 광산붐이 일던 당시 중국이 세계 어느 나라보다 호주에 더 많이 투자했지만 '포퓰리즘적 반발' 즉,

중국의 조용한 침공

중국 국영 기업이 에너지 인프라나 농업 사업체 같은 자산을 매입하는 일을 우려하고 규제한 탓에 중국의 투자가 끊겼다고 지적했다.[17] 그리고 중국 국영 기업도 호주의 법률과 규제를 따를 수밖에 없으니 다른 기업과 다를 바 없다고 재차 강조했다. 하지만 그렇다고 해서 중국 국영 기업의 최고경영자들이 당의 임명을 받고 지시를 따르는 고위 당간부라는 사실이 바뀌지는 않는다.

베이징의 싱크탱크인 중국국제경제교류센터와 호주국립대학교의 고위층이 결탁한 것이 아니냐는 의심을 의식한 듯 드라이스데일 보고서는 스스럼없이 베이징의 경제적 야망을 옹호하고 그에 대한 의심을 부인한다. "호주의 지정학geopolitics●적 지경학geoeconomics●●적 위치와 다문화 사회는 중국이 서구와 연결할 때 필요한 독특한 자산이다." 맞는 말이다. 하지만 이것은 사실 중공의 전략가들이 이용하려는 호주의 약점이다.

베이징이 호주에서 노리는 진짜 목표를 폭로한 사람이 있다. 수년간 호주에서 베이징의 전략을 시행하며 그 속내를 파악한 천융린이다. 호주로 전향한 중국 외교관 천융린은 2016년 중공이 서구 세계로 영향력을 넓히는 과정에서 호주를 시험장으로 선택한 이유가 다음의 세 가지 조건 때문이라고 설명했다. 첫 번째는 호주의 지정학적 위치다. 이 때문에 중국이 호주를 '서구 진영의 약한 고리'로 판단한 것이다. 두 번째는 화교다. 중국과 밀접하게 연결되어 있고 대부분 이념 교육을

● 지리적 위치 관계가 정치, 국제 관계에 미치는 영향을 연구하는 학문.
●● 경제와 자원을 중심으로 한 경제적 공간에서의 영향력을 연구하는 학문.

받았으며 강력한 중국 우월주의에 빠진 화교들이 호주에서 큰 공동체를 이루고 있기 때문이다. 마지막 세 번째가 호주의 다문화 정책이다. 다양한 문화를 받아들이는 정책 덕분에 베이징에 충성하는 중국인들이 '중국의 가치와 전통'을 높인다는 핑계로 중공의 입장을 내세울 수 있기 때문이다.[18]

호주국립대학교 경제학자들이 보고서를 작성하는 동안 베이징의 협력자들에게 속았을 가능성도 있었다. 베이징은 함께 일하는 사람이 어떤 인물인지 파악하고 있기 때문이다. 피터 드라이스데일은 이미 2009년에 호주의 정치 지도자들이 중국 기업 차이날코Chinalco가 리오 틴토의 대지분을 매입하지 못하도록 막는 '어릿광대 같은 짓'을 저질렀다고 질책하며, 자신처럼 '중국 정치 실세들과 집중적으로 교류'했다면 그런 실수를 하지 않았을 것이라고 주장했다.[19] 호주의 원로들이 '중국 실세'들과 이야기를 나누면서 그들이 속내를 털어놓았다고 믿는 모습을 보면 마음이 아프다. 이들은 자신이 중국의 체계를 아는 선택받은 소수에 포함되었다고 확신하지만, 서양인에게 전해지는 이야기와 실제 이야기가 다르다는 사실은 알지 못한다. 드라이스데일은 하찮은 수사적 기교를 한바탕 늘어놓으며 중공이 호주 정치에 영향을 미치려 한다는 주장을 조롱했다.[20]

베이징의 정치 실세들은 '독립적인' 공동 보고서를 작성한 중국국제경제교류센터의 전문가들이 당의 방침을 따를 것으로 확신했을 것이다. 중국국제경제교류센터는 2009년 '원자바오溫家寶 총리의 지시에 따라……중국 최고의 싱크탱크'로 설립된 기관이다.[21] 중공은 부총리를 지낸 쩡페이옌曾培炎을 초대 이사장으로 지명했다. 믿을 만한 싱크탱크가 필요하다는 판단에 따른 결정이었다. 2016년 시진핑 주석은 중공 지도층을 충원하는 방책으로 싱크탱크를 보강할 필요가 있다고 분명히 밝혔다.[22] 국가 지침에 따라 싱크탱크는 "당과 정부의 의사 결정에 기여한다는 목적으로 활동해야 한다"고 규정했다.[23] 브루킹스 연구소가 작성한 문서에 따르면 중국의 싱크탱크인 중국국제경제교류센터는 절대 '독립적인' 단체가 아니며 '국가발전개혁위원회의 지시를 받아 운영된다.' 중국국제경제교류센터의 전문가들은 당이 정한 범위를 벗어나 생각할 필요가 전혀 없는 사실상 정부 관료들이다.[24]

드라이스데일 '공동 보고서'는 자신들의 권고를 따르면 '호주와 중국의 관계가 완전히 새로운 단계에 진입할 것'이라고 결론짓는다.[25] 이견의 여지가 없는 사실이다. 중공이 호주의 경제 생활에 철저하고 되돌릴 수 없는 영향을 미칠 것이기 때문이다. 베이징으로 돌아간 중국국제경제교류센터 간부들은 틀림없이 축배를 들었을 것이다. 미국의 싱크탱크와 공동으로 연구했다면 중국의 투자를 제한하는 모든 조치를 철폐하라거나 국영이건 민영이건 중국 기업이 미국의 첨단 산업에 무제한 접근하도록 허가하라는 보고서가 나오지는 않았을 것이다. 미국이 단호히 반대하기 때문이다.

드라이스데일 보고서를 발표한 호주국립대학교는 한 무리의 사람들이 커다란 호주 국기와 중국 국기를 휘두르는 장면을 촬영한 사진이 담긴 보도 자료를 언론에 배포했다. 양국 국기를 흔드는 사람이 모두 중국계인 이 사진이 무엇을 상징하는지 주목한 사람은 아무도 없었다.

노르웨이와 달라이 라마 효과

2010년 중국의 반체제 작가 류샤오보가 노벨평화상을 수상하자 중공은 당혹감과 분노를 드러냈다.[26] 노르웨이 정부는 노벨평화상 선정에 전혀 개입하지 않았지만, 베이징은 노르웨이의 연어 수입량을 크게 줄이는 방침으로 보복했다.[27] 중국과 노르웨이의 자유무역 협상도 연기되고, 양국의 외교 관계도 얼어붙었다. 상황을 지켜보던 다른 국가들도 중국의 의도를 알아채고 류샤오보를 피하기 시작했다.

이때 노르웨이 정부가 곤욕을 치렀는지, 4년 뒤 달라이 라마가 노르웨이를 방문했을 때 노르웨이 총리는 그와 만나길 거부했다. 노르웨이 외무장관은 기자들에게 "달라이 라마는 1989년 노벨평화상을 받은 이후 지금까지 십여 차례 노르웨이를 방문했지만, 지금은 상황이 다르다…… 우리는 중국과의 관계에 집중해야 한다"고 발표했다.[28] 류샤오보가 노벨평화상을 받은 6년 뒤 노르웨이 정부는 거의 노골적으로 중국에 사과했다.[29] 노르웨이는 '인권 수호자'라는 명성을 절대 되찾지 못할 것이다.

연구 결과에 따르면 대통령이나 총리가 달라이 라마를 만날 때 해당 국가의 중국 수출이 8% 감소한다.[30] 전 세계 지도자 중 '영적 지도자를 무시하라'는 중국의 집요한 압박에 시달리다 결국 굴복한 사람이 많다. 호주에서도 존 하워드가 2002년에, 케빈 러드가 2008년과 2009년에 달라이 라마와 만나길 거부했고, 줄리아 길라드는 2012년 달라이 라마의 면담 요청을 거절하여 중국 관영 언론에서 '칭송'까지 받았다.[31]

중국의 조용한 침공

중공에게 티베트 독립은 다섯 가지 독 중 하나다(나머지 네 개의 독은 대만 독립과 위구르 분리주의, 파룬궁, 민주화 운동이다). 중공은 달라이 라마를 '승려복을 입은 늑대', '반중 분열주의자'로 매도한다. 베이징은 국제적으로 막강한 티베트 지도자의 '소프트파워'에 집요하게 맞서고 있다. 남아프리카와 인도, 덴마크, 노르웨이, 스코틀랜드 등 수많은 나라의 지도자들이 달라이 라마와 만남을 거부하라는 중국의 압력에 시달렸다. 중국의 압력이 얼마나 심한지 프란치스코 교황도 달라이 라마 면담을 거절했을 정도다. 데이비드 캐머런 영국 총리는 2012년 달라이 라마를 만난 뒤 중국에서 기피인물로 분류되었다. 결국 캐머런 총리가 베이징과 화해하기 위해 2015년 티베트 지도자의 면담 요청을 거부하자, 달라이 라마는 "돈, 돈, 돈. 모두 돈 때문이다. 도덕은 어디로 갔는가?"라고 한탄했다.[32] 2017년 중국은 티베트 불교가 널리 퍼진 몽골을 압박하고, 경제가 약한 몽골은 중국의 거센 압박을 견디다 못해 이제부터 존경받는 영적 지도자 달라이 라마를 환영하지 않겠다고 발표했다. 그래도 보츠와나의 대통령 이언 카마Ian Kama 박사는 중국의 끈질긴 압력에 굴하지 않는 용기를 보여주었다. 2017년 달라이 라마와 만나기로 약속한 이언 카마가 베이징을 향해 시원하게 한마디 날렸다. "우리는 중국 식민지가 아니다."[33]

중국의 지경학

베이징 정치 지도자들이 원하는 대로 하지 않으면, 경제적인 보복을 받는다. 베이징 정치 지도자들은 경제라는 무기로 전 세계 정치인들을 옥죈다. 수년간 그래왔고, 효과를 보고 있다.

_상하이 소재 차이나마켓리서치그룹China Market Research Group의
숀 레인Shaun Rein[34]

이라크의 경우만 보아도 알 수 있듯이 다른 나라를 군사적 수단으로 지배하는 것은 비용도 많이 들고 위험하다. 하지만 오늘날의 국가가 쓸 수 있는 비용도 적게 들고 덜 위험한 수단이 있다. 흔히 경제 책략이나 지경학으로 알려진 강압 수단이다. 세계에서 이 수단을 가장 잘 활용하는 나라가 중국이다. 지경학은 자국에 유리한 정책을 채택하도록 다른 나라를 강압하기 위해 경제적 응징과 보상을 시행하는 것이다. 미국 외교협회의 전문가인 로버트 블랙윌Robert Blackwill과 제니퍼 해리스Jennifer Harris는 지경학에서 가장 중요한 방책으로 일곱 가지를 꼽는다. 무역 정책과 투자 정책, 경제 제재, 사이버 영토 확장, 원조, 통화 정책, 에너지 정책, 상품 정책이다.[35]

지경학은 경제적으로 강력한 힘을 발휘하고 세계 경제 체제와 밀접하게 통합된 동시에 정부의 전략적 야망에 부응하면 보상하고 그렇지 않으면 응징함으로써 자국 기업을 통제할 수 있는 정부에게 알맞다. 중국이 바로 이런 경우다. 베이징은 중국 경제를 통제하는 힘을 점점 더 키우고 있다. 2013년 포춘이 선정한 세계 500대 기업에 포함된 중국 기업 85개중 대부분이 국영 기업이다.[36] 베이징은 군사력도 키우고 있지만, 베이징의 진짜 힘은 경제를 무기화하는 데서 나온다.

중국도 손실이 있으므로 호주에서 수입하는 철광석 물량을 줄이

거나 남중국해의 해상 운송을 방해하는 것은 중국이 바라는 것이 아니라고 말하는 사람이 있지만, 안일한 생각이다.[37] 중공이 집권한 중국의 성격도 잘못 이해하고 있다. 중국은 전략적 목표를 추진하는 과정에서 우리보다 훨씬 더 기꺼이 경제적 고통을 감수한다. 우리보다 고통을 더 잘 참는다. 호주 정치 체제는 규모가 작은 산업계가 목소리만 크게 내도 흔들릴 만큼 업계 로비에 대단히 취약하지만, 중국에서는 불만을 토로하는 기업은 정부의 지원이 끊기고, 시위에 나선 노동자는 보복을 당할 각오를 해야 한다.

베이징은 실제로 지경학적 지렛대를 당겨 경제적 고통을 안길 때는 대개 그 사실을 부인한다. 너무 노골적으로 강압하면 반발할 위험도 있고 대부분 행위가 세계무역기구의 규범을 위반한 것이기 때문이다. 중국은 힘을 원하지만, 책임감 있는 세계 경제 시민으로도 인정받고 싶어 한다.

물론 정치적 목적과 전략적 목적을 달성하기 위해 상업적 압력을 활용하는 나라가 중국만은 아니다. 하지만 상업적 압력을 가장 무섭게 활용하는 나라는 중국이다. 미국도 북한이나 이란처럼 다른 나라에 경제 제재를 가하는 경우가 있지만, 특별히 국가 안보가 위협받는 경우에만 제한해 사용한다. 반면 중국은 이웃국가를 강압해 굴복시키려고 경제 제재라는 무기를 사용하는 경우가 빈번하다. 이웃 국가만이 아니다. 로버트 블랙윌과 제니퍼 해리스는 논지를 분명히 밝힌 책에서 미국이 국제적 개입에서 발을 뺀 탓에 "중국이 아프리카와 남미의 약한 국가들을 마음껏 주무르게 되었다"고 개탄한다.[38] 아프리카 일부 국가에서는 이미 수년 전부터 그런 불안감이 쌓여왔다. 2007년 잠비아의 야당 지도자인 마이클 사타Michael Sata가 "우리는 중국인들이 떠나고 예전 식민지 통치자들이 돌아오길 바란다……서구 자본주의는 최소한 인간의 얼굴을 하고 있지만, 중국인들은 오로지 우리를 착취할 생각뿐이다"고 분통을 터트릴 정도였다.[39]

중국은 가끔 가면을 벗어던지고 가능한 한 무자비하고 강력한 압력을 행사한다. 2017년 3월 양국 합의에 따라 미국이 한국에 고고도 미사일 방어 체계인 사드를 배치하기 시작했다. 점점 더 군비를 증강하는 북한이 혹시 공격적으로 미사일을 발사할 때 격추하는 시설이다. 중국은 사드의 첨단 레이더 시스템이 중국을 정탐하고 중국의 공격 대응력을 무력화하는 데 사용될 수 있다는 두려움에서 한국의 사드 배치를 강력히 반대했다.

중국은 한국의 사드 배치 결정에 반발하며 43가지 보복 조치를 시행했다. 사드 부지를 제공한 한국 기업 롯데는 중국 관영 언론이 부추긴 분노의 직격탄을 맞았다. 〈글로벌타임스〉는 한국을 반드시 응징하고 중국 소비자들이 한국 정부를 혼내주어야 한다고 선동했다.[40] 〈신화통신〉은 "롯데에 악몽이 될 수 있다"고 경고했고, 애국적인 구독자들의 격렬한 불매 운동으로 중국 롯데백화점 매장들이 대부분 문을 닫으며 〈신화통신〉의 예언은 현실이 되었다.[41] 중국 소비자 불매 운동과 정부 제재는 누그러들지 않았고 결국 롯데는 2017년 9월 중국의 모든 매장을 매각하고 철수하겠다고 발표했다. 롯데는 시작에 불과했다. 중국은 한국 화장품과 전자제품의 수입을 불허했고, K팝 스타의 공연도 취소했다.[42] 중국 시내를 거니는 한국인 관광객은 막말에 시달렸고, 중국에서 큰 인기를 끈 한국 영화의 북경국제영화제 출품도 무산되었다.

중국의 조용한 침공

중국의 분노가 유치하다는 것을 증명이라도 하듯, 중국 인재 발굴 프로그램에서 심사위원으로 활동하는 한국 팝스타 싸이의 얼굴은 모자이크 처리되었다.

중국이 단체 관광을 금지하며 관광객 수가 급감하자 한국의 관광 산업은 공황 상태에 빠졌다.[43] 서울의 한중국제관광 여행사는 중국인 관광객이 80% 급감했다고 보고했다. 중국 최대 여행사 한 곳의 임원도 '관광이 외교의 일부'라고 인정했다.[44] 중국이 중요한 축구 경기를 앞두고 한국발 전세기의 착륙을 금지하자, 한국 축구 대표팀은 가까스로 마지막 정기 항공편을 이용해 중국에 도착할 수밖에 없었다(수월하게 승리할 것으로 점쳐진 한국 대표팀은 시차를 극복하지 못하고 피곤한 탓에 중국 팀에 패배했다). 중국 최고의 여자 골프 선수 일부도 롯데가 주최해 하와이에서 열리는 LPGA 롯데 챔피언십 대회에 불참하겠다는 의사를 밝혔다.

2017년 5월 한국에서는 한결 온건한 정부가 새로 출범했고, 사드 발사대 여섯 대 중 두 대가 이미 설치되어 가동되고 있는 상황에서 추가 배치를 연기했다. 사드 기지가 들어설 지역의 주민들도 안전 문제와 환경오염을 근거로 사드 배치에 반대했다. 하지만 북한 김정은이 핵무기를 시험하고 일본을 가로질러 미사일을 발사하고 미국도 공격할 수 있다고 위협하자 그해 9월 나머지 넉 대의 사드 발사대도 설치 완료했다.

중국은 호주나 미국 등 다른 나라보다 불매 운동을 효율적으로 행사할 수 있다. 또는 다른 방법으로 외국 기업을 응징하도록 시민들을 동원하는 사회적 압력을 행사할 수도 있다. 불매 운동이나 경제 제재가 중국 소비자와 근로자에게도 고통을 줄 수 있지만, '지경학적 정책을 위해 내부 희생을 감수할 때 고통을 참는 베이징의 내성이 얼마나 강한지 증명된다.'[45]

2010년 일본 수출 봉쇄도 중국의 경제 강압을 잘 보여주는 사례다. 중국은 일본에 수출하는 다양한 부품을 비롯해 각종 첨단 기술 제품 생산에 필수적인 희토류 수출을 봉쇄했다. 일본이 분쟁 수역에서 일본 해안 경비선을 들이받은 중국 선박의 선장을 체포한 일이 화근이었다. 당시 중국이 사실상 희토류 공급을 독점하고 있었는데, 1995년 국영 기업을 통해 미국 인디애나주의 최신식 희토류 처리 공장을 인수한 것이 발판이 되었다. 중국은 인디애나주 공장을 최소한 5년 이상 가동한다는 조건으로 인수했지만, 5년이 지나자 바로 다음 날 공장 문을 닫고 설비를 해체해 중국에 이전 설치했다.[46] 이렇게 해서 미국이 희토류 생산 능력을 잃고 필수 자재 통제권을 중국에 넘겨준 것이다.

중국의 압력을 받은 일본은 곧 중국 선장을 석방했다. 블랙윌과 해리스는 희토류 수출 금지가 '놀라울 만큼 뻔뻔스럽고……중국이 대담하게 미국 동맹국을 강압한 첫 사례'라고 지적했다.[47] 중국이 경제 세계화를 이끌어야 한다고 시진핑 주석이 아무리 주장해도 중국은 전략적 이익만 맞으면 언제든 세계 경제 질서 규범을 위반할 수 있다는 사실을 보여주는 사례들이다.

2012년에는 컨테이너 150개에 실린 필리핀 바나나가 중국 부두에 묶여 그대로 썩어갔다. 필리핀이 스카버러 암초 인근에서 중국 어선의 조업을 반대하자 그에 대한 중국의 보복이었고, 그 피해는 고스란히 바나나 노동자 20여만 명에게 돌아갔다.[48] 베이징은 여행사에 지시해 필리핀 관광도 중지시켰다. 필리핀 정부는 손을 들 수밖에 없었다. 남중국해 건너편에서 상황을 지켜보던 베트남도 남중국해 영유권을 주장하는 목소리를 낮추었다.[49]

필리핀은 베이징의 입김에 특히 취약하다. 필리핀 전체 인구 중 겨우 1.5%를 차지하는 중국계가 필리핀 자본 시장의 거의 절반을 장악한 채 규모에 맞지 않게 큰 정치 영향력을 행사하기 때문이다.[50] 게다가 필리핀 정부는 2007년 전력망 관리를 중국의 국가전력망공사에 통째로 넘겼다. 중국의 국영 기업이 언제든 국가의 전기 차단기를 내릴 수 있는 것이다.[51]

중국과 일본의 갈등이 고조되며 2011년 중국발 사이버 공격이 일본 의회를 겨냥했다. 이미 일본의 방위 시설과 원자력발전소를 해킹해 정보를 빼낸 다음이었다.[52] 중국 정부 조직이 일본에 대한 사이버 공격을 주도했다고 단정하긴 어렵지만, '이제껏 대만 정부와 인프라망을 겨냥해 적극적으로 사이버 전쟁을 펼쳐온 것이 베이징의 애국적인 해커부대다.' 중국의 사이버 민병대도 특히 대만을 표적으로 수없이 많은 사이버 공격을 감행해 금융망과 교통망, 운송망, 군사망 등을 교란하고 파괴하고 마비시켰다."[53]

독립을 지지하는 차이잉원蔡英文이 2016년 5월 대만 대통령으로 취임한 직후 대만을 찾는 중국인 관광객이 36%나 줄어들며, 중국에서 몰려오는 관광객 덕분에 빠르게 성장한 산업들은 경영난에 허덕였다.[54] 베이징이 중국 본토 여행사들에 대만 관광을 대폭 축소하라고 지시했기 때문이다. 그러자 수많은 관광업체 경영자와 직원들이 타이베이 시내로 몰려나와 정부에 친베이징 입장을 확대해 중국을 달래라는 요구를 했다.[55] 대만의 관광 산업은 베이징 때문에 무너진 뒤 다양한 방법으로 관광객을 유치하는 수밖에 없었고 오히려 현재는 중국인 관광객 수를 제한하고 있다.[56]

베이징은 호주에도 애국적인 해커들을 배치한 것 같다. 중국 정부가 해커를 동원한다고 인정하는 것은 아니지만, 중국의 비위를 거스르는 나라는 불안하고 초조할 수밖에 없다. 블랙윌과 해리스가 지적한 대로 "사실 베이징의 지경학적 수단이 효과를 발휘하는 이유는 중국의 규제 체계가 자의적이기 때문이다."[57] 호주처럼 규칙에 따라 운영되는 나라는 지경학적 목적으로 국내 규제를 들이대 해외 수입품이나 투자에 제재를 가하고 처벌하기가 쉽지 않다.

목적을 위해 출혈은 감수한다

일본과 대만, 한국은 중국의 직접적인 전략 지역에 속해서 그런 것이고 호주 같은 나라는 베이징이 직접적으로 협박하지 않을 것으로 생각하기가 쉽다. 하지만 그리스의 경우를 보자.

유엔에서 그 누구보다 확고하고 일관되게 인권을 옹호하는 세력이 유럽연합이다. 미국이 흔들려도 유럽연합은 공정한 재판을 받을 권리나 언론 자유, 성소수자의 권리 등 유엔 헌장에 명시된 권리를 침해하는 나라에 반대 목소리를 높일 것이라고 생각할 것이다. 적어도 2017년 6월까지는 그랬다. 인권 운동가나 반체제인사를 박해하는 중국을 비난하는 유럽연합의 결의안을 그리스가 기각하기 전까지는 그

중국의 조용한 침공

렇게 믿을 수 있었다.[58] 한 외교관이 "백번 양보해도, 수치스럽다"고 할 만큼 유럽연합은 그리스의 돌발 행동에 큰 충격을 받았다. 그리스는 개별적으로 만나서 인권 문제를 논의하는 편이 더 효과적이라고 설명했지만, 중요한 것은 그리스가 대중에게 모두 감춘 채 양자 비밀 회담을 고집하는 전형적인 중국 전략에 굴복했다는 사실이다.[59]

그리스가 유럽연합에서 이탈한 이유가 무엇일까? 간단하다. 유럽연합이 요구한 긴축 정책 때문에 경제적으로 어려운 그리스에 중국이 최근 몇 년간 수십억 달러를 쏟아부었기 때문이다. 2016년 중국 최대 조선회사이자 국영 기업인 코스코해운COSCO Shipping이 그리스에서 가장 큰 피라에우스 항구의 지분 대부분을 사들였다. 협약식에 참석한 그리스 총리 알렉시스 치프라스Alexis Tsipras에게 중국 대사가 이런 말을 건넸다. "이 협약이 중국과 그리스 우정의 역사적인 이정표가 될 것입니다."[60] 중국은 일대일로 이니셔티브를 유럽에 접근시키는 데 그리스의 항구들이 반드시 필요하다고 판단한 것이다.

이뿐만이 아니다. 유럽연합이 그리스에 구제 금융을 지원하며 국가자산의 민영화를 요구하자 중국의 국가전력망공사가 2016년 그리스 전력망 사업자의 지분 25%를 매입했다(중국 국가전력망공사가 제안한 뉴사우스웨일스주 오스그리드 매입은 호주 연방 정부가 국가 안보를 이유로 저지했다). 중공 고위 간부들은 유럽의 은행 이곳저곳에 빚을 지고 허덕이는 그리스를 긴밀한 전략적 동반자로 발전시키고 한 분석가의 말처럼 그리스를 '중국의 유럽연합 관찰자'로 바꿀 셈이다.[61] 치프라스 총리는 성지를 순례하듯 베이징을 찾고 있다. 유럽연합은 생각지도 않게 그리스를 중국의 품에 안겨 준 셈이고, 중국은 그리스를 교두보 삼아 유럽으로 진입할 것처럼 보였다.

2017년 8월 에게해 건너 터키 정부는 반중 언론 보도를 완전히 몰아내기로 약속했다.[62] 중국이 2015년 터키 때문에 골머리를 앓았기 때문이다. 중국은 라마단 기간 중 신장 지역의 위구르 이슬람교도를 박해했고 이에 항의하는 시위가 터키에서 발생했다. 앙카라 중국 대사관 밖에서 시위가 벌어졌다. 그랬던 터키의 정부가 2017년 8월 일대일로 이니셔티브에서 흘러나오는 현금에 눈독을 들인 것이다. 에르도안 Erdoğan 대통령이 베이징에서 대규모로 열린 일대일로 회의에 참석하고 석 달 뒤였다.

호주는 중국의 경제 제재 협박에 여러 번 무너졌다. 2016년 헤이그 중재재판소가 중국의 남중국해 도서 점령을 불법으로 판정했을 때 호주는 헤이그의 결정을 지지했고, 중공 지도부는 그런 호주를 응징할 방법을 심각하게 모색했다. 곧바로 응징에 나서지는 않았지만, 호주가 대만이나 한국처럼 보복을 받는 것은 시간문제였다. 2018년 1월 베이징은 〈글로벌타임스〉 기사를 통해 호주에 경제적 피해를 주겠다고 위협했다.[63] 호주가 그동안 별다른 조치를 한 것이 없었으므로 〈글로벌타임스〉 기사에 담긴 베이징의 진짜 속내는 턴불 정부가 제안한 국가보안법에 대한 두려움이었다. 국가보안법이 새로 제정되면 중공이 영향력을 발휘하는 활동이 크게 위축될 수 있었기 때문이다. 하지만 베이징은 겉으로는 호주가 남중국해와 관련해 미국의 입장에 동조한 일을 이유로 내세웠다. 국제법을 위반하며 분쟁 도서를 병합해 중무장 군사 기지로 바꾼 것은 중국이지만, 호주가 남중국해에 해군 함정을 통과시키며 '도발'했다는 것이다.

중국의 조용한 침공

중국은 엉터리로 검역하거나 보건 문제로 호주 수출업체를 괴롭히거나, 호주 기업의 직원을 날조된 혐의로 체포하거나, 기업인들의 비자 발급을 거부하거나, 비밀 요원이나 민간인 해커를 동원해 사이버 공격을 하는 등 다양한 수단을 동원할 수 있었다. 분유나 대체 의약품, 와인, 특정 식품 등 중국 시장에 의존도가 큰 상품들이 당장 다음 날부터 부두에 묶일 수 있다.

하지만 호주가 중국의 경제 협박에 가장 취약한 분야는 따로 있다. 2016년 한 해에 각각 중국으로부터 70억 달러와 92억 달러를 벌어들인 교육과 관광이다. 특히 관광은 민감한 분야다. 2020년 130억 달러를 목표로 대단히 빠른 성장이 기대되는데 그 돈줄이 일시에 막힐 수 있기 때문이다. 유학생들은 호주에 머물러도 관광객은 대만으로 떠날 수 있다. 게다가 관광 산업은 교육 분야보다 더 큰 정치적 영향력을 확보하고 있다. 시진핑 주석은 이미 2013년 4월 줄리아 길라드 총리를 만난 자리에서 중국인 관광객이 호주에 아주 중요하다며 은근히 협박했다.[64] 2016년 말 호주 연방 정부가 중국과 '항공자유화협정'을 체결해, 중국은 마음대로 항공편을 늘릴 수 있다. 버진항공의 지분 20%를 매입한 하이난항공그룹HNA은 하이난에 본사를 둔 대단히 불투명한 중국 항공사로, 중공의 지시를 받는 것으로 알려졌다.[65] (하이난항공그룹은 호주 지방 공항에 있는 조종사 양성 학교들도 사들이고 있었다.[66] 머지않아 호주의 조종사 교육이 완전히 중국인 수중에 들어갈 것으로 예측하는 전문가들도 있다.) 호주경쟁소비자위원회ACCC는 호주행 항공 운항 조정을 버진항공과 하이난, 또 다른 중국 항공사 두 곳에 일임했다. 한마디로 베이징이 마음만 먹으면 언제든 항공기를 통제해 관광 산업의 돈줄을 틀어막을 수 있는 것이다.

하지만 호주 연방 정부는 이런 위험을 감지하지 못한 듯 2017년을 중국 관광의 해로 지정했다. 지역 관광 산업이 호황을 맞을 것으로 확신한 퀸즐랜드 주정부는 케언스와 브리즈번, 골드코스트에 더 많은 중국인 관광객을 유치하기 위해 막대한 자금을 투자하고 있다.[67] 2011년부터 2016년까지 다른 나라의 관광객 수는 정체 상태였지만 중국인 관광객은 거의 세 배로 증가했고, 퀸즐랜드 주정부는 그 증가 추세가 한참 더 지속될 것으로 예상한 것이다.

중국이 호주를 관광으로 협박하려면 여러 가지 요소를 고려해야 한다. 베이징은 중국 여행사에 예약하는 단체 관광객의 유입을 수월하게 통제할 수 있지만, 개별 관광객은 제지하기가 쉽지 않다. 그리고 이들이 돈도 더 많이 쓴다. 중국인의 호주 관광 산업 투자 규모도 크게 커져 2016년 현재 전체 관광 산업의 40%를 차지한다.[68] 중국인 투자자들은 머큐어와 쉐라톤, 힐튼, 이비스, 소피텔 등 큰 호텔들을 매입하고, 데이드림 아일랜드와 린데먼 아일랜드 등 퀸즐랜드의 낡은 리조트 시설을 사들이며 새로운 리조트 시설들을 세우고 있다.[69] 일부는 중국의 단체 여행사와 연계되어 있다. 중국이 호주의 관광 수입을 틀어막으면 이들도 피해를 입게 된다. 하지만 베이징은 피해 입은 이들이 불평해도 꼼짝도 하지 않을 것이다.

옛날 스파이, 요즘 스파이

잘못은 염탐을 당한 자에게 있다

규모가 방대한 중국 대사관과 유리와 강철로 지은 호주안보정보원 건물은 캔버라의 벌리 그리핀 호수를 사이에 두고 직선으로 2킬로미터쯤 떨어져 마주 보고 서 있다. 이 두 기관은 호주의 미래를 걸고 치열한 싸움을 벌이는 중이었다. 호주안보정보원은 2005년 이후로 점점 늘어나는 중국 스파이 활동의 감시와 방지를 전담하는 방첩부대를 신설했다. 대테러 활동에 치중해 호주안보정보원의 방첩 활동을 중지시킨 데니스 리처드슨Dennis Richardson 원상이 뇌임한 식후였다.[1]

그 이후 호주안보정보원은 호주에 충성하는 것이 확실한 만다린어 사용자들에게 새로운 진로를 제공하며 중국을 따라잡기 위해 열심히 달려왔다. 중국이 호주를 압박하고 있다고 믿는 호주안보정보원은 자매기관들과 힘을 합쳐 호수 건너 중국 대사관이 기획한 작전에 맞서야만 했다. 대테러 활동도 게을리할 수 없지만, 호주의 장기적인 미래를 위해서는 방첩 활동과 국가 전복 예방 활동이 훨씬 더 중요하기 때문이다.

호주 최고 정보기관이 벌리 그리핀 호숫가에 새로 짓는 건물은 중국 간첩들이 놓칠 수 없는 표적이었다. 2013년 건물 완공 직후 ABC는 중국 소행으로 보이는 사이버 침입 때문에 평면도와 배선도, 서버 위치 등의 내용이 담긴 호주안보정보원 본부 건물의 설계도를 도난당했다고 보도했다.[2] 호주안보정보원은 설계도 해킹설을 부인했지만, 예비내각의 법무장관인 조지 브랜디스George Brandis는 정보통에게 확인받은 내용이라며 의회에 보고했다. 호주안보정보원은 건물의 통신 체계를 수정해 다시 공사한 다음 입주했다. 베이징의 외교부 대변인도 진지한 표정으로 설계도 해킹설을 부인했고, 중국 역시 그 어떤 형태의 사이버 공격도 반대한다고 발표했다.[3]

2015년 프림로즈 리오던과 마커스 만하임Markus Mannheim 기자는 호주안보정보원 본부의 건너편에 있는 아파트 건설 부지를 매입한 SHL개발이 인민해방군과 관계있는 중국 거부가 통제하는 회사라고 폭로했다.[4] 그 억만장자는 자신의 회사인 선전화창그룹에서 후진타오 전 주석을 비롯해 중국 지도자들을 만나는 량광웨이梁光伟였다. 호주안보정보원에서 80미터 떨어진 캠벨 부지를 캔버라의 SHL개발이 매입하기 한 달 전까지 량광웨이는 SHL개발의 이사였다. 캔버라 시민인 그의 아내는 지금도 SHL개발의 이사이며, 회사가 2016년과 2017년에 대규모로 매입한 두 건의 아파트 부지를 비롯해 현재 캔버라의 부동산에 투자하는 막대한 자금이 모두 량광웨이의 돈이다. 부지 경매에 참여한 다른 입찰자들은 그의 상대가 되지 못했다.[5]

호주안보정보원에서 80미터쯤 떨어져 5층 아파트를 세우면 그 아파트는 호주안보정보원 건물을 드나드는 차량을 감시하기 좋은 장소가 된다. 하지만 그렇게 중요한 부지가 인민해방군과 연결된 회사에 팔리기 전까지 부지에 대한 어떤 조사나 평가도 없었다. 오스트레일리아수도주의 앤드루 바Andrew Barr 지사는 부지 매매에 의문을 제기하는 사람은 '인종차별주의자'라고 비난했다. 지역 신문의 보도에 따르면, 앤드루 바 지사는 SHL개발이 제시한 모든 개발 계획을 마음에 들어했고 심지어 SHL개발의 초대를 받아 기공식에 참석했다.[6] 그리고 만일 보안상의 문제가 발생한다면 주택가 근처에 본부를 세운 호주안보정보원의 잘못이라고 덧붙였다.[7]

어디에나 그들의 정보원이 있다

천융린은 2005년 시드니의 중국 영사관을 빠져나온 뒤 언론과 인터뷰하며 호주에서 활동하는 "중국의 비밀 요원과 정보원이 1,000명을 넘는다"고 주장했다.[8] 당시에는 믿기 힘든 주장이었고, 천융린의 의도기 수상하다고 의심하는 사람들도 있었다. 닝진 시대 호주에서 활동하던 러시아 스파이와 비밀 요원도 겨우 몇십 명에 불과했기 때문이다. 하지만 중국은 러시아와 다른 방식으로 정보를 수집한다. 전통적인 스파이 활동을 포함해 수많은 중국계 사람을 포섭하는 방법으로 사업 기밀이나 군사 기밀, 민주화 세력이나 파룬궁처럼 '비애국적인' 단체의 활동 상황에 관한 유용한 정보를 수집한다. 이렇게 취합된 정보를 대사관이 분석해 베이징으로 전달하거나 호주 국내 활동에 이용한다.

호주안보정보원과 연관된 한 정보전문가는 이렇게 설명한다. "중국의 정보 수집 활동은 노골적이지 않기 때문에 대체로 법을 위반하지 않지만, 규모는 산업적이다."[9] 중국이 훨씬 더 큰 규모로 미국을 공략하는 모습을 보면 천융린의 주장이 상당히 일리가 있다. 전직 FBI 방첩 요원은 중국이 미국에 이미 최대 2만 5,000명의 첩보원을 배치하고 정보원을 1만 5,000명을 포섭했다는 주장이 '합리적인 추정'이라고 설명한다.[10]

앞으로 자세히 설명하겠지만, 호주의 중국인 유학생들은 동료 학생과 교수들을 감시한다. 학생과 교수들이 중공을 비판하거나 달라이라마 관련 영화를 보는 등 '반중'의 기미가 보이는 언행을 하면 중국대사관 등에 보고한다. 사업상 중국과 연결된 중국계 호주인들도 애국심에 호소하는 행동과 협박에 설득당해, 호주 재계 인사나 관료를 만나며 얻은 정보를 넘길 수 있다. 중요한 기술 정보나 과학 정보를 접하는 사람도 정보를 넘기라는 요청을 받을 것이다. 언론 보도에 따르면, 호주안보정보원은 중국 스파이가 관광객으로 위장해 호주에 잠입하는 상황을 경계하고 있다.[11]

중국의 스파이 활동을 예의 주시한 아론 패트릭Aaron Patrick이 2016년 〈오스트레일리안 파이낸셜 리뷰〉에 이런 기사를 실었다. "중국 정보기관은 호주에서 이제껏 확인된 그 어떤 나라보다 더 공격적으로 정보를 수집하고 있다."[12] 정보전문가 폴 몽크Paul Monk는 중국 첩보원들이 '활개'를 치고 있으며, "오늘날 중국은 냉전 절정기 때의 소련과 비교도 되지 않을 만큼 대규모로 간첩 활동을 벌이고 있다"고 평가한다.[13] 제임스 젠화 토는 방대한 내용을 폭로한 책에서 중국이 특히 노조나 여성 단체, 학생회 등에 침투해 낮은 수준의 기밀 정보를 모으거나 기업에서 기술 전략이나 경영 전략을 빼내도록 해외 중국인들을 포섭하고 있다고 지적한다.[14] 주로 전통적인 스파이 활동을 감시하도록 조직된 호주안보정보원은 이처럼 '분산되고 미세한 간첩 활동'에 대응할 장비나 자원을 갖추지 못했다. 전직 정보 분석관도 우리가 아무리 서둘러 자원을 확대해도 '이길 수 없을 만큼 중국 정보기관의 활동 범위는 방대하다'고 인정했다.

정부 관계자 중에도 중국의 스파이 활동이 얼마나 심각한 위협인지 어느 정도까지는 인식하는 사람들이 있다. 하지만 미국이나 캐나다와 달리 호주의 정부 인사들은 입을 굳게 다물고 있다. 중국 지도층과 언론의 비난에 위축되어 베이징의 보복을 두려워하고 반중 정서를 자극하지나 않을까 조심한다. 그나마 데니스 리처드슨이 2017년 5월 국방부 차관직에서 물러나며 베이징의 스파이 활동과 정치적 영향력을 경계하라고 경고했다.[15]

기업인과 공무원, 일반 시민 등 호주 대중이 현재 중국이 펼치고 있는 다양한 스파이 활동을 경계한다면, 이 전례 없는 시민 사회 간첩 활동을 막을 조치를 취할 수 있을 것이다. 호주안보정보원도 힘을 얻어 연차 보고서에서 중국을 거론하지 않고 말을 흐리는 대신 위협의 본질을 훨씬 더 명확하게 밝힐 수 있을 것이다. 증거가 발견되면 미국이나 캐나다처럼 중국 스파이를 기소하게 될 것이다. 정부 각료들도 머뭇거리던 2017년과 달리 자신 있게 말할 수 있을 것이다.

우리가 잊지 말아야 할 것은 이런저런 방식으로 중국의 목표 추진에 협조한 중국계 호주인들도 압력 때문에 협조하는 사람이 많으며 이들도 중공의 피해자로 보아야 한다는 사실이다.

호주에서 새로운 삶을 일구며 한동안 침묵하던 천융린은 2016년 ABC와 인터뷰하며 중국 스파이와 정보원의 수가 처음에 추정한 1,000명보다 더 늘었을 것이라고 이야기했다.[16]

화웨이라는 트로이목마

이미 알려진 사실이지만 중국 당국가 체제는 수년간 호주 통신망에 침투해 사이버 간첩 활동을 벌였다. 2013년 〈포 코너스〉 프로그램이 총리부와 국방부, 외무부, 해외 정보기관인 호주비밀정보국ASIS 등 대단히 중요한 정부 기관들이 중국 해커에게 뚫렸다고 보도했다. 중국은 처음에는 2001년 호주 외무부를 해킹한 것으로 추정되며, 2007년과 2008년에는 정도가 심해져 정보기관이 엄청난 공포에 휩싸였다.[17]

호주 통신망을 해킹하는 세력은 해킹 정예부대로 악명 높은 '61398부대' 등 상하이 외곽의 평범한 건물에 은둔한 비밀 조직들만이 아니다.[18] 베이징이 호주와 그 외 지역에서 기밀 통신을 비롯한 통신망에 접근하기 위해 국영 기업과 민영 기업까지 동원하는 것으로 의심된다. 2012년 3월 길라드의 노동당 정부가 국가광대역네트워크NBN 장비 공급과 관련해 중국의 거대 통신사인 화웨이의 입찰을 금지한 것도 바로 이런 의심 때문이었다. 또한 화웨이가 중국군의 사이버첩보병과인 인민해방군 제3부와 연결된 '믿을 만한 증거'가 있다는 정보기관의 경고에 따른 조치였다.[19] 화웨이 회장도 중국 정보기관인 국가안전부와 화웨이의 협력 관계를 인정했다.[20]

그때까지 화웨이는 호주 대중의 신뢰를 얻기 위해 많은 돈을 투자하고, 호주인 이사를 전면에 내세웠다. 자유당과 노동당의 원로인 알렉산더 다우너와 존 브럼비를 이사로 선임한 뒤, 해군 소장으로 전역한 존 로드John Lord를 회장으로 임명했다.[21] 존 로드는 화웨이의 연구 개발 상황을 살펴본 결과 대단히 기대된다는 소감을 밝히며, 화웨이가 자신을 회장으로 임명한 이유는 '호주 군대에 침투'하려는 의도가 아니라 자신이 캔버라를 잘 알기 때문이라고 주장했다.[22]

미 의회는 중국의 거대한 통신장비제조업체 ZTE와 더불어 화웨이를 더 면밀히 조사했다. 그리고 2012년 10월, 화웨이가 중국 정부 및 중국 정보기관과 밀접한 관계인 것으로 확인되었다는 놀라운 보고서를 발표했다.[23] 이 보고서는 미국이 중국 기업의 "지속적인 미국 통신 시장 침투를 의심해야 한다"고 결론지었다. 그러면서 화웨이가 제안한 미국 기업의 인수 합병을 모두 차단하고, 정부에 통신 시스템을 공급하는 모든 업체가 화웨이 장비를 제외해야 한다고 권고했다. 기본적으로 화웨이와 ZTE가 "외국 정부의 영향력에서 벗어났다고 믿을 수 없으며 그에 따라 미국과 미국 통신 체계의 보안을 위협한다"는 경고였다.

미 의회 보고서에서 인상적인 부분은 ZTE, 화웨이와 중국 정부의 관계를 파악하려고 시도한 부분이다. 화웨이는 중국에서 '전략적인 분야'에 속하는 기업으로 지정되어 특별 대우를 받는다. 미 의회 조사관들은 수도 없이 설득했지만, 화웨이와 경영진은 교활하게 얼버무리며 진행을 방해했고 거짓말도 서슴지 않았다. 왜 그랬는지 그 이유는 분명하다. 사실을 말하면 화웨이가 주주의 이익을 위해 일하는 현대적이고 독립적이고 세계적인 기업이라는 이미지가 무너지기 때문이다.

화웨이는 국영 기업은 아니지만, 정부의 지원 덕분에 세계에서 두번째 큰 통신장비제조업체로 성장했다. 전 세계 통신망에 전자 장비를 납품하는 회사가 중국 정보기관과 관계없다고 믿는 것은 지극히 순진한 생각일 것이다. 〈이코노미스트The Economist〉는 화웨이가 "방대한 지적 재산을 훔쳤고, 화웨이를 트로이 목마로 이용해 점차 더 많은 외국 통신망에 침투하려는 중국 정부의 막대한 지원 덕분에 크게 성장했다"고 보도했다.[24]

화웨이가 정보기관과 관계를 맺은 것은 인민해방군 장교 출신인 런정페이任正非가 회사를 설립할 때부터다. 런정페이는 '통신정보분과인 인민해방군 제3부'의 통신 연구를 책임진 인민해방군 정보기술학교 출신이다.[25] 랜드연구소RAND Corporation가 미 공군에 전달한 보고서에 따르면, "화웨이는 중국군과 긴밀하게 묶여 있고, 중국군은 화웨이의 주요 고객이자 정치적 후원자, 연구개발 협력자 등 다양한 역할을 수행한다."[26] CIA는 2011년 보고서에서 국가안전부 관료 출신인 쑨야팡孫亚芳 화웨이 회장을 CIA에 필적하는 존재로 지목했다.[27]

이런 끔찍한 내용이 밝혀졌지만, 그래도 호주에는 화웨이를 강력하게 지지하는 사람들이 있다. 길라드 정부가 화웨이의 NBN 입찰을 금지했을 때, 당시 야당 재무부 대변인인 앤드루 롭이 '무능한 정부의 서툴고 역겹고 비전문적인 결정'이라고 공격했다.[28] 앤드루 롭이 모든 경비를 지원받아 중국 선전의 화웨이 본사를 방문하고 얼마 지나지 않은 무렵이었다.[29] 화웨이 장비를 이용해 웨스턴오스트레일리아주의 주도인 퍼스의 광대역통신망 구축 사업에 참여한 케리 스톡스Kerry Stokes는 화웨이를 존경한다고까지 말하며 너스레를 떨었다.[30] 화웨이 호주 법인의 이사인 알렉산더 다우너는 화웨이가 중국 정보기관과 연결되었다는 주장에 코웃음을 쳤다. "호주에 무슨 문제가 있는지는 모르겠지만, 존 르 카레John Le Carre의 스파이 소설에나 나올 법한 이야기다"고 일축했다.[31]

다우너가 중국을 편드는 것은 새삼스러운 일이 아니었다. 2004년 외무장관으로 중국을 방문했을 당시에도 앤저스조약ANZUS Treaty* 은 그저 '상징적인 조약'에 불과하므로 중국과 대만의 갈등에 대해 호주가 미국의 입장을 지지할 의무가 있는 것은 아니라고 주장했다. 다우너가 안보와 정치 사안에서 전략적 재편성에 동조하며 중국에 협력하는 모습을 본 두 논평가는 이렇게 결론지었다. "다우너 장관의 베이징

---

* 오스트레일리아(A)와 뉴질랜드(NZ), 미국(US)의 머리글자를 딴 약칭으로 1951년 9월 1일 서명, 1952년 4월 29일 발효된 태평양 지역의 안전보장조약이다.

발언은 중국의 경제력과 영향력이 점점 더 커짐에 따라 지금까지 지조 있게 미국을 지지하던 호주 정부가 얼마나 빠르게 태도를 바꾸고 있는지를 입증했다."[32] 천융린은 당시 미국과 호주의 관계를 벌릴 틈이 생겼다고 판단한 "중공 지도부가 다우너의 태도에 즉각적인 관심을 보였다"고 증언했다.[33]

2013년 11월 애보트 정부가 호주안보정보원의 권고에 따라 화웨이의 NBN 장비 공급을 재차 금지하자, 화웨이 회장 존 로드는 직원들에게 이런 편지를 보냈다. "우리 회사나 기술이 안보를 위협한다는 그 어떤 증거도 제시되지 않았다는 점을 분명히 밝힌다."[34] 존 로드가 이렇게 확신한 시점은 미 의회의 놀라운 보고서가 발표되고 1년이 지난 뒤였다. 전임 해군 제독은 화웨이가 호주 옵터스 통신사의 4G 통신망 구축 사업에 참여해 따낸 대규모 계약 등을 예로 들며 빛나는 미래를 강조하며, 화웨이는 '숨기는 게 전혀 없다'고 주장했다. 존 로드의 주장은 화웨이가 증언을 회피한다는 미 의회 위원회의 판단과 대치된다. 미 의회 위원회는 화웨이가 이민법을 위반하고 뇌물수수와 부패에 관여했다고 믿을 만한 증거도 있다고 밝혔다.[35]

미 의회 위원회가 화웨이와 ZTE를 모두 의심스러운 회사로 분류했지만, 묘하게도 호주 연방 정부는 화웨이만 금지하고 ZTE는 NBN 장비 공급 계약에 입찰하도록 허가했다. 호주안보정보원의 확인을 거쳐 내린 결정이라고 한다. 하지만 ZTE는 2017년 초 미국의 제재 조치를 위반하며 민감한 미국 기술을 이란에 판매한 혐의로 9억 달러의 과징금을 부과받았다.[36] 연방 수사관들이 수년간 조사해 ZTE의 혐의를 입증한 것이다. 그 뒤 ZTE의 최고경영자 자오셴밍趙先明이 "법률을 준

수하고 건전하고 신뢰받는 ZTE로 거듭나겠다"고 선언했다.[37]

호주 의원 중에도 화웨이의 의도를 간파한 사람들이 있었다. 2016년 연방 사회기반시설부 장관인 폴 플레처Paul Fletcher가 화웨이에서 선물로 받은 스마트시계를 차고 국회의사당을 드나들기 시작하자, 페니 웡 상원의원이 의회 최고정보책임자를 다그쳤다. "스마트시계가 의사당 통신망과 연결되어 있습니까?" 최고정보책임자는 대답하지 못했다. 스마트시계의 위험성을 평가하는 일이 그의 임무도 아니었고, 사실 화웨이에 대해 아는 것도 많지 않았다.[38] 호주 국회의사당의 컴퓨터 통신망은 이미 2011년 중국에 해킹당해, 중국 정보기관이 무려 1년 가까이 의원들의 이메일을 들여다보았다.[39] 국회의사당 통신망을 이용해 기밀 통신이 오가는 것은 아니지만, 해커들은 현재와 미래 지도자들의 인간 관계와 중국과 미국에 관한 그들의 속내, 그들의 친구와 적에 관한 가십거리 등 다시 말해, 나중에 아주 유용하게 쓰일 수 있는 자료를 노린 것 같다.

2017년 국방부 차관이던 데니스 리처드슨이 이런 상황을 염려한 것도 당연했다. 2012년 3월 당시 외교통상부 차관으로 재직 중이던 리처드슨이 반나절 무급 휴가를 내고 호주 내셔널 럭비 리그의 캔버라 레이더스 구단 이사회에 참석했다. 레이더스 구단과 화웨이의 170만 달러 후원 계약에 관한 이사회였다.[40] 그때까지 화웨이는 럭비 리그에 관심을 보인 적이 없었다. 사실 화웨이가 사업을 시작한 이후 최초로 체결한 스포츠 후원 계약이었다.[41] 다른 나라 기업도 그렇지만 중국 기업이 마케팅 예산을 활용해 실력자에게 접근하는 것은 익히 알려진 전술이다. 호주 외부부 자관이사 선임 호주인보정보원 원장이며 곧 국방부 차관이 될 사람만큼 가까이해야 할 사람이 또 누가 있었겠는가? 모르긴 몰라도, 나중에 캔버라 구장에서 경기가 시작될 때 리처드슨도 전임 국방부 차관이자 레이더스 구단 회장인 앨런 호크Allan Hawke와 함께 화웨이 경영진과 나란히 섰을 것이다. 실력자들과 개인적으로 세심하게 친분을 쌓는 것, 이것이 중국이 호주에서 2005년부터 줄곧 체계적으로 활용하고 새로운 단계로 발전시킨 전략이다.

얼마 지나지 않아 레이더스 구단은 화웨이와 후원 계약한 혜택을 마음껏 누렸다. 화웨이의 스마트시계를 이용해 수분 섭취와 수면, 식사, 건강 등 선수들의 상태를 24시간 감시하고, 화웨이의 태블릿 컴퓨터를 이용해 선수들의 위치와 이동 속도를 확인했다.[42] 구단의 마케팅 담당자는 '용기와 존경, 성실, 전문성'이라는 레이더스 구단의 가치관이 "화웨이의 기업 가치관과 잘 맞는다"고 평가했다.

화웨이는 모든 정보를 알고 있다

미 의회 위원회는 화웨이를 조사한 보고서에서 "중국 출처로 보이는 교묘한 컴퓨터 통신망 침입 공격이 계속 진행 중"이라고 지적하며, "중국은 통신사를 악의적인 용도로 이용할 수단과 기회, 동기가 있다"고 결론지었다.[43] 호주 NBN은 화웨이의 하드웨어를 제외했지만, 화웨이는 보다폰Vodafone이나 옵터스Optus, 텔스트라Telstra를 비롯한 통신망에 아무 문제없이 장비를 납품했다.[44] 정부 보조금을 받은 덕에 경쟁사 제품보다 가격을 낮출 수 있었기 때문이다.[45] 2014년 〈사우스 차이나 모닝 포스트〉에 영국 내무부가 보안 문제로 화웨이에서 납품된 화상 회의 장비를 철거했다는 기사가 실렸다.[46] 영국은 도청 위험이 있다는 정보기관의 경고에 따라 모든 부서에 화웨이 장비 사용을 중지하라고 지시했다. 하지만 호주의 정부 부서는 이런 금지 조치를 전혀 취하지 않는다.

더 걱정스러운 것은 화웨이가 현재 빅토리아주와 사우스오스트레일리아주의 전력망 상당 부분을 소유한 중국의 거대 국영 기업인 국가전력망공사와 밀접한 관계를 맺고 있다는 사실이다. 국가전력망공사는 화웨이 장비를 이용해 전력 사용에 관한 방대한 자료를 모을 수 있다. 그런 장비가 아직 설치되지 않았다 해도, 화웨이가 만든 하드웨어에 깔린 소프트웨어에 따라 호주 전력망의 효율적인 운영이 결정될 것이다.[47] 바로 이런 점 때문에 2016년, 뉴사우스웨일스주의 전기 유통망인 오스그리드를 중국 국가전력망공사에 매각하지 못하도록 했을 것이다. 그래서 미 의회 위원회도 "전력망이나 금융망 등 중요한 인프라 시설에 설치되는 악의적인 부품은……중국이 무기고에 비치한 가공할 무기가 될 것이다"는 사실을 경고한 것이다.[48] 제프 웨이드는 다음과 같은 수사학적 질문으로 이 문제의 중요성을 지적했다.

중국 군대나 정보활동과 밀접하게 연결된 중국 국영 기업이 외국인 투자심의위원회를 쉽게 통과해 중요한 국가 기반시설을 통제하고 더 나아가 호주 정부 부서들의 광섬유 통신을 담당하는 뉴사우스웨일스주의 송전망을 매입하면, 반드시 이런 의문이 제기되어야 한다. 호주의 외국인 투자 심의 및 승인 과정을 개정할 필요가 있을까?[49]

화웨이는 호주에서 브랜드를 키우고 영향력 있는 인맥을 쌓으려고 노력하고 있다. 전현직 국방부 차관이나 전임 해군 소장, 전임 외무장관, 전임 주총리를 뛰어넘는 연결 고리를 만들기 위해 선물과 무료여행을 아낌없이 베풀며 의원들을 따른다. 화웨이가 목표로 삼은 인물중 하나가 재무부 차관인 켈리 오드와이어Kelly O'Dwyer다. 춘절에 오드와이어의 선거구에서 펼쳐진 사자춤 공연의 모든 비용을 화웨이가 댔다. 2013년에 선전의 화웨이 본사를 방문한 샘 데스티에리도 예상대로 화웨이의 목표다. 화웨이는 뉴스 코퍼레이션News Corp의 그레그 셰리던Greg Sheridan 기자를 중국에 보냈고, 셰리던 기자는 중국에 다녀온뒤 화웨이의 성취를 극찬하는 기사를 썼다. 모든 중국 기업에 공산당위원회가 있다는 사실을 지적하며 '악행이 한 번도 증명된 적이 없는' 화웨이가 사이버 해킹을 두려워한 미국 때문에 무고한 누명을 쓴 것이라고 주장했다.[50] 그의 눈에 씌운 콩깍지는 (내가 그런 것처럼) 나중에야 벗겨졌다.[51]

화웨이의 접대를 받거나 수지맞는 이사직을 받아들인 사람 중 불법을 저지른 사람은 아무도 없다. 하지만 이들이 자신의 지위나 명성을 이용해 화웨이가 존경스러운 기업이라는 허울을 꾸미고 결국 화웨이의 성공에 공헌했다는 사실을 의심할 사람이 있을까?

2018년 1월 미국의 거대 통신사 AT&T는 고객들에게 화웨이 스마트폰을 공급하기로 한 계약을 철회했다. 미 상원과 하원의 정보위원회가 화웨이 관련 의회 보고서에서 확인된 기존 증거를 비롯해 새로운 증거를 추가로 발견했다는 문서를 연방통신위원회에 제출한 덕분이었다.[52]

중국의 조용한 침공

수단과 방법을 가리지 않는다

토니 애보트가 2014년 총리 자격으로 중국을 처음 방문할 때 비서실장인 페타 크레들린Peta Credlin도 동행했다. 총리 일행이 참석한 보아오포럼Boao Forum은 세간의 주목을 받는 행사이지만 중국에서 '도청이 제일 심하다'고 소문난 행사다. 호주안보정보원이 총리를 수행한 공무원과 언론인이 모두에게 다음과 같은 보안 지침을 전달했다. 전화기를 바꿔라. 호텔 객실에 비치된 충전기를 사용하지 마라. 사은품으로 받는 USB를 폐기하라. 금고가 있다 해도 절대 노트북을 호텔 객실에 두고 나가지 마라.

페타 크레들린은 호텔 객실에 들어서자마자 주위를 살폈다.[53] 시계 라디오의 플러그를 뽑고 TV 안테나 선을 뽑았다. 그러자 채 몇 분도 지나지 않아서 객실 문을 두드리는 소리가 들렸다. "시설 관리 담당입니다." 그렇게 객실에 들어온 호텔 직원은 시계 라디오 플러그를 꽂고 TV 안테나 선을 다시 연결하고 나갔다. 크레들린이 다시 선들을 뽑자 이번에도 역시 시설 관리 담당 직원이 객실 문을 두드렸다. 시계 라디오와 TV는 다시 원래대로 연결되었다. 크레들린은 자신의 의사를 분명히 밝히는 의미에서 시계 라디오를 객실 밖 복도에 내놓았다. TV는 수건을 덮어 가렸다. 포럼장에서 애보트 총리는 언론을 향해 호주가 중국의 '진정한 친구'라는 말을 되풀이했다.[54]

중국 호텔 객실에서 공무원들을 위협한 것은 시계 라디오 등 도청장치만이 아니다. 호주의 정치 대표들이 단체로 중국을 방문해 호텔 객실에 들어서니 '어린 여성'이 기다리고 있었다는 이야기가 끊임없이 들려온다. 우리에게 그런 이야기를 들려준 사람은 즉시 객실을 뛰쳐나가 인솔자에게 보고한 사람들이다. 하지만 미인계에 걸려들어 평생 그짐을 짊어지고 가야 할 사람도 있을 것이다. 정보전문가인 나이젤 잉스터Nigel Inkster는 중국 요원들이 비중국인을 포섭할 때 흔히 사용하는 수단이 미인계라고 설명한다.[55] 호주 정보기관이 파악한 미인계 사례도 '수없이 많다.' 유언비어에 불과할 수 있지만, 호주 정치를 이끌던 원로 한 사람이 미인계에 걸려들어 현재 베이징을 지지하는 믿음직한 논평가가 되었다는 소문도 들린다.

동반한 여성과 낯 뜨거운 장면이 찍힌 사진으로 협박하는 것도 미인계의 일종이다. 협박보다 사랑을 이용하는 미인계도 있다. 중요한 정보를 다루는 남자와 베이징을 위해 일하는 중국계 여성이 연인 사이가 되고 더 나아가 결혼까지 하는 일이 드물지 않다. 그렇게 사랑에 빠져 어처구니없는 일을 저지른다. 2014년 하와이에서 스물일곱 살짜리 중국 여대생이 군 장교 출신으로 국방부에서 계약직으로 근무하는 예순 살의 남자를 유혹했다. 이 남자는 얼마 지나지 않아 중국 여대생에게 미국의 전쟁 계획과 미사일 방어 체계에 관한 기밀 정보를 넘겨주었다.[56] 또 다른 경우는 FBI 요원인 중국계 미국인 카트리나 륭Katrina Leung이 LA에서 대중국 방첩 활동을 책임진 FBI 상관과 내연관계를 맺었다. 상관이 베이징의 이중간첩인 내연녀 카트리나 륭에게 기밀 정보를 넘긴 기간만 무려 20년이다.

호주의 학자나 전문가, 기자가 중국의 방대한 스파이 그물에 걸려들어 정보 특히, 기밀 정보를 넘겨준 일은 없을 거라 생각하면 오산이다. 중국 첩보원은 '네 가지 도덕적 결함'이라는 인간의 약점을 공략한

중국의 조용한 침공

다. 욕망과 복수, 명성, 탐욕이다. 미국에서는 연이어 간첩 재판이 열리며 재판 기록을 통해 중국 첩보원의 수법이 어느 정도 드러났지만, 호주는 간첩을 기소하지 않기 때문에 중국 첩보원들이 호주에서 어떤 수법을 쓰는지 정보가 거의 없다.

2017년 7월 미국의 프리랜서 기자인 네이트 테이어Nate Thayer가 기사를 발표했다. 중국 국가안전부 소속 정보기관인 상하이 국가안전국Shanghai State Security Bureau이 테이어 기자를 간첩으로 포섭하려 한 과정이 자세히 설명된 기사였다.[57] 상하이 국가안전국은 상하이 사회과학원SASS을 위장용으로 내세워 해외 학자들을 중국 스파이로 포섭하기도 한다(중국과학원도 마찬가지다). 테이어 기자는 "FBI는 상하이 국가안전국이……상하이 사회과학원과 밀접한 관계이고, 사회과학원 직원들을 정보 감시자와 평가자로 활용하는 것으로 판단했다"고 지적했다. 테이어의 기사가 발표된 직후 전직 CIA 요원이 버지니아주 법정에 섰다. 상하이에서 상하이 사회과학원 직원이라는 사람 둘을 만난 뒤 간첩으로 활동했다는 혐의였다.[58]

호주의 학자나 싱크탱크 전문가, 기자가 이런 식으로 포섭된 증거를 내가 직접 확인한 적은 없지만, 2008년 필립 돌링Philip Dorling 기자가 호주 노동당 직원이 중국 요원에게 포섭된 적이 있다고 보도했다. 처음에는 노동당 고위 인사들의 신상 정보를 제공하거나 당내 현안에 관한 배경 설명이 담긴 서류를 전달하고, 그 대가로 얼마 안 되는 돈을 받았다고 한다.[59] 그런데 2007년, 시드니 중국 영사관이 케빈 러드를 지원한 선거가 다가오자, 중국 요원이 호주 노동당 직원에게 연방 장관 사무실에 일자리를 구하라고 요구했다. 노동당 직원은 장관 사무실에 근무하려면 비밀 취급 인가까지 받아야 한다는 것을 알고 중국 요원과의 관계를 정리했다.

네이트 테이어 기자는 중국 첩보 활동에 대해 잘 아는 미국 전문가의 말을 인용해 다음과 같이 보도했다. "FBI 워싱턴 지국에는 중국을 중점 대상으로 싱크탱크나 기자, 대학생, 무관, 외교관, 확인된 국가안전부 장교를 감시하는 방첩부대가 최소한 다섯 개나 된다." 수많은 학자와 전문가, 기자가 호주와 중국을 오가는 상황을 고려하면, 호주는 미 의회 보고서를 보고 긴장의 끈을 놓지 말아야 한다. 예를 들어 호주중국협의회Australia-China Council가 자금을 대 상하이 사회과학원에 호주연구센터를 설치하고, 시드니대학교가 호주연구센터와 교류협정을 맺었다. 이는 모두 상하이 사회과학원을 방문하는 호주 학자들을 포섭하기 위한 시도로 봐야 할 것이다.

영국을 뒤집은 간첩 스캔들

1963년, 영국을 발칵 뒤집는 스캔들이 터졌다. 영국 전쟁부 장관 존 프러퓨모John Profumo의 내연녀인 크리스틴 킬러Christine Keeler가 러시아군 첩보원 예브게니 이바노프Yevgeny Ivanov의 정부라는 사실이 드러난 것이다. 프러퓨모 스캔들로 영국 정부는 심각한 충격에 빠졌고 총리는 거의 쫓겨날 지경이었다. 영국 정부는 서둘러서 보안 상태를 전반적으로 점검하는 동안 언론이 몇 달 넘게 사건을 보도하고, 이 사건을 소재로 한 책과 영화가 십여 편씩 쏟아져 나왔다.

2009년 호주 국방장관 조엘 피츠기번Joel Fitzgibbon과 오랫동안 우정을 쌓은 중국인 여성 사업가 헬렌 류刘海燕가 중국군 정보기관과 관계있다는 보도가 나왔다.[60] 헬렌 류는 부동산 투자도 많이 하고 호주 노동당에도 큰돈을 기부한 인물이었다. 관련 소식을 보도한 리처드 베이커와 필립 돌링, 닉 매켄지 기자는 피츠기번 장관이 캔버라에 머물 때 임대한 주택이 헬렌 류의 자매인 퀴나 류의 소유라는 사실에 주목했다.

국방부 정보관들은 헬렌 류가 중국 밖에서 군사, 정치, 경제 사안과 관련된 휴민트HUMINT● 수집을 담당하는 인민해방군 제2부와 연결되었다는 사실을 밝혀냈다.[61] 피츠기번이 장관에 임명되기 전 신고도 하지 않고 두 차례나 일등석을 이용해 중국을 다녀온 일도 의심스러웠다.[62] 국방부 고위 정보관은 이 문제가 '너무 뜨거운 감자'여서 비공식으로 조사한 보고서가 상부까지 보고되지 않았다고 밝혔다. 헬렌 류와 함께 식사한 것으로 보도된 당시의 총리 케빈 러드는 피츠기번에 장관직 사임을 요구하지 않았다. 지금까지 확인된 바로는 피츠기번이나 헬렌 류 누구도 호주안보정보원의 조사를 받지 않았다.

헬렌 류와 중국 정보기관의 관계는 점점 더 깊어졌다. 2017년 헬렌 류의 회사 중 한 곳과 중국 간첩의 위장 사업체로 의심되는 홍콩 기업 사이에 큰돈이 오갔다는 기사가 실렸다. 베이커와 돌링, 매켄지 기자가 보도한 내용에 따르면, 그 홍콩 기업의 사주인 류차오잉Liu Chaoying은 전직 혹은 현직 인민해방군 중령이며 미사일 기술과 위성

● 사람human과 정보intelligence의 합성어로 인적 네트워크를 활용하여 얻은 정보 또는 그러한 정보 수집 방법.

기술 확보에 관여한 인물이었다.[63] 헬렌 류와 개인적으로 친밀한 류차오잉은 미국에도 잘 알려진 인물이었다. '차이나게이트' 즉, 1990년대 중반 정치적 영향력을 확보할 목적으로 중국 정보기관에서 흘러나온 듯한 뭉칫돈이 빌 클린턴 재단으로 유입된 스캔들과 깊이 연루되었기 때문이다. 헬렌 류도 류차오잉과 아는 사이인 것은 인정하지만, 그녀와 정보기관의 관계에 대해서는 전혀 아는 것이 없다고 부인한다. 그동안 헬렌 류는 뉴사우스웨일스 노동당과 피츠기번 선거 운동에 많은 돈을 기부했다. 베이커와 돌링, 매켄지 기자는 "〈페어팩스 미디어〉는 피츠기번 장관이 헬렌 류에게서 선거 자금 외에 신고할 필요가 있는 무언가를 더 받았다고 주장하는 것은 아니다"라고 신중한 태도를 취했다.

　국방장관이 중국 첩보원과 친밀하게 지낸 이 명백한 보안 스캔들이 별 주목을 받지 못했다는 것은 중국 관련 사안을 바라보는 호주의 시각이 놀랄 만큼 안일하다는 사실을 보여준다. 대부분의 기자, 편집자, 정치인 등 여론을 주도하는 이들은 중국이 호주에 스파이를 심을 만큼 관심이 있을 거라 생각하지 않는다. 이 모든 사건이 단순한 우연에 불과하다고 여긴다. 양대 정당의 정치 원로들은 호주와 중국의 관계가 틀어지고 호주에서 반중 정서가 조장될 위험이 있다고 주장하며 〈시드니 모닝 헤럴드〉와 〈디 에이지〉를 발간하는 〈페어팩스 미디어〉에 피츠기번-류 사건을 조용히 덮으라고 로비했다. 양대 정당의 입장에서는 원로들 의견이 옳았을 것이다. 하지만 양대 정당이 헬렌 류와 숨기고 싶은 깊은 관계가 있었다는 것도 사실이다.

　헬렌 류는 1989년 톈안먼 사건이 일어날 당시 시드니에서 유학 중이었다. 민주화 운동가의 증언에 따르면, 헬렌 류는 이 무렵 반중 시위에 참여하다 갑자기 사라진 뒤 몇 년 후 부유한 사업가로 다시 나타났다고 한다.[64] 얼마 지나지 않아 그녀가 중국에 연줄이 많다는 것이 분명해졌다. 당 간부들과 연결되어 있다는 사실을 보여주듯 2000년대 중반 헬렌 류는 차우착윙과 더불어 중국평화통일호주추진회 명예 회장으로 추대되었다.

2009년 피츠기번의 추문이 터지자, 봅 카가 즉시 헬렌 류를 변호하고 나섰다. 그녀가 국가 안보를 위협한다는 주장은 부끄러운 말이라고 비난하며 헬렌 류의 정체가 비밀스럽다는 말에 대해서도 "그녀가 남달리 비밀스러운 여인인 것은 아니다"라고 두둔했다.[65] 말레이시아 중국계 후손인 아내 헬레나와 더불어 봅 카도 헬렌 류와 가까운 친구 사이였다.[66] 당시 중국 국영 기업도 일부 지분을 투자한 헬렌 류의 회사들은 9만 달러가 넘는 돈을 호주 노동당 뉴사우스웨일스 지부에 기부했다. 나중에 유출된 자료에 따르면, 헬렌 류는 돈으로 피츠기번을 포섭했다는 보고서를 중국은행을 통해 베이징에 전달했다. "피츠기번에게 돈을 쓴 보람이 있다"라고 보고했다.[67]

이 책을 쓰고 있을 무렵, 호주 이민부는 헬렌 류의 호주 시민권 취득 정황을 확인하려고 무척 애를 쓰고 있었다. 헬렌 류는 1989년 학생 비자로 호주에 머무를 당시 위장 결혼을 통해 불법적으로 영주권을 얻은 것으로 보인다. 당시 연루된 순진한 호주의 젊은 여성이 자신은 헬렌 류의 남자 친구와 결혼하고 자신의 남자 친구는 헬렌 류와 결혼했다고 고백까지 했다.[68] 헬렌 류는 몇 년 뒤 '남편'과 이혼했다. 결혼 후 불어난 재산의 절반에 대해 남편이 권리를 주장할 수도 있다는 것을 알았기 때문이라고 한다.[69]

이민부는 2012년 당시 예비 내각의 이민부 대변인 스콧 모리슨의 지적을 받고 헬렌 류의 결혼이 적법했는지 조사하기 시작했다.[70] 그러나 베이커와 돌링, 매켄지 기자는 이민부가 크리스 보웬 장관과 협의한 뒤 헬렌 류의 결혼에 관한 정보 제공을 거부했다고 보도했다.[71]

모든 것을 볼 수 있는 사회

2016년 9월 런던의 〈타임스〉가 중국 정부가 통제하는 하이크비전이 CCTV 시장을 빠르게 잠식하고 있다는 기사를 1면에 대서특필했다.[72] 당시 하이크비전의 카메라는 영국 CCTV 시장의 14%를 차지하며, 스탠스테드 공항과 글래스고 공항, 런던 지하철 등 다양한 정부 시설에 설치되어 있었다. 관계 공무원들은 혹시라도 CCTV 카메라가 인터넷에 연결되어 데이터가 베이징으로 넘어가지 않을까 노심초사했다. 〈타임스〉는 하이크비전이 중국군을 감시하는 목적을 바탕으로 성장했고, 국영 은행에서 저리로 자금을 조달해 경쟁사보다 싼 가격으로 제품을 공급하는 전략 덕분에 빠르게 시장 점유율을 높였다고 보도했다.

현재 하이크비전은 비디오 감시 장비를 공급하는 세계 선두 기업이다.[73] 항저우 하이크비전 디지털 테크놀로지는 정부 연구 기관을 모태로 2001년에 설립된 중국 국영 기업이고, 더 큰 국영 기업인 중국전자과기집단CETC이 하이크비전을 통제한다(중국전자과기집단의 시드니 공대 침투 현황은 10장에서 자세히 살펴보자).[74] 하이크비전 회장은 회사 내

공산당위원회 서기도 겸직하며, 직원들에게 줄곧 '하이크비전의 꿈'과 '중국몽'은 떨어질 수 없음을 주지시켰다.[75] 2015년 항저우시를 현지 시찰 나온 시진핑 주석은 훨씬 더 유명한 알리바바를 제치고 하이크비전 본사를 방문했다. 이날 시진핑 주석을 만난 하이크비전의 연구개발 책임자 푸스량浦世亮은 중국 최고 안보 기관이며 대대적인 비디오 감시 프로그램을 운영하는 중국 공안부 내 기술연구소장도 겸하고 있는 것으로 알려졌다. 중국 공안부는 반체제인사를 탄압하고 전반적인 인권을 침해하며 고문도 서슴지 않는다.[76]

하이크비전의 최첨단 카메라는 안개 속에서도 자동차 번호판을 식별하고, 정교한 안면인식기술로 개인을 추적 감시할 수 있다. 하이크비전의 장비가 미국 미주리주의 군사 기지를 비롯해 공항, 교도소, 학교 등에 설치되자 업계 전문가들은 위험성을 경고하고 나섰다. 한 전문가는 "이 장비 중 하나가 인터넷에 연결될 때마다 중국에 있는 세 대의 서버에 모든 자료를 전송한다. 중국 정부는 이 정보를 이용해 마음만 먹으면 언제든 모든 카메라 시스템에 접속할 수 있다"는 편지까지 보내 미국 정부에 경고했다.[77] 이 경고를 무시하는 업계 선두주자들과 달리 비디오 감시 소프트웨어 업체인 제네텍Genetec은 보안 문제로 하이크비전과 화웨이 장비에 제품 공급을 중단한다고 발표했다. 하이크비전은 이것이 냉전 시대 사고방식이라고 비난한다.

하이크비전은 2013년에 호주 지사를 설립했다. 그 이후 호주 CCTV 시장의 큰 부분을 점유하고 점점 더 점유율을 높이고 있다. 캔버라 보안업계 전문가의 말마따나 인터넷 연결이 가능한 '믿을 수 없을 만큼 싼 IP 카메라' 덕분이다.[78] 현재 호주에서 가장 큰 비디오 감시

장비 공급업체가 하이크비전일 것이다. 보안업계 전문가는 하이크비전의 카메라가 상가와 학교, 아파트 단지 등에서 대중적으로 많이 쓰이고 있지만 적어도 캔버라에서는 아직 공항이나 보안이 철저한 정부 건물 등에 사용될 만큼 최고급 품질에 미치지는 못한다고 설명한다.[79] 하이크비전은 자사 카메라와 최고급 타사 제품과의 품질 차이를 점점 좁히고 있다고 주장했다.[80] 감시 카메라는 대체로 현장에 설치된 서버와 상시 연결되어 있지만, 그 영상은 경로를 바꿔 전 세계 어디로든 전송할 수 있다.

호주의 CCTV 공급업체 한 곳은 업계 잡지에 하이크비전과 중공의 관계가 폭로된 후 하이크비전과 거래를 중단했다. 내가 문의한 또 다른 보안 전문가들도 공식적으로 밝히긴 꺼리지만, 하이크비전이 여러 가지로 의심스럽다는 점은 모두 알고 있었다. 유통업자들이 하이크비전 카메라를 판매하지 않더라도, 스완Swann이나 하니웰Honeywell을 비롯해 호주에서 많이 팔리는 CCTV 카메라 대부분이 사실 브랜드 이름만 다를 뿐 중국에서 하이크비전이 생산한 제품이다(카메라 제조업체를 굳이 밝히지 않는 경우도 있다).[81] 하이크비전 제품을 포함해 호주에서 대규모로 CCTV를 취급하는 공급자에게 물으니, 일반 고객은 하이크비전 카메라의 위험성을 인식하지 못하고 정부 기관도 마찬가지라고 대답했다.[82] 위험하다고 알려줘도 대부분 음모론으로 치부하고 흘려 듣는다는 것이다. 중국 카메라가 시장을 잠식하는 상황을 지켜볼수록 점점 더 불안해진다는 그 보안 감시 전문가는 호주인들을 '잠자는 좀비'라고 표현했다.

2017년 3월 하이크비전이 자사 CCTV 카메라에 '관리자 전면 접

중국의 조용한 침공

속'이 가능한 '백도어'를 덧붙였다는 사실을 전문가들이 밝혀냈다. 하이크비전은 부인했지만, 미국 국토안보부DHS는 전문가들의 보고서를 확인한 뒤 하이크비전 카메라의 보안 등급을 최저로 평가했다.[83] 2017년 5월, 미국 국토안보부는 악의적인 사이버 침입자가 하이크비전 카메라를 해킹하는 방식으로 네트워크상의 민감한 정보에 접근할 수 있다고 경고했다.[84] 하이크비전 카메라에 해커들이 쉽게 악용할 수 있는 틈이 있다고 본 것이다.

보안산업 고위 관계자에게 중국 정부가 하이크비전 카메라를 이용해 감시 카메라가 설치된 건물을 염탐할 수 있는지 묻자, "당연히 염탐할 수 있다"는 답변이 돌아왔다. 보안업계 웹사이트인 IPVM은 2016년에 관련 내용을 다룬 기사를 연이어 실은 뒤 "세계는 중공이 통제하는 기업을 비디오 감시 장비 공급자로 선정하는 일이 얼마나 위험한지 신중하게 검토할 필요가 있다"고 결론지었다.[85] 하지만 호주에서는 지금도 전국에서 하이크비전 CCTV 카메라가 설치되고 있다.

군사 분야에서 농업 분야까지

2015년 말 호주 기상청 컴퓨터 시스템이 '대대적인' 사이버 공격을 받아 악성 소프트웨어에 감염되는 일이 벌어졌다.[86] 기상 예측 기관인 만큼 피해가 심각하지 않을 것으로 생각했지만, 사실 기상청은 '광범위한 환경 정보 기관'으로 보는 것이 옳다.[87] 기상청은 기상 예보와 기후 변화를 과학적으로 연구하는 최첨단 기관일 뿐만 아니라, 기상청의 슈퍼컴퓨터는 정부 각처의 민감한 시스템과 연결되어 매일 예보를 전달한다. 그중 한 곳인 국방부에는 특히 무장 세력이 활동 중인 세계 곳곳의 기상 상황을 전달한다. 만일 중국과 분쟁이 발생할 때 호주의 기상 예보 능력이 무너진다면 중국이 중요한 전략적 우위를 차지할 것이다. 피터 제닝스는 중국 사이버 기관들이 보안이 철저한 다른 나라 기관에 접근할 때 기상청을 비교적 쉽게 뚫을 수 있는 '약한 고리'로 보고[88] 표적으로 삼을 수 있다고 지적한다. 2015년 사이버 침입으로 입은 피해를 복구하는 데만 수년간 수억 달러가 들었다.

2016년 말 호주국립대의 최첨단 시설인 국가컴퓨팅인프라스트럭처NCI 센터가 중국 정부도 지분이 있는 레노버Lenovo 회사의 하드웨어와 소프트웨어를 설치하겠다고 발표하며 보안 문제가 불거졌다.[89] 레노버 장비는 이미 미국 펜타곤이 군사 기관에 사용하지 말라고 경고한 장비이고,[90] 호주 기상청과 호주연방과학산업연구기구, 호주지형연구원 등의 기관이 인프라스트럭처 시설을 이용한다. 당시 인프라스트럭처의 소식통은 "비밀이 누설된다"며, 중국 장비가 여기저기서 사용됨에 따라 본인을 비롯한 전문가들은 늘 컴퓨터 시스템이 해킹당하는 것으로 가정해야 한다고 지적했다.[91] 이들이 할 수 있는 일은 해킹당한 시스템 사용자의 피해를 줄이는 조치뿐이다.

좀처럼 인정하지는 않지만, 중국이 지금까지 이룩한 놀라운 경제 성장은 대부분 옳지 못한 방법으로 취득한 외국 기술 덕분이다. 중국이 장차 첨단기술경제로 전환할수록 해외 기술 의존도도 더 높아질 것이다. 중국도 제13차 5개년 개발 계획에서 첨단기술경제 전환을 강조하고, 필요한 기술을 획득하는 방안에 온 신경을 집중하고 있다. 과학

기술 교육에 엄청난 자원을 투입했지만, 시진핑 주석은 중국의 외국 기술 의존도가 여전히 너무 높다고 불만이다.[92] 중국과 외국의 기술 격차가 워낙 커서 사이버 보안 전문가 두 사람이 미국 싱크탱크에 기고한 글에서 중국의 경제 개발 계획은 국가 주도의 대대적인 절도 계획을 전제로 한다고 결론지을 정도다.[93]

중국의 미래 성장이 서구 기술에 의존한다는 사실은 2013년 잭 펑Jack Peng이 일본 신문 기자와 인터뷰하는 자리에서 밝혀졌다. IT 고급 기술자이자 중국의 기술 허브와 연계된 해외중국기업실리콘밸리협회SCOBA 임원인 잭 펑이 무심결에 이렇게 이야기했다.

저는 해외에 있는 중국인 학자들이 미국을 버리고 중국으로 완전히 돌아가면, 중국의 발전이 멈출 것으로 생각합니다. 중국은 해외에 거주하는 우리 같은 사람을 발전을 위한 필수적인 존재로 여깁니다. 우리의 연구 결과를 꽃피우라며 손을 내밀죠…… 우리 대부분이 기술 고문으로 조직을 통해 중국 정부에 봉사합니다…….[94]

다른 모든 기술 선진국과 마찬가지로 호주에서도 사이버 절도는 대단히 심각한 문제다. 러시아는 사이버 절도를 더 잘하고, 중국은 사이버 절도를 더 많이 한다. 중국의 사이버 절도가 남다른 이유는 중국 정부가 기획하고 시행하고 지원하는 계획 즉, 상업적 정보를 체계적으로 훔치는 계획을 수년에 걸쳐 실행하기 때문이다. 미국과 호주에서 지적 재산 절도 사건의 역사가 길긴 하지만, 중국과 달리 미국과 호주에서는 정보기관이 기업을 염탐하는 일은 불법이다 중국의 목적은 분명하다. 다른 나라에서 이룩한 연구 성과에 올라타 기술과 공학 수준을 키우는 것이다. 미국 사이버 사령관은 중국의 사이버 절도를 '사상 최대 규모로 진행되는 부의 이전'이라고까지 표현했다.[95] 믿을 만한 소식통에 따르면 미국이 한 해 IP 절도로 손해 보는 경제적 가치가 6,000억 달러로 추산되며, 그 주범은 중국이다.[96]

전직 FBI 사이버 범죄 국장이 사례로 든 해킹 사건을 보면 미국 기업이 10년 넘게 진행한 10억 달러 상당의 연구 결과를 하룻밤 사이에 도둑맞은 것도 있다. 군사 정보와 상업 정보만 도둑맞는 것도 아니다. 딥 판다Deep Panda로 알려진 중국 국영 기관은 2014년부터 2015년까지 의료 서비스 제공업체를 해킹해 무려 미국인 8천만 명의 의료 기록을 빼냈다. 중국이 표적으로 삼은 인물을 협박하는 데 사용할 수 있는 자료였다.[97] 중국 정부의 지원을 받는 또 다른 조직 액시엄Axiom은 특히 에너지 기업과 기상청, 언론사, 비정부기구, 대학들을 해킹했다.[98] 조직의 '악의적 내부자'를 포섭해 이메일에 첨부된 압축 파일을 열게 하는 아주 손쉬운 방법을 사용하기도 했다. 압축 파일을 열면 그 조직의 컴퓨터 시스템에 포이즌아이비PoisonIvy나 하이킷Hikit 같은 악성 소프트웨어가 설치되는 방법이다.

미국은 사이버 위협의 성격이나 규모, 대응 현황을 솔직히 알렸지만, 호주 정부는 최근까지도 공식적으로 밝히지 않았다. 다행히 지금은 점차 대중에게 사이버 위협을 알리고 있지만, 아직도 중국을 직접 거론하지는 않는다. 베이징을 자극할 말을 하지 말아야 한다는 생각이 확고한 것 같다. 미국 정부는 지금까지 산업 스파이나 군사 스파이 혐의로 수십 명을 기소했고, 기소된 사람 대부분이 중국계였다. 호주는

중국의 조용한 침공

스파이를 기소한 적이 한 번도 없다. 호주 법률에 빈틈이 있고 그럴 의사도 없기 때문이다. 기상청이 해킹당했을 때도 중국의 소행이 거의 확실했지만 호주 정부는 중국을 범인으로 지목하길 망설였다.

기업은 주주들이 불안해하는 일이 없도록 사이버 보안에 문제가 있다거나 지적 자산을 도둑맞은 사실을 밝히길 꺼려하지만, 통신 및 채광 기술 기업 코단Codan은 예외다. 호주 애들레이드에 본사를 둔 코단은 대단히 효율적인 금속 탐지기를 제조해 전 세계에 판매한다. 코단의 금속 탐지기는 2013~2014년까지 호황을 누리다가 뚜렷한 이유 없이 판매량이 급감했다. 확인 결과, 코단의 금속 탐지기를 베긴 중국 제품이 아프리카에서 저렴한 가격에 대량으로 팔리고 있었다.[99]

2012년 중국을 방문한 코단 임원이 노트북으로 호텔 와이파이에 접속하던 중 해킹당한 것이 사건의 발단이었다. 결국 코단의 컴퓨터 시스템이 그 임원의 노트북에 깔린 악성 소프트웨어에 감염되고, 금속 탐지기 설계도가 유출되었다(현재 호주 정부 관계자들은 중국을 방문할 때 호텔 와이파이를 이용하지 말고, 핸드폰도 집에 두고 가고, 호텔 객실 금고도 사용하지 말라는 보안 지침을 전달받는다). 코단은 호주안보정보원 담당자가 찾아와 알려주기 전까지 회사 컴퓨터 시스템이 해킹당했다는 사실을 전혀 눈치채지 못했다.

이 사건에서 가장 충격적인 내용 중 하나가 호주 정부의 반응이다. 코단의 최고경영자인 도널드 맥거크Donald McGurk가 사이버 절도범을 잡아 기소하려고 연방 정부에 도움을 요청하자, "알아서 하라"는 답변만 돌아왔다.[100] 중국과 자유무역협정을 한창 협상 중이던 호주 정부는 우호적인 분위기를 망칠 사건이 발생하길 원치 않았다. 베이징

공포증은 호주 정부가 중국과 협상할 때 빠짐없이 등장하는 테마다. 베이징과 중국의 여러 기관은 어떻게 호주의 문화적 약점을 이용할지 잘 알고 있었다. 결국 혼자 알아서 범인을 찾을 수밖에 없던 코단은 중국의 사설탐정 회사에 의뢰해 범인을 추적했다.

코단은 금속 탐지기뿐만 아니라 군사 장비도 생산한다. 코단의 휴대용 야전 무선 통신기는 전문을 암호화해 원거리까지 전송할 수 있어, 미국과 영국, 호주의 군대나 국경 수비대가 훈련 및 작전에 널리 사용하는 장비다. 호주안보정보원 담당자가 코단을 찾아와 해킹 사실을 알려준 이유가 바로 이 때문이다. 호주의 방위 사업체는 중국 입장에서는 모두 부가가치가 높은 해킹 표적이다. 비둘기로 전문을 보내던 시대가 끝난 이후 군사적으로 가장 중요한 요소는 적군의 통신망에 침투해 엿듣는 것이다(비둘기를 이용하던 시절에도 적군의 전령 비둘기를 중간에 가로채곤 했다). 그래서 통신 장비를 수출하려면 정부의 허가를 받아야만 한다. 악성 소프트웨어가 코단에서 훔치려고 한 것이 바로 이 야전 무선 통신기의 설계 정보였다.[101] 중국의 방어 전략은 전적으로 미국이라는 우위에 있는 적군의 통신과 감시 기능을 무너트리는 능력에 달려 있다.[102]

스파이는 당연히 신소재나 나노 기술 등 첨단 분야의 연구 결과를 노린다고 생각하겠지만, 안심할 수 있는 분야는 거의 없다. 농업도 마찬가지다. 2016년 미국 정부는 농민들에게 유전자 조작 종자에 남다른 관심을 보이는 중국 사업가를 조심하라고 경고했다.[103] 베이징의 지원을 받은 간첩단이 중국으로 보내려고 아이오와주의 농장들을 다니며 종자를 캐다 붙잡혔기 때문이다.[104] 미국 당국은 이 사건을 단순 절도 사건이 아닌 국가 안보 위협 사건으로 기소했다. 첨단 식품 기술을 도둑맞았다는 소식도 끊임없이 들려왔다. 생명공학도 수십억 달러가 필요한 연구 분야이기 때문이다. 미국에서 이런 일이 계속 발생하는 상황을 고려하면, 합작 투자를 비롯해 호주 농업에 밀려드는 중국의 투자를 새로운 차원에서 바라봐야 할 것이다.

인종 프로파일링

미국 당국은 '인종 프로파일링racial profiling'●이란 비난을 받지 않도록 아주 조심스럽게 베이징 스파이를 추적했다. 뒤쫓던 스파이 대부분이 중국계였다.[105] 베이징과 연결된 미국 단체들은 즉각 인종 프로파일링이라고 당국을 비난했다. 베이징과 연계된 호주 단체들이 '외국인 혐오증'이라는 말로 비판자의 입에 재갈을 물리는 상황과 비슷했다. 미국에서도 인종 프로파일링이라는 비난을 무서워하는 정치 세력 때문에 기소가 유력한 사건이 기각된 사례들이 있다.[106] 아이러니하게도 정작 중국 당국가 체제는 민족성 다시 말해, 인종 프로파일링에 기초해 모든 대외 활동을 추진한다. 냉전 시대와 달리 신념이 아니라 피부색을 중요하게 생각하는 것이다.

물론 중국은 할 수만 있으면 언제든 서구의 자유민주주의 감성을 이용해, 대리인이나 옹호자들이 인종차별을 비난하고 혹시라도 간첩

● 특정 인종을 의심히거나 표적으로 삼는 수시 관행.

혐의에 인종차별 프레임을 씌울 틈이 보이면 물고 늘어지도록 부추긴다. 더 아이러니한 것은 중국의 대간첩 홍보 활동이다. 중국 안보 당국이 '위험한 사랑'이라는 제목의 홍보 만화를 배포하며 젊은 여성 공무원들에게 교환 학자 등 잘생긴 서구인의 유혹을 조심하라고 경고한 것이다.[107] 만일 호주 법무부 장관이 공무원들에게 중국계 여성의 유혹을 조심하라고 경고하는 만화책을 만들어 배포한다면 어떤 일이 벌어질까?

중국 대사관과 영사관은 민감한 위치에 있는 중국계 호주인 수백 명 아니 수천 명을 배후에서 조종한다. 앨릭스 조스키Alex Joske가 캔버라에서 만난 파룬궁 수련자가 자기 아내와 친하게 지내던 친구가 갑자기 연락을 끊은 이야기를 들려줬다. "그 친구가 나중에 그러더래요. 호주 시민이자 호주공공서비스부 공무원인 자신도 중국 정부의 압력에 못 이겨 어쩔 수 없었다고 말입니다."[108] 이런 중국계 호주인들이 모두 피해자다.

총성 없는 사이버전쟁

2016년 호주 연방 정부가 사이버 위협에서 나라를 지킨다는 각오를 다지며 더 많은 자원과 인원을 투자하는 새로운 사이버 보안 전략을 발표했다. 호주사이버보안센터의 전력을 강화해 최고 비밀 기관인 호주신호국ASD 산하에 두기로 했다. 방위군도 대대적으로 개편해, 적의 공격에서 호주를 지키는 동시에 적군에게 사이버 공격을 감행할 능력을 갖춘 사이버전 사단을 신설했다. 사이버 범죄에 대응하는 일과 더불어 호주 정부가 지난 수십 년간 추진한 가장 중요한 방위 계획 중 하나였다. 사이버전 사단장은 육해공군의 사단과 마찬가지로 소장이 맡기로 했다.

호주가 사이버전을 새삼 강조하게 된 까닭은 중국의 영향이 크다. 중국은 2014년에 중국군이 사이버전에서 전투력을 높여 우위에 서는 일을 목표로 세우고 매진하고 있다. 호주는 군대나 장비에서 중국에게 상대가 안 되지만 한 곳을 표적으로 삼아 사이버 공격을 집중하면 막대한 피해를 줄 수 있다. 미국과 마찬가지로 호주의 사이버전 담당자들도 《유령함대Ghost Fleet》란 소설을 읽는다고 한다. 피터 싱어Peter Singer가 '철저한 연구 조사'를 바탕으로 완성한 이 소설은 중국이 뛰어난 사이버전 능력으로 미국의 인공위성 시스템과 컴퓨터 통신망을 마비시킨 뒤 미국을 이기고 점령한다는 이야기다. 이미 외국 첩보원들이 장차 시스템을 파괴할 목적으로 악성 소프트웨어를 심고 있는지도 모른다.[109]

민간 분야에서도 사이버 기술자가 부족한 상황이지만, 호주방위군이 새롭게 사이버전을 강조함에 따라 당장 필요한 사이버 보안 전문가만 100명이고, 10년 안에 그 수는 900명으로 증가할 것이다.[110] 이 많은 인력을 과연 어디에서 충원할 것인가?

호주에서 사이버 보안 교육과정을 만든 대학교는 별로 없지만, 질롱시의 디킨대학교는 학부생과 대학원생들을 사이버 보안 전문가로 양성하고 있다. 이들은 교육과정을 마친 뒤 호주 연방과학산업기구 같은 과학 단체나 정부 기관, 호주방위군으로 진출할 것이다. 디킨대학의 사이버보안연구혁신센터CSRI는 "사이버 보안의 위협으로부터 호주를 보호할 방안을 마련하기 위해 산업체 및 정부와 공동 연구 중이다."[111] 이 연구에 참여한 연구자 대부분이 중국계다. 센터 홈페이지에 등록된 연구진 열 명 중 연구소장인 샹양项阳 교수를 포함해 여섯 명이 중국 출신이다.

디킨대학교에서 박사 학위를 취득하고 사이버보안연구혁신센터를 책임진 샹양 소장은 호주연구위원회ARC가 일부 자금을 지원해 디킨대학교에 설치한 네트워크보안컴퓨팅연구소NSCLab 소장도 겸하고 있다. 네트워크보안연구소의 연구 협력 기관은 2015년 중국발로 추정되는 사이버 공격을 받은 호주 기상청이다.[112] 네트워크보안컴퓨팅연구소 홈페이지를 보면 호주방위군사관학교ADFA의 사이버보안연구소가 서로 자료를 교환하는 유일한 '자매 연구소'로 등록되었고, 이 연구소를 책임진 인물이 사이버 보안 전문가인 후젠쿤胡建坤 교수다.[113]

샹양은 중국 시안전자과학기술대학교와 관련이 있다. 2017년 5월 중국 정부로부터 시안전자과기대 교수직을 포함한 창장長江학자상을 받았다. 사이버보안연구혁신센터는 샹양이 교수직과 창장학자상을 받은 소식을 '사이버 보안 협력의 계기'라고 대대적으로 홍보했다.[114] 다음 장에서 살펴보겠지만, 시안전자과기대는 인민해방군과 밀접한 관계를 맺고 있으며 지금까지 동창회나 학술 교류를 통해 해외 인맥을 넓히는 데 지대한 관심을 보여왔다. 시안전자과기대는 암호 해독과 컴퓨터 공학 분야에서 중국 최고로 손꼽히는 학교이며, 최근 사이버공대도 신설했다.[115]

이 책에서 거론되는 중국계 과학자 즉, 샹양처럼 호주 대학이나 연구소에 근무하는 중국계 과학자들과 관련해 중요하게 짚고 넘어갈 내용이 있다. 이들이 호주를 발판삼아 중국의 군사력이나 정보력을 키울 의도가 없어도 인민해방군이나 정보기관과 연계된 중국 연구자들과 협력하는 일만으로도 호주에 불리하고 중국에 유리한 행동을 할 위험이 있다는 것이다. 물론 인민해방군 연구자들과 협력한다고 해서 호주에 충성하지 않는다는 의미는 아니다. 이들은 국제적인 과학 문화에서 협력이 일반적인 관행이라고 생각할 것이기 때문이다.

상양은 적어도 2015년부터 현재까지 시안전자과기대의 ISN(통합 업무망 이론 및 핵심 기술) 국가중점실험실에서 초빙교수로 재직 중이다.[116] 이 실험실의 학술 위원회를 이끄는 위취안于全은 인민해방군 총참모부 제61호 연구소의 기술 책임자였다.[117] 미군이 지원하는 전문가들의 설명에 따르면 제61호 연구소는 '인민해방군 정보기술연구의 중심'이다.[118] 위취안은 인민해방군의 기술을 발전시킨 공로를 인정받아 군사기술발전상을 여섯 번이나 수상했다.[119] ISN 국가중점실험실의 책임자인 가오신보高新波도 중국 군비 사업에 세 차례나 참여하고,[120] 2016년 중국에서 대단히 권위 있는 국가과학기술상 2등상을 수상한 인물이다.[121]

상양은 또한 중국의 기술 이전 혁신 사업에 포함되어 국가 모바일인터넷보안 111계획으로도 알려진 시안전자과기대의 모바일인터넷보안혁신인재모집기지에 소속된 외국인 전문가이기도 하다. 이 기지를 책임진 선창샹沈昌祥은 통신과 인터넷 보안 분야에서 손꼽히는 전문가이며, 인민해방군 해군PLAN 소장이다.[122] 군사기술발전상을 17차례나 수상하고 인민해방군 해군 기밀 군함 기술연구소에서 고위급 기술지로 복무한 공로를 인정받아 '해군모범과학기술공작자'라 불리는 명예도 얻었다.[123] 선창상의 연구 결과들이 '군사 분야에 광범위하게 이용될 것'이라고 한다.[124]

시안전자과기대 교수직을 받은 디킨대학교의 샹양 교수는 사이버 보안과 인재 양성 분야에 대한 조언과 지도를 아끼지 않고 시안전자과기대에서 더 새롭고 더 큰 학문적 성과를 이루기 위해 노력하겠다고 소감을 밝혔다.[125]

미래의 호주 사이버전 지휘관 양성소로 디킨대학교를 능가하는 기관이 호주방위군사관학교다. 이곳은 호주에서 가장 충실한 사이버 보안 교육과정을 제공하고 있다. 차세대 호주 사이버 전문가들 대부분이 훈련받게 될 것이다. 호주방위군사관학교는 2016년에 사이버 보안 전략 외교 석사 학위 과정을 개설하고, 호주 첩보기관 근무를 겨냥한 사이버 보안(첨단 스파이 활동 지식) 석사 학위 과정도 신설했다. 사관학교에 설치된 호주사이버보안센터에서는 호주방위군 고급 장교들도 포함된 박사 과정 학생들이 대단히 정교한 사이버 보안 도구들을 익히고 있다. 이곳의 사이버 보안 연구 및 교육은 호주의 사이버전 능력을 더 나은 수준으로 끌어올릴 것이 분명하며 따라서 중국 입장에서는 반드시 공략하고 싶은 곳이다. 중국은 수년 전부터 호주방위군사관학교에 학생들을 보내 박사 과정을 밟게 하고, 박사 후 연구원으로 근무시켰다. 이 학생들은 사관학교의 컴퓨터 시스템에 접속하고, 더 중요한 것은 호주군이나 정보기관의 미래 지도자들과 인맥을 쌓는다.

2015년 호주방위군사관학교의 후젠쿤 사이버 보안 교수는 중국 대사관에서 열린 장학금 수여식에 참석해, 장학금을 받고 '힘을 얻은

중국의 조용한 침공

학생들이 중국으로 돌아가 일하거나 다양한 방법으로 조국에 봉사할 것'이라고 격려했다.[126] 후젠쿤 교수는 베이징의 중국 공안부나 암호법 국가중점실험실의 전문가들과 함께 연구하며,[127] 하얼빈공업대학교와 베이징항공항천대학교의 연구자들과 함께 많은 논문을 발표했다. 이 두 대학교 모두 '중국에서 가장 은밀하고 비밀스러운 연구 중심 대학' 다섯 곳 안에 든다.[128]

캔버라 공항 인근 던트룬의 왕립군사대학교 근처에 있는 호주방위군사관학교를 방문했을 때 나는 정장 차림을 한 중국 남자들 한 무리가 교정을 돌아다니며 사진을 찍는 모습을 보고 놀란 적이 있다. 경비원은 한 사람도 보이지 않았다. 호주방위군사관학교는 보안이 특별히 철저해야 할 곳이지만 뉴사우스웨일스대학교 교내에 위치한 호주방위군사관학교만 보아도 호주의 다른 대학교와 크게 다르지 않다. 사관학교와 청소 용역 계약을 체결한 회사의 직원들도 한족이라고 한다. 호주에서 활동하는 중국 간첩 활동에 대해 전문가와 한창 이야기를 나누고 있을 때도 한족 청소부가 사무실에 들어와 휴지통을 비우고 나갔다. 중국학생학자연합회CSSA 지부도 설치되었는데, 이곳은 이미 여러 나라에서 간첩 혐의를 받는 단체다.[129]

제임스 스콧James Scott과 드루 스패니얼Drew Spaniel은《중국의 간첩 왕조China's Espionage Dynasty》라는 책에서 과학 기술 연구소에 근무하는 중국 대학원생들이 감염된 USB를 꽂아 대학 컴퓨터 시스템이나 연구소 통신망에 악성 소프트웨어를 설치하라는 압력을 받을 수 있다고 주장한다.[130] FBI는 2011년 미국 대학 내 스파이 활동을 조사한 보고서에서 연구 협력을 위해 파견된 중국인 학생뿐만 아니라 외국 학생들이 책임 있는 위치에 오른 다음 정보를 훔칠 수 있다고 경고했다.[131] 그러면서 벨기에로 전향한 중국학생학자연합회 회원이 "10년간 유럽 전역을 돌며 산업 스파이 요원들을 조직화했다"고 폭로한 사례를 보고했다. 우선 표적으로 삼을 교수를 골라 '동기나 약점, 정치관, 야망' 등을 파악한다. 그런 다음 친분을 쌓으며 포섭하면 그 교수가 순진하게 정보를 넘겨준다는 것이다. 이런 상황을 우려한 미 국무부는 결국 2016년에 방위 기술이나 에너지 공학, 항공우주산업 분야와 연관된 연구 사업이나 교육과정에서 외국인 학생을 제외하라고 권고했다.[132] 하지만 호주방위군사관학교는 아무런 조치도 취하지 않은 채 멍하니 있는 것 같다.

중국의 조용한 침공

내부의 적들과 과학 단체

해외 중국인 1만 명 동원

중국의 영향력이 널리 퍼질 수 있도록 지침을 세우는 곳은 최고 권력 기관인 정치국이다. 그렇게 수립된 지침이 중공 중앙위원회로 하달되고, 교무판공실과 통일전선공작부가 각각 그 지침을 책임지고 시행한다.[1] 두 기관의 역할은 다르지만, 대사관과 영사관을 통해 서로 연락하고 협력한다. 호주에서도 마찬가지다. 두 기관은 긴밀한 협력을 통해 중국이 호주의 이주 중국인 집단에 깊이 개입해 영향력을 발휘하고 간첩으로 활동하도록 한다. 심지어 이주 중국인 공동체 내부를 염탐하기도 한다. 여기서 유념할 사실은 중공이 정보원이나 첩자, 스파이를 모집하는 작업뿐 아니라 자신도 모르게 영향력을 행사하도록 포섭하는 작업에도 이주민을 이용한다는 것이다.

비록 중국이라는 국가명은 거론하지 않았지만 호주안보정보원은 2016~2017년 연례 보고서에서 외국의 위협을 분명히 밝혔다. "자국의 정치적 목적을 위해 은밀히 호주 국민과 언론기관, 정부 공무원들의 여론을 움직이려는 외국 세력을 확인했다."[2] 그러면서 호주에서 자국에 대한 비판을 잠재울 목적으로 은밀히 영향력을 행사하는 주체가 민족 공동체라고 발표했다. 1년 전에 발표한 보고서에서도 호주안보정보원은 '공동체 집단, 기업 및 사회단체' 내부의 외국 개입 특히, '이주민 공동체의 감시나 강압, 협박'을 경고했다.[3] 호주안보정보원이 암시한 외국은 하나뿐일 것이다.

하지만 호주안보정보원은 대테러 활동에 치중한 나머지 방첩 활동과 '대전복활동countersubversion'●이라 불릴 만한 이 새로운 세 번째 안보 활동에 자원을 거의 투입하지 못했다. 지금까지 중국인 사회단체나 기업단체의 통일전선 공작에 대해서는 언론의 관심이 쏟아졌지만, 중공이 통제하는 중국인 전문가 단체는 주목을 받지 못했다.[4] 하지만 중국은 중국인 전문가 단체라는 중요한 통로를 통해서 호주에서 정보를 수집하고 기술을 훔친다.

앞서 이야기했듯, 중국은 외국 시민권을 지닌 사람이나 심지어 외

● 전복활동을 하고 있거나 할 가능성이 있는 개인 및 조직을 식별, 이용, 침투, 조종, 기만 및 진압하여 저지하기 위한 방법.

국에서 태어난 사람까지 포함해 모든 해외 중국인이 모국에 충성할 의무가 있다고 공공연히 주장한다. 중공은 중국계라면 모두 중국에 충성할 의무가 있다고 간주한다. 교무판공실의 기본 목적은 '해외 중국인'과 관계를 맺고, 대만 통합 같은 정치적 사안과 기술 이전 같은 상업적 사안에서 당의 목적에 따르도록 통제하는 것이다.

2017년 3월, 공교롭게도 중국 리커창 총리가 호주를 방문하던 기간에 맞춰 교무판공실의 추위안핑 주임이 시드니를 찾았다. 추위안핑은 정계에 큰돈을 기부하는 차우착윙과 주민선, 황샹모를 비롯해 중국인 공동체에서 대단히 큰 신망을 얻고 있는 저명인사들을 만났다. 중국평화통일호주추진회 대표들도 참석한 자리에서 추위안핑은 리커창 총리의 방문이 양국이 전반적인 부문에서 맺는 동반자 관계를 크게 발전시킬 것이며,[5] 시진핑 주석과 리커창 총리가 '해외 중국인에게 특별한 애정을 품고 있다'고 이야기했다. 그리고 그해 교무판공실이 마련한 계획을 설명하며 "해외 중국인의 진심과 힘에 호소하고 시진핑 주석의 중국몽과 중화민족의 위대한 부흥을 지지하도록 모두가 온 힘을 다해 참여하길 바란다"고 연설했다.

추위안핑은 황샹모가 호주에 조국의 '온기와 호의'를 전달했다며 공식적으로 치하했다. 2016년 데스티에리 사건에 연루되어 여론의 뭇매를 맞았지만, 황샹모는 여전히 베이징의 주요 공작원이었다. 추위안핑의 발언은 어느 나라 여권을 소지했건 해외 중국인은 자연적으로 모국에 우선적으로 봉사할 것이라는 베이징의 생각을 재확인한 것이며, 이날 행사에 자발적으로 참석한 사람은 모두 베이징의 생각에 공감한다고 보아야 할 것이다.

같은 맥락에서 더 흥미로운 모임이 다음 날인 3월 24일에 열렸다. 이 모임에 관해서는 중국어로만 보도되었다. 추위안핑이 시드니 지역에서 활동하는 중국인 학자와 연구자 20여 명과 '한담'을 나누기 위해 시드니공대에 도착했다.[6] 추위안핑은 혁신을 위한 '해외 중국인 1만 명 동원'이라는 교무판공실의 최신 정책을 설명했다. 혁신과 기술 발전을 위해 '해외 동포'를 중국으로 귀국시키겠다고 명시한 정책이지만, 해외에서 중국을 위해 봉사할 사람들을 모집하는 것을 목표로 삼고 있었다.[7] 공부를 마친 뒤에도 외국에 머무르는 중국인 4백만 명은 '혁신 개발과 추진이라는 중국의 전략을 시행할 가장 중요한 자원 중 하나'다. 이날 추위안핑은 그 자리에 모인 20여 명의 중국인 학자와 연구자들에게 "베이징의 교무판공실이 여러분을 황제처럼 호위하고 있다"고 밝혔다.

이런 중국의 애국적 메시지에 감화된 것으로 알려진 사람이 시드니공대 부총장보 겸 데이터 사이언스 과정의 상임이사인 (동시에 밥 카의 호주중국관계연구소 연구소 이사인) 장청치張成奇 교수와 (나중에 설명할 통일전선조직인 호주중국과학자연합 회원인) 시드니공대 전기공학과 주젠궈朱建国 교수, 뉴사우스웨일스대학교에서 광자학을 가르치는 펑강딩彭刚定 교수, 뉴사우스웨일스대학교 제조공학과 왕쥔王军 교수, 울릉공대학 공학과 장정이姜正义 교수, 시드니대학교 의과대 스싼 '밥' 바오 Shisan 'Bob' Bao, 包士三 조교수 등이다.

중국의 조용한 침공

인적 네트워크를 활용한 정보 훔치기

사이버 해킹을 하는 '보이지 않는 적'이 가장 큰 주목을 받았지만, 사이버 해킹이 정보를 훔치는 유일한 방법이거나 가장 효과적인 방법은 아니다. 보도에 따르면 미국에서는 2016년 오바마 대통령과 시진핑 주석이 상업적 목적의 사이버 공격을 삼가기로 합의한 이후부터 중국의 사이버 해킹 규모가 감소하고 있다. 오바마 대통령이 경제 제재로 보복하겠다고 위협하자, 시진핑 주석은 사이버 해킹보다 인적 자원을 더 많이 활용하는 방향으로 전환했다.[8] 그때부터 지금까지 수년간 중국은 한족 직원을 압박해 기밀 정보와 민감한 기술을 훔쳤다.[9] 의회 보고서에 따르면 미국은 얼마 전부터 귀중한 연구 자료에 접근하는 과학자들이 중국을 위해 일하고 있다는 것을 파악했다.[10]

군사 기밀은 물론 방대한 민간 자료도 훔치는 인민해방군에는 대대적인 사이버 공격과 해킹, 자료 탈취를 담당하는 제3부라는 부대가 있고,[11] 전통적인 방식의 인적 정보 수집을 책임지는 제2부가 있다.《중국의 간첩 왕조》라는 책에서 제임스 스콧과 드루 스패니얼은 제2부가 기밀이건 아니건 온갖 정보를 수집해 중국으로 보내도록 전 세계 여러 기관에 심어 놓은 스파이가 3만~5만 명이라고 추정한다. (이런 내부 스파이의 흔적을 지우기 위해 때때로 사이버 공격을 감행하는 것으로 짐작된다.[12])

사이버 절도는 장소와 상관없이 세계 어느 곳에서건 할 수 있지만, 사람을 활용해 정보를 얻는 방법인 휴민트에는 호주 기관 내부 믿을 만한 위치에 있는 전문가들이 필요하다. 호주안보정보원은 2016~2017년 연례 보고서에서 '아이저 내부자'를 특별히 거론했다.

민감한 기술이 포함된 정보에 접근할 특권을 지닌 정부 관료나 계약직이 외국 정보기관에 협력한다는 것이다.[13]

　　미국은 중국에 포섭된 많은 스파이 사건을 밝혀내고, 대부분 기소했다.[14] 그중 하나가 중국 기업 시노벨Sinovel에 풍력 발전기를 제어하는 정교한 '전자두뇌'를 판매하던 미국 기업 AMSC 사건이다.[15] AMSC에서 특수 장비를 공급받던 시노벨이 갑자기 납품 계약을 중단하며 부품을 돌려보냈다. 그리고 얼마 지나지 않아 시노벨이 AMSC 독일 공장에 근무하던 세르비아인 소프트웨어 기술자를 매수해 기술을 훔친 사실이 드러났다. 세르비아인 기술자는 유죄판결을 받고 감옥에 갇혔다. 시노벨을 설립한 한쥔량韓俊良은 중국의 거대 국영 기업인 다롄중공업그룹에 근무하며 명성을 쌓은 인물이다. 그리고 시노벨 투자자 중 한 사람이 바로 원자바오 총리의 아들인 태자당의 원윈쑹溫雲松이다. 한쥔량은 국가에너지관리국 국장과도 친분이 있었으며, 그 관계를 이용해 시노벨을 세계 제2위의 풍력 발전기 제조사로 키웠다.

　　또 다른 사건은 미국인 글렌 슈라이버Glenn Shriver 사건이다. 글렌 슈라이버는 중국어를 배우며 중국에 머무르던 동안 두 명의 남성과 한 명의 여성을 친구로 사귀었고, 나중에 알고 보니 모두 중국 국가안전부 직원들이었다.[16] 이들은 여러 차례 현금을 전달하며 슈라이버에게 미국으로 돌아가 중요한 정부 기관에 취업하라고 설득했다. 그리고 슈라이버가 비록 탈락했지만 CIA에 지원했을 때 4만 달러를 지급했다. 슈라이버는 체포되어 4년간 옥살이를 했다. 슈라이버 사건에서 알 수 있는 것은 비중국계도 간첩으로 포섭될 수 있다는 점이다.

　　캐나다의 안보 담당자들은 수년 전부터 중국을 주로 중국계 캐나

　　　　　　　　　　중국의 조용한 침공

다인들을 포섭해 활동하며 국가 정보를 심각하게 위협하는 나라로 보고 있다.[17] 중국인 관광객들도 주요 감시 대상이다. 캐나다 안보정보청 CSIS 국장은 "캐나다에서 비정상적으로 활동하다 발각된 관광객 수와 그들의 국적을 확인하면 가끔 놀랄 때가 있다"고 이야기했다. 그러고는 이미 2004년부터 "정보원으로 포섭된 사람 중에 유학생과 과학자, 기업 사절단, 이주민도 포함되었다"고 보고했다.[18] 2013년 중국계 캐나다인 기술자인 칭 쿠엔틴 황Qing Quentin Huang은 캐나다 해군 함정 조달 전략에 관한 기밀 정보를 중국에 넘긴 혐의로 기소되었다.[19]

중국 정부는 나노 기술을 '대도약'에 이르는 길로 보고 있다.[20] 2016년 중국 국적자 다섯 명이 대만 나노 기술 회사의 지적 재산을 훔친 혐의로 기소되었다.[21] 이들은 훔친 기술을 이용해 중국에 회사를 설립할 계획이었다.

호주에서는 중국계 인물이 정부나 산업체의 간첩 사건과 연루되어 기소된 적이 한 번도 없지만, 그런 일이 발생하지 않기 때문이라고 생각해서는 안 된다. 중국 정부는 중국 경제 개발 계획을 위해 호주에서 기밀 정보와 지적 재산을 훔쳐낼 수 있도록 광범위한 네트워크를 구축했다. 예를 들자면 '111계획'에 따라 해외 중국인 과학자들을 포섭해 데려간다. 미국 대학에서 발생하는 IP 절도 사건을 방대한 책으로 정리한 대니얼 골든Daniel Golden은 중국이 이렇게 데려온 과학자들에게 빈손으로 돌아오지 말라며 부추긴다고 설명한다.[22]

높은 수준의 자격을 갖추고 호주 전역의 과학 기술 연구소에 근무하는 중국계 호주인의 인원은 점점 더 늘고 있다. 중국이 노리는 표적이 바로 이런 중국계 호주인들이다. 일부는 이미 기업이나 대학, 기술

관련 정부 기관에서 고위 관리직을 차지하거나 국가의 의사 결정 과정의 핵심 위치에 있다. 과학자와 기술자, IT 전문가를 비롯한 전문직들이 모국에 애국적으로 헌신하라는 중국의 압력을 받고 있다. 중국 당국가 체제는 중국에서 태어난 사람이면 누구나 표적으로 삼으며 궁극적으로 조국에 충성할 것으로 기대한다.

《중국 산업 스파이 *Chinese Industrial Espionage*》라는 책에서 윌리엄 해너스William Hannas와 제임스 멀베넌James Mulvenon, 애너 푸글리시Anna Puglish는 미국에서 놀랍도록 긴밀한 네트워크를 만든 중국인 과학자와 기술 전문직협회들의 활동을 상세히 설명했다. 모두 중국 정부와 긴밀히 연결되어, 미국을 뛰어넘겠다는 정부의 목표를 지원하기 위해 정교한 기술을 중국에 넘길 목적으로 활동하고 있다.[23] 이런 단체들이 몰려 있는 곳이 실리콘밸리이고, 그곳에 근무하는 첨단 기술 인력의 대략 10%가 중국 본토 출신이다.[24]

기술을 옮기는 전문직협회

중국과 연결되어 호주에서 활동하는 전문직협회들은 미국의 해당 조직과 이름이나 목적이 실질적으로 같은 경우가 많다. 전문직협회는 사회적 관계를 넓히고 직업적으로 발전하도록 도움을 주는 공간이지만, 그 회원들이 중국을 위해 일하도록 포섭된 사람일 수 있다. 중국 정부가 협회를 만들라고 제안하는 경우도 있다. 애국심에 호소해 제안하거나 급여 외에 추가로 '아주 많은' 돈을 주겠다는 약속도 한다.[25]

제임스 젠화 토는 인민해방군과 국가안전부가 해외에서 활동할 정보 수집 후보자를 선별해 "기본적으로 불법적인 스파이 활동을 요구하지 않고 그저 정보 공유만 요청한다"고 설명한다.[26] 이들이 중국을 떠나 해외에 도착하면 관리 담당자가 문화협회나 전문직협회에서 주관하는 행사나 식사에 초대해 따뜻한 관계를 쌓으며, 당근과 채찍을 동시에 제시한다. 중국으로 돌아가면 좋은 일자리와 집을 주겠다고 약속하며 당근을 흔들고, 비자 발급이 거절되거나 중국에 남은 가족이 피해를 볼 수 있다고 협박하며 채찍을 휘두른다. 대학원생은 탐나는 정보에 접근할 수 있는 일자리를 잡을 때 비로소 활동할 수 있기에 우선 '잠재적인' 첩보원으로 삼는다. 제임스 젠화 토의 설명에 따르면, 중국은 주로 과학과 기술, 군사 분야에서 귀중한 정보를 제공할 수 있는 해외 중국인들을 적극적으로 그러나 은밀하게 공략한다.

중국국제인재교류협회CAIEP는 중국 바깥에서는 아는 사람이 거의 없을 정도로 알려지지 않은 조직이지만, 전 세계에 설치된 지부들이 적극적으로 활동하고 있다.[27] 이 조직의 호주 지부가 호주중국국제인재교류협회ACAIEP다. 지부 사무실은 멜버른의 콜린스가에 있으며, 조직 사무국은 베이징에 있다.[28] 이 조직의 임무는 연구실에 근무하는 중국 출신 과학자들과 친분을 쌓고 그 친분을 활용해 정보를 빼내는 것이다.

호주중국국제인재교류협회는 중국 국무원 직속의 국가외국전문가국SAFEA이 관리하는 수많은 위장 조직 중 하나다. 해너스와 멀베넌, 푸글리시는 이곳을 중국에 있는 가장 중요한 기술 이전 조직으로 지목한다.[29] 중국국세인재교류협회나 호주중국국제인재교류협회 어떤 조직과 협력하건 사실상 '차이가 없다'는 것이다.[30] 국가외국전문가국은 미국에서 스텔스 미사일 장비의 극비 설계도를 중국에 넘기라고 기술자를 포섭하다 덜미가 잡혔다.[31] 포섭된 기술자는 징역 32년을 선고받았다.

스파이 포섭이 목적이라는 사실은 국가외국전문가국 홈페이지에서도 엿볼 수 있다. 홈페이지에 밝힌 임무는 정부 접촉과 자매 도시 교류, 국제적인 경제 교류 협상, 국제회의 등의 기회를 충분히 활용해 외국 전문가를 모집하는 것이다.[32] 이곳은 물론 다른 위장 조직들도 호주에서 활발하게 활동하고 있다. 2016년 12월 국가외국전문가국의 장젠궈张建国 국장이 호주와 뉴질랜드를 방문해 이민부 관료들을 만났다. 상호 방문 규제 요건을 없애기 위한 목적이었던 것으로 짐작된다.[33]

스파이를 포섭하는 첫 단계는 제도적으로, 개인적으로 관계를 맺는 것이다. 이 과정에서 호주중국국제인재교류협회가 조력자 역할을 하며, 멜버른의 빅토리아대학교와 충칭에너지대학교의 협약, 빅토리아대학교와 랴오닝대학교, 중국유학기금관리위원회CSC의 협약처럼 호주 대학교와 중국 대학교의 협력을 중개하기도 한다. 호주중국국제인재교류협회 같은 위장 조직을 운영하면 국가외국전문가국과 중국의 관계를 숨길 수 있으며, 호주 대학교도 호주의 이익에 반하는 목표를 세우는 외국 정부를 지지한다는 오명에서 벗어나는 장점이 있다.[34]

미국과 마찬가지로 호주에도 중국계 호주인 과학자가 가입한 수많은 과학 기술 전문직협회가 있고, 이런 협회 하나하나가 중국과 연결되어 있다. 전문직협회는 사회적 교류와 커리어 발전 기회를 제공하지만, 과학자와 기술자 등을 모아 대사관의 지시를 받도록 조종한다.

스파이 전문가인 해너스와 멀베넌, 푸글리시는 베이징이 "이런 협회들의 환심을 산 다음 심리적 압박과 정치적 통제, 재정적 지원을 적절히 섞어가며 협회 활동을 조종한다"고 설명한다.[35]

이런 전문직협회의 최고 조직이 호주중국과학자연합FOCSA이다. 전문직협회 13개를 통합한 이 조직의 목표는 호주의 중국인 학자들을 대표하는 것이다.[36] 2004년 10월 〈인민일보〉는 호주중국과학자연합의 출범을 축하하며 이것이 호주 주재 중국 대사관 교육부의 강력한 지원과 도움 덕분이라고 밝혔다.[37] "전문가와 학자들이 선진 기술 성과를 중국으로 옮겨올 수 있길 바란다"는 푸잉 대사의 희망도 전했다. 설립 이후 지금까지 호주중국과학자연합은 캔버라 외곽 오말리에 있는 중국 대사관 교육부에서 회의를 열고 있다.

베이징의 중국 교육부는 연합의 첫 5년간 활동을 돌아보며 모국의 과학 교육 발전에 이바지했다고 치하했다. "국가 봉사 사업과 행사에 참여하고 교육부의 '춘휘계획春暉計劃'●에 적극적으로 참여하도록 회원들을 독려하며, 호주의 중국인 학자들이 중국에 있는 동료들과 교류할 기회를 끊임없이 넓혀 갔다. 많은 회원이 중국 국내 연구소나 고등 교육기관과 장기적이고 안정적인 협력 관계를 유지하고 있다"며 만족했다.[38]

호주중국과학자연합 부회장 중 한 명인 위싱휘Yu Xinghuo 교수는 로열멜버른공과대학교에서 과학 연구 프로그램을 관리하며, 광학과 첨단 제조 연구를 감독하는 호주 정부 기관의 위원이다.[39] 현재 과학

● 해외 유학 중국인 학자들이 단기 귀국해 학술대회 등에 참여하도록 자금을 지원한 사업.

자연합 회장인 예린叶林 교수는 시드니대학교 첨단소재기술센터에서 나노 기술을 중점적으로 연구하고 있다. 예린은 배경이 비밀스러운 하얼빈공정대학교와 베이징항공항천대학교를 졸업했는데, 이 두 대학은 중국의 군사 연구 분야에서 각각 2위와 4위를 차지했다.[40] 예린은 2014년 베이징항공항천대학교에서 연설하는 등 두 대학과 계속 관계를 유지하고 있다. 2016년에는 중국에서 군사 연구 분야 1위로 평가받는 하얼빈공업대학교를 방문해 연설했다.

웨스턴오스트레일리아중국과학자협회WACSA도 활발하게 활동한다. 2003년에 출범한 이 협회는 중국 민족 중 '대학원생이나 그와 비슷한 자격을 갖춘 전문직'을 회원으로 받아들인다.[41] 각각의 분야에서 두각을 나타내는 과학자들이 회원으로 가입되어 있고, 정부 고위직 공무원도 포함되어 있다. 회장인 마궈웨이马国伟는 웨스턴오스트레일리아대학교의 공학 교수다. 호주에 있는 다른 중국 출신 과학자와 마찬가지로 마궈웨이 교수도 오직 중국인 과학자들하고만 연구를 진행하는 것으로 보인다. 공동 저자로 등재된 수십 명의 과학자 중 서양 이름을 사용하는 사람이 거의 없다. 협회의 홈페이지는 중국 대사관이 후원하는 호주중국과학자연합 홈페이지와 퍼스의 중국 영사관 홈페이지와 연결되어 있다. 2015년에는 퍼스의 중국 총영사가 웨스턴오스트레일리아중국과학자협회를 방문해 중국의 일대일로 전략을 홍보했다. 영사관은 이날 모인 청중이 "중국 발전의 미래를 확신하고, 중국과 호주의 협력에 대한 기대로 가득 찼다"고 전했다.[42] 2017년 2월 웨스턴오스트레일리아중국과학자협회 주최로 퍼스에서 대규모 회의가 열릴 때는 호주 외무부 장관 줄리 비숍과 중국 총영사가 개회사를 했다.

퀸즐랜드중국과학자기술자협회QCASE도 브리즈번의 중국 영사관이나 중국의 여러 기관과 밀접한 관계를 맺고 있는 것으로 보인다.[43] 브리즈번 중국 총영사 쑨다리孫大立가 퀸즐랜드중국과학자기술자협회 총회에서 연설한 내용과 관련해 베이징의 외교부가 다음과 같이 발표했다. "이처럼 열정적인 분위기에서 쑨다리 총영사는 '애국과 혁신, 포용, 미덕'이라는 베이징의 정신을 모두에게 역설하고, 과학자들이 행복한 춘절을 맞길 기원했다."[44]

설립 이후부터 지금까지 퀸즐랜드협회 명예회장을 역임한 맥스 루Max Lu(중국명 루가오칭逯高清)는 퀸즐랜드대학교에서 박사 학위를 받은 이후 20년 넘게 근무하며 고위 교수직과 관리직에 올랐으며, 선구적인 나노 기술 전문가다. 그의 전문 분야인 나노 기술은 특히 군사와 제약, 전자공학에 응용되는 대단히 중요한 기술이다.

루가오칭은 2004년, 호주중국과학자협회 창립회장이 되고, 2011년에는 베이징의 과학기술부에서 상까지 받았다. 중국과학원CAS 해외혁신팀인 선양 인터페이스 재료 연구 센터에서 주요 연구원으로 활동한 공로를 인정받은 것이다. 현재 루가오칭은 중국과학원의 의뢰로 태양 에너지 촉매 작용과 에너지 저장, 수소 저장 분야를 연구하고 있다.[45]

루가오칭은 2017년 '재료 화학과 나노 기술 분야의 교육과 국내 및 국제 연구, 공학, 호주 중국 관계 발전에 기여한 탁월한 공로'로 호주 훈장 3등급인 오피서를 수상했다. 그의 공로로 루가오칭의 중국 국무원 산하 전문가자문위원회 위원 자격을 비롯해 중국 정부와 밀접히 연결된 관계들이 줄줄이 열거되었다.[46] 2015년에 발표된 보도 자료에 따르면, "외국에서 28년간 연구한 그는 중국과 모국을 향한 마음이 '결코 변한 적이 없다'고 밝혔다."[47] 〈신화통신〉도 중국의 대외 정책을 강력히 지지한다는 루가오칭의 발언을 인용 보도했다.[48] 당시 루가오칭은 영향력이 큰 호주 정부 자문기구 여러 곳에서 자문위원으로 활동 중이었다.

루가오칭 교수는 2016년 4월에 서리대학교의 최고책임자 겸 부총장으로 임명되며, '서구 일류 대학교의 총장이 된 최초의 중국인'이 되었다.[49]

호주에 있는 수많은 중국인과 중국계 호주인 전문가 협회 중에서 특히 흥미로운 조직이 캔버라중국학자협회CSCS다. 이 협회는 2016년 위원회와 집행부 회의가 대사관 교육부에서 열릴 정도로 중국 대사관과 대단히 밀접한 관계다.[50] 대사관 교육 담당관 쉬샤오徐孝의 연설도 이날 회의에 포함된 안건 중 하나였다. 캔버라중국학자협회의 회원은 호주국립대학교와 호주연방과학산업연구기구, 호주방위군사관학교, 각종 연방 정부 부서에 근무하는 학자들이고, 연방 정보기관에 근무하는 사람도 있다.[51] 2017년 초 '조국에 봉사하려고 귀국하는 해외 중국인 학자'라는 제목으로 연수회를 개최했을 때 참석자 21명 중 여섯 명이 호주연방과학산업연구기구 학자였다.[52]

합법적이건 불법적이건 다른 나라의 기술에 눈독을 들이는 중국이 욕심을 채우는 방법은 수없이 많다. 그중 하나가 서양에 회사를 세우는 것이다. 이렇게 설립된 회사는 특별한 기술이 필요한 중국 기업의 의뢰를 받아 그 기업의 경쟁사에 근무하는 중국계, 중국계가 없으면 다른 민족 출신의 과학자나 기술자를 찾아내 정보를 받는다.[53] 주나 주요 도시에도 각자 통일전선공작부와 직접 연결된 채용 프로그램을

　　　　　　　　　　　　　　중국의 조용한 침공

운영한다. 2016년 11월 중국에 충성하는 선전호주공동체협회 후원으로 시드니대학교 학자들과 두터운 교류를 맺기 위한 선전(호주)해외고급인재포럼이 시드니에서 열렸다.[54] 통일전선공작부와 선전시 해외중국인연합의 고위 간부 두 명과 시드니 중국 영사관의 과학 기술 고문, 국가외국전문가국 호주 대표도 포럼에 참석해 연설했다. 황샹모도 선전호주공동체협회 회장 자격으로 연설했다.

중국어 신문 〈인민일보〉는 포럼 개최 소식을 알리며 웨스턴시드니대학교의 부총장보인 란이전 교수도 참석했다고 보도했다.[55] 란이전 교수의 실제 직함은 웨스턴시드니대학교 국제부 부총장보 대리다. 황샹모가 이끄는 중국평화통일호주추진회의 명예 고문으로도 활동하는 란이전은 각종 통일전선 조직과 밀접한 관계가 있는 인물이다.[56] '시드니공대 호주중국관계연구소(5장 참조) 상임이사'로 소개된 레오 멘 류도 포럼에 참석했다. 레오 멘 류도 역시 통일전선 조직인 중국평화통일호주추진회의 명예 고문이다.[57] 그리고 이날 시드니공대 부총장보인 빌 퍼셀 교수가 레오 멘 류와 동행했다.

기술 절도인가, 지식 공유인가

"대학보다 더 걱정스러운 것이 호주연방과학산업연구기구입니다." 기밀연구를 관리하는 담당 공무원이 내게 한 말이다.[58] 그는 돈에 움직이는 호주 대학들보다 훨씬 더 돈에 집착하는 조직이라고 걱정했다. 중국의 조직 침투 정보에 대해 호주연방과학산업연구기구가 어떻게 대응하는지 묻자, 그는 "솔직히 말해, 생각하기도 싫습니다"라고 대답했다.

2013년 12월 호주연방과학산업연구기구 경영진이 직원 중에 스파이가 있다고 호주연방경찰에 고발했다. 멜버른의 재료과학 및 공학 연구소에 근무하는 중국인 과학자가 결근했는데, 아무래도 중요한 정보를 빼돌려 도망친 것 같다는 내용이었다.[59] 호주연방경찰 첨단기술범죄국 수사관들이 중국인 과학자의 집으로 찾아갔지만, 연구기구에서 지급받은 노트북만 발견되었다. 중국인 과학자가 프랑스로 달아났다는 보도가 터졌고 호주연방경찰은 프랑스 정부에 협조 요청을 하기로 했다.[60]

마침내 달아난 중국인 과학자를 찾았지만, 그는 경찰에 협조하길 거부했다. 함께 근무했던 동료들은 부진한 연구 성과를 거론하며 그가 적절한 전문 지식도 갖추지 못하고 연구소에 들어온 것 같다고 증언했다.[61] 경영진도 '조직 전체에 경종을 울린 사건'이라는 내용의 이메일을 경찰에 보냈지만, 연방경찰은 그가 공용으로 사용한 컴퓨터를 분석한 결과 간첩 활동을 한 증거가 발견되지 않았다며 사건을 덮었다. 내가 호주연방과학산업연구기구 본부에 전화를 걸어 사건의 정황과 조직에 미친 영향을 물었지만, 아무런 답변도 듣지 못했다.

이쯤 되면 호주연방과학산업연구기구의 모든 과학 연구 결과를 중국이 공짜로 누렸다고 상정하는 것이 옳다. 논리적으로 보아도 호주연방과학산업연구기구는 중국 간첩 활동의 주요 표적이 되기 좋다. 호주 최고의 과학 연구 기관이며 중국에 상업적 전략적으로 가치가 높은 연구를 많이 진행하고 있지만, 대체로 호주연방과학산업연구기구는 문제가 무엇인지 모르고 관심도 갖지 않는 것 같다.

2015년 기준으로 호주연방과학산업연구기구에 근무하는 전문직의 10%에 이르는 484명이 중국 출신이었다.[62] 중국 대사관이 정보를 중국에 넘길 고급 정보원을 포섭하기 좋은 환경의 조직이었다.

호주연방과학산업연구기구의 제조 및 광물 자원 분야 수석 연구자이며 중국 업무를 책임진 웨이강卫钢 교수는 통일전선 조직인 호주과학자연합과 관련이 있다. 호주과학자연합을 통해 그의 연구가 특히 나노 기술 분야에서 중국과 협력하고 있다는 사실을 확인했다. 웨이강은 현재 중국 교육부 '창장학자상'의 해외 심사 전문가 등 중국에서 여러 직책을 겸임하고 있다. 창장학자상은 애국적인 기업가 리자청이 기금을 댄 '최우수' 중국인 연구자를 지원하는 장학 사업이다.[63] 웨이강은 또한 윈난사범대학교 이사, 상하이나노 기술산업발전센터의 전문 자문위원이고, 화동이공대학교의 석좌 교수이며, 선전시 지방정부의 선임 고문이기도 하다. 웨이강이 이런 여러 직책을 수행하며 급여를 받는지는 확실치 않으나, 베이징이 웨이강을 충성스러운 조국의 아들로 보는 것은 확실하다(이에 관해 웨이강 교수에게 이메일을 보내 인터뷰를 요청했지만, 답장을 받지 못했다).

미국은 중국 기업들이 군사적으로 응용할 수 있는 기술이나 인공지능 같은 핵심 기술을 다루는 미국 기업에 투자할 기회를 찾는 상황에 대해 우려하고 있다.[64] 실리콘밸리에 밀려드는 중국 돈을 추적한 펜타곤의 비밀 보고서도 이런 상황을 경고하고 있다. 트럼프 대통령 역시 2017년 8월 기업 인수나 명백한 절도로 지적 자산이 중국에 넘어가는 것을 막을 방법을 찾으라고 명령했다.

중국이 호주에서 보안이 중요한 기술에 접근하는 또 다른 방법은 미국보다 더 직접적이다. 호주연방과학산업연구기구나 대학들과 공동 연구를 추진하는 방법이다. 호주 연구 기관들은 기술 절도에 대한 위험 성을 모르는 듯하다. 특히 학자나 연구자들은 '기술 절도'를 전통적인 지식 공유에 불과하다고 보는 경향도 있다. 연구 기관들이 철저한 조사 를 통해 악의 없고 서로에게 이익을 주는 협력만 걸러낼 것 같진 않다.

데이터 61

중국은 2030년까지 인공지능AI 분야에서 세계 선두를 차지하려 는 작업에 착수했다. 인공지능은 많은 분야에서 좋은 목적으로 쓰일 수 있지만, 국내 및 국제 감시와 인터넷 검열을 강화하려는 중국의 계 획에 필요한 핵심 기술이기도 하다. 현재 개발 중인 인공지능 응용법 은 범죄를 저지르기 전에 미리 '범죄자'를 식별해내는 것이다.[65] 이 또 한 군사적으로 광범위하게 응용할 수 있는 방법이다.

호주도 인공지능에 지대한 관심을 쏟고 있다. 호주연방과학산업 연구기구의 '데이터 61Data 61'은 인공지능을 비롯해 데이터 과학과 관련해 크게 주목받는 연구 센터다. '데이터 과학 연구 및 공학 분야 의 세계 선두'를 목표로 내세운 데이터 61은 상주하는 박사 과정 학생 400명 외에 직원만 1,100명에 달하는 방대한 조직으로, 인공지능의 광 범위한 응용법을 연구하는 호주 최고의 중추 기관이다. 여러 대학 및 다른 연구소들과 협력해 호주의 사이버 안보를 강화하는 작업 과정에서 핵심적인 역할을 맡고 있다. 데이터 61이 협업해 연구하는 사업이 많지만, 그중 하나가 국방과학기술그룹DST과 함께 930만 달러를 투입해 '사이버 안보를 호주 대학 아홉 곳과 공동 연구'하는 사업이다.[66] 블록체인으로 알려진 데이터 저장 및 전송 방법도 집중적으로 연구하고 있다.

그런데 데이터 61의 과학자 중에 중국 군사 기관의 연구자와 공동으로 논문을 발표한 사람이 많다. 데이터 61의 수석 연구원 왕천王晨도 그중 하나이다. 난징대학교에서 박사 학위를 취득한 왕천은 클라우드 컴퓨팅 시스템과 스마트 그리드 에너지 서비스를 연구한다.[67] 왕천은 호주연방과학산업연구기구에 근무하는 동안 중국의 국방과기대학교 NUDT, 정식 명칭으로는 인민해방군 국방과학기술대학교의 수많은 연구자와 협업했다. 국방과기대학교는 시진핑 주석의 중앙군사위원회가 이끄는 중국 최고의 사관학교이며, 가장 정교한 무기를 개발해 군대를 현대화하려는 중국 야망이 담긴 핵심 조직이다.

최근 왕천과 공동 저자로 논문을 발표한 국방과기대학교 연구원 세 사람의 면면을 살펴보자.

>> 국방과기대학교 메카트로닉스자동화대학의 시스템시뮬레이션연구소에 근무하는 류샤오청刘晓铖. 류사오청은 중국의 첫 번째 슈퍼컴퓨터인 인허銀河의 '아버지'라 불리는 황커디黃柯棣 교수의 지도를 받아 2015년 국방과기대학교에서 클라우드 시뮬레이션 박사학위를 받았다.[68] 황커디는 시뮬레이션 기술의 전쟁 활용법에 관한 글도 쓰고 시뮬레이션기술군사학회에도 가입한[69] 현직 이민

해방군 소장이다.[70] 류사오청은 인민해방군 92941부대[71] 및 인민해방군 해군사관학교의 연구원들과도 협업하고 있다.[72]

》 천빈陈彬도 류사오청과 같은 연구소에 근무하며, 인민해방군 63892 부대와 95949부대, 인민해방군 공군 제1항공연구소, 인민해방군 해군사관학교의 연구자들과 협업했다.[73] 국방과기대학교의 컴퓨터군사실험병렬시스템기술연구센터에서도 근무한 경험이 있는 천빈은 전투 시뮬레이션을 연구하고 있다.[74]

》 추샤오강邱晓刚도 국방과기대학교 시스템시뮬레이션연구소에 근무하며, 컴퓨터군사실험병렬시스템기술연구센터에서 근무한 경험이 있다.[75] 2016년에 발표한 논문에서는 국방과기대학교와 인민해방군 31002부대 연구원으로 소개되었다.[76] 추샤오강과 협업한 한 연구원도 국방과기대학교 연구원인 동시에 라사 주둔 인민해방군 77569부대 연구원이었다.[77]

위에 언급된 인민해방군 부대들은 워낙 비밀스러운 탓에 확실히 알려진 정보가 거의 없다. 하지만 발표된 논문으로 연구원들의 작업이 군사적 응용 방법과 직접적으로 연결되었음을 알 수 있다.

왕천이 연구 기밀이나 연구기구의 지적 자산을 공동 저자들에게 넘긴 사실이 확인되지는 않았다. 그러나 중국 국방과기대학교의 세 연구원과 인민해방군 연구 부대의 빈번한 교류 관계를 본다면 국방과기대학교 메카트로닉스자동화대학을 인민해방군 연구 기관으로 보아야 할 것이다. 연구원 세 사람은 전투 시뮬레이션과 관련이 있으며, 왕천이 연구기구에서 연구 개발한 병렬 시스템과 클라우드 컴퓨팅 지식을

중국의 조용한 침공

이용해 자신들의 전투 시뮬레이션 연구 결과를 축적해 중국군을 도우려 할 것이다.

천스핑陳世平은 1999년부터 호주연방과학산업연구기구에 근무한 데이터 61의 수석 연구원이다. 1985년 하얼빈이공대학교를 졸업한 천스핑은 로봇과 드론 연구로 유명한 중국 국영 기관인 선양자동화연구소에서 1990년에 석사 학위를 받았다.[78] 그리고 1995년까지 선양자동화연구소에서 시스템 엔지니어로 근무했다. 선양자동화연구소는 2017년 6월 미국에서 산업 스파이 사건에 연루된 기관이다. 위룽이라는 중국인 기술자가 중요한 군사 기밀 서류를 훔쳐 선양자동화연구소 소장에게 전달해 유죄 판결이 난 사건이었다.[79] 당시 위룽이 근무한 회사는 F-22 랩터와 현재 호주도 72대를 보유한 F-35 라이트닝 전투기의 엔진을 공급하는 회사였다.[80]

천스핑은 2001년에 뉴사우스웨일스대학교에서 컴퓨터 공학 박사 학위를 취득했다.[81] 그가 선양자동화연구소와 지속적으로 교류했다는 증거는 없지만,[82] 2015년부터 현재까지 베이징우전대학교의 네트워킹 및 스위칭기술 국가중점실험실의 연구진과 함께 네트워크와 데이터 과학에 관한 논문을 세 편 발표했다.[83] 네트워킹 및 스위칭기술 국가중점실험실은 군사 연구에 깊이 관여하는 것으로 보인다. 실험실 학술위원 천즈제陳志杰는 공군군비연구소에 소속된 공군 소장이고,[84] 학술위원회 주임 위취안은 인민해방군 총참모부 제61호 연구소 출신이다. 통신 전문가인 위취안은 호주 디킨대학교의 사이버보안연구혁신센터 소장인 샹양과도 연결되어 있다. 샹양이 초빙 교수로 재직 중인 시안전자과기대의 ISN(통합 업무망 이론 및 핵심 기술) 국가중점실험실의 학술위원회 주임이 바로 위취안이기 때문이다.

천스핑이 네트워킹 및 스위칭기술 국가중점실험실의 연구진과 함께 발표한 논문 세 편의 공동 저자 중 한 사람이 천쥔량陈俊亮이다. 그는 중국의 우주 계획과 통신망 연구에 깊이 관여하며 인민해방군과 함께 연구하고,[85] 통신 시스템 안에서 사용되는 '외국 네크워크기의 침해를 차단한' 연구로 인정받은 인물이다.[86]

천스핑이나 이제 이야기할 리밍 주Liming Zhu가 연구 기밀이나 호주연방과학산업연구기구의 지적 자산을 공동 저자나 중국의 동료 연구원들에게 전달한 징후는 없다.

리밍 주는 데이터 61에서 빅데이터와 블록체인, 사이버 보안을 포함해 소프트웨어와 컴퓨터 시스템 프로그램을 연구하는 책임자다. 특히 리밍 주는 블록체인의 금융거래 응용에 관해 호주 재무부와 협업 중인 데이터 61 연구팀을 이끌고 있다.[87] 박사 학위를 취득한 뉴사우스웨일스대학교의 교수이기도 한 리밍 주가 중국의 기관들과 공식적인 관계를 맺고 있는 것 같진 않지만, 인민해방군 교육기관의 연구자들과 함께 데이터 저장에 관한 논문을 발표하는 등 중국군과 연결된 연구진과 협업하는 것은 사실이다. 리밍 주와 공동으로 논문을 발표한 루카이卢凯는 인민해방군 교육기관 중에서 가장 중요한 국방과기대학교 교수다.[88] 컴퓨터 공학자로 이름난 루카이는 중국군과 밀접한 사이다. 당연히 비밀로 분류되는 국방 특허를 4건이나 보유하고 있으며, '군사기술발전상' 1등상을 세 번이나 받았다.[89] 루카이는 본인의 슈퍼컴퓨터 연구가 '중국의 꿈인 강력한 군대'에 이바지한다고 밝힌 적도 있다.[90]

중국의 조용한 침공

대학에 들어온 중국

"고등 교육은 이념 공작의 최전선으로, 마르크스주의를 교육 연구 선전하고,
사회주의 핵심 가치 체계를 강화 추진하고, 중화민족의 위대한 부흥이라는 중국몽을
실현하기 위해 검증된 인재와 지적인 지원을 제공하는 중요한 임무를 책임진다."

2015년 국무원 고등 교육 지침

2016년 호주인문학술원 원장이자 저명한 중국학자인 존 피츠제럴드는 중국 전체 대학교의 행정부와 중공 지도층이 전쟁, 정확히 말해, 호주에서 당연히 여기는 자유롭고 열린 탐구와 전쟁을 벌이고 있다는 점을 지적했다.[1] 그는 중국이 '학문의 자유라는 개념을 대놓고 적대시한다'고 주장했다. 그러나 호주 대학의 지도자들은 중국 돈에 눈이 멀어 학문의 자유를 포기하는 사례가 계속 발생하고 있다. 피츠제럴드의 노골적인 표현대로 "호주 대학의 경영진은 학문의 자유를 비롯해 우리의 가치 체계와 전쟁을 벌인다고 공언하는 기관이나 정치 대표들을 캠퍼스로 초대하고 있다."

2016년 시진핑은 '이데올로기 사업'과 '정치적 사업'을 대학 교육의 핵심으로 삼아야 한다고 연설했다. 모든 교사가 사회주의 핵심 가치 체계를 믿고 선진 이념의 선전자가 되는 의무를 지며, 사상 조작이라는 신성한 임무를 맡고 있다. 학교와 대학이 공산당 '사상 공작'의 1차 중심지다.[2]

서구에서는 이 모든 것을 마오쩌둥주의 유산에서 나온 표현에 불과하다고 치부하는 사람이 많지만, 시진핑은 더없이 진지하다. 이념의 순수성을 강화하는 작업이 중국 전역에서 광범위하게 펼쳐지고 있다. 2016년 중국 교육부가 발표한 지침을 보면 거리낌이 없다. "교실에서 유해한 이념이나 표현을 불법적으로 유포하면 규정과 법률에 따라 엄벌한다."[3] 유해한 이념이 무엇일까? 중공은 2013년 금기 사상을 명시한 공식 성명을 대학 총장들에게 전달했다. '7대 금기 사항'은 입헌 민주주의와 언론 자유, 인권과 학문의 자유를 비롯한 '보편적 가치들'이었다. 2014년 미 의회 보고서에 따르면, "당의 방침을 따르지 않은 일부 학자들은 감시받거나 협박당하고, 공격받고, 벌금을 물고, 구타당하고, 기소되고, 투옥되었다."[4]

존 피츠제럴드의 설명에 따르면, 중공은 호주 등 다른 나라의 대학이 중국 대학과 협력할 때 발생할 곤란한 상황을 예방하려는 듯 이 공식 성명을 국가 기밀문서로 분류했다. 칠순의 중국 기자 가오위高瑜가 이 기밀문서를 외신에 폭로하고, 징역 7년을 선고받았다고 한다. 호주 대학의 경영진이나 교수들이 중국 대학의 합자 유치를 축하하는 만찬장에서 마오타이주를 건배하며 애써 떠올리지 않으려고 기를 쓰지만, 이것이 중국 교육의 현실이다.

검열 그리고 다시 검열

아무리 중국 정부 기관이라도 국제 사회에서는 사상 공작을 하지 않을 거라 생각하면 오늘날의 중국 정부를 기본적인 단계에서부터 오해하는 것이다. 중국 교육부는 고등 교육이 이념의 최전선이라는 시진핑 주석의 꿈을 발전시키는 방식으로 호주 대학도 규제하고 영향력을 미치기 위해 각종 장치를 마련해두었다. 피츠제럴드 교수의 설명처럼 중국은 "국내에서 일상적으로 하는 학문 개입 및 감시 활동을 수출하기 시작했다."

사상 공작을 할 때는 아주 사소한 부분도 놓치지 않는다. 한 호주 학자가 마케팅 과정을 강의하려고 중국 대학에 가보니 대만과 홍콩을 다룬 부분이 교과서에서 전부 삭제되어 있었다고 한다.[5] 중공 이념 기관은 해외에서 공부하거나 일하는 중국인의 사상을 통제하는 정도를 훨씬 뛰어넘는 수준으로 감시 활동을 벌이고 있다. 현재 중공은 (여러분이 지금 읽고 있는 이 책의 출간을 막으려고 한 것처럼) 호주에서 활동하는 학자들의 책이나 공식 발언에 영향을 미치거나 중공을 비판하는 내용은 아예 발표하지 못하도록 막으려 한다. 핵심은 미국의 저명한 중국 학자 페리 링크Perry Link의 지적대로 '학자들이 알아서 자기 검열하도록 설득'하는 것이다. 중국은 이를 위해 두 가지 방법을 사용한다.[6] 첫째, 중국에 비우호적인 학자들을 블랙리스트 명단에 올린다. 호주국립대학교에서 인권을 연구하는 중국학자가 2016년 호주 외무부 주관으로 중국에서 진행된 연구 사업에 참석하려다 중국 입국을 거절당했다.[7] 2017년 3월에는 광저우에서 현장 조사 중이던 시드니공대 펑충이 교수를 구금 심문함으로써 중국에서 학문적 연구를 진행하기 위해 비자가 필요한 학자들에게 조심하라는 경고를 보냈다(당시 펑충이 교수는 호주 영주권자였다).

내가 만나 보니 호주의 중국학자들은 선을 넘는 경우 베이징으로부터 받게 될 처벌을 두려워하고 있었다. 그들은 넘지 말아야 할 선이 무엇인지 잘 알고 있다. 이미 미국의 많은 중국학자가 당한 것처럼 비자 발급을 거절당할 수 있다는 사실을 알기 때문에 공식적인 의견을 밝힐 때 신중하다. 비자 발급을 거부당한 학자는 십중팔구 다시는 그런 일을 겪지 않겠다고 결심하기 마련이다.

10년 혹은 20년을 투자해 중국에 관한 전문 지식을 쌓은 학자에게 중국 방문 금지는 학자이길 포기하라는 말이나 다름없을 것이다. 은퇴를 앞둔 한 학자는 비로소 걱정 없이 호주인들에게 현실을 있는 그대로 전할 수 있다고 털어놓기도 했다. 그래서 중국에 관심을 두는 젊은 학자들은 문화사처럼 정치적으로 덜 민감한 분야를 연구하는 쪽으로 선회하기도 한다. 나는 이 책을 준비하기 위해 자료를 조사하는 동안 호주 대학의 중국학계에 조심하는 분위기가 가득하다는 사실을 확인했다. 학자들은 수많은 중공 감시자의 눈 밖에 나지 않으려고 스스로를 감시하고 있었다. 중공 체제를 강력히 비판한 외국 학자들은 사석에서 만나면 호주 대학들이 강연 초청을 하지 않는다고 푸념한다. 호주 최고의 중국통인 로완 캘릭은 호주 대학들이 "오늘날 중국이나 중국 역사를 독립적으로 일관되게 분석하는 일을 상당 부분 포기했다"고 결론지었다.[8]

학자들이 자기 검열하지 않으면 대학 행정부가 검열한다. 이런 불

중국의 조용한 침공

길한 풍조가 2017년 5월 모내시대학교에서 다시 한번 확인되었다. 인사관리 과목을 담당하는 아론 위제라트네Aaron Wijeratne 강사가 대학에서 널리 쓰이는 교과서를 인용해 학생들에게 쪽지 시험을 냈다. "'정부 관리들은 오직 ( ) 때 진실을 말한다'는 중국 속담에서 ( ) 안에 들어갈 말을 완성하시오." 학생들에게 낸 문제로 ( )에 들어갈 정답은 "술에 취하거나 경솔할 때"였다. 강의를 듣던 중국 학생 가오쑹高崧은 불만을 품고 위챗에 관련 내용을 게시했다. 그리고 멜버른의 중국 영사관이 나섰다.

영사관 직원이 모내시대학교 고위층에게 전화해 우려를 표명하며 사건을 조사해 신중하고 적절한 처리를 요구했다. "상황을 계속 주시하겠다"는 경고도 잊지 않았다.[9] 대학교 당국은 등록금을 내는 중국인 유학생이 4,400명이라는 사실에 주목했다.[10] 멜버른 영사관도 2012년 중국 정부가 10년 만에 최초로 중국 분교 설치를 허가하고 둥난대학교에 대학원과 연구소 건물을 지어준 외국 대학이 모내시대학교라는 사실을 거론하며 압력을 행사한 듯하다.[11]

모내시대학교 경영대 로버트 브룩스Robert Brooks 부학장이 발 빠르게 움직였다. 위제라트네의 강사 자격을 정지하고, 쪽지 시험을 취소하고, 강의 내용 전체를 검수하겠다고 밝혔다. 그리고 얼마 지나지 않아 경영대학에서 '널리 사용되던' 교과서를 금지한다고 발표했다.[12]

〈글로벌타임스〉는 "여기서 우리가 알 수 있는 사실은 중국의 힘이 점점 더 커지고 있고……중국에 대한 경솔한(?) 발언이 점점 사라진다는 것이다"라며 쪽지 시험 사건에서 중국의 승전보를 울리자 중국 인터넷이 늘썩였다. 기사는 호주 대학들이 이제 '경솔한 발언'에 관용을 베풀지 않을 것이라는 전망도 덧붙였다. 중국의 유명 웹사이트 〈163. com〉이 〈글로벌타임스〉 기사를 옮겨 싣자 거의 50만 건의 댓글이 달렸다.[13] 호주 최대 중국어 신문 중 하나인 〈시드니 투데이〉는 더 노골적인 기사로 기름을 부었다. 〈분노! 중국을 공개적으로 욕보인 모내시대학교 쪽지 시험!〉이라는 제목의 기사에서 "당신이 낸 쪽지 시험 주제는 썩은 우유를 단숨에 삼키라는 것이다"며 해당 강사를 매몰차게 몰아붙였다.[14]

하지만 모든 독자가 〈시드니 투데이〉의 도발에 넘어간 것은 아니어서 일부는 중국어 신문의 보도 내용을 비판했다. 한 독자는 편집부에 전화를 걸어 중국 공무원들을 실제로 접해본 적이 있는지 따졌고, 여러 사람이 쪽지 시험 문제에 이상이 없다고 두둔했다. "틀림없는 사실이며, 시험 문제에는 아무런 하자가 없다. 중국은 실제로 그렇다"고 글을 쓴 독자도 있었다. 하지만 모내시대학교에는 중국을 바라보는 중요한 견해가 오직 하나뿐이고, 직원 모두에게 전달된 메시지는 분명하고 확실했다. '우리에게 중국이 중요하니 영사관을 화나게 할 만한 행동이나 발언을 절대 하지 말라. 우리는 영사관의 장단에 맞춰 춤을 춘다.'

학자들이 자기 검열하도록 압력을 행사하는 또 다른 방법은 각종 협력 사업이나 재정적 관계를 맺는 것이다. 2016년 기준으로 호주 대학이 중국 대학과 공식적으로 체결한 연구 협력 계약이 거의 1,100건이었다.[15] 그중 최고는 총 107건의 협력 계약을 체결한 시드니대학교였다. 직원이나 학생 교류 협약도 수백 건이다. 이런 협약이 대학 행정부를 중국에 우호적으로 행동하도록 꾀고 비판적인 학자들이 문제를

중국의 조용한 침공

일으키지 않도록 억누르는 유인책이다.

　시진핑 주석이 치켜세운 해외 열렬 애국자들이 중국인의 감정을 상하게 하는 행위가 없는지 눈에 불을 켜고 찾고 있다.[16] 호주국립대에서 IT 과목을 가르치던 강사는 도를 넘은 부정행위에 화가 난 나머지 강의실 스크린에 이런 공지문을 띄웠다. "커닝하면 절대 용서하지 않겠습니다."[17] 그 강사는 수업을 듣는 학생 대부분이 중국 출신이라 혹시라도 영어가 서툴러 공지 사항을 제대로 이해하지 못할까봐 중국어로 번역한 공지문도 같이 올렸다. 중국인 학생들은 '감정이 상했다.' 호주의 중국어 신문들이 나서서 사건을 키웠다. (《인민일보》는 학생들의 '분노'를 전하며 그 강사의 행동을 '중국인을 죽이라'는 신나치 포스터에 비유했다.[18]) 심하게 부담을 느낀 강사는 '현명하지 못한 결정'이었다며 연신 사과하고 '강의를 듣는 중국인 학생 중에 탁월한 인재가 많다'고 추켜세웠다.

　시드니대학교의 한 강사는 분쟁 중인 인도와 부탄, 중국의 국경선을 인도의 주장대로 반영한 세계 지도를 강의 시간에 사용해 중국 학생들의 감정을 상하게 했다. 항의 표시로 강의실을 나간 학생들도 있었고, 위챗에 관련 사실을 올린 학생들도 있었다. '오스트레일리안 레드 스카프Australian Red Scarf'●로 자칭하는 호주의 강경 위챗 그룹이 크게 반발했고 해당 강사는 사과할 수밖에 없었다.[19] 모르긴 몰라도, 시드니대학교는 분쟁 지역의 지도를 사용할 때 중국의 주장을 반영할 수밖에 없을 것이다. 다른 나라의 주장은 중요하지 않다. 이 사건을 국내

─────
● 홍링진紅領巾. 중국소년선봉대 대원들이 목에 두르는 붉은 수건.

보도한 〈글로벌타임스〉는 "호주에서 중국과 인도의 국경 분쟁이 발생했고, 중국이 이겼다!"고 선언했다. 그렇다, 중국의 승리다. 시드니대학교는 항복했다.[20]

시드니대학교가 호주 대학 중에서 가장 저자세인 것은 분명하다. 호주 여덟 개 명문대학 연합인 G8 Group of Eight의 회장이 부드러운 어조로 학생들이 교수를 위협하는 행동에 문제가 있음을 인정했다는 기사가 실리자, 시드니대학교 마이클 스펜스 Michael Spence 부총장은 G8 회장을 비판했다. 호주에 있는 중국의 공무원들은 "연구의 자유에 깊이 헌신하는 대학을 존중한다"는 내용의 보도 자료를 배포했다. 실소를 금할 수 없는 변명이었다.[21]

뉴캐슬대학교의 한 강사는 수업 시간에 대만과 홍콩이 국가로 분류된 도표를 게시했다.[22] 그러자 〈시드니 투데이〉는 학생들이 대단히 분노했다고 보도했다. 학생들은 자신들의 권리를 지키기 위해 추가 조치를 감행할 가능성도 배제할 수 없다며 위협하고, 시드니 중국 영사관은 중국인 학생들의 마음에 심각한 상처를 준 사건이라며 대학에 항의했다.[23] 중국 당국의 행동은 마치 학생들의 분노에 공감하는 것처럼 보이지만 언제나 그렇듯 전략적이다. 그래도 이에 굴하지 않고 학생들에게 '현실을 인정하는 법도 배워야 한다'고 말한 그 강사를 칭찬하지 않을 수 없다.

모욕의 역사를 수년 동안 세뇌받은 중국 학생 중에는 아주 사소한 꼬투리만 잡혀도 호전적인 열정을 과시하는 이들이 있다. 끊임없이 차별의 증거를 찾으며 억울하다고 느낀다. 대학에 아주 많은 돈을 바치기 때문이다. 중국 영사관은 학생들의 이런 감정을 부추겨 학생들을

중국의 조용한 침공

통제하고, 호주인들에게 공산당이 그리는 세상을 보도록 압력을 행사하는 수단으로 이용한다.

호주인들은 살얼음판을 걷는 심정으로 중국을 화나게 하는 일이 생기지 않을까 두려워하며 중국의 비난과 행패를 묵묵히 받아들인다.

호주의 많은 대학 관계자와 일부 학자는 학문의 자유라는 개념을 막연하게 이해할 뿐, 학문의 자유에 헌신하지 못한다. 학문의 자유가 침해받고 있다는 외침도 이들에게는 기관의 이익을 위해 희생할 수 있는 사치에 불과할 것이다.

학문의 자유는 '현대 대학의 도덕적 기초'[24]일 뿐 아니라 호주 사회에서 언론 자유의 핵심이다. 로비스트나 언론인과 달리 일반 대중은 전문 지식을 쌓기 위해 학자들에게 학비를 지불하고, 그 학자들이 전문 지식을 활용해 사회를 풍요롭게 만들 것으로 기대한다. 하지만 중국에서는 진지하게 학문의 자유를 추구하다 박해받은 학자가 많다. 중공 이념의 역사적 정치적 왜곡을 지적하다 감옥에 갇히거나 쫓겨나 대중의 기억에서 지워졌다. 막대한 권력의 중공은 이제 뻔뻔스럽게도 중국에 비우호적으로 보이는 서구 학자들의 입을 틀어막으려 든다. 일반인들은 케임브리지 대학교 출판부라면 누구보다 열렬히 학문의 자유를 지지할 것으로 생각하겠지만, 2017년 8월, 베이징의 압력에 무너졌다. 케임브리지 대학교 출판부의 권위지 〈차이나 쿼터리The China Quarterly〉는 온라인 기사 300개를 삭제했다. 중국 검열기관이 문화혁명이나 톈안먼 광장 학살 등의 문제를 다루었다며 경고한 기사들이었다.[25] 케임브리지 대학교 출판부는 〈차이나 쿼터리〉가 확보한 중국 시장을 놓칠 수 없었던 것이다. 하시만 분노한 중국학 연구자들의 항의가 빗발치자 〈차이나 쿼터리〉가 삭제한 기사들을 다시 게시했다. 중공이 그대로 둘까? 어림없다.

호주 대학이 중국 대학이나 중국 국영 기업과 제휴하면, 중공과도 제휴하는 것이다. 중공은 사상 관리 계획에 따른 정치적 이념적 규칙을 세워 제휴 관계를 구속한다. 호주에서는 그 어떤 대학도 직원이나 학생에게 적용하지 않을 규칙이다. 이런 관계 속에서 자유주의와 권위주의가 부딪치면 으레 자유주의가 물러선다. 권위주의를 불쾌하게 만들지 않기 위해서, 돈줄을 잡기 위해서.

인민해방군 업그레이드 자금[26]

최첨단 기술국이 독점한 보안이 필요한 지식을 교활하게 습득하는 중국의 활동이 최근 몇 년 사이에 새로운 국면으로 접어들었다. 이런 지식을 탐구하는 서구의 대학과 연구소 대부분이 정부 자금을 지원받는다. 하지만 앞서 설명한 대로 이런 서구의 연구 기관들이 중국 돈에 넘어가거나 과학자들 사이의 협업이라는 전통에 얽매어 중국 대학이나 연구팀과 수많은 협약을 체결했다.

중국 당국가 체제는 수년간 해외의 선진 군사 기술과 산업 기술을 획득하려는 계획을 조직적으로 추진했다. 수단과 방법을 가리지 않았다. 존 피츠제럴드는 이렇게 설명했다.

중국은 개방적이고 비판적인 탐구나 혁신을 자극하는 실험에 투자하는 대신 전략적으로 국가 발전과 국방에 투자한다. 그런 뒤 미처 발견하지 못하거나 발명하지 못한 것은 훔친다……이런 전략으로 막대한 이익을 거두었다.[27]

그런데 중국이 염원하는 기술 선도국이 되도록 호주 대학들이 암암리에 도움을 주고 있다는 사실이 드러나고 있다.

호주연구위원회가 링키지 프로그램Linkage Program(연계 사업)을 운영하며 중국의 첨단 무기 개발에 응용될 연구에 호주인들의 세금을 쏟아붓고 있다. 원래 링키지 프로그램의 목적은 대학과 산업계, 기타 연구소의 국내 협력 및 국제 협력을 증진하는 것이다. 그런데 협력 관계를 증진할 대상이 중국의 군사 과학자들이다.

2016년 호주연구위원회가 애들레이드대학교에 중국항공공업진단공사AVIC 부속 베이징항공재료연구소와 3년간 연구 협력하도록 40만 달러의 보조금을 지급했다.[28] 중국항공공업진단공사는 인민해방군 공군에 J-20 스텔스 전투기와 5세대 FC-31 스텔스 전투기, 공격용 드론 등 군용기를 대량 공급하는 중국 국영 기업이다.[29] 인민해방군이 중국 최초의 항공모함 랴오닝호를 공개할 때도 이 기업이 제작한 선양 J-15 전투기들이 함재기로 적재되어 있었다.[30]

중국항공공업진단공사의 베이징항공재료연구소는 '국방과학기술 혁신 체계의 핵심'으로 자부하는 기관이다.[31] 연구소장인 다이성룽戴圣龙은 연구소 당위원회 서기도 겸직한다.[32] 2016년 중국항공공업진단공사의 자회사가 참여한 중국 컨소시엄이 영국의 세계적 데이터 저장 회사인 글로벌 스위치Global Switch의 지분 50%를 인수했다. 그러자 호주 국방부가 글로벌 스위치 호주 지사와 계약 관계를 종료했다. 시드니 외곽 울티모에 사무실이 있는 글로벌 스위치 호주 지사는 대단히 민감한 자료를 저장하고 있으며,[33] 글로벌 스위치는 화웨이와도 제휴하고 있다.

호주연구위원회의 설명에 따르면, 애들레이드대학교와 진행하는 링키지 프로그램의 목표는 '항공기와 자동차, 선박에 사용될 편리하고 조용하고 에너지 효율이 우수한 고무 재질의 소재와 장비를 호주에서 가공할 수 있도록 하는 것'이다. 하지만 최첨단 전투기의 성능을 개선하려는 인민해방군 공군의 능력도 향상시킬 것이다.

중국항공공업진단공사에 링키지 프로그램의 보조금 아이디어를 제안하고 호주연구위원회에 신청서를 제출한 연구팀은 차오스장乔世璋 교수와 마톈이Ma Tianyi 박사, 쑤정타오苏正涛 교수, 왕펑Wang Peng 박사다. 애들레이드대학교 나노 기술학과장인 차오스장은 베이징화공대학교 객원 교수 등 중국에서 다양한 직책을 맡고 있다. 베이징화공대학교에는 중국의 국방 군사 복합 연구 사업을 34건이나 수행한 국가 중점 실험실이 설치되어 있다.[34] 마톈이는 애들레이드대학교 연구원이며, 왕펑은 애들레이드대학교 박사 후 연구원이다.[35]

이 연구팀의 선임 연구원 중 한 사람인 쑤정타오 교수는 중국항공공업진단공사의 베이징항공재료연구소에 근무 중이다.[36] 여기서 중요한 점은 중국에 근무하는 쑤정타오와 애들레이드대학교에 근무하는 세 사람 등 인민해방군과 연결된 연구원들 모두 호주 정부의 자금을 받아 중국군 전투기의 성능 향상에 도움이 되는 연구를 하고 있다는 사실이다. 이들이 처음부터 이런 목적으로 연구 신청을 한 것은 아널지라도, 호주가 중국항공공업진단공사 연구에 자금을 지원할 때 충분히 예상할 수 있는 위험이다.

정통한 소식통에 따르면, 중국은 "연구 비용도 아끼며 문화적 단점을 극복하고 다른 나라의 독창성에 편승해 선두로 단숨에 도약하기 위해 신중하게 준비한 국가 주도 사업"에 착수했다. 윌리엄 해너스와 제임스 멀베넌, 애너 푸글리시가 《중국 산업 스파이》라는 결정적인 책에서 이미 경고한 내용이다.[37] 중국 전문가인 제임스 맥그리거James McGregor는 미국 상공회의소에 제출한 보고서에서 중국의 첨단 기술 연구 계획이 '전 세계 어디에도 유례없는 대규모 기술 절도 계획'이라고 훨씬 더 노골적으로 꼬집었다.[38] 그런데도 호주 정부는 기술 발전이 중국의 군사력 향상에 도움이 되는 상황에서 중국의 야망에 협력하며 보조금을 지원한다. 무슨 이유일까?

호주 정부의 지원금이 중국의 군사적 야망을 지원하는 경우는 앞에서 언급한 사례만이 아니다. 2016년 호주연구위원회는 뉴사우스웨일스대학교와 내셔널 인스트루먼츠National Instruments 호주 지사, 화웨이 연구진의 공동 연구 사업에 46만 6천 달러를 지원했다. 호주 정보기관이 화웨이를 인민해방군 사이버 스파이 부대인 제3부와 연결되어 있다고 평가하고, 연방 정부가 호주 NBN에서 화웨이 장비 사용을 금지한 상황이었다.

8장에서 살펴본 대로 호주안보정보원이 이렇게 평가하기까지는 화웨이가 간첩 활동의 위험이 있다고 판단한 미 의회 보고서가 큰 역할을 했다. 미 의회 보고서는 중국 통신사 ZTE와 더불어 화웨이가 "외국 정부의 영향력에서 벗어났다고 믿을 수 없으며 그에 따라 미국과 미국 통신 체계의 보안을 위협한다"고 판단했다. 화웨이와 중국 정부 기관의 관계를 밝히려다 실패한 뒤 미 의회 보고서는 화웨이 경영진이 교활하게 답변을 회피하고 부정직하다고 결론지었다.

호주연구위원회가 자금을 지원한 사업의 목적은 '다중 접속과 기기 간 저지연 통신'을 연구해 '새로운 유형의 세계적 무선 인프라' 구축에 이바지하는 것이다. 하지만 이 연구가 간첩 활동에 활용되고 군사적으로 이용될 것은 불 보듯 뻔한 일이다.[39]

외국인이 중국을 섬기도록 하라

존 피츠제럴드는 상당히 도발적으로 이렇게 충고했다. "호주인들은 중화민족의 위대한 부흥이라는 시진핑의 꿈을 공유할지, '호주의 국가적 연구 전략을 중국의 연구 전략과 아주 밀접하게 조율함으로써' 시진핑의 꿈에 도움이 될 것인지 여부를 고민해야 할 것이다."[40] 하지만 중국 대학이나 연구소와 수백 건의 협력 협약을 체결한 호주는 지금 중공의 야망에 이바지하도록 호주의 과학 기술 연구를 대대적으로 개편하는 중이다.

중국전자과기집단은 국영 군사 연구 조직으로, 전문가에 따르면 '중국 공인 10대 방위산업 관료-기업 복합체 중 하나'다.[41] 이들의 목적은 중국의 부국강병 건설에 이바지하는 것이다. 문제는 중국전자과기집단이 시드니공대와 긴밀히 협력하며 호주 정부의 자금을 지원받고 있다는 것이다(대니엘 케이브Danielle Cave와 브렌단 토마스-눈Brendan

Thomas-Noone도 중국전자과기집단과 시드니공대의 협업 관계를 조사했다[42]).

중국전자과기집단이 운영하는 수많은 연구소는 본래 인민해방군을 위해 인민해방군에 의해 설립된 기관이며, 지금까지 줄곧 군에서 자금을 지원받아 군사 연구를 진행하고 있다. 2010년 홈페이지에 군사 산업 전자 기술에서 국가 대표이자 정보산업의 주력이라고 조직을 소개했다.[43]

중국전자과기집단의 기술이 일부 민간 분야에 적용되면서 군사적으로 이용된다는 사실은 가려질 수 있지만,[44] 전문가 매튜 루스Matthew Luce는 화웨이나 ZTE는 인민해방군에 직접적으로 충성한다는 사실을 부인하는 반면 중국전자과기집단은 거리낌 없이 '인민해방군의 이익을 위해 민간 전자 기술을 활용하는 것'을 목표로 내세운다고 지적한다.[45] 케이브와 토마스-눈도 전쟁이 점점 더 정보화되고 네트워크화함에 따라 민간과 군사, 보안 분야에서 아주 중요한 기술들의 구분이 점점 더 모호해질 것이며 그런 구분이 가장 모호한 곳이 중국전자과기집단이라고 지적한다.[46] 2017년 7월 호주 앞바다에 정박해 미국과 호주의 기동 훈련을 정탐한 인민해방군 해군 함정에도 중국전자과기집단의 전자 장치가 가득 찼을 공산이 크다.

중국전자과기집단은 합법과 불법을 가리지 않고 온갖 수단을 동원해 군사 기술을 노렸다. 2011년 1월 매사추세츠 법원이 웨이위펑에게 징역 3년, 공동 피고인 우전저우에게 징역 8년을 선고했다. 두 사람이 공모해 군용 위상배열레이더와 전자전, 미사일 시스템에 쓰이는 군용 전자 부품과 민감한 전자 장치를 훔쳐 수출한 혐의였다. 이들이 훔친 장비를 공급받은 기관 중 하나가 중국전자과기집단이었다.[47]

2010년 10월에는 캘리포니아에서 요크 위안 창York Yuan Chang과 러핑 황Leping Huang 부부가 기밀 전자 기술을 인가도 받지 않고 중국에 수출한 뒤 허위 진술한 혐의로 체포되었다. 이들은 고성능 아날로그-디지털 변환기 두 종류를 개발하는 데 필요한 기술을 설계 이전한다는 계약을 중국전자과기집단의 제24 연구소와 체결한 것으로 알려졌다.[48]

하지만 이런 상황을 모두 무시하듯, 시드니공대는 2017년 4월 중국전자과기집단과 제휴해 빅데이터 기술과 메타소재, 첨단 전자 장치, 양자 컴퓨팅 및 통신을 연구하는 공동 연구소를 신설한다고 발표했다.[49] 연구 주제가 모두 군사 및 보안 분야에 응용되는 주제였다. 예를 들어 중국이 메타소재 활용법을 연구하는 이유는 보이지 않는 스텔스기 제작이라는 인민해방군의 꿈을 실현하기 위해서다.[50] 이렇게 신설된 시드니공대 연구소에 중국 국영 기업 중국전자과기집단이 2,000만 달러를 지원하고 있다.

이 신설 연구소는 예전부터 시드니공대가 중국전자과기집단과 협업하던 작업을 계속 진행하고, 시드니공대 아틸라 브렁스Attila Brungs 부총장과 중국전자과기집단이 서명한 협약에 따라 두 기관의 기술 연구 협력을 증진하고 있다. 이 공동 연구소의 연구 작업은 이미 SKASquare Kilometer Array● 프로젝트를 진행하며 중국전자과기집단 제54 연구소에서 안테나를 구매한 호주연방과학산업연구기구와도 연결될 전망이다. 케이브와 토마스-눈은 군사 연구에 집중하는 중국전자과기집단 제54 연구소와 호주연방과학산업연구기구의 10년에 걸친 협업 관계를

● 세계 최대 전파 망원경 건설 프로젝트.

중국의 조용한 침공

특히 염려한다.[51] 미국에서는 중국전자과기집단 제54 연구소와 협업하려면 반드시 정부의 공식 인가를 받아야 한다.

시드니공대와 전자과기집단의 협업은 호주연구위원회의 자금을 지원받지 않는다. 글렌 와이트웍과 빌 퍼셀 부총장보를 만나 물으니, 협업을 비롯해 시드니공대에서 진행하는 모든 연구 계획이 방산무역통제법에 어긋나지 않는다고 설명했다. 방산무역통제법은 민감한 연구 주제에 대한 국제 협력을 감시하는 법률이다. 두 사람의 설명을 들으니 해묵은 방산무역통제법이 새로운 기술 환경이나 전략 환경을 따라가지 못한다는 느낌이 들었다. 호주 국방부는 법률 준수는 대학의 몫이며, 성실히 법률을 지키고 있는 것 같다고 이야기한다.[52] 하지만 중국 최고의 군사 연구자들과 밀접히 연계된 관계를 보면 감시 체계가 무너졌다는 것을 알 수 있다.

시드니공대는 2016년 중국전자과기집단 연구소에서 진행하는 스마트시티 연구에 동참했다.[53] 공공 안전 조기 경보 예방감시 기능과 사이버공간 통제 기능까지 포함한 연구였다. 〈신화통신〉은 중국전자과기집단의 스마트시티 연구를 보도하며 "민간 분야와 군사 분야에서 이중으로 쓰이는 기술들을 연결하고 통합한다"고 평가했다.[54] 겉으로 보기에는 그럴 듯하지만, 사실 중국전자과기집단의 기술은 중국 정부를 도와 세계 최고로 포괄적이고 억압적인 시민감시통제체계를 강화하고자 한다.[55]

놀라기는 아직 이르다는 듯, 시드니공대 글로벌빅데이터기술센터 GBDTC도 중국전자과기집단과 제휴했다.[56] 글로벌빅데이터센터는 모바일 센싱과 통신, 컴퓨터 시각, 클라우드 컴퓨팅, 데이터 집적 시스템, 두뇌 컴퓨터 인터페이스를 연구하는 기관이다. 공동 연구 주제는 '미래 통신망을 위한 첨단 무선 기술'[57]이었다. 화웨이가 제휴한 이유도 바로 이것 때문이었을 것이다.[58]

빅데이터 기술은 국방 정보 분석 작업을 완전히 변화시킬 수 있기 때문에 미국과 호주의 군대, 정보기관이 모두 관심을 갖는 기술이다. 당연히 인민해방군도 "국가적인 빅데이터 사업과 인민군 융합 선진 개발 전략을 활용해 군사 빅데이터 개발을 앞당겨라"고 권고했다.[59]

시드니공대 빅데이터센터는 홈페이지에서 국방과학기술그룹도 제휴 기관 중 하나라고 주장한다. 국방과학기술그룹은 호주군의 첨단 과학 기술 개발을 책임지는 아주 중요한 호주 정부 기관이다.[60] 중국 시민 간첩단이 노릴 '최고의 표적' 중 하나로 지목되는 것이 바로 국방과학기술그룹과 호주연방과학산업연구기구가 보유한 기밀이다.[61] 빅데이터센터에 소속된 연구원들이 국방과학기술그룹 업무를 처리하긴 했지만, 사실 국방과학기술그룹은 빅데이터센터와 제휴한 적이 없다. 지금까지는 국방과학기술그룹이 시드니공대와 제휴하는 업무가 적었지만, 시드니공대의 기술 연구 비중이 점점 더 커짐에 따라 시드니공대와 협업 관계를 크게 늘려야 할 것으로 내다보고 있다.[62] 뉴사우스웨일스 주정부와 국방과학기술그룹이 합자해 신설한 국방과학연구소가 시드니공대에 설치될 예정이다. 호주에서 가장 보안이 취약한 대학 캠퍼스가 호주 국방과학 연구의 중심이 되는 것이다. 하지만 국방과학기술그룹은 대학과 협업하는 모든 작업이 연구 및 개발 과정에서 아주 기초 단계에 속한다고 주장하며, 모든 연구 결과를 공개하도록 권고한다. 국방과학기술그룹은 대학에 기밀연구를 맡기지 않으므로 대학 직원들의 국적에도 신경을 쓰지 않는다. 모든 기밀연구는 국방과학기술 그룹 내부 시설에서 진행한다. 하지만 대니얼 골든은 최근에 발표한 책《스파이 학교Spy Schools》에서 이런 상황의 문제점을 이렇게 정리했다. "외국 정부는 아주 중요하게 응용되어 기밀로 분류되기 이전에 근본적인 돌파구를 확보하려고 애쓸 것이다."[63]

협업이라는 말의 함정

시드니공대 과학자 여덟 명이 관계를 맺은 시안전자과학기술대학교는 인민해방군 군사전자공학연구소가 모태로 중국군과 긴밀히 연결되어 있다. 이 시드니공대 과학자들이 시안전자과기대 동료들과 공동으로 연구하고 논문을 발표했다.

시안전자과기대는 홈페이지에서 국방 기술 발전에 공헌한 사실을 자랑하며 '중국 전체 3차 교육기관 중 국방 기술 연구에서 우위에 선 독보적 기관'이고 인민해방군 장군 120명 이상을 배출한 대학으로 자부한다.[64] 2015년 시안전자과기대가 사이버공대를 신설한다고 발표했을 때, 중국통들은 중국이 방위와 첩보, 전쟁 능력을 강화하는 것으로 해석했다.[65]

미국의 한 전문가는 '시안전자과기대와 인민해방군의 밀접한 관계'로 볼 때 사이버 연구에서 민간과 군대가 연결되는 의미라고 지적했다. 그런데도 시드니공대 연구자들은 시안전자과기대 과학자들과 협력하고 있다.

인민해방군 전투력 향상에 직접적으로 이용될 연구를 진행하는 등 시드니공대가 중국 과학 연구의 비공식적인 전초 기지가 되어버린 듯하다. 국방과 정보를 책임진 기관을 비롯해 호주에서 가장 중요한 과학 기술 기관들까지 인민해방군 연구소와 밀접히 연결된 연구진과 손발을 맞추고 있다. 시드니공대가 분별없이 중국의 군사 정보 기술 고도화에 이바지하는 모습을 보면, 호주가 중국이나 중국의 방식을 대하는 자세가 정말 안일하다는 사실을 알 수 있다.

시진핑 국가주석은 2016년 기술 혁신이라는 강력한 엔진으로 중화민족의 위대한 부흥을 추진하겠다고 선언했다.[66] 중국은 그 엔진에 동력을 공급하기 위해 공적 자금은 물론이고 호주의 가장 귀중한 지적 자산까지 효과적으로 동원하고 있는 듯하다. 하지만 호주인들은 이런 사실에 관심이 없다.

현재 베이징은 중국의 국내 기술이 선두를 달리도록 엄청난 자금을 투자하고 있다.[67] 시진핑이 2017년 11월 제19차 전국인민대표대회에서 재차 강조한 야망 즉, 세계에서 기술적으로 가장 정교한 군대를 갖겠다는 야망은 최첨단 지식이면 무엇이든 다 가져다 쓰겠다는 것을 의미한다.[68] 〈로이터통신〉이 보도한 대로 "중국은 전략적 무기와 장비를 생산하는 국내 혁신과 연결할 수 있는 비결을 찾아 지구를 샅샅이 뒤지고 있다."[69]

앞서 살펴본 대로 호주 연구자들이 인민해방군과 연결된 중국 기업과 협업하고 있는 동안 인민해방군은 중국 과학자들을 호주에 연수 보냄으로써 호주의 전문 지식 덕을 보고 있다. 특히 호주국립대학교와 시드니공대, 뉴사우스웨일스대학교가 인민해방군과 아주 광범위하게

중국의 조용한 침공

연결된 것으로 보인다. 이런 식으로 호주 대학과 인민해방군을 연결하는 핵심 인물은 양쉐쥔楊學軍 중장이다. 양쉐쥔은 시진핑이 최근에 중국 최고의 군사 연구소인 인민해방군 군사과학원을 맡긴 인물이다.

호주에서 양쉐쥔 중장과 가장 빈번하게 협력하는 사람 중 하나가 뉴사우스웨일스대학교 컴퓨터공대의 과학교수인 쉐징링Xue Jingling이다. 쉐징링은 뉴사우스웨일스대학교의 연구원 서너 명과 더불어 인민해방군 국방과학기술대학교와 폭넓은 관계를 맺고 있다. 중국 최고의 군사기술학교인 국방과기대학교의 슈퍼컴퓨터 전문가들과 함께 20편 이상의 연구 논문을 발표했다. 이런 연구에 투입된 호주연구위원회 보조금이 지금까지 230만 달러를 넘는다.

쉐징링과 양쉐쥔 중장의 긴밀한 협력은 빙산의 일각에 불과하다. 뉴사우스웨일스대학교 연구원들은 인민해방군 왕페이쉐 대령[70]이나 장웨이화 소장[71]과 공동 연구를 비롯해, 수중 자율주행 차량과 광섬유, 항법시스템 등 광범위한 분야에서 국방과기대학교와 공동 연구를 진행하고 있다.

국방과기대학교 교수인 왕페이쉐는 미국이 주도하는 위성위치확인시스템GPS과 경쟁할 중국의 독자적인 모델 즉, 2020년 전 세계 공급을 목표로 중국이 개발 중인 베이더우 위성항법시스템의 선두주자다.[72] 베이더우 위성항법시스템은 미국과 분쟁이 발생하면 중국군에게 대단히 중요한 도구가 될 것이다.[73] 수많은 뉴사우스웨일스대학교 과학자가 이처럼 민간 분야뿐 아니라 군사적으로도 응용 범위가 큰 베이더우 위성항법시스템 개발에 참여하며 국방과기대학교의 전문가들과 협력했다.[74] 당연히 중국이 글로벌 위성항법시스템을 개발한 공을 모두 차지할 텐데, 호주가 전문 지식을 제공해 그 시스템의 성능을 높여야 할 이유가 있을까?

호주 대학과 중국 군사학교의 관계는 공동 연구 결과를 학술지에 발표하는 것으로 그치지 않는다. 인민해방군 기관의 인력이 대거 호주 대학으로 밀려드는 상황도 걱정스럽다. 지난 10년간 객원 연구원이나 박사 과정 학생으로 뉴사우스웨일스대학교에 들어온 국방과기대학교 관련 연구자가 20명을 넘는다. 호주국립대에 들어간 국방과기대학교 인력도 14명이다.

예를 들어, 왕페이쉐 대령 밑에서 박사 과정을 밟던 리민은 측량 및 공간정보시스템 대학에서 실습 과목을 공부하기 위해 2008년 뉴사우스웨일스대학교를 방문했다.[75] 리민은 박사 과정 중에 연구한 항법 시스템과 연관된 중국의 기밀 국방사업 여섯 건을 주제로 박사 학위 논문을 작성했다.[76] 리민처럼 호주 대학을 찾아와 공부하는 인민해방군 연구자들이 앞선 교육을 받고, 국제적인 인맥을 쌓고, 아직 기밀로 분류되지 않은 연구를 접하고, 가장 중요한 미래에 관한 인사이트를 얻어 중국으로 돌아간다. 인민해방군과 관련된 인력이 호주에서 진행하는 연구는 이들이 인민해방군을 위해 수행하는 특별한 작업과 연결되는 경우가 많다.[77]

호주 대학의 교육과 협력이 중요하다는 것은 중국도 인정하는 사실이다. 중국군도 마찬가지다. 인민 대표인 왕페이쉐 대령은 제19차 전국인민대표대회에서 "과학과 기술이 전투력의 핵심이다"고 선언했다.[78] 호주 대학들이 추진하는 이 위험한 협력을 안일하고 순진한 탓으로 볼 수 있겠다. 하지만 이제 충분히 경고했으니 호주 대학들이 앞으

중국의 조용한 침공

로는 어떤 상대와 긴밀히 협력할 것인지 충분히 신중하게 검토할 것이라 여길지도 모르겠다.

하지만 방어적인 사람이 있기 마련이다. 시드니공대 연구원들이 중국군과 긴밀히 연결된 과학자나 기업, 연구소와 진행하는 협력이 어떤지 묻자, 글렌 와이트윅 부총장보는 더할 나위 없이 만족스럽다고 대답했다. 와이트윅 부총장보는 "진행 중인 연구가 군사 민간 겸용이고 기밀도 아니며 공개적으로 이용할 것이기 때문에 인민해방군과 연결시키는 주장은 적절하지 않다"라는 이메일 답장을 보내왔다.[79] 앞서 대학과 중국군의 관계를 질문했을 때 보낸 답장과 마찬가지로 이번 답장에서도 부총장보는 '시드니공대나 그 구성원들의 명예를 부당하게 훼손하는 경우' 법적 조치를 취하겠다고 위협했다.[80] 그리고 시드니공대 학자들의 사기가 떨어질까 염려되며, "귀하의 학문의 자유가 귀하의 책에 등장하는 시드니공대 학자들의 학문의 자유와 반드시 균형을 이루어야 한다"고 강조했다.

내가 대학들이나 호주연구위원회에 이메일을 보내 중국군과 연결되었다는 증거를 제시하면, 대부분 법의 조건을 따랐으며 특히 방산무역통제법을 준수했다는 답장을 보낸다. 혹시라도 문제가 발생하면 비자를 승인한 이민부나 안보 기관 탓이라며 책임을 미루기도 한다.

하지만 호주연구위원회나 사이먼 버밍엄Simon Birmingham 교육부 장관은 대학은 자율적인 기관이므로 법적 의무를 준수하는 것도 대학의 몫이라며 모든 책임을 대학에 떠넘긴다.[81] 더 큰 문제는 이런 협력에 적용할 법률과 규정이 충분치 않다는 것이다. 대단히 정교한 군사 기술이 민간 분야에 이용되거나 민간 분야에서 성교한 군사 기술이 개발되는 새로운 환경에 맞춰 법률과 규정을 보완할 필요가 있다. 그리고 법적인 요구 조건을 떠나서 대학은 중국의 군사력 증강에 기여할 것인지 심각하게 고민할 의무가 있다.

중국은 열린 태도로 협력하는 호주 과학계의 훌륭한 문화를 악용하고 있다. 하지만 호주의 일부 과학자는 열린 협력에만 치우친 나머지 함께 연구하는 사람의 정체를 더 세심히 살피라는 경고를 무시한다. 한 중견 과학자에게 인민해방군과 협력하면 불안하지 않은지 묻자, 신경이 쓰인다고 대답했다. 그리고 이렇게 반문했다. "하지만 제가 무엇을 할 수 있겠습니까?"[82] 소속 대학의 주장에 따르면, 이 과학자는 외부 자금을 지원받아 연구 중이며 연구 자금의 출처는 중국이었다.

뉴사우스웨일스대학교의 횃불

베이징은 국내 과학 기술 인프라 구축을 위해 막대한 자본을 투입해 여러 가지 사업을 추진하고 있다. 기초 연구를 위한 973계획, 대학 개혁을 위한 985프로젝트와 211프로젝트, 횃불계획Torch program 등이다. 횃불계획의 목표는 해외 협력을 통해 수익성 높은 첨단 산업을 발전시키는 것이다. 이 계획에 따라 중국은 서양에서 교육받은 중국인 과학자들에게 접근해 중국으로 돌아가 150여 곳에 이르는 국가 차원의 과학기술단지에 근무하도록 설득하거나 해외에 머무르며 각자의 자리에서 봉사하라고 회유한다.[83]

횃불계획이 포함된 중국의 중장기과학기술발전계획(2006~2020년)

은 해외 기술 연구에 초점을 맞춘다. 중국의 발전 계획은 국제적 과학 협력으로 혁신을 추진하는 것이 아니다. 해너스와 멀베넌, 푸글리시가 《중국 산업 스파이》에서 설명한 대로 정확히 말해 '기술 절도 계획'이다.[84] 863계획으로 알려진 국가첨단기술연구발전계획이 횃불계획보다 먼저 추진되고 있지만, 이 계획의 목표도 중국이 서구를 능가할 수 있도록 국내 대학과 연구소에 자원을 투입할 뿐만 아니라 해외 기술을 훔치는 것이다. 2011년 미국에서 중국인 과학자가 중국의 863계획에 넘기려고 산업 기밀을 훔치다 딜미를 잡힌 사건이 좋은 예다.[85] 미국 국가방첩관실ONCIX의 2011년 보고서에 따르면, 863계획은 "미국의 기술과 민감한 경제 정보를 은밀히 획득하기 위해 자금과 지침을 제공한다."[86]

해외 최초의 횃불계획 기술단지가 뉴사우스웨일스대학교에 설치된다. 2016년 4월 뉴사우스웨일스대학교의 이안 제이콥스Ian Jacobs 부총장이 베이징의 인민대회당에서 횃불계획 제휴 협약에 서명했기 때문이다. 세간의 이목이 쏠린 사건답게 말콤 턴불 총리와 리커창 총리가 제이콥스 부총장 양옆에 있었다. 제휴 협약에 따라 중국 기업 여덟 곳이 초기 투자비로 지원한 금액은 3,000만 달러였다. 뉴사우스웨일스대학교가 시드니 켄싱턴 캠퍼스 옆에 기술단지 건설을 마무리하는 2025년까지 지원받을 금액을 모두 합치면 1억 달러에 이를 것으로 예상된다. 뉴사우스웨일스대학교는 호주횃불혁신지구가 완공되면 최초 10년간 호주 GDP를 10억 달러 이상씩 증가시킬 것이라는 보도 자료를 배포하기도 했다.[87] 뉴사우스웨일스대학교는 〈딜로이트 엑세스 이코노믹스Deloitte Access Economics〉가 추성한 자료라고 밝혔지만, 나는 수치가 미심쩍었다. 대학에 〈딜로이트 엑세스 이코노믹스〉의 보고서 사본을 요청해 확인하려 했으나 자료를 줄 수 없다는 답변만 돌아왔다.

이안 제이콥스는 인민대회당에서 협약을 체결하며 "감격스러웠다"고 소감을 밝혔다. 시드니로 돌아온 뒤에는 대학에서 축하 만찬도 베풀었다. 제이콥스는 뉴사우스웨일스대학교가 세계적인 기술 혁신국이 되려는 중국의 계획에 참여하게 되어 대단히 흥분되고[88], "뉴사우스웨일스대학교의 제휴 협약이 세계 최초이며 호주와 중국의 양국 관계를 안정시키고 국가적 혁신 체제를 부양할 잠재력이 있다"고 평가했다.[89] 과연 어느 나라의 혁신 체제를 부양할까? 최초의 해외 제휴 협약에 따라 뉴사우스웨일스대학교에 들어설 혁신지구에서는 중국이 외국의 연구 역량을 동원해 자국의 기술 발전에 박차를 가하려는 횃불계획을 주도한다. 최근 중국이 '자생적인 혁신'의 중요성을 점점 더 강조하고 있지만, 외국의 기술과 노하우를 통해 궁극적으로는 외국 연구에 의존하는 정도를 낮추는 것이 목표다. 이런 목표를 달성하기 위해 중국 과학기술부는 정부에 "공동 연구소나 연구개발센터를 설립하도록 과학 연구소와 대학, 해외 연구개발기관들을 독려하라"고 요청했다.[90]

〈신화넷〉은 뉴사우스웨일스대학교 제휴를 '축복할 순간'으로 예찬하고, 예상대로 공산당의 단골 선전 문구를 인용해 '양국의 원원 상황'이라고 평가한 호주중국관계연구소 부소장 제임스 로렌스슨의 발언도 전했다.[91]

뉴사우스웨일스대학교의 횃불계획 기술단지는 중국의 수요에 맞춰 호주의 연구 자원을 징발하는 중요한 계기이다. 뉴사우스웨일스대학교의 연구 책임자인 브라이언 보일Brian Boyle은 횃불계획을 통해 대학이 중국 정부를 연구 발전을 촉진하는 장치로 이용하게 될 것이라고 밝혔다. 하지만 횃불계획은 중국의 연구 우선권을 주장하는 중국 투자자들만 끌어들이는 '신원 확인 장소 겸 입구'가 될 것이다.[92] 앤더스 퍼즈Anders Furze와 루이자 림Louisa Lim이 특집 기사에서 중국이 자금을 댄 '횃불계획 기술단지'에 막대한 자원을 투입하는 대학에 의문을 제기하자, 브라이언 보일은 모든 증거를 무시하며 외국인 혐오에 근거한 비난이라고 대응했다.[93]

이안 제이콥스도 〈디 오스트레일리안〉과 인터뷰하며 속내를 드러냈다. "호주 정부에 지원을 늘려 달라고 애걸하는 일을 그만두고 싶었다. 그래서 중국으로 갔다. 호주의 연구 자금을 마련하는 이 새로운 접근법은 뉴사우스웨일스대학교가 스스로 운명을 개척하는 방식이다."[94] 충격적일 만큼 순진한 생각이다. 뉴사우스웨일스대학교의 결정은 베이징의 과학기술부에 대학의 운명을 맡긴 결정이다.

과연 뉴사우스웨일스대학교는 부패 전력이 있거나 군대나 정보기관과 연결된 기업을 골라내기 위해 얼마나 세밀히 조사했을까? 뉴사우스웨일스대학교에서 중국 업무에 깊이 관여하는 국제부 로리 피어시Laurie Pearcey 부총장보는 아주 체계적으로 확인해 예비 협력자를 가려낸다고 말한다.[95] 대학이 기업의 부패 전력은 확인하기 쉬워도 군대와 연결된 정황은 조사도 못 할 것이라 짐작했지만, 피어시 부총장보는 대학과 계약을 맺은 업체가 엄격히 실사하고 있다고 대답한다.[96] 피어시는 화웨이를 높이 평가하며, 화웨이와 협력에 아무런 문제가 없다고 보는 인물이다. 횃불계획으로 중국 정부와 협력하는 것에 대해 의견을 묻자, 피어시는 호주가 여러 나라와 협력하는데 중국만 제외할 이유가 없다고 대답했다. 그리고 미국의 이라크 개입을 들며, "너희 중에 죄 없는 자가 먼저 돌로 쳐라"라는 성경 구절을 인용하며[97] 미국 정부를 따르는 호주를 은근히 비판했다.

연구소 안의 중국 파벌

최근 특정 대학의 연구소나 학과가 한족 학자들의 집단거주지로 바뀌는 추세다. 비중국계 학자들은 민족 차별이라고 불만을 표시한다. 직원 모집이나 박사 장학금 배분, 방문자 초대 방식에 차별이 있다며 다문화주의 정신에 어긋난다고 지적한다.[98]

이렇게 한족 학자들의 집단거주지가 형성되면 자유롭고 평등하게 학술을 논하는 문화가 아닌 상급자의 지시를 따르는 문화로 바뀔 것이다. 박사 과정을 밟는 중국인 학생들도 호주의 학술 문화를 흡수하지 못할 것이다. 이런 단일 민족 결집 현상은 학술 논문의 저자만 살펴봐도 확연히 드러난다. 호주와 중국 대학의 연구자들이 작성한 학술 논문에 중국인 이름이 8~10개 등장하는 경우가 드물지 않다. 박사 학위를 받은 뒤 호주에 계속 머무르는 중국인들로 구성된 두 번째 세대까지 등장하며 직원이나 박사 과정 학생을 선발하는 과정에서 특정 민족만을 뽑는 경우로 굳어질 수 있다.

몇몇 대학 특히, 공학이나 정보 기술 학과에서 이런 현상이 분명히 드러난다. 예를 들어 커틴대학교의 인프라감시보호센터는 연구직 여덟 명 중 일곱 명이 중국계다. 그리고 일곱 명 모두 센터장인 하오 홍Hao Hong 교수 밑에서 일했거나 함께 연구한 사람이다. 지진과 발파 공학 전문가인 하오 홍 교수는 모교인 톈진대학교의 겸임 교수이며, 중국 정부의 보조금을 받고 있다. 9장에서 설명한 중국 영사관과 연결된 웨스턴오스트레일리아중국과학자협회 부회장도 역임했다.

최근 호주연구위원회 전문가학회의 회원으로 선정되어 귀한 연구 기금을 배정받는 한족 학자들의 수가 늘고 있다. 호주연구위원회는 2016년 네 분야에서 평가위원회가 선정한 전문가학회 회원 176명의 명단을 공개했지만, 각각의 회원이 어느 분야에서 선정되었는지는 밝히지 않는다. 하지만 조금만 조사하면, 전문가학회 회원으로 선정된 중국계 학자 여러 명이 공학과 IT 분야에 몸담고 있으며 인민해방군 군사 연구와 관련이 있다는 사실이 드러난다.

호주 대학에 근무하는 중국계 학자가 늘면서 전문가학회의 중국계 회원이 증가하는 현상에 불과하다면 자연스럽고 환영할 일이다. 하지만 두 가지 걱정스러운 점이 있다. 첫째, 회원 선정 과정에서 선임 중국인 학자가 중국계 학자를 편애한다면 연구 기금을 배분하는 과정에서도 편파적일 가능성이 있다. 짐작건대, 전문가학회의 비중국계 회원은 동료가 편파적으로 행동한다는 의심이 들어도 외국인 혐오라는 비난이 두려워 입을 열기가 대단히 어려울 것이다. 혐의를 증명할 수도 없고 그런 의심을 표현하면 자칫 인종차별로 비난받기 때문이다. 호주연구위원회가 당연히 이런 문제를 예상하고 살펴야 하지만 막상 사실을 확인해도 겁이 나서 밝히지 못할 것이라는 생각이 든다.

둘째, 특정 학자와 중국 군사 연구 기관의 관계다. 특히 우려스러운 분야가 공학이나 IT 관련 분야다. 앞서 살펴본 대로 호주연구위원회는 군대와 연결된 중국 대학의 연구자들과 협업하고 있으며 인민해방군에게 유리한 연구 계획에 기금을 배분하고 있다.

호주연구위원회 전문가학회 회원 중에도 중국 군사 연구와 긴밀히 연결된 사람들이 있다. 예를 들어, 시스템과 제어이론, 컴퓨터 지능, 운영연구OR를 전공하고 애들레이드대학교와 빅토리아대학교 두 곳에서 강의하는 스펑石礎 공학 교수를 살펴보자.[99] 2014~2016년 호주연구위원회 전문가학회 회원이었던 스펑 교수는 호주연구위원회에서 각각 27만 달러와 35만 5,000달러의 연구 기금을 받는 연구팀의 일원이다.

스펑은 군사 연구를 담당하는 중국 대학의 교수직도 겸하고 있다. 그는 중국이 후한 자금을 지원하며 해외 전문가를 끌어가는 '천인千人 계획'에 포섭된 후 2016년에 푸젠공정학원 정보과학기술대 '특별 초빙' 교수로 임명되었다.[100]

또한 2014년부터 모교인 하얼빈공정대학교의 교수로 임명되어, 그곳 전문가들과 수년간 공동 연구를 진행했다.[101] 현재 스펑이 소속된 하얼빈 해양장비 및 제어기술 연구소는 군사 기술에 집중해 전함의 지능형 동적 제어와 구동 장치, 무인 잠수정 시스템, 자율 제어기술을 전문적으로 연구한다.[102] 이 연구소는 군사 기술 발전에 이바지한 공을 인정받아 2008년 '국방과학기술혁신팀'이라는 영예로운 칭호까지 받았다.[103] 2014년 〈인민일보〉는 연구소의 눈부신 성과를 축하하며 "동적위치제어시스템 분야에서 하얼빈공정대학의 성과는 이미 우리 해군 및 해양 공학 부문의 둘도 없이 중요한 기술력이 되었다"고 보도했다.[104]

스펑은 1999~2004년까지 5년간 호주 국방과학기술그룹에서 선임 과학자로 근무하며, 방위력 증강과 관련된 수많은 연구에 참여했다.[105] 애들레이드대학교에서 스펑과 함께 근무하며 논문도 공동 발표한 림청추 교수가 박사 과정에서 지도한 학생 다섯 명이 현재 국방과학기술그룹에 근무 중이다.[106] 스펑은 자신이 지도한 학생들의 명단을 밝히지 않지만, 스펑에게 지도받은 학생 일부도 국방과학기술그룹에 근무하고 있을 가능성이 크다.

공자학원의 영향력

"공자학원은 중국 해외 선전 체계에서 중요한 부분을 담당한다." 이것은 중국의 선전을 책임졌던 리창춘의 말이다.[107] 외국 대학이 공자학원을 설치하는 이유는 중국 정부로부터 받을 것으로 예상되는 수십만 달러의 돈 때문이다. '국가한반Hanban'으로 알려진 '중국국가한어국제보급영도소조판공실Office of Chinese Language Council International'이 2004년부터 추진해 현재 전 세계에 설치된 공자학원이 500개가 넘는다. 공식적으로 공자학원의 임무는 중국어를 가르치고 중국 문화를 홍보하고 중국 연구가 발전하도록 독려하는 것이다.

중공은 문화혁명 당시 유교를 반동적인 이념으로 금지하고, 홍위병紅衛兵●을 동원해 공자의 묘까지 파헤쳤다. 그 공자가 다시 살아나

● 중국의 문화혁명 초기 학생들을 중심으로 마오쩌둥의 이념을 관철하기 위해 조직한 준군사조직.

중국의 권위와 민족적 자부심에 복종하라는 선전 수단으로 쓰이고 있다. 공자학원은 실제로 중국어를 가르치고 중국 문화를 홍보하고 있지만, 이것이 전부는 아니다. 과거 중공 최고 지도자였던 후진타오는 공자학원의 목표를 '공산당의 국제적 영향력을 증대하는 것'이라고 선언했다.[108] 공자학원이 설치된 기관에 행사하는 영향력을 키우는 일도 목표에 포함되었다.[109] 공자학원을 설치한 대학은 중국 교육부가 설치 기금을 지원한다고 알고 있다. 하지만 미국의 저명한 중국학자 데이비드 샴보David Shambaugh는 그 기금이 사실은 교육부를 거쳐 '세탁된' 중공 선전부 자금이라고 지적했다.[110]

한반의 엄격한 조건에 따라 공자학원과 호주 대학들이 체결한 설치 협약서는 기밀 서류로 관리된다. 대체로 공자학원마다 현지에서 관리하는 원장이 있지만, 중국 정부가 원장을 임명하고, 중요한 사항도 중국 정부가 결정한다. 공자학원이 점점 더 늘어나며 중공과 거리를 두는 기존 중국어 학원이나 문화 센터들은 경쟁에서 밀려났다. 제임스 토가 설명한 대로 "중공의 최종 목표는 중국어 교육을 베이징이 완전히 장악하는 것이다."[111]

당연히 공자학원은 학문의 자유를 억압하고 중국의 감시와 선전 목표에 부응한다는 의심을 사며 국제 사회에서 끊임없이 비난받았다. 호주 일부 대학의 책임자들은 이런 사실을 의식하지 못하거나 신경 쓰지 않는 듯 경제 대국과의 관계를 맺고 자금을 얻는 데에 반색한다.

호주 전역에서 공자학원이 설치된 대학은 명문 G8 중 여섯 곳을 포함해 모두 14개 대학이다. 호주의 공자학원은 많은 논란을 불러일으켰다. 뉴사우스웨일스대학교의 학자가 폭로한 내용에 따르면, 공자학원은 직원들에게 학원이 검열한다는 주장에 대해 일절 대응하지 말라는 지시를 내렸다고 한다.[112] 2013년 시드니대학교가 달라이 라마의 방문을 취소한 일로 비난을 받았다. 중국과 관계가 악화될 것을 염려한다는 이유였지만, 공자학원으로 들어오는 중국의 자금 때문이기도 했다.[113] 달라이 라마 행사를 캠퍼스 밖에서 열리도록 하고 대학의 로고 사용도 금지한 뒤, 마이클 스펜스 부총장은 '대학 내 모든 연구자의 이익을 위한 최선책'이었다며 안도의 숨을 내쉬었다.[114] 대학이 중국 정부가 암시하는 언어 규범을 집행하며 이익을 보는[115] 기관이 되고 그에 따라 베이징은 관련 사실을 부인하게 되는 상황을 다시 한번 보여준 사례였다.

시드니대학교의 초빙 교수 조셀린 체이Jocelyn Chey는 2007년 중국어 과정을 공자학원으로 이전 통합하려는 대학의 계획을 비난하며 "그 누구의 지도나 지시도 받지 않는 공간에서 가르쳐야 하지만 연구하고 출판할 학자의 권리와 학문의 자유를 침해하는 문제가 있다"는 글을 썼다.[116] 대학은 학문의 자유를 보호하기로 한반과 합의했다고 밝혔지만, 조셀린 체이 교수에게 합의한 문서를 보여주지는 않았다. 정보의 자유로운 소통을 위해 힘쓰겠다던 한반은 2014년 포르투갈에서 열린 유럽중국학협회 학술회에서 톡톡히 망신을 당했다. 중공 고위 간부이자 한반 책임자인 쉬린許琳이 직원들에게 학술회 프로그램 자료를 모두 수거해 대만의 학술교류프로그램 홍보 페이지를 뜯어내라고 지시한 것이다.[117]

공자학원과 관련해 최근 미국에서 보수적인 전미학자협회NAS가 모든 공자학원의 폐쇄를 요구했다는 보도가 나왔다.[118] 전미학자협회는 2014년 미국교수협회와 마찬가지로 공자학원을 '중국 정부 조직'으로 규정하고 '대학의 진실성을 훼손하는' 장치라고 비난했다. 캐나다 교수연합회도 동조하며 모든 학교와 대학에 공자학원과 관계를 완전히 끊으라고 요구했다. 저명 학자 몇 명이 나서서 공자학원의 영향력을 증언하기도 했다.

전미학자협회는 보고서에서 공자학원이 학문의 자유를 침해하고, 자금 조달과 운영 방식은 비밀스럽고, 중국 문화를 편향적으로 홍보하고, 학원이 설치된 대학에 '중국을 기쁘게 하라'는 압력을 행사한다고 비난했다. 공자학원과 연관된 많은 교수가 '공자학원과 관련된 대학 관리자나 공자학원 원장의 눈 밖에 나지 않도록 엄청난 압력'을 받았다는 보도도 이어졌다.[119] 전미학자협회 보고서 서문에서 피터 우드 Peter Wood 회장은 "다정하고 매력적인 외교로 보이지만 그 이면에 음침한 권위주의적 현실이 도사리고 있다"고 밝혔다. 공자학원이 설치된 대학의 교수들은 공자학원이 일종의 감시 기지라고 믿고 있다. 연구자들이 수집한 수많은 비공개 자료를 살펴보면 공자학원이 '중국 국적자와 중국계 미국인을 협박하고, 중국 정부의 은밀한 활동을 은폐하는' 중심지임을 알 수 있다.

캐나다 안보정보청에서 중국 책임자로 근무한 정보 베테랑은 서양의 방첩기관들이 "공자학원을 중국 정부가 운영하는 일종의 첩보기관으로 확인했다"고 증언했다.[120] 중국 정부가 공자학원을 서양에서 아주 중요한 연구소 가까이 둔다는 사실도 알려주었다.[121]

이러한 경고에 따라 캐나다의 여러 대학과 시카고대학교, 펜실베이니아주립대학교 등이 공자학원을 폐쇄했다. 하지만 호주 교육부 장

관 크리스토퍼 파인은 2014년 베이징대학교를 찾아가 호주는 공자학원을 환영한다고 이야기했다.[122]

호주 의회 도서관이 2014년에 발표한 보고서에 따르면, 호주 공자학원 관계자 중에는 중공과 당의 목표에 깊이 개입한 인물이 많다.[123] 퀸즐랜드대학교 공자학원 부원장인 류젠핑刘建平은 톈진대학교 당위원회 서기다. 친중공 성향의 신문사를 설립하고 데스티에리 사건에 연루되며 대중의 관심을 끈 주민선 역시 시드니대학교 공자학원의 이사다.[124] 통일전선 조직인 중국평화통일호주추진회에서 수년간 회장을 지낸 윌리엄 치우는 뉴사우스웨일스대학교 공자학원의 이사였다.[125] 웨스턴오스트레일리아대학교 공자학원의 원장인 판 훙Fan Hong 교수는 중국을 방문해 공자학원의 역할이 '중국의 소프트파워'를 키우는 것이라고 공공연히 밝힌 인물이다.[126]

한마디로 대학 행정부가 캠퍼스에 공자학원을 유치하는 것은 대학이 자율적으로 커리큘럼을 결정하고 인재를 자질에 따라 공정하게 임명한다는 기본적인 원칙을 포기하는 것이다. 외국 정부가 임명한 직원이 특정 교재의 사용을 인가하거나 금지하는 행위를 눈감아주고, 중공의 기분을 상하게 하는 주제는 다루지 않겠다고 동의한다. 존 피츠제럴드의 지적처럼 중국 교육 당국이 보기에 공자학원은 자율성과 학문의 자유를 성공적으로 차단한 상징이며, '서양의 자유주의 가치와 싸우는 전쟁에서 확보한 중요한 돌파구'를 의미한다.[127]

퀸즐랜드대학교의 피터 호이Peter Høj 부총장은 존 피츠제럴드의 지적에 귀를 기울여야 한다. 그러나 2015년 한반에서 올해의 인물상을 받은 피터 호이는 오세아니아를 내표해 한빈의 선임 자문위원으로 활동하며, 공자 프로그램을 학교 교실까지 끌어들이는 등 퀸즐랜드대학교 공자학원이 폭넓게 추진한 활동을 자랑스럽게 내세운다.[128]

교실에 들어온 중공

충격적인 사실은 호주의 초등학교와 중고등학교에도 공자교실이 침투하고 있다는 것이다. 한반의 발표에 따르면 호주에서 공자교실을 운영하는 초중고교가 모두 67곳이다.[129] 학교에 공자교실을 설치한다는 발상에 뉴사우스웨일스주 교육부가 즉각 긍정적으로 반응했다. 한반은, 정확히 말해 중공 중앙선전부는 공자교실 한 곳당 개설 자금 1만 달러와 공인 보조 교사 한 명, 각종 교재를 지원한다고 밝혔다.[130] 뉴사우스웨일스주 교육부는 공자교실 프로그램을 감독하기 위해 교육부 내에도 공자학원을 세웠다.[131] 호주에서 한 부서의 감독을 외국 정부에 맡긴 것으로도 부족해 혹독한 검열로 유명한 기관을 내부에 설치하는 정부 부처가 또 있을까?

중국학자 마이클 처치먼Michael Churchman은 공자학원을 '외국인이 중국을 중국 당국이 만족스러운 방식으로 이해하도록 만들겠다는 목적을 위한 존재'로 단정했다.[132] 중국의 류윈산刘云山 선전부장은 2010년 중국이 "반드시 사회주의의 핵심 가치 조건을 문화 사업 전반에 스미도록 해야 한다"고 촉구했다.[133] 공자교실에서 특정 주제를 금지한다는 내용은 뉴사우스웨일스주 교육부 고위 관리도 인정한 사실이다. 자금줄인 중국의 비위를 맞추려면 티베트나 파룬궁 박해, 톈안먼 광장 학살 같은 문제를 '논의하지 않는 것이 최선'이라며 "그 밖에도 토론할 주제가 많다"고 이야기했다. 공자교실의 목적이 아이들에게 '만다린어를 가르치고 오늘날 중국이 어떻게 움직이는지 이해시키는 것'이라지만, 1989년 톈안먼 사태를 논의할 수 없다면 '제대로 된 이해'가 무슨 의미인지 의문이 든다.[134] 루이자 림의 주장처럼 만일 중공이 '집단 기억상실증'으로 중국인들의 기억을 다시 포맷하고자 한다면 뉴사우스웨일스주 교육부도 집단 기억상실에 기꺼이 동참한 것이다.[135]

하지만 문제의 심각성을 간파한 사람들이 있었다. 2011년 10월 뉴사우스웨일스주 의회가 작성한 탄원서에 서명한 사람이 1만 명을 넘었다. 공자학원의 폐쇄를 요구하며 "뉴사우스웨일스주 학교에서 중국어와 중국 문화를 가르치는 것은 환영하지만, 중공의 교리와 검열의 영향에서 벗어나는 교육이어야 한다"는 탄원이었다.[136] 탄원서에 서명한 사람들은 파룬궁 관련 문화 공연에 학생들을 데려가려는 계획을 취소하도록 중국 외교관이 공자교실을 통해 학교에 압력을 넣는다는 사실을 알고 있었다.[137]

뉴사우스웨일스주 녹색당 대변인 데이비드 슈브릿지David Shoebridge의 표현대로 "공자교실이 재무부에 대해서는 자유로울지 모르지만, 아이들을 외국 정부의 선전기구에 노출하는 대가로 돈을 받는다."[138] 2016년 시드니 북쪽 해안 지역의 학부모들이 공자교실이 설치된 학교에 아이들을 등교시키길 거부한다는 기사가 실렸다. 뉴사우스웨일스주 정부가 토론토 지구 교육청 같은 단체와 손잡아 공자교실을 폐쇄하고 '외국의 선전과 검열에서 자유로운' 교육 과정으로 대체하길 촉구하는 온라인 청원도 등장했다.

학생들의 과열된 애국심

2015년 말 호주국립대학교에 재학 중인 중국 학생 하나가 사람들로 북적이는 구내 약국으로 들어와 약사에게 고함을 쳤다. "이 신문 배포를 승인한 사람이 누굽니까?" 그 학생이 큰소리로 따지며 가리킨 것은 약국에 쌓여 있던 파룬궁이 지원하는 신문 〈에포크타임스〉였다. 격분하고 공격적으로 보였다고 목격자들이 증언한 그 학생은 중국학생학자연합회 지부장인 타오핀루陶品儒로 밝혀졌다. 약사는 불매 운동을 벌이겠다는 협박이 두려워, 타오핀루가 불쾌하게 여기는 신문을 모두 쓰레기통에 처박는 모습을 지켜볼 수밖에 없었다.

당시 학생기자였던 앨릭스 조스키가 대학신문 〈우로니Woroni〉에 보도하며 사건이 알려졌고, 호주 대학에서 일어나는 일들에 대한 우려가 제기되었다.[139] 중국인 학생 단체의 장은 어떻게 대학 상점까지 쳐들어가 신문을 캠퍼스에서 치우라고 요구할 만큼 강력한 특권의식을 갖게 되었을까? 다른 학생 단체 회원들은 그런 일을 벌이기는커녕 그럴 특권이 있다는 생각도 못 할 것이다.

중국인 학생 단체는 중공의 팔처럼 움직인다. 노련한 중국통 세 사람이 호주국립대학교 구내 약국 사건과 관련해 〈오스트레일리안 파이낸셜 리뷰〉에 글을 실었다. "중국 내 지배력을 위해 국제적으로 힘을 쏟는 중공에게 사소한 싸움이란 없다. 베이징은 대학 캠퍼스부터 권력의 전당에 이르기까지 호주 여론에 영향력을 행사하기 위해 공격과 위협, 돈, 각종 호의를 동원한다"고 논평했다.[140]

다양한 정치적 견해를 밝힌 신문과 전단, 포스터 등이 대학 캠퍼

중국의 조용한 침공

스에 가득하던 시절을 기억하는 사람이 많을 것이다. 주목받지 못한 경우가 대부분이지만, 이런 신문과 전단 등이 세상을 배우는 공부에 도움을 주고, 호주 대학에 정치적 활력을 불어넣고 관용을 보여주는 증거였다. 정치적으로 아무리 강경한 견해를 지닌 사람이라도 최소한 목소리는 낼 수 있었다. 사회주의 노동자당 신문이나 생명권당 신문을 금지하려는 꿈도 꾸지 못했을 것이다. 하지만 지금은 광적인 학생 단체가 캠퍼스에서 버젓이 정치적 견해를 검열하고 있다.

약국 사건에서 가장 당혹스러운 부분은 호주국립대학교 관계자들의 반응이다. 당시 상황에 대해 질문하자, '차이를 받아들이는 관용' 원칙에 어긋나는 타오핀루의 행동을 비난하는 듯 마는 듯 애매하게 얼버무리더니 경비원을 부른 사람이 없어서 할 수 있는 일이 없었다고 대답했다. 신경도 쓰지 않는 눈치였다. 국제적인 호주 최고의 대학이 타오핀루 사건 등 중국학생학자연합회가 캠퍼스에서 언론의 입을 틀어막는 행위를 조사하지 않은 까닭이 무엇일까? 최소한 언론의 자유를 노골적으로 탄압하는 그런 행동을 비난하는 성명서도 발표하지 않은 까닭이 무엇일까? 부총장이 사무실에 〈에포크타임스〉 신문을 비치하지 않은 까닭이 무엇일까? 사실 호주국립대학교는 역사적으로 줄곧 중국에 머리를 조아렸다.

호주국립대학교에 설치된 세계중국연구호주센터Australian Centre on China in the World 소장인 제러미 바르메Geremie Barmé가 2016년 8월 퇴임하며 브라이언 슈미트Brian Schmidt 부총장과 가렛 에반스Gareth Evans 명예총장 앞으로 편지를 남겼다. 중국인 학생 레이시잉雷希穎에 관한 편지였다.[141] 레이시잉은 호주 언론의 중국 관련 오보와 호주 대학의 반중 활동을 연구하기 위해 호주국립대학교 박사 과정에 입학했지만, 부업은 베이징 선전원이었다. 모르긴 몰라도 호주국립대학교의 자원을 베이징 선전에 이용했을 것이다. 레이시잉은 2016년 8월 군인들이 군가에 맞춰 다리를 쭉쭉 펴고 행진하는 초국가주의 동영상을 제작했다. 이 동영상이 입소문을 타고 퍼져 하루 만에 1천만 명이 시청했다.[142] 필립 원이 동영상을 살펴보니 적대적인 외국 세력에게 중국에서 '색깔 혁명'을 선동하지 말라고 경고하는 내용이었다. 수많은 중공 조직과 연결되고 '온라인 이념 구축에 탁월한 청년 대표'[143]로 상까지 받은 레이시잉은 호주가 '미국의 속국'이라고 믿고 있다.

레이시잉은 호주를 신랄하게 비난하는 글을 웨이보에 지속해서 올리고 있다. "졸업하는 즉시 멍청하고 촌스러운 호주를 떠나겠다. 독립적인 사고 능력이 조금도 없는 미국의 정치적 앞잡이"라는 글을 올린 적도 있다.[144] 여기서 '촌스러운 호주'는 일부 중국 학생들이 호주를 미개한 변두리라고 조롱할 때 사용하는 '투아오土澳'를 번역한 표현이다.

레이시잉의 동영상에 관해 묻자, 호주국립대학교는 '언론의 자유'가 있으므로 아무런 조치도 취하지 않았다고 답변했다.[145] 합리적인 대답처럼 들린다. 하지만 과연 그럴까? 언론의 자유일까 아니면 외국 정부의 편에 서서 호주의 자유주의 가치를 공격하는 지독히 적대적인 선전일까? 동영상에서 레이시잉은 인권 침해를 당한 사람을 변호하는 중국 변호사들을 비방한다. 2015년 중국이 인권 변호사들을 대대적으로 잡아들인 일은 언론의 자유와 법치에 대한 정면 공격이었다.[146] 전체주의 정부를 지지하는 레이시잉이 언론의 자유를 지키려는 호주의 헌신을 이용하고 있는 것은 아닐까? 언론의 자유를 말살하고자 하는 사람들의 자유까지 옹호하는 것은 호주가 너무 관대해서 그런 것일까? 호주국립대학교는 중국과 평화로운 관계를 유지하려고 기를 쓰지만, 서구의 모든 고귀한 상징에 대한 공격을 국가가 나서서 인정하는 셈이다.

2008년 4월 캔버라 성화 봉송 행사장에서 시위를 주도한 세력이 호주국립대학교의 중국인 학생들이었다. 베이징은 이미 4월 초반에 일본과 더불어 호주를 위험 지역으로 분류해 놓은 상태였다. 티베트 독립과 파룬궁을 지지하는 시위 때문이었다.[147] 특히 캔버라에서 수적으로 밀릴 것을 염려한 베이징은 주호 중국 대사관에 대응책을 마련하라고 지시했다. 당시 중국학생학자연합회 호주국립대학교 지부장인 장룽안도 중국 대사관에서 자금과 조직을 지원받는다는 사실을 확인했다. 하지만 중국이 돈을 주고 시위대를 동원했다는 비난이 일자, 장룽안은 대사관의 지원을 부인했다. 사실을 인정하며 온라인에 게시한 글도 삭제하고 학생들이 자발적으로 참여한 시위라고 말을 바꿨다.[148]

수많은 중국인 학생이 성화 봉송 행사장에서 애국적 분노를 표출하는 사건까지 발생했으니 호주 당국도 중국인 학생에 대한 처우를 고민했을 거라 짐작할 것이다. 하지만 오히려 호주 대학 강의실을 (그리고 대학 금고를) 채우는 중국인 학생은 점점 더 늘어났다. 2017년 7월 기준 호주 고등 교육기관에 재학 중인 중국인 학생 13만 1,000명은 2008년의 수치의 두 배가 넘는다.[149] 인구수 대비 비율로 따지면 호주에 있는 중국인 학생이 미국에 있는 중국인 학생보다 다섯 배가 많은 셈이다. 호주국립대학교 국제부 학생의 대략 60%가 중국 출신이고, 대부분 경영이나 회계, 재무 분야를 전공하며, 대학 전체 수입의 약 15%를 충당한다.[150] 호주국립대학교 명예총장인 가렛 에반스도 "호주 대학의 경제적 생존이 전적으로 중국인 학생의 등록금에 달려 있다"고 시인했다.[151] 대책을 고심하는 모습이었다. 2016년 호주국립대학교는 중국 학생에 대한 재정 의존도를 줄이려는 계획을 세웠지만, 뜻대로 되지 않는 것 같다.[152]

중국의 부모들은 자녀를 이왕이면 중국 일류 대학으로 보내지만 전 세계 대학 순위 발표 자료를 꼼꼼히 살펴 자녀가 다닐 명문 학교를 선택한다. 호주 일류 G8 대학 중에서 중국인 학생 비율이 가장 높은 학교는 호주국립대학교와 시드니대학교, 뉴사우스웨일스대학교, 멜버른대학교이다.

일상 곳곳에 숨어 있는 고발 문화

제임스 젠화 토가 중요한 공산당 기밀 서류를 확인해 폭로한 바에 따르면, 중국은 1989년 이후 중공에 쏟아지는 적대감을 바꾸기 위해 전 세계적으로 중국학생학자연합회를 결성했다.[153] 그 이후 각국에 있는 중국 대사관의 교육 담당관이 중국학생학자연합회의 캠퍼스 내 활동을 조율하고 있다.[154] 중국 국가안전부는 1990년대 초반부터 해외 유학생 사이에 반체제 사상이 퍼지는 일을 우려했고 학생들의 활동을 감시하기 위해 첩보원들을 학생이나 학자, 기업가로 위장시켜 파견했다.[155] 요즘 호주에 들어오는 중국 학생은 '속 좁은 교육'[156]으로 지적

받는 애국주의 교육의 보호막 아래에서 수년간을 배운 덕분에 서구 사상에 영향을 받지 않는 사람이 대부분이다. 그래서 이들은 중국 대사관이나 중국학생학자연합회 내 대사관 대리인의 지시를 잘 따른다.

호주 최고의 중공 전문가 중 한 사람인 게리 그루트Gerry Groot는 시진핑 주도로 확대된 해외 통일전선 공작에 관한 글에서 당국가 체제가 학생들의 행동과 발언을 면밀히 감시한다고 밝혔다.[157] 중국학생학자연합회는 중국 정부의 자금을 지원받으며 현지 영사관이나 대사관과 긴밀히 연락을 주고받는다.[158] 학생회는 영사관이 새로운 당원을 모집하기 좋은 텃밭이다.[159] 전직 외교관 천융린은 시드니의 학생회들이 대체로 영사관에서 회의를 열고 "중국 영사관이 학생 단체의 회장을 직접 선임한다"고 증언했다.[160]

호주 전역의 중국학생학자연합회 회장들은 매년 캔버라로 날아가 오말리 외곽에 있는 대사관 교육과 사무실에서 회합한다. 물론 모든 여행 경비는 중국 대사관이 부담한다. 중국학생학자연합회에서 요직을 맡았던 사람의 증언에 따르면, 중국학생학자연합회 회장들이 모인 자리에서 중국 공무원이 각 지역 학생회의 활동을 조율하고 최신 당론을 전달한다.[161] 그러면 학생회 회장들은 앞다투어 친정부 성명을 발표한다.

원칙적으로 호주 대학의 학생 단체는 모두 공정한 자유 선거와 공개 회의, 투명한 재정 등 민주주의 원칙에 따라 운영되어야 한다. 그러나 중국학생학자연합회는 이런 원칙을 전혀 지키지 않는다.[162] 외국 정부가 자금을 지원하고 집행위원을 선임하는 한 비밀 유지가 필수이기 때문에 부명하고 공정한 운영은 어렵디. 이런 식으로 운영되는 학생 단체는 없을 것이다. 뉴욕의 명문 컬럼비아대학교가 2015년에 중국학생학자연합회를 퇴출한 이유가 바로 이 때문이다.[163] 하지만 호주는 다르다. 캔버라대학교 중국학생학자연합회 회장인 루핀 루Lupin Lu가 대사관에서 재정적 도움과 지도를 받는다는 사실을 솔직히 인정했을 때도 대학은 별 신경을 쓰지 않는 것 같았다.[164]

2008년 올림픽 성화 봉송 사건 때처럼 중국학생학자연합회도 가끔은 중국 대사관과의 관계를 부인한다. 하지만 대부분은 관계를 숨기지 않는다. 애들레이드대학교의 연합회는 홈페이지에 '대사관 교육과 지도를 받는 단체'라고 밝히고 있다. 대사관에서 지도와 재정적 도움도 받는다는 사실은 학생회 회장들에게 동기를 만들어준다. 바로 자신이 애국하고 있다고 느끼는 자부심과 정치적 연줄을 마련해 유리한 위치에서 사회생활을 시작할 수 있다는 기대감이다. 존 피츠제럴드는 호주 대학이 중국 학생들을 살피지 않고, 중국 학생들은 "호주에서 중국 정부의 보살핌을 받는 것으로 느낀다"고 지적한다.[165]

학생회는 중국인 학생들을 사회적으로 지원하기도 하지만 불온한 활동에 관여하지 못하도록 학생들의 행동을 규제한다. 예를 들어 중국인 학생들은 중국을 비판하는 영화는 관람하지 말라는 지시를 받는다. 학생들의 생각도 규제 대상이다. 만일 어떤 중국인 학생이 강의 시간이나 사석에서 정치적으로 불온하다고 해석될 소지가 있는 의견을 발표하면, 그 학생의 이름은 중국 대사관에 보고될 가능성이 크다. 2017년 ABC TV 〈포 코너스〉 프로그램이 '힘과 영향력'이라는 제목으로 진행한 방송에서 캔버라대학교 중국학생학자연합회 회장인 루핀 루는 인권 시위를 조직하는 중국인 학생들을 대사관에 보고하는 이유가 "모든

중국의 조용한 침공

학생의 안전을 위해서"라고 설명했다.[166] (나중에 루핀 루는 이 프로그램이 자신의 명예를 훼손했다며 ABC와 〈페어팩스 미디어〉를 고소했다.) 국가안전부 직원이 중국에 있는 학부모를 찾아가 자녀가 호주에서 위험한 활동에 가담하고 있다는 사실을 알리고, 그만두지 않으면 끔찍한 결과가 발생할 수 있다고 경고하기도 한다. 앤서니 창Anthony Chang이 브리즈번에서 열린 민주화 시위에서 연설한 뒤 중국에 있는 그의 부모가 그런 일을 겪었다.[167] 〈에포크타임스〉를 구독하거나, 호주로 유학을 오는 중국인 학생 대부분이 그 전에는 들어 보지 못한 톈안먼 광장 사태를 다룬 책을 읽으면 오랫동안 그 대가를 치를 수도 있다. 호주국립대학교의 한 학생은 자신도 중국 정부의 탄압이 두려워 반체제 의견을 밝히지 않으며 마찬가지 이유로 다른 학생들도 '생각을 감춘다'고 증언했다.[168]

2015년 시진핑 주석이 해외에서 공부하는 중국인 학생들을 '공산당 통일전선공작부의 새로운 중심'으로 확인했다.[169] CIA는 중국 대학에서 늘어나는 학생 정보원에 관한 보고서에서 교수나 동료 학생을 정치적으로 염탐하고 고발하는 정보원 체계를 갖추고 있다고 설명했다.[170] 이 '고발과 정보' 체계는 호주에서도 작동 중이다. 호주 대학에 근무하는 한 조교수는 뉴사우스웨일스대학교에서 진행한 민주주의 관련 강의에 참석한 사람이 자신을 고발해 중국에서 네 차례나 조사를 받았다고 증언했다.[171] 학생 정보원 체계의 목적은 민감한 주제에 관한 토론과 논쟁을 통제하는 것이다. CIA는 '고발 문화'가 서양에 퍼지고 있다고 경고했다. 2010년 10월 8일 노벨상 위원회가 반체제 작가 류샤오보를 노벨평화상 수상자로 발표하자, 베이징대학 당국이 얼굴에서 '평소와 달리 행복한' 표정이 드러나는 학생들을 조사했다. 이렇게 '표정 범죄'를 저지르는 학생은 장학금이 취소될 각오를 해야 했다.

중국은 중국학생학자연합회를 통해 중국의 귀빈을 환영하거나 시 위대의 주장을 더 큰 목소리고 덮고 위협하도록 학생들을 동원한다. 학생들을 군대처럼 치밀하게 조직하기도 한다. 2017년에는 리커창 총리의 캔버라 방문에 대비해 호주국립대학교에서 실시된 예행연습에서 대사관 직원이 중국학생학자연합회의 도움을 받아 학생들을 몇 개의 경호 부대로 나누고 "남성 동무들은 여성 동무를 반드시 보호하라"는 지침을 내렸다.[172]

달라이 라마는 수년째 호주 대학의 초청을 받지 못하고 있다. 만일 대학에서 달라이 라마를 초청한다면 점점 더 커지는 중국의 힘과 애국심에 대담해진 중국인 학생들이 2017년 초 캘리포니아대학교 샌디에이고 캠퍼스에서 했던 것처럼 굴 것이다. 티베트의 정신적 지도자가 캘리포니아대학교 샌디에이고 캠퍼스 초청으로 졸업식 연설을 한다는 소식이 알려지자, 격분한 중국인 학생들이 크게 반발했다. 캠퍼스의 중국학생학자연합회는 "우리 학생회는 추가적인 조치로 대학의 불합리한 행동에 강력히 저항할 것을 맹세한다"고 경고했다.[173]

호주와 마찬가지로 미국에 있는 중국인 학생들도 중공의 노선을 변호했다. 달라이 라마를 초청해 발언 기회를 주는 것은 "대학의 설립 이념인 존중과 관용, 평등, 진심의 정신에 어긋난다"고 반발했다. 소셜미디어로 몰려가 도널드 트럼프가 여성과 히스패닉, 성소수자를 존중하지 않는다고 항의하던 일부 학생들은 이제 정신적 지도자로 가장한 '분리주의자', '테러리스트'를 초청해 중국 학생들을 멸시한다고 주장했다.

호주에서는 중국학생학자연합회가 호주국립대학교에서 벌인 활동을 폭로하는 기사가 발표되자, "다문화주의를 포용하고 담대한 담론의 장으로서 호주국립대학교의 중국인 학생들이 자유롭게 의견을 밝히는 환경에서 살며 공부할 수 있도록 하자"는 호소가 이어졌다.[174] 반체제인사를 대사관 관계자에게 보고해 중국에 있는 가족들이 괴롭힘을 당하고 처벌받도록 하는 단체지만, 이 단체에서는 위선이 난무한다.

관용과 존중에 호소하는 중국인 학생들의 이중성이 더 분명히 드러나는 때가 있다. 중국의 민족주의 동무들이 흔히 캠퍼스에서 '백인 좌파' 혹은 바이쥐白左라고 부르는 사람들 즉, 정치적으로 올바른 서구인들을 '이민자와 소수 집단, 성소수자, 환경 같은 문제 따위만 신경 쓰는 사람들'이라고 비웃으며 즐거워할 때다.[175] 이 애국적인 네티즌들은 도널드 트럼프가 '백인 좌파'를 악마로 만들고 있다며 칭송한다.

샌디에이고 캠퍼스에서 그런 일이 벌어지자 런던의 중국 대사관도 즉각 나서서 미스 캐나다 출신 아나스타샤 린Anastasia Lin의 더럼대학교 연설을 취소시키라며 학생들을 압박했다. 파룬궁 수련자인 아나스타샤 린은 중국에서 태어났지만 어려서부터 캐나다에서 자랐고, 파룬궁 수련자들을 감옥에 가두고 강제로 장기를 적출하는 등 중국에서 자행되는 인권 유린을 공개적으로 비난했다. 린이 캐나다 후보로 미스 월드 결선 대회에 출전하기 위해 중국으로 가려고 했을 때도 비자 발급이 거부되었다. 최근 미스 월드 대회는 결선 대회가 열리는 장소인 하이난에 기반한 이익단체들이 대대적이고 독점적으로 후원한다.

중국 대사관은 더럼대학교 도론 클럽 학생들에게 아나스타샤 린의 참석이 영국과 중국의 관계를 해칠 수 있다고 위협했다. 더럼대학교의 중국학생학자연합회는 린을 토론회에 초청하는 것이 '중국인 학생들의 믿음과 감정을 모독'하는 행위라고 항의했다.[176] 아나스타샤 린은 중국 정부가 "자국 시민들이 목소리를 내지 못하도록 억누르는 걸로도 부족해 국경을 넘어와 서양에서까지 우리의 입을 틀어막으려고 하고 있다"고 꼬집었다. 미국과 호주 대학의 중국인 학생들은 중국의 인권 유린 문제나 달라이 라마를 거론하면 '기분이 상하고, 마음에 상처를 받는다'고 주장한다. 대답하기 껄끄러운 정보에 노출되면 마음의 상처를 받을 위험이 있다고 하니, 대학들이 캠퍼스에 중국인 학생을 위한 '안전 공간'을 마련하거나 조심하라고 미리 경고할 수도 있을 것 같다. 학자들에게 발언을 삼가라고 압박하기보다는 차라리 이렇게 하는 것이 중국 학생들의 구미에 맞을 것이다.

신념을 버린 대학들

호주는 '자유의 섬'이 되어 중국인 학생이나 외국에서 방문한 학자들이 중국 일당 체제에서 금기하는 학문의 자유와 개방이라는 원칙을 실천할 수 있도록 해야 한다.[177] 하지만 중공은 중국인 학생들을 통제하고 중국 대학과 제휴를 부추기고 부유한 중국 기업가의 기부를 독려하면서 호주 대학을 이용해 달라이 라마나 파룬궁, 망명 반체제인사 같은 비판 세력을 상대로 선전전을 펼치고 있다. 비판의 소리를 덮는 일 외에 베이징의 또 다른 목적은 호주에서 편을 들어줄 우호적인 세력을 키우는 것이다. 이런 베이징의 전략이 호주에서 크게 성공했다.

현재 호주 대학들에서 벌어지고 있는 일과 관련해 이 장에서 이야기한 내용은 수박 겉핥기에 불과하다. 중국 대학과 제휴한 호주 대학 행정부가 혹시라도 학자나 학생들이 베이징을 비판할까 노심초사하는 상황도 아주 간략하게 설명했을 뿐이다. 호주 대학이 부유한 중국 기업가들에게 기부금을 받으려고 원칙을 굽히는 상황은 아예 꺼내지도 않았다. (2017년 6월 호주안보정보원은 중공과 연결된 것으로 의심되니 중국인 부동산 개발업자가 제안하는 거액의 기부금을 거절하라고 호주국립대학교에 경고했다.[178]) 호주 대학을 흔드는 중공의 영향력이 어느 정도인지 밝히려면 대대적인 조사가 필요할 정도다. 일부 대학은 어디서부터 조사해야 할지 조사를 받을 수 없을 만큼 무너진 상태다. 이런 대학은 자유롭게 공개적으로 조사받는 전통을 따를지 아니면 아시아의 신흥 강국과 연결되는 영광과 중국 돈을 따를지, 둘 중 하나를 선택해야 할 것이다. 대학의 경영진은 독자적으로 사고할 능력을 이미 잃었다. 대학이 학문의 자유를 지키기 위해 수익을 포기할 의지가 있다는 사실을 스스로 입증할 때 비로소 우리는 그 대학이 신념을 버리지 않는다고 확신할 수 있을 것이다.

호주에 대한 충성심이 의심스러운 중국계 학자가 호주 대학에서 교수직을 얻고 고위 관리직에 오르는 일이 늘수록 대대적으로 연결 고리를 조사할 필요성도 점점 커질 수밖에 없다. 하지만 독립심이 강한 중국계 학자의 입을 틀어막는 것을 비롯해 중국에 관한 솔직한 토론과 독립적인 학문 연구를 막으려는 압력도 커질 것이다.

호주 대학은 반드시 중국의 빈체제 작가나 지식인을 초빙해야 한다. 달라이 라마를 초청해야 한다. 중국인 학생들에게 인권과 민주주의 강의를 듣게 하고 자유롭게 질문하고 자신의 목소리를 찾을 수 있는 환경을 만듦으로써 이들이 이념의 틀 안에서 확실히 빠져나오도록 해야만 한다. 중공에 도전하는 의견을 막으려는 조짐이 보이면 지나치지 말고 맞서서 비판해야 한다. 외국 정부의 통제를 받아 은밀히 운영되는 반민주 단체 중국학생학자연합회를 해산하고, 중국인 학생들을 지원하는 단체를 새로 설립해야 한다. 연방 정부는 베이징을 편드는 정치적 시위에 가담하는 중국인 학생에게는 절대 호주 영주권을 주지 않겠다고 확실히 밝혀야 한다.

이렇게 해야 호주가 중국인 학생은 물론 전 세계 모든 학생을 맞이할 수 있다. 그저 입에 발린 구호가 아니라, 학문의 자유를 보장해 온갖 사상이 자유롭게 토론하고 꽃피는 환경을 제공하는 호주에서 공부하라고 초대할 수 있다.

중국의 조용한 침공

문화 전쟁

호주 깁슬랜드 남부에서 회사를 확장하려던 해리 왕Harry Wang, 王哈利은 인근 농장주들의 항의를 받고 당혹스러웠다. 닝보유업집단 Ningbo Dairy Group의 대표인 그는 농장주들을 안심시키며 이렇게 말했다. "좀 이상하네요, 다 같은 우유인데 말입니다. 저희는 호주에서도 중국 농장에 적용하는 것과 똑같은 수준의 청결과 위생, 동물 복지 기준에 따라 우유를 생산할 것입니다."[1]

해리 왕이 이렇게 말한 것은 호주인들의 생각을 읽지 못했기 때문이다. 당시 호주인들의 머릿속에 떠오른 것은 중국 농업 환경에 만연한 환경오염과 식품 오염 특히, 공업용 화학물질인 멜라민을 우유에 섞어 5만 4,000명의 아기가 입원하고 여섯 명이 사망한 사건이었다. 멜라민 우유 파동으로 목숨을 잃은 사람은 나중에 더 있었다. 불순물을 섞은 죄로 유업회사 경영진 두 사람이 처형을 당했다.

닝보유업은 멜라민 파동에 연루되지는 않았지만, 호주 당국은 모르는 건강과 위생에 관한 법규를 위반한 전력이 있다. 2012년 4월 닝보유업이 요구르트 2,000병의 생산 일자를 속여 표기한 사실이 드러났다.[2] 10개월 뒤 닝보유업의 우유 70% 정도에서 고농도의 대장균과 (페니실린의 항균 작용을 없애는) 베타 락타마아제가 검출된 조사 결과가 발표되었다. 닝보유업은 처음에는 이 같은 조사 결과를 반박했지만 결국 사과했다. 그리고 2013년 4월 닝보유업 우유 3만 2,000병의 생산 일자가 허위로 기재된 사실이 드러났다. 그런데 그에 따른 과징금은 고작 7만 달러 정도에 불과했다. 닝보유업이 높은 곳에 연줄이 있다고 짐작할 수 있는 대목이다.

하지만 호주에서는 달랐다. 해리 왕은 2015년 깁슬랜드 남부의 농장 다섯 곳을 매입한 뒤 중국 사육법을 도입할 계획을 세웠다. 중국에서 닝보유업은 젖소들을 축사에 가둬 키운다. 소들이 착유장까지 오갈 필요가 없어 더 많은 우유를 생산할 수 있기 때문이다. 닝보유업은 중국 사육법을 깁슬랜드에 도입해 젖소 한 마리당 우유 생산량을 50% 늘릴 뿐 아니라 중국인 농장 일꾼 2,000명을 들여옴으로써 인건비를 대폭 낮출 수도 있었다. 중호자유무역협정에 따라 중국인 인부를 들여올 수 있었기 때문이다. 게다가 닝보유업은 병입 설비를 갖추고 생산한 우유를 모두 중국으로 실어낼 수도 있었다.

해리 왕은 호주 정부도 그런 계획에 반대하지 않았으니 아무 문제가 없다고 생각했다.

홍보 전문가 파월 테이트Powell Tate가 솔직히 지적한 대로 "닝보유업의 홍보는 작업이 필요했다."[3]

동물 복지부터 관광에 미치는 영향, 농장 폐기물, 트럭 이동, 노동력 착취에 이르기까지 전반적인 문제에 관한 민원이 400건이나 쇄도하자, 바스 코스트 셔 지방의회는 닝보유업의 개발 계획을 만장일치로 기각하는 것이 옳다고 보았다. 해리 왕은 비바람 몰아치는 농장의 방목장에서 촬영한 사진을 실은 기사에서 이제 어찌해야 좋을지 모르겠다고 한탄했다.[4]

닝보유업은 사회적 인증을 받지 못했다. 하지만 다행히도 호주에는 중국인 투자자에게 요령을 알려주는 기업 자문과 전임 총리들이 상당히 있다. 2017년 3월 외국인투자심의위원회의 브라이언 윌슨 위원장이 중국인 투자자들로 빼곡한 토론장에서 호주를 대표하는 기업에 투자를 피하고, 일자리와 시장 성장의 혜택을 띄우라고 조언했다.[5] 규제를 책임지는 윌슨 위원장은 앞으로 호주인들도 중국인의 호주 자산 취득에 점점 더 익숙해질 것이라고 안심시켰다. 2주 뒤 전임 총리 존 하워드는 중국 기업인들에게 저항에 부딪히기 싫으면 호주인 동업자를 찾으라고 권고했다.[6]

파월 테이트는 중국인 투자자들에게 호주 농업 부문에서 사회적 인증을 받을 수 있는 청사진을 제시한다. 핵심은 중국인 투자자들이 이윤의 극대화만 꾀하기보다는 문화적 민감성에 주목하고 어떻게든 호주 사회에 공헌해야 한다는 것이다. 회의적인 호주 대중을 달랠 수 있는 유익한 조언이지만, 그렇다고 중국 기업인과 당국가 체제의 관계가 바뀔 것 같진 않다.

사실 중국 기업인은 사회적 인증이라는 개념을 이해하지 못한다.[7] 권력자와 연결된 돈이 영향력을 발휘하는 체제에서 성장한 사람들이 사회적 인증을 어찌 이해하겠는가? 중국 개발업자의 사업 진행을 결정하는 요소는 지역 공동체의 건축 허가가 아니라 관시를 이용하는 능력, 담당 공무원에게 뇌물을 전달하는 기술이다. 호주에 들어오는 중국인 개발업자 중에도 누군가에게 돈을 주고 정치인에 연줄을 만들거나, 할 수만 있다면 정치 기부를 통해 연방 재무장관과 연결되길 기대하는 사람들이 드물지 않게 있다. 재무장관이 외국인투자심의위원회를 '소유'[8]하고, 위원회의 승인으로 사업할 때 생길 모든 장애물이 제거되기 때문이다.

중국 기업 상하이 펑신Shanghai Pengxin과 상하이 CRED가 호주 전체 농지의 2.5%를 차지할 만큼 방대한 키드먼 토지를 3억 7천 1백만 달러에 매입하겠다고 제안한 적이 있다. 대중의 반발에 부딪힌 연방 정부가 제안을 거절하자, 상하이 CRED는 지나 라인하트의 광산회사인 핸콕 프로스펙팅Hancock Prospecting과 제휴해 오스트레일리안 아웃백 비프Australian Outback Beef라는 합작투자회사를 설립했다. 2016년 12월 호주 연방 재무부가 이 합작투자회사가 제시한 약 4억 달러의 키드먼 토지 인수를 승인했다.[9] 합작투자회사는 지역 경영을 유지하겠다고 약속했다. 하지만 지역 경영을 언제까지 유지할까? 이처럼 근본적인 갈등을 해결하지 않고 이루어지는 매각 거래에서 호주는 들러리에 불과하다. 계속 지켜보면 여건이 바뀌어 중국 기업이 호주 동업자의 지분을 모두 사들이는 상황이 발생할 것이다. 기존 호주 동업자는 발을 빼려 하고 지분을 인수하겠다는 지역 기업은 나타나지 않을 것이다. 이는 투자 매력이 없는 회사로 보이게끔 중국 기업이 의도한 상황일 가능성이 크다.

진실을 알리는 중국인의 목소리

중국에서 민족주의적 주장으로 유명한 친정부 학자를 한 시간 넘는 시간 동안 만난 적이 있다. 그 학자는 오늘날의 중국 그리고 중국과 호주의 관계를 대단히 솔직하게 평가했다. 그가 호주를 이해하는 깊이는 놀랄 정도였다. 솔직히 털어놓는 대신 익명 제보로 해달라는 요청에 따라 여기서 그 학자의 실명을 밝힐 수는 없고, 그가 이야기한 아주 놀라운 내용만 전달하면 다음과 같다.

"호주가 중국의 정치적 개입을 염려하는 것도 당연합니다. 저는 '내가 하고 싶지 않은 일을 남에게 시키지 말라'는 공자의 말씀을 믿습니다. 기업인들은 중국에서 돈을 벌어야 하고, 이들이 주목하는 것이 건강과 영양, 식품 안전입니다. 중국은 전국이 다 오염되었습니다. 그래서 중국에게는 호주가 아주 중요하죠. 호주의 철광석 수출은 중국의 건축 붐 이후 감소하는 추세입니다. 중요하게 여기는 것이 분유와 쇠고기, 생선 같은 식품입니다. 부자들은 유해 성분이 섞이지 않은 분유처럼 건강한 음식을 특히 중요하게 생각합니다. 가난한 사람은 중국 제품을 사용할 수밖에 없지만요.

호주는 거대한 면적의 땅을 갖고 있지만, 땅으로 돈을 벌지는 못합니다.

시내에서 중국인을 많이 본 호주인은 이렇게 생각하겠죠. '여기가 호주 맞나?' 갈수록 점점 더 런던처럼 변하죠. 잔디밭에 오줌을 싸거나 뇌물을 주다 걸리는 등 중국인이 무례하게 구는 사례도 늘어납니다. 중국인은 처음에는 합법적으로 행동합니다. 하지만 통하지 않으면 다음부터는 불법적으로 할 것입니다……호주 영주권을 얻는 데 드는 돈이 500만 달러면 큰돈이 아닙니다."

"영주권 비자 발급에 들어가는 돈은 대부분 부정한 돈인가요?"

"물론이죠. 하지만 호주 정부는 신경도 안 씁니다……호주에서 그토록 많은 사람이 앞다투어 병원에 입원할 수 있는 이유가 뭐겠습니까? 그 많은 사람을 어떻게 감당할 수 있을까요? 호주는 아주 작습니다. 호주에 있는 중국인 중에는 개인적인 이익만 추구하는 사람들도 있죠. 예를 들어 딸이 호주국립대학교에서 박사 학위를 받은 다음 영주권을 취득하면 자기 아버지를 데려갑니다.

저는 일단 중국 시민이지만, 동시에 세계 시민입니다. 그래서 저는 '내가 하고 싶지 않은 일을 남에게 시키지 말라'는 공자의 원칙을 지킵니다. 하지만 중국의 이민 정책은 대단히 제한적입니다.

국영 기업의 해외 투자에는 균형이 지켜져야 합니다. 국가와 기업 양쪽 모두 혜택이 돌아가야 하죠. 저는 책임 있는 세계화가 필요하다고 생각합니다. 자본을 이용해 다른 나라의 가치를 바꾸면 안 되

중국의 조용한 침공

죠. 시드니에서 중국인 거부가 문화유산인 건물을 철거하려 한 적이
있었습니다. 전임 주석 절친의 아들이라고 하더군요. 지역 주민들은
반발했죠. 자신들의 문화를 지키려고 말입니다. 중국인 거부가 절충
안을 제시했습니다. 그들은 모든 것을 거래할 수 있다고 생각하니까
요. 공자의 원칙 따윈 믿지 않습니다. 그저 호주의 자원에 접근해 자
신들의 자원인 돈과 결합할 생각뿐입니다.

공산당은 교육에 실패했습니다. 인민들에게 그저 부자가 되라고만
가르칩니다. 부유한 중국계 호주인 일부가 군사 정보기관과 연결되
었다고 우려하는 것도 당연합니다. 외국 안보 기관이 침투할 위험은
늘 있습니다. 문제는 이것이죠. 그 위험을 어떻게 관리할 것인가?
중요한 문제입니다……호주가 중국인 학생을 지금처럼 많이 받아들
이는 것은 엄청난 위험입니다."

"호주국립대학교 중국 학생회 회장을 대사관이 지명하거나 승인했
다고 생각하십니까?"

"의심할 필요도 없죠. 대사관에서 학생회에 돈도 줄 겁니다. 학생회
가 연회를 베풀고 연사를 초대하는 등의 활동을 하려면 대사관 돈이
필요하고, 중국 정부는 학생들을 조종하고 싶어 합니다. 둘의 관심
사가 맞아떨어지는 것이죠. 하지만 계약서는 없습니다. 아무도 계약
서에 서명하지 않죠. 학생회 회장은 계약 조건을 알고 있지만, 다른
학생들은 전혀 모릅니다. 컬럼비아대학교가 큰 규모의 중국인 학생
조직을 퇴출했습니다. 투명성과 공성성, 민주적 투표라는 대학의 윤

리 규정을 위반했기 때문입니다.

호주연방경찰도 개입해서 중국 대사관에 학생들을 조종하지 말라고 경고해야 합니다. 학생회 회장들에게도 정치 활동에 참여하면 자신의 경력에 문제가 생길 수 있다고 분명히 경고해야 합니다. 정치 공작을 막는 법률도 제정해야 합니다. 중국인 학생은 대부분 이기적입니다. 그래서 경력 관리에 큰 문제가 생긴다면 대부분 학생 단체에 가입하지 않을 것입니다."

"호주국립대학교 중국학생학자연합회 회장이 구내 약국에서 〈에포크타임스〉를 치우라고 요구한 사건이 발생했을 때 대학 당국은 아무런 조치도 하지 않았습니다."

"이기적이라서 그렇습니다. 대학 당국이 바라는 것은 중국인 학생의 돈이니까요. 호주에서 누가 중국인 학생회 회장에게 경찰처럼 행동할 권리를 주었습니까? 달라이 라마라면 중국인 대부분이 화를 내지만, 다른 나라에까지 달라이 라마를 박대하라고 요구할 권리가 있을까요? 중국에는 이럴 자유가 없는데, 그런 자유를 왜 호주가 들여와야 하죠? 중국에서 나쁘다고 하는 것을 다른 나라는 왜 도입해야 하죠? 호주에 거주하는 중국인들이 수를 앞세워 호주 지도자를 선출하는 과정에 개입하면 어떻게 될까요?"

"호주에 사는 중국인은 겨우 1백만 명입니다."
"2천만 명도 보낼 수 있어요. 애국심, 좋죠. 하지만 편향된 애국심

중국의 조용한 침공

은 애국심이 없는 것보다 더 나쁩니다. 중국인이 호주에 가면 반드시 호주 법을 지켜야 합니다. 호주 법을 따르지 않을 권리가 중국인에게 있습니까? 많은 중국인이 이렇게 생각합니다. 애국심에 기반을 둔 것이라면 무엇이든 할 수 있다고 말입니다. 틀린 생각이죠. 오직 자기 영토 안에서만 그렇게 할 수 있습니다. 상호 존중이 뭐겠습니까? 우리는 다른 방식과 가치를 존중해야 합니다. 중국인은 남의 영토에서도 정치적 문화적 제국주의를 실천할 위험이 있습니다."

중국과 호주의 관계를 솔직하게 평가한 이야기를 듣고 일어설 때, 무언가에 얻어맞은 듯 머리가 멍했다.

샐리 쩌우의 황금

샐리 쩌우Sally Zou는 엄청난 기부로 세간의 주목을 받았다. 금광 회사인 오스 골드 마이닝 그룹Aus Gold Mining Group 대표인 샐리 쩌우는 2015~2016년 자유당에 46만 달러를 기부하며, 사우스오스트레일리아주 최고의 기부자로 등장했다.[10]

호주에서 쩌우 대표는 열렬한 애국자다. 애국심을 증명이라도 하듯 호주 건국 기념일에는 신문에 전면 광고를 실어 축하하고, 롤스로이스 자가용에 호주 국기를 그려 넣기까지 한다. 이런 행동이 중국인 신흥 갑부의 저속한 과시라면, 샐리 쩌우만이 이러는 것은 아니다. 2017년 8월 부유한 중국계 호주인들이 중국 국기와 애국적 구호로 장식한 고급 승용차를 잔뜩 끌고 나와 시드니 시내를 질주했다. 이들이 이처럼 천박하게 부를 과시하며 댄 핑계는 인도의 중국 영토 침범을 반대하는 항의 표시라는 것이었다(그러나 그 영토는 사실 중국군이 점령하고 있던 부탄왕국 지역이었다). 중공의 상징인 빨간색으로 칠한 벤틀리를 뒤따라 달리던 포르쉐에는 히말라야 국경 분쟁지역의 그림과 함께 호주국립대학교 학생 레이시잉이 퍼트린 "중국, 한 점도 작아질 수 없다"라는 구호가 적혀 있었다.[11]

오스 골드 마이닝 그룹은 애들레이드대학교에 공학 장학금을 만들고[12], 샐리 쩌우는 포트애들레이드 풋볼 클럽의 최대 후원자가 되었다. 쩌우 대표는 클럽이 호주 럭비를 세계에 알릴 수 있도록 힘을 보태고 싶다는 포부를 밝혔다. 2017년 5월 쩌우 대표의 재정 후원을 받아 포트애들레이드 풋볼 클럽이 호주 풋볼 리그 사상 최초로 해외에서 리그전을 펼쳤다. 중국 상하이에서 열린 경기를 관전한 1만여 명의 관중은 대부분 호주에서 원정 간 럭비 팬이었다.[13] 호주 럭비에 대한 열정을 중국에 수출한다는 생각은 그저 기발한 아이디어일 뿐, 샐리 쩌우가 투자한 진짜 목적은 따로 있었던 것이 틀림없다.

중국 언론과 인터뷰한 내용을 보면 샐리 쩌우의 애국심에서 변화가 감지된다. 2011년 〈인민일보〉가 〈샐리 쩌우: 외국에서 조국에 바치는 나의 지혜〉라는 제목의 기사에서 "낯선 나라에 사는 이방인이지만, 조국의 번영과 발전을 위해 힘과 지혜를 바치겠다"는 쩌우의 각오를 보도했다.[14] 부유한 철강업계 집안에서 태어난 뒤 29세의 나이로 자본금 2억 홍콩 달러의 기업을 홍콩에 세웠으니 쩌우가 조국에서 성공한 것은 분명하다.[15]

중국의 조용한 침공

샐리 쩌우는 "회사를 중국 기업이 호주에 진출하는 데 도움을 주는 플랫폼으로 만들겠다"며 "조국의 건설을 지원하기 위해 호주의 광산 재벌들보다 싼 값으로 중국 기업에 철광석을 공급하겠다"고 선언했다. 그리고 오스 골드 마이닝 그룹이 생산하는 금을 전량 매입할 수 있는 독점권을 중국의 거대 국영 기업인 중국황금집단China Gold Group에 주는 수십억 달러 규모의 계약을 체결하며 비난에 휩싸였다.[16] 나중에 오스 골드는 "호주 구매자에게 먼저 금을 팔겠다"며 중국에 특혜를 주는 조건은 없다고 부인했다. 대변인을 통해 "우리는 호주 공동체와 호주 정부에 충성을 다한다. 호주의 미래에 헌신하며, 공헌하고자 한다"고도 밝혔다.[17] 2017년 3월 뉴사우스웨일스주 에너지자원부 돈 하윈Don Harwin 장관이 지켜보는 가운데 중국황금집단이 샐리 쩌우의 오스 골드를 보증하는 합의서에 서명했다.[18]

어쩌면 중국과 호주에 대한 샐리 쩌우의 열정은 두 나라를 더 긴밀히 하려는 헌신일지도 모른다. 그 증거로 지목할 수 있는 인물이 있다. 샐리 쩌우가 〈디 오스트레일리안〉에 약 5만 달러짜리 전면 광고를 실어 여덟 살 생일을 축하한 딸 글로리아 쩌우Gloria zou다.[19] 〈인민일보〉가 '호주와 중국의 우정을 보여주는 작은 천사'로 부르는 글로리아가 귀금속 학술 토론회에서 엄마를 대변하듯, "중국과 호주 사이에 황금빛 '해상 실크로드'가 놓이고, 다가올 '중국 호주 관계의 황금시대'가 금처럼 변하지 않고 밝게 빛나며, 그 아름다움과 견고함을 수천 년간 유지할 것으로 기대합니다"고 연설했다.[20]

중국 돈이 쓰나미처럼 밀려드는 자유당 서호주 지부의 줄리 비숍은 어린 소녀의 연설에 감명받아 가든 파티장에서 글로리아를 따로 만났다. 그 자리에서도 여덟 살짜리 어린 소녀는 줄리 비숍에게 '중국과 호주가 한 가족'이 되는 꿈을 전파했다.[21] 샐리 쩌우는 줄리비숍영광재단Julie Bishop Glorious Foundation을 설립해 사랑을 전파했다.[22] 그러나 외무장관 줄리 비숍은 의회에서 의심의 눈길을 보내는 야당을 향해 그런 재단은 들어본 적이 없다고 해명했다.

부동산으로 몰려드는 차이나머니

중국과 관련해 사람들이 무엇보다 심각하게 걱정하는 문제가 부동산이다. 부동산은 부피 자체가 크고 눈에 잘 띄는 데다 집값이 미친 듯 뛰어오르는 상황이니 걱정하는 것도 당연한 일이다. 다뤄야 할 내용이 워낙 많으니 아주 중요한 몇 가지만 살펴보자.

분명히 짚고 넘어가야 할 점이 있다. 중국계 호주인도 다른 호주 시민과 마찬가지로 거주할 집을 살 권리가 있다는 것이다. 경매장에서 백인들의 못마땅한 눈총을 받는 중국계 호주인들을 생각해야 한다. 이유식을 사재기하기 위해 수퍼마켓에 길게 줄을 늘어선 중국인 취급을 받지만, 이들도 다른 사람이 저지른 죄 때문에 피해를 보는 호주인이다.

호주 연방법에 따르면 외국인은 외국인투자심의위원회의 승인 없이는 기존 주택을 매입할 수 없고, 신축 주택만 살 수 있다. 하지만 이법에는 빈틈이 많아 오랫동안 이름뿐이었다. 외국인투자심의위원회도 기존 주택을 매입하려고 몰려드는 중국인을 제지하지 않았다가 호주 시민들의 반발이 심해지자 결국 2015년 조 하키 재무장관이 나서서 법을 제대로 집행하라고 촉구할 수밖에 없었다. 그러자 중국 부동산 사이트 쥐와이닷컴의 공동 CEO인 사이먼 헨리Simon Henry가 엉뚱하게 나서더니 해당 법률을 시행하라고 주장하는 사람을 '인종차별주의자'라고 비난했다.[23]

외국인 부동산 소유 제한 규정을 빠져나가는 한 가지 방법이 해외에서 들어온 자금을 이용해 가족 명의로 주택을 매입하는 것이다. 부동산 중개업자의 말처럼 "중국인은 가족을 믿기 때문이다." 부유한 외국인은 호주 영주권을 사는 방법을 쓰면 된다. 2016년에 그 기세가 주춤하긴 했지만, 수많은 사람이 고액 투자 비자를 받았고, 고액 투자 비자를 받은 대부분이 일정 분야에 500만 달러를 투자할 만큼 부유한 중국인이었다.[24]

2016년 외국인이 뉴사우스웨일스주 신축 주택의 25%, 빅토리아주 신규 주택의 16%를 사들였고, 그중 80%가 중국인이었다.[25] 시드니와 멜버른에서 중국인이 매입한 신규 주택 비율만 따지면 이보다 더 높을 것이다. 2016년 호주가 승인한 외국인 투자금이 총 2,480억 달러였다. 외국인투자심의위원회는 이 엄청난 돈이 '주로 부동산 투자'에 몰린 것으로 분석했다. 이렇게 외국인에게 팔려나간 부동산은 대부분 아파트로 베이징과 상하이, 청두의 중산층이 사들였다. 호주에서는 아예 신규 분양 공고를 내지 않은 아파트도 여럿 있었다.

457 비자로 호주에 들어오는 근로자의 전체적인 증가 추세는 2016년 들어서 다소 꺾이긴 했지만, 부동산 중개업 종사자는 가파르게 증가했고, 중국인의 부동산 매입을 부추기려고 중국에서 건너온 중

개업자가 대부분이었다.[26]

이런 상황이 호주의 국익에 도움이 된다고 보기는 어렵다. 홍콩과 밴쿠버를 비롯해 전 세계 여러 도시가 중국 본토에서 들어오는 부동산 투자금을 강력히 제한하고 있기에 시드니와 멜버른의 부동산 투자 수요가 늘었을 뿐이다.

호주에서 가장 뻔뻔하고 이기적인 로비 단체인 부동산위원회는 중국인의 부동산 수요가 집값에 미치는 영향이 크지 않다고 주장한다. 부동산위원회는 에너지 자문사 ACIL 앨런 컨설팅에 의뢰해 호주 경제 발전에 중국인의 수요가 반드시 필요하다는 내용의 보고서까지 발표했다.[27] 중국인이 호주 부동산을 사지 않으면 일자리와 성장, 조세 수입 등 모든 것이 어려워진다는 취지를 담고 있다. 부동산위원회 위원장은 실제로 외국인의 상업 시설 투자가 20% 감소할 때 발생할 GDP 손실액이 호주 석탄 발전소의 손실액과 맞먹는다고까지 주장했다.

열성적인 중국 갑부들이 시드니와 멜버른의 부동산을 집중적으로 사들여 마음 내키는 대로 중국과 호주를 오가고 있다. 이런 '갑부 철새' 때문에 호주 최대 도시 두 곳의 부동산 가격이 폭등한다는 보고서가 나올 정도다.[28] 큰돈을 번 부동산 중개업자들은 중국인의 투자 유입을 변호하며 터무니없는 주장을 펼친다. 초고액 순자산을 보유한 중국 기업인들은 깨끗한 공기와 좋은 학교, 법치에 매료되어 호주를 드나들며 "호주 사회에 공헌하길 원한다"고 주장하는 사람이 있는가 하면, "예전에 시골 학생들이 대도시 기숙학교와 뉴사우스웨일스 서부 오지의 집을 오가던 것과 비슷하다"고 주장하는 사람도 있다.[29]

2017년 3월 중국 진저우시의 경찰서장이 횡령죄로 징역 17년을 선고받았다. 횡령한 돈으로 시드니에서 두 딸이 살 집을 포함해 호주의 수많은 부동산을 사들였다고 한다.[30] 호주는 부정한 중국 돈이 즐겨 찾는 곳이다. 2015~2016년 수상한 금융거래로 조사된 금액이 총 33억 6,000만 달러였고, 그중 3분의 1이 부동산으로 숨어들었다.[31] 2017년 초 연방 정부가 강력히 단속하자, 대부분 중국인인 외국 부자들이 불법적으로 취득한 1억 700만 달러 상당의 부동산을 매각할 수밖에 없었다.[32] 하지만 현지 부동산 중개인들은 법의 허점을 이용해 규제를 빠져나가는 불법 거래가 전보다 더 성행했다고 주장한다.[33]

2017년 2월 베이징이 자본 도피를 강력히 단속하며 LA에서 부동산을 매입하려는 중국인의 수요가 급감한 것으로 보도되었지만, 시드니는 별다른 영향을 받지 않았던 것 같다.[34] 호주 언론은 2016년 하반기에 중국인 개발업자들이 '멜버른으로 우르르 몰려가고 있으며' 개발 가능한 부지의 4분의 3이 중국 본토 투자자들에게 팔렸다고 보도했다.[35] 이들은 중국에 이미 구매자들이 줄을 서 있으니 아파트만 지으면 모두 팔 수 있다고 확신한 것이다. 멜버른이 6년 연속 세계에서 가장 살기 좋은 도시로 선정되며 벌어진 일이다.

〈블룸버그통신〉은 〈세계 최대의 부동산 광풍이 여러분 곁의 도시로 몰려오고 있다〉라는 제목의 기사에서 전문가들의 말을 인용해, 현재 호주에 밀려드는 중국인의 투자가 홍수처럼 보이지만 장차 규제가 더 느슨해질 때 쏟아질 돈에 비하면 '낙숫물'에 불과하다고 보도했다.[36] 장쑤성에서 밀 농장을 운영하는 31세의 중국 청년만 해도 아이들을 시드니의 고등학교에 진학시킬 목적으로 아파트 여섯 채를 구매할 계획을 세우고 있다.

애국심에 넘치는 작가들

멜버른작가축제Melbourne Writers Festival와 작가빅토리아Writers Victoria는 문학계에서 존경받는 기관으로 작가들이 자신의 목소리를 찾도록 지원하고 사상의 다양성을 꽃피우기 위해 매진한다. 이 두 기관이 호주중국작가연합회Australian Chinese Writers Association와 제휴해 2016년 8월 중국작가페스티벌을 기획하면서 중국어로 집필하는 작가들을 지원한 것은 어찌 보면 당연한 일이다. 빅토리아중국시인작가협회Chinese Poets and Authors Society of Victoria와 멜버른중국작가우호협회 Melbourne Chinese Writers Friendship Association도 참여했다.[37]

그런데 호주중국작가연합회는 어떤 단체일까? 공식적인 기록을 통해서는 이 단체의 정체를 확인할 수 없었다. 하지만 2016년 4월 협회 설립 10주년 기념식에 참석한 멜버른 중국 영사관의 황궈빈黄国斌 총영사 대리가 중국 문화 전파를 위한 중요한 플랫폼으로 연합회를 추켜세우며, '영사관 업무를 늘 열성적으로 지지하고 협력했다'는 감사의 인사를 전했다. 사실 이 단체가 영사관을 늘 지원한 것은 아니지만, 그 당시는 친베이징 세력이 연합회를 장악한 즈음이었다.[38] 당시 영사관에서 해외중국인업무 즉, 교무를 담당한 장샤오훙Zhang Xiaohong 영사도 황궈빈과 함께 행사에 참석했다.

그 1년 전인 2015년 멜버른에서 열린 중국작가페스티벌에는 중국작가협회CWA 회장인 톄닝铁凝이 귀빈으로 참석해 자리를 빛냈다. 톄닝은 높이 평가받는 작가이지만, 중국에서 가장 강력한 정치 조직 중 하나인 중공 중앙위원회 18대와 19대 위원이다.[39] 상황을 예리하게 판단하는 중국통에 따르면 "중국작가협회와 공산당의 관계는 10대 청소년과 독재적인 아버지의 관계와 비슷하다……당이 매일 찬가를 부르라고 요구하는 것은 아니지만, 당의 입장에서 불쾌한 내용 더 나아가 체제를 전복할 위험이 있는 글은 절대 쓰지 못하도록 단속한다."[40] 중국 최고의 문학 단체인 중국작가협회는 중공 해외 선전 사업의 중요한 부분이며, 멜버른 중국작가페스티벌의 배후 세력이다. 중국에서 참가하는 작가는 모두 중국작가협회가 선정한 인물이다.

호주중국작가연합회 설립 10주년 기념식을 주최한 후메이胡玫(혹은 메이 후May Hu)는 호주중국작가축제Australian Chinese Writers Festival 회장이다. 후메이는 1988년 호주에 들어와 톈안먼 광장 학살 사건이 발생한 직후 영주권을 얻었다. 1992년 SBS에서 중국어 방송국장으로 근무하기 시작했고, 2017년 6월에는 '빅토리아주 다문화 공동체와 여성, 전파 매체에 기여한 공'으로 호주 훈장 5등급인 메달까지 받았다.[41] 후메이는 줄곧 SBS에서 근무했지만, 2017년 3월 기자 회견을 열어 대만 독립을 맹비난한 중국평화통일세계인도차이나인촉진회World Indochinese Council for the Promotion of the Peaceful Reunification of China와도 연결되었다.[42] 멜버른중국작가우호협회 회장인 황후이위안黃惠元도 이날 열린 기자 회견에 참석해 발언했다. 친베이징 중국어 신문 〈멜버른 데일리Melbourne Daily〉의 부사장인 황후이위안은 자신의 역할과 관련해 중국과 광저우시를 선전하기 위해 열심히 뛰겠다는 각오를 밝힌 인물이다.[43]

중국 언론은 2016년 멜버른에서 열린 중국작가페스티벌에 뜨거운 반응을 보였다. 국무원 교무판공실과 연결된 웹사이트 〈중국교망

僑網 · chinaqw.com〉은 페스티벌을 홍보하며 레이타오雷涛의 기조연설을 집중 조명한 기사를 내보냈다.[44] 레이타오는 산시성작가협회SWA 당 서기이며 공산당 공인 중국작가협회 위원이다. 과거 산시성 당위원회 선전부 주임과 〈산시성 선전 향도Shaanxi Propaganda Guide〉 주필을 역임한 열성 당원이다.[45] 하지만 작가빅토리아에서 발표한 레이타오의 이력에는 이런 내용이 모두 빠져 있었다.

호주로 출국하기 전 열린 기자 회견에서 레이타오는 호주 페스티벌의 선전 효과를 강조했다. "중국 현지 작가와 호주 작가들의 교류를 통해 산시성 문화는 물론 중국 문화의 영향력을 해외로 널리 알리고, 해외 작가들이 현재 중국의 창의성을 존중하는 환경을 반드시 이해하도록 하겠습니다"고 포부를 밝혔다.[46] 그러나 중공을 비판하는 중국 작가들은 당연히 페스티벌에 초대받지 못했다.

〈인민일보〉는 2016년 페스티벌에 대해 장황하게 보도하며 "호주에 있는 중국인 작가들이 점차 주류 사회의 주목을 받고 있다. 이는 최근 들어 커지고 있는 이주 중국인과 중국의 힘을 알 수 있는 결과다"라고 결론지었다.[47] 사실 중국 영사관은 중국의 사상에 저항하는 일부 중국인 작가들은 전혀 주목받지 못하도록 온갖 노력을 기울인다. 당서기 레이타오는 〈인민일보〉와 인터뷰하는 자리에서 호주의 중국인 작가들에게 깊은 감명을 받았다며 "비록 몸은 외국에 있지만 이들은 여전히 민족성과 문화적 조국인 중국에 깊이 뿌리를 두고 있습니다"라고 평가했다.[48]

중국계 호주인 작가 중에는 창작의 자유를 인정하지 않는 중공을 피해 중국에서 빠져나온 사람들이 있다. 이들은 당연히 페스티벌에 초대받지 못했다. 황귀빈 총영사 대리는 중국 언론을 향해 "해외 중국인 작가들은 조국을 깊이 이해할 때 비로소 수준 높은 문학 작품을 창작할 수 있다"고 주장했다. 멜버른작가축제는 중국작가페스티벌을 기획하는 일 외에도 매년 열리는 행사에서 중국 작가 한두 명에게 특별 무대를 마련해준다. 특별히 선정된 작가는 모두 베이징의 관점에서 판단할 때 안전한 사람들이다. 이렇게 선정된 작가들과 다르게 오늘날 중국을 해석하는 반체제 작가는 무대에 오르지 못한다.

열린 문화를 만드는 일에 헌신한다고 말하는 멜버른작가축제와 작가빅토리아도 모르는 사이에 통일전선 조직들과 협력한 것이다. 호주 사회에 중공의 세계관을 널리 퍼뜨리겠다는 목표를 세우고, 예술의 자유와 자신들에 대한 반대 의견을 절대 용납하지 않는 조직들과 협력한 것이다. 반체제 작가 류샤오보가 2017년 중국 감옥에서 끔찍한 죽음을 맞이하며 이런 사실이 다시 한번 드러났다.

호주의 두 기관이 현실을 모른다고 나무랄 수만은 없다. 호주에서 영향력을 행사하는 중국의 영향력은 이제 겨우 조금씩 드러나고 있기 때문이다. 하지만 이제 알게 되었으니, 두 기관이 중국 영사관과 긴밀히 연결된 작가협회와 다시 협력할 계획이라면, 반체제 작가들도 초대해 발언할 기회를 줄 것을 요구해야만 한다.

반체제 작가 한 사람의 사례를 살펴보자. 치자전은 스무 살 나이에 아버지와 함께 반혁명 활동에 가담한 혐의로 13년 형을 선고받고 쓰촨성 감옥에 갇혔다. 감옥에서 끊임없는 선전에 세뇌된 끝에 치자전은 자신이 '갱생의 모범 사례'가 되었다고 증언했다. 치자전은 영어를 배운다는 이유로 중국의 허락을 받아 1987년 호주에 들어왔다.

1989년 톈안먼 사태가 발생한 다음 영주권을 얻고 마침내 시민권까지 획득한 치자전은 "두려워서 17년간 아무 말도 하지 못했다"고 고백했다. 그는 70대에 접어들면서 비로소 입을 열어 중공을 맹렬히 비판하는 목소리를 책을 통해 내기 시작했다. 2016년에는 〈홍색낭자군〉 발레 공연 계획에 반대하는 멜버른 시위를 주도하기도 했다.

멜버른에서 직접 만난 치자전은 중국에서 겪은 고초를 증언한 회고록을 발표한 뒤 2014년 호주중국작가연합회가 주최한 행사에 연사로 초대받은 이야기를 들려주었다. 행사가 열릴 날을 기다리던 도중에 멜버른 영사관의 지원을 등에 업은 친베이징 세력이 호주중국작가연합회를 장악했다고 한다. 친베이징 세력은 행사가 열리기 며칠 전 다른 사람을 섭외해 본 연설을 맡기고, 치자전에게는 발언 시간을 겨우 10분 주었다.

그러고는 치자전이 사람들의 질문에 답변할 기회도 뺏은 채 연설회를 일방적으로 끝내버렸다. 치자전은 무덤덤한 표정으로 "저들은 이곳에서 원하는 대로 할 수 있습니다"라고 덧붙이더니, "어떻게 호주에서 중공의 힘이 이처럼 강력할 수 있죠?"라고 나에게 물었다. 나는 아무 대답도 하지 못했다.

신까지 포섭하라

장소는 상관없다. 중공의 입장에서 해외 중국인이 모이는 곳은 모두 교무 공작으로 침투해 영향력을 행사할 표적이다. 교회도 예외가 아니다. 제임스 젠화 토가 확인한 국무원 기밀 보고서에 따르면, 중국은 개신교와 가톨릭을 구분하지 않고 접근한다. 간부들에게는 중공의 중화성과 '정신적 사랑'이라는 개념을 적극적으로 홍보해 해외 중국인 교회를 '중국화하라'고 지시한다.[49] 중공에 신성한 것은 오직 조국 그리고 당에 대한 충성뿐이다. 교무 담당 간부들에게 교회는 더할나위 없이 좋은 표적이다. 비중국계 그리스도교인들을 통해 더 넓은 세상과 연결되기 때문이다. 게다가 종교 지도자에게서 당에 관한 긍정적인 메시지를 끌어낼 수 있다면, 신자들을 메시지를 믿고 움직일 가능성도 커진다. 신자는 목회자를 믿고 따르기 때문이다.

중국에서는 그리스도교 교회를 탄압하지만 호주에서 빠르게 성장하는 중국인 그리스도교 교회는 포섭하기 좋은 곳이다. 시드니만 해도 중국인 교회가 100곳을 넘고, 멜버른에도 60여 곳이 있다.[50] 예전에는 대부분 교회에서 광둥어로 예배를 진행했지만, 최근 10년간 중국 본토에서 경제 이민을 오는 사람이 많아지며 만다린어를 쓰는 신자가 점점 더 늘고 있다.

지난 2001년 태즈먼해 건너 뉴질랜드의 중국인 장로교회가 대만 문제와 관련해 성명을 발표했다. 마태복음 5장 37절을 인용하며 중국인 그리스도교인의 감정을 존중해주길 전 세계에 요청한 성명에서 장로교회는 "대만은 중국의 일부다. 우리는 하나님께서 주신 이 선물에 감사하며 귀하게 여긴다"고 밝혔다.[51] 캔버라의 중국인 감리교회는 "위대한 나라로 떠오른 오늘날의 중국과 경외심을 불러일으키는 시진핑의 의로움은 하나님께서 예정하신 계획과 축복의 일부다"라는 글을 2014년 홈페이지에 게시했다.[52]

이 글을 작성한 여성은 호주 시민이며 시드니중국작가협회 부회장인 장샤오옌Zhang Xiaoyan이다. 장샤오옌은 또한 "중국에서 건너온 붉은 여단이 거대한 붉은 쓰나미를 일으켜 호주를 다시 젊게 만들 것이다"는 예언도 퍼트리고 다니는 것으로 보인다.[53] 호주 중국인 감리교회CMCA 감독인 제임스 광James Kwang 박사는 교회 구성원 한 사람의 개인적 의견일 뿐이며 '성서에 입각한 기독교 정신을 호주를 비롯한 전 세계 모든 민족에게 전파하는 것이 우리 교회의 유일한 목적이기 때문에' 그 어떤 체제나 정부를 지지하지 않는다고 밝혔다.

내가 만난 중국계 호주인 목회자들은 중공에 반대하는 발언이나 행동을 영사관에 보고할 목적으로 교회에 잠입한 스파이들이 있다고 믿는 신자가 많다는 이야기를 했다. 한 목회자는 이런 말도 했다. "우리 교회 공동체에 공산주의자가 아주 많습니다."[54] 이 목회자는 과거에 공산주의를 추종했거나 현재도 공산주의자인 신자가 대략 4분의 1이나 3분의 1이 있을 거라고 추산했다. 신자 중에는 개인적 교제를 위해 교회에 나오는 사람도 있고 사회생활에서 연줄을 만들려고 나오는 사람도 있다. 그리고 영사관의 자산, 즉 스파이인 신도도 있다.

중국의 역사 문화 왜곡

중공은 통일전선 조직이나 개인적인 동조 세력을 이용해 중국의 역사를 이해하는 방식을 통제하고 호주의 정착 전후 역사에서 중국이 차지하는 역할에 대한 이야기를 홍보하려고 시도한다. 은밀하지만 이런 시도가 조금씩 드러나고 있다. 20~30년 전부터 호주의 많은 역사학자가 호주의 식민지 역사와 현대사에서 오랫동안 등한시한 이주 중국인의 역할을 연구하고 있다. 그런데 일부 역사학자들은 최근 몇 년 전부터 베이징이 자신의 연구 결과를 정치적이고 이념적인 목적에 악용하고 있다며 불안해한다. 이는 2008년 무렵 중국 전역에 관련 박물관을 앞다투어 세우며 해외 중국인 역사를 적극적으로 홍보하자는 베이징의 결단에 따른 결과다.[55] 2013년 시진핑이 주석이 되자 (중앙대외선전판공실로도 불리는) 국무원 신문판공실은 외국인들이 중국에 긍정적인 이미지를 가질 수 있도록 '좋은 중국 이야기를 들려주겠다'는 각오를 새롭게 다졌다.[56]

2015년 호주안보정보원의 던컨 루이스Duncan Lewis 원장이 주요 정당의 기관장들에게 억만장자 기업인 차우착윙과 황샹모의 기부금을 받지 말라고 경고했다. 두 사람은 거액의 정치 기부금을 내는 것으로 유명했지만 중국의 영향력을 넓히기 위해 호주 역사와 문화에 적극적으로 개입했기 때문이다.

2015년 9월 호주방위군에 복무한 중국계 호주인 병사들을 기리는 추모 헌화식이 호주전쟁기념관AWM에서 거행되었다. 이 행사장에서 눈에 띈 인물이 있다. 호주전쟁기념관장인 브렌던 넬슨Brendan Nelson과 재향군인회장인 켄 둘란Ken Doolan 사이에 서서 중국계 호주인을 기리며 헌화한 차우착윙이다. 차우착윙의 회사와 중국 언론은 호주전쟁기념관 행사 소식을 전하며 차우착윙을 '호중우호교류협회 회장'으로 소개했다. 호중우호교류협회는 공산당 고위 간부들이 참석하는 다양한 행사를 기획하는 통일전선 조직이다 이런 차우착웡이 호주전쟁기념관의 영광스러운 자리에 서게 된 이유가 무엇일까? 어떻게 중국계 호주인 공동체 대표 자격으로 헌화하게 되었을까?

확인해 보니 이 행사는 전쟁기념관이 매일 진혼 나팔을 불며 거행하는 추모식이었으며, 차우착웡이 행사비를 지원한 것도 아니었다. 하지만 잘 알려지지 않은 미국 뉴욕주 북부의 큐카대학교에서 '인문학 명예 박사 학위'를 받아 박사로 불리는 차우착웡은 호주전쟁기념관에서 유명한 인물이었다. 호주전쟁기념관이 차우착웡의 회사에서 기부한 돈으로 기념관 안에 음성 및 시청각 녹화 스튜디오를 마련하고, 그 스튜디오에 차우착웡 회사의 이름을 붙였기 때문이다. 이렇게 해서 탄생한 스튜디오가 킹골드미디어센터 Kingold Media Centre다.[57] 이 킹골드미디어센터가 문을 연 바로 그날 차우착웡이 헌화하고, 중국 언론이 관련 소식을 대대적으로 보도한 것이다.[58]

차우착웡은 '호주제국군의 인종 다양성'을 탐구하는 연구 기금도 기부했다. 중국 대학의 한 학자에게 중국계 호주인 병사의 역사 집필을 의뢰하는 문제로 연구 자금을 마련하기가 어려웠던 것 같다. 후하게 자금을 지원받은 대가로 호주전쟁기념관은 훌륭한 호주 자선가 중 엄선된 몇 사람과 함께 차우착웡의 이름을 기념관 입구 안쪽의 기념석에 새겨 넣었다(호주전쟁기념관은 차우착웡이 기부한 금액이 얼마인지는 밝히지 않는다). 차우착웡이 〈신화통신〉의 표현대로 중국계 병사의 희생[59]을 기리는 헌화를 마치자, 넬슨 관장과 줄리 비숍 외무장관이 차우착웡에게 '호주전쟁기념관 회원' 액자를 전달했다. 내가 알기로 '호주전쟁기념관 회원'은 엄청나게 많은 돈을 기부한 사람 중에서도 가장 많은 돈

중국의 조용한 침공

을 기부한 사람에게만 발급하는 증명서다. 이와 관련해 기념관에 추가 자료를 요청하고 차우착윙에 대한 실사를 진행했는지 물었지만, "공공 기록에 관한 사안이라 추가로 확인해 드릴 내용이 없다"는 답변만 돌아왔다.[60]

차우착윙이 기부한 돈으로 수행된 연구 결과는 책으로 정리돼 호주전쟁기념관 서점에서 2달러 95센트라는 대단히 저렴한 가격에 팔리고 있다(양장본의 가격도 4달러 95센트다).《조용한 충혼: 중국계 호주인의 무공을 기리며*Quiet and Loyal Spirit: Commemorating Chinese Australian military service*》라는 제목의 이 책은 중국 광둥성 중산대학교(쑨얏센대학교)의 페이성Fei Sheng 박사가 편집하고, 호중우호교류협회와 연관된 신세기출판기금이 출간했다.[61] 완벽한 영어로 쓰인 구절도 간혹 보이지만, 책 전체가 중국식 영어로 집필되어 오류투성이다. 심지어 제목을 '상당한 충혼Quite Loyal Spirit'으로 잘못 표기하기도 하고, 호주전쟁기념관을 '호주국립전쟁기념관Australian National War Memorial'과 혼동하기도 한다.

하지만 이 책에서 가장 큰 문제는 역사 왜곡이다. 첫 문장부터 왜곡이다. "1788년 첫 번째 죄수 이민 선단에 중국인들도 포함되어 있었다." 영국에서 체포된 중국인 죄수 혹은 중국인 선원의 존재는 정말 있었던 것일까? 1차 죄수 이민 선단에 중국인은 없었다.[62] 터무니없어 보이는 이런 주장이 현재 '역사책'에 기록되어 있고, 지금까지 경험에 비춰보면 중국이 이를 빌미로 장차 영유권을 주장할지 모른다는 상상도 그저 뜬구름 잡는 망상은 아닐 것이다.

이 책은 제2차 세계대전을 반파시스트 전쟁으로 규정하며 중국과 호주가 연대해 일본의 침략에 맞선 시절, 호주 사회가 중국 침입의 공포를 극복하고 두 나라가 유대를 맺은 시기로 묘사한다. 호주가 중국에 맞서 말레이반도와 한국, 베트남에서 펼친 반공 투쟁은 거론하지도 않고, 한국전과 베트남전에서 활약한 중국계 호주인 병사들의 역할을 설명할 때도 공산국가 중국이 호주의 적국을 지원했다는 사실은 언급하지 않고 대충 넘어간다.

호주의 군사 역사에서 중국계 호주인의 역할은 충분히 연구하고 제대로 인정받는 것이 마땅하다. 하지만 호주전쟁기념관이 호주를 잘 알지도 못하고 군사 역사를 연구한 경험도 없는 중국학자에게 의뢰해 호주 군사 역사의 중요한 부분에 관한 책을 집필하고, 그 책을 서점에서 관람객들에게 홍보해야 할 이유가 있을까? 특히 요즘 중국이 발표하는 역사서는 공식 선전과 허구가 반쯤 섞여 뒤죽박죽이다.[63] 저명한 역사학자 한 사람은 중국을 '과거를 완전히 지우고 재창조한 나라'로 규정한다.[64] 공산당이 일본과의 전쟁에서 중국군과 공산당이 수행한 역할을 설명하며 선전하는 내용은 완전히 왜곡된 그림이다.[65] 호주전쟁기념관이 비웃음을 살만큼 품질이 조악한 책을 판매하고, 호주 역사의 중요한 부분을 왜곡한 그림을 대중에게 내놓는 이유가 무엇일까?

중국 갑부가 기부라는 선물 보따리를 푸는 이유는 문학, 교육, 의학 모든 부문에 정당성을 확보하려는 전략 때문이다.[66] 외국인 투자자가 홍보 회사에 호주 대중의 환심을 살만한 전략을 추천해달라고 요청할 경우, 상당히 냉소적인 홍보 회사라면 안작Anzac●의 유골을 몸에 뿌리라고 추천하며 가장 큰 안작 유골함이 호주전쟁기념관에 있다고

● 호주와 뉴질랜드 군단.

조언할 것이다. 전쟁기념관은 국가의 성소이며 그 어떤 외세도 감히 부당하게 이용할 수는 없는 법이다.

차우착윙은 중국인 안작을 이용했지만, 호주 역사에 영향을 주는 방법은 또 있다. 중국을 감싸는 세력은 이주 중국인이 호주 발전 과정에서 차지하는 위치도 재해석하고 있다. 이주 중국인의 중요한 역사가 저평가되긴 했지만, 중국 동조자들은 공정한 역사학자가 인정하는 것보다 이주 중국인이 훨씬 큰 역할을 했다고 본다. 이들이 이주 중국인의 역사를 재해석하며 노리는 효과는 중국계 호주인들 사이에서 그리고 중국에서 인종차별 역사에 대한 불만을 더 크게 부추기는 것이다. 이런 맥락에서 중공 매체가 로버트 매클린Robert Macklin 기자의 책《용과 캥거루Dragon & Kangaroo》를 극찬한 것도 당연한 일이다.[67] 이 책의 출간을 결정한 사람이 바로 봅 카다.

황샹모도 호주의 이주 중국인 역사에 관한 책이 출간되도록 자금을 지원했다. 호주의 일부 역사학자는 문화적 다양성을 존중하는 모습을 보이겠다는 의욕에 앞서 이 책의 위험성을 간파하지 못했지만, 돈에 눈이 먼 것은 아니었다. 배후에 황샹모가 있다는 사실을 알게 된 호주의 일부 역사학자는 집필에 참여하겠다는 의사를 철회했다.

호주중국예술문화연구소Australia-China Institute for Arts and Culture가 역사학자 단체인 드래곤테일즈Dragon Tails에서 2년마다 개최하는 학술회에 자금을 지원하겠다고 제안했을 때도 비슷했다. 웨스턴시드니대학교의 호주중국예술문화연구소가 황샹모의 자금으로 만들어진 기관이라는 사실이 알려지자, 드래곤테일즈 운영위원회는 학술회의 학문적 진실성을 지킬 방법을 두고 의견이 나뉘었다. 하지만 결국 자금을 지원받기로 결론이 났다. 황샹모가 호주중국예술문화연구소를 설치하도록 웨스턴시드니대학교에 기부한 자금은 350만 달러였다. 황샹모의 호주 위후그룹을 총괄 관리하는 홀리 황Holly Huang이 연구소 이사로 임명되었다. 링크드인에 등록된 이력을 보면 홀리 황은 시드니공대에서 지방 자치제를 연구해 석사 학위를 받았다.

호주의 인민해방군

2015년 8월 호주중국퇴역군인협회Australian Chinese Ex-Services Association가 '호주 제8군'을 결성했다. 호주로 이주한 인민해방군 출신들로 구성된 부대였다. 그리고 1년 뒤 허스트빌 시청에서 기념식이 열렸다. 회원들은 휘장이 달린 인민해방군 전투복에 모자까지 쓴 채 참석했고, 식장은 중국 국기 천지였다.[68] 당시 행사를 촬영한 사진을 보면 초현실적인 느낌이 든다. 회원들은 애국적인 군가를 합창하며 병영 생활을 재현했다. 이들은 호주를 지키려고 싸운 중국인 안작이 아니라, 중국을 위해 복무하고 퇴역한 인민해방군이다. 하지만 이들의 마음속에서는 그 차이가 불분명하다. 이날 행사를 성공적으로 끝마친 호주 인민해방군이 1년 뒤 시드니 채스우드 지역에 다시 모여 '동방홍东方红'●이라는 노래를 불렀다.[69]

● 1966~1978년에 사용된 중국의 비공식 국가.

공산당은 태양과 같아서

그 어느 곳이건 밝게 비춘다.

공산당이 가는 곳마다

야호! 인민이 해방된다.

인민해방군은 오래전부터 노래와 무용단을 동원해 메시지를 전달했다. 총을 든 군대로 만족하지 않는다. "아군을 단결시키고 적군을 물리치려면 문화군대가 절대적으로 필요하다"는 마오쩌둥의 가르침을 진지하게 받아들이기 때문이다.[70]

호주의 인민해방군 조직은 중국인 공동체에 직접적인 영향을 주며, 친숙한 군복과 노래로 소속감을 일깨운다. 중국계 호주인 중에는 공동체가 중공을 지지하며 군사적인 모습에 놀라는 사람도 있지만, 혁명적인 모습에서 풍기는 향수에 매료되어 중국과 감정적, 언어적, 문화적으로 밀접한 관계를 유지하는 사람도 있다. 호주 인민해방군 행사를 문화 공연의 일부로 볼 수도 있지만, 충성심과 관련해서는 다른 문제가 있다. 혹시 호주와 중국이 충돌할 경우, 과연 이 퇴역 군인들은 어느 편에 설까?

호주중국퇴역군인협회의 전신은 인민해방군 창설일인 8월 1일을 기념한 '81군단'이다. 설립 당시 81군단은 "모든 회원이 반드시 조국을 열렬히 사랑한다"고 헌장에 명시했다.[71] 호주중국퇴역군인협회 회원들이 2017년 3월 리커창 총리의 방문을 환영하며 시드니 시내에 집결했다. 행사를 마치고 귀가한 협회 회장이 이런 글을 올렸다. "중국 국기가 시드니를 점령한 오늘! 수많은 중국인이 비를 맞으며 기다렸다. 시드니 중심상업지구를 가득 채운 검은 머리와 노란 피부, 붉은 국기의 물결을!"[72]

디지털 전체주의

베이징에는 안면인식기술을 적용한 기계가 고객에게 메뉴를 추천하는 KFC 매장이 있다. KFC 대변인의 설명에 따르면 "안면인식시스템이 고객의 나이와 기분을 예상해 메뉴를 추천한다."[73] 전 세계 기업들이 고객의 구매 내역을 전자 기록으로 관리하지만, KFC는 이제 고객의 얼굴까지 저장한다. 다음에 가면 KFC의 기계가 여러분을 알아볼 것이다. 개인정보 유출에 대한 우려를 제기하자 한 고객이 "중국에는 사생활이 없어요"라고 대답했다.

KFC 매장이 기발한 기계를 들여놓은 것 같지만, 중국의 국영 기술기업과 민간 기술기업은 조지 오웰이 놀랄 정도로 국가적 감시 및 사회통제가 가능한 시스템을 구축하기 위해 안면인식기술과 빅데이터, 인공지능에 막대한 자금을 투입하고 있다. 장차 벌어질 상황을 미리 보여주듯, 선전시에서는 빨간불일 때 횡단보도를 건너면 맞은편에 설치된 커다란 전광판에 무단 횡단한 사람의 얼굴과 함께 경찰의 경고문이 뜬다. 그리고 어딘가의 컴퓨터에 저장된 그 사람의 법규 위반 기록에 무단 횡단이 추가된다. 현재 1억 대의 CCTV가 인구 13명당 1대꼴로 설치되고 그 수가 점점 더 늘고 있다.[74] 중국 거의 모든 곳에서 시민의 얼굴을 추적할 수 있는 대량 감시 시스템을 볼 날도 멀지 않은 것 같다.

중국 전역에 적용될 '사회신용체계'는 무단 횡단 같은 경범죄까지 모두 저장한다. 한 중국통은 중국의 사회신용체계를 '정부가 기술과 행동 통제를 융합하려는 현대사에서 가장 야심찬 시도'로 평가한다.[75] 정부 기관이 모범적으로 행동한 시민에게는 점수를 주고 임대료를 연체하거나 소셜미디어에 당국이 싫어할 만한 글을 올리는 등 반사회적 행동을 저지른 시민의 점수는 차감한다. 이처럼 평판에 따라 점수를 매기는 체계에서는 행동을 잘해야 출세도 빨라질 것이다. 〈이코노미스트〉는 정부 관료의 말을 인용해 2020년에 완성되는 사회신용체계에 따라 "정부의 신뢰를 얻은 사람은 곳곳을 돌아다닐 수 있지만 신뢰를 얻지 못한 사람은 한 발자국도 떼지 못할 것이다"라고 보도했다. 그리고 부패를 비롯한 범죄 행위를 추적하고 통제하는 능력도 개선되길 희망한다고 덧붙였다.

이 멋진 신세계 '디지털 전체주의'에서는 체제에 순응하면 상을 받고 반대하면 처벌을 받는다.[76] 편집증적인 중국의 일당 체제는 대단히 정교하며 효과적으로 정치적 감시를 펼치고 있다. 시민들의 생각과 행동을 감시할 수 있도록 엄청난 인프라를 확보했다. 부패 공무원 고발로 유명한 언론인 겸 블로거 류후Liu Hu도 '유언비어 날조 및 유포죄'로 기소되어 벌금형을 선고받았다.[77] 블랙리스트에 오른 류후는 비행기표를 끊거나 부동산을 매입할 수 없고 특정 종류의 열차도 이용할 수 없다. 그렇다고 항소할 수도 없다.

현재 블랙리스트에 오른 사람은 7백만 명이 넘고, 부모의 빚을 떠안아 두 살 때 블랙리스트에 오른 소녀도 있다. 소녀의 아버지가 아내를 살해한 죄로 법정에서 무거운 벌금형을 선고받은 뒤 처형되면서 소녀가 아버지의 벌금을 상속받았기 때문이다.

중국의 몇몇 도시에서는 블랙리스트에 오른 사람에게 전화를 걸면 통화 연결음이 다르다. 전화를 건 사람에게 상대방이 신뢰할 수 없는 인물이라는 사실을 경고하기 위해 당국이 통화 연결음을 다르게 바꿔놓았기 때문이다.

사회신용체계를 운영하려면 데이터를 통합, 저장, 분석, 검색할 수 있는 방대한 시스템이 필요하다. 바로 이것이 빅데이터를 연구하는 목적이다. 빅데이터는 "특히 사람의 행동이나 상호 작용에 관련된 패턴과 추세, 연관성이 드러나도록 컴퓨터로 분석하는 대단히 큰 데이터 집합이다."[78] 아직 중국은 사회신용체계를 전국에 적용할 수 있을 만큼 사전 작업을 완전히 마무리 짓지 못했다. 하지만 시진핑 주석의 후원을 받아 꿋꿋이 밀고 나가고 있다.

현재 중국은 개인의 근무 경력과 은행 기록, 소비 습관, 감시 카메라로 수집된 교우 관계나 활동을 분석해 예비 테러범을 색출하는 시스템을 시험 운영 중이다. 이 새로운 '예비 범죄자' 식별 프로그램이 장차 중공 통치에 이의를 제기하는 사람을 색출하는 작업에 쓰일 것은 불 보듯 뻔한 일이다.[79]

중국전자과기집단이 수행하는 '스마트시티' 사업은 특히 사회신용체계 계획에서 대표적인 사업이다. 중국전자과기집단이 자랑스럽게 내세우는 빅데이터 통합 센터는 '도시 통치의 현대화'를 지원하고 사이버공간의 안전성을 개선하며 사이버공간의 보안과 방어력 향상을 목표로 삼는다.[80] 스마트시티 사업은 도시 운영 사령부에 해당하는 '브레인'을 창조해 민간과 군사 겸용 기술들을 통합한다. 중국은 스마트

시티 사업을 일대일로 이니셔티브를 통해 다른 나라에 수출한다는 계획도 세우고 있다.[81]

10장에서 살펴본 대로 중국전자과기집단과 시드니공대의 협약에 따라 호주 납세자들의 세금이 스마트시티 개발 사업에 쓰이고 있다.[82] 시드니공대는 중국전자과기집단과 빅데이터를 공동 연구함으로써 전 세계에서 가장 정교하고 억압적인 감시와 사회 통제 시스템 즉, CCTV와 인공지능이 이웃이나 가족을 대신해 정보원 노릇을 하는 전자 비밀경찰e-Stasi 개발에 기여하는 셈이다.

물론 안면인식기술을 적용해 사회를 통제하는 국가가 중국만은 아니다. 미국도 경찰 당국이 이미 국민 절반 정도의 얼굴을 컴퓨터에 저장한 것으로 추정된다.[83] 미국 경찰은 저장된 자료에서 가상의 목록을 추려 범죄자를 추적한다. 스노든 문서Snowden documents●에서 미국이 광범위하게 감시하는 상황이 폭로되면서 안면 인식 정보의 악용을 심각하게 우려하는 목소리가 높아졌다. 하지만 미국에는 경찰의 권력 남용을 견제하는 장치가 있다. 정보를 남용하는 경찰은 기소하고, 언론은 경찰의 정보 남용을 조사해 보고하고, 시민은 자신의 정보에 접근할 권리를 갖는 등 법적인 보호 조치가 마련되어 있다. 권력이 분산된 것이다. 중국에는 이런 보호 조치가 하나도 없다. 게다가 중국은 2017년 새로운 국가보안법을 제정해 당국이 필요하다고 판단되는 경우 그 어떤 사람의 정보에도 접근할 수 있는 법적인 권리를 가졌다. 서

● 미 국가안보국 직원이 미국의 심각한 민간인 사찰, 도청 문제 등을 국제 사회 전체에 폭로한 문서.

양에서 시민 자유 운동가들은 정부를 정직하게 만들지만, 중국에서 시민 자유 운동가들은 감옥에 갇힌다.

베이징의 남극 정복 계획

호주는 1959년에 체결된 남극조약에 적극적으로 참여했다. 남극조약에는 모든 광물 자원 탐사와 채굴, 시추를 무기한 금지하고, 현재와 미래 세대를 위해 자연환경을 강력히 보호한다는 규약도 포함되었다. 평화적 목적이 아닌 군사 행동도 모두 금지다. 호주령 남극 지역은 남극 전체 면적의 42%로 가장 크다. 호주는 오랜 역사 동안 과학적으로 노력을 기울이고 야생 보호에 힘써왔다. 호주령 남극 지역에 대한 호주의 영유권을 인정한 나라는 6개국이며, 나머지 국가는 아직 호주의 영유권을 인정하지 않는다.

중국은 최근 10~15년간 기지를 세우고 활주로를 건설하고 목적에 맞는 선박을 구매하는 등 남극에 심혈을 기울였다. 중국이 남극에서 추진하는 활동 대부분이 호주령 내에서 이루어진다. 중국은 물리적 인프라를 기반으로 상주하며 현장의 지리적 조건에 맞는 시설을 적극적으로 구축하고 있다. 베이더우 위성항법시스템 기지국도 설치하는 중이다. 남극 기지국이 완성되면 중국 미사일 공격의 정확도가 더 높아질 것이다.[84]

앤-마리 브래디가 중국어 자료를 확인해 보고한 내용에 따르면, 중국은 거대한 청정 대륙에서 자원을 채굴할 수 있는 기반도 준비하고

중국의 조용한 침공

있다.[85] 몇 년 전 서구 언론이 이런 중국의 목적을 알고 문제를 제기한 뒤[86], 현재 중국 관료들은 국제 담론에서 확실히 자리 잡은 환경 보호와 과학 연구에 대해서만 언급한다. 자원 개발 계획에 대해 질문하면 중국 정부는 그런 계획을 세운 적이 없다고 부인한다. 하지만 앤-마리 브래디가 확인한 중국어 자료들을 보면 중국의 남극 담당자가 분명히 밝힌 실제 목적이 드러난다. 예를 들어 중국극지연구소의 내부 신문은 새로 설치한 다섯 번째 남극 기지의 주요 임무가 '자원 개발과 기후 연구'라고 밝혔다.[87] 이 연구소는 남극 대륙을 '지구의 자원 보고'로 평가한다. 시진핑 주석이 호주 호바트시를 방문한 자리에서 중국은 '남극을 더 잘 이해하고, 보호하고, 개발하도록' 호주를 비롯한 여러 나라와 협력하겠다고 밝힌 것도 중국의 의도를 드러낸 것으로 볼 수 있다.[88]

중국이 국제적으로 남극 활동에 열성적으로 참여한 끝에 결국 2017년 5월 중요한 남극조약협의당사국회의를 유치했다. 중국이 주요한 남극 관계국이 되도록 도운 나라가 호주와 뉴질랜드다. 중국의 주요 물류 기지는 호주의 호바트시에 설치되어 있다. 여기서 그 역사를 이야기할 수는 없지만, 남극이라는 국제 사회에서는 과학 연구가 곧 힘이다.[89] 중국은 이 힘을 획득하려고 많은 돈을 들였고, 지금도 남극에서 그 어떤 국가보다 더 많은 돈을 투자해 과학 연구 중이다.[90] 2016년 호주연방과학산업연구기구는 남반구 해양 연구소를 호바트시에 세우기로 중국과 제휴했다. 중국이 2,000만 달러를 제공하기로 했다. 같은 해 기후과학연구를 축소해 여론의 뭇매를 맞은 호주연방과학산업연구기구의 책임자 래리 마샬Larry Marshall은 상기된 표정으로 중국과 새롭게 협력한 계획을 발표했다.

중국이 남극 연구에 큰돈을 후원하며 더 큰 역할을 수행함에 따라 중국의 노력을 과학적이고 정책적으로 지지하는 집단도 만들어진 것으로 보인다. 호주남극연구소의 닉 게일스Nick Gales 소장은 협력 증대가 '믿지 못할 만큼 흥분'된다며 호주 영토에서 진행되는 중국의 작업이 확대되는 상황에 열광한다.[91] 애들레이드대학교 법학과의 류닝예刘能冶 교수도 호주와 중국의 협력을 높이 평가한다. 중국이 규칙을 깨는 상황은 언급하지 않은 채 중국을 역사적으로 규칙을 만드는 국가가 아닌 규칙을 따르는 국가로 설명하는 글을 연이어 발표하며 주목받았다.[92] 류닝예 교수는 중국이 남극을 자원 보고로 보고 있지만 '가까운 미래'에 채굴을 시작하지는 않을 것이라고 안심시킨다.[93]

시드니공대 법학과의 데이비드 리어리David Leary 교수는 미래의 갈등이 언론에서 다루는 좋은 기삿거리이긴 하지만 '국제법을 냉철히 분석'하면 새로운 협력 시대가 오고 있음을 알 수 있다며, 다른 나라와 마찬가지로 중국의 관심도 국제법 강화에 있다고 주장한다.[94] 남중국해의 영토를 명백히 불법적으로 합병하는 등 중국이 보여준 그 모든 증거를 무시하고 데이비드 리어리 교수는 "중국도 다른 나라와 다르지 않다"고 믿는다.[95]

역시 법률가인 태즈메이니아대학의 줄리아 자부어Julia Jabour도 애들레이드대학교 공자학원에서 연설하며 지지 의사를 밝혔다.[96] 줄리아 자부어는 공자학원에 대해 들어본 적이 없으나 남극에서 중국이 품고 있는 의도를 설명하게 되어, 그리고 호주 정부에 적절한 조언을 하게 되어 기쁘다고 운을 뗀 뒤, 남중국해 사안에서 그랬던 것처럼 우리가 중국을 악마화하는 이유는 중국을 이해하지 못하기 때문이라고 이야기했다. 연설은 중국의 정직성을 의심하는 사람들에게 중국을 변호하는 내용뿐이었다. 중국이 '법률적으로 국제법의 규제에 구속되어 있으므로' 중국에 대한 의심은 타당하지 않다며, 모든 조약 당사국이 채굴 금지령 번복에 합의할 때만 채굴할 수 있고 그런 일이 벌어지지 않을 것이라고도 주장했다. 줄리아 자부어가 생각하는 세상에서는 법률적으로 불가능한 일은 할 수 없고, 중국의 채굴 의도를 암시하는 '도발적이고 자극적인 기사 제목'은 쓸데없이 불안만 조장하는 것이다.

호주의 남극 정책통이라는 사람들은 중국 전문가나 관료들이 자기들끼리 나누는 이야기에 별 관심이 없는 것 같다. 중공 정권은 중국의 자연환경이 파괴되도록 허락했고, 국제법을 비웃으며 자기 편의에 따라 국제법을 무시한다. 중국의 정권은 국제재판소가 남중국해 도서 합병을 불법으로 간주하자 유엔해양법협약을 공격했다. 국제재판소의 결정을 "휴지 쪼가리에 불과하다"며 묵살했다.[97] 홍콩의 정치적 자율성을 보증하는 홍콩 기본법도 위반하고 있다. 1991년 광물 탐사를 금지한 남극 환경 보호 의정서도 이미 무시하고 있다.

주요 강국들이 중국을 '책임 있는 이해 당사자'로 국제 체계에 맞아들이려고 노력을 기울이지만, 기본적으로 중국은 불편한 법과 규정을 받아들이지 않는다. 캐나다의 〈글로브 앤드 메일Globe and Mail〉 신문도 사설에서 중국이 '국제 체계를 따르는 척하지만' 반대쪽에서는 국제 체계를 전복하려는 듯 행동한다며, "중국은 원하는 것은 손에 넣는다"고 꼬집었다.[98] 중국은 서쪽과 남쪽, 동쪽의 이웃 나라들이 주장하고 국제적으로 인정된 주권도 무시했는데, 관례에 따라 주권을 겨우 합의한 남극에서 중국이 국제법을 존중할까? 중국은 남극조약을 전후 강국들이 만든 세계 질서의 일부로 보고, 새로운 국제 질서를 만들고 싶다고 피력했다. 앤-마리 브래디는 중국이 향후 20~30년 동안은 남극조약에서 이익을 보겠지만, 2048년이 되어 재검토할 시기가 되면 남극조약을 다시 쓰려고 할 것이라고 주장한다. 그리고 그때는 중국이 남극 대륙의 자원을 추출할 준비를 모두 끝낸 상황일 것이라고 주장한다.

중국을 돕는 자들

차이나클럽

스파이, 첩자, 정보원, 동조자, 영향력 행사자. 중국은 호주에서 이 모두를 확보했다. 그리고 중국이 이들과 똑같이 중요하게 여기는 대상이 공개적으로 베이징의 이익을 두둔하는 전문가나 논평가, 기업의 임원들이다. 7장에서 제5열을 설명할 때 이런 인물들을 일부 소개했지만, 여기서 조금 더 살펴보자. 지금까지 언급하지 않았지만, 막후에서 활동하는 또 다른 강력한 세력이 있다. 바로 차이나클럽the China club이다.

현재 캔버라에서 활동하는 정치 관료들이 중국을 대하는 태도는 호크와 키팅 시절부터 굳어진 것이다. 밥 호크는 1983년부터 1991년까지 총리를 역임했고, 키팅은 호크 정부에서 재무장관으로 막강한 힘을 발휘하다 1991년 말 호크의 뒤를 이어 총리 자리에 올랐다. 그리고 1996년 낙선할 때까지 호주를 이끌었다. 호크와 키팅 시절에 부상한 정치 조언자 집단은 이후 20여 년간 정부의 핵심 기관들을 장악해 의제를 설정하고 후진을 양성했다. 이들은 호크와 키팅에게 호주의 미래가 아시아에 달려 있으니 북방 정책을 추진하자고 설득한 주인공이기도 하다. 대단히 설득력 있는 주장이었지만, '아시아에 국한된 견해'는 2000년대에 들어서 '중국이 호주의 운명이다'라는 확신으로 바뀌었다.

충직한 정치 조언자들

밥 호크의 수석 보좌관 출신인 데니스 리처드슨은 외무부 차관과 호주안보정보원 원장, 국방부 차관으로 승승장구하다 2017년에 은퇴했다. 알란 진젤Allan Gyngell은 키팅의 외교정책 고문으로 총리부와 외무부, 국가평가국 최고위직에 오른 뒤, 말년에 외교정책의 막후 실세로 활약하고 있다. 키팅의 경제 고문인 켄 헨리Ken Henry는 출세 가도를 달려 2001년부터 10년간 재무부 차관으로 활약했다. 호주 대학의 민영화에 누구보다 앞장섰던 존 도킨스 장관의 경제 고문이던 마틴 파킨슨Martin Parkinson은 켄 헨리 후임으로 재무부 차관을 지낸 뒤 총리부 차관이 되었다. 호주국립대학교 경제전문가인 피터 드라이스데일은 정치 참모는 아니었지만, 드라이스데일의 자유 시장 세계관과 아시아를 향한 북방 정책이 1980년대에 상당한 영향력을 발휘했다. 그 핵심 인물이 피터 드라이스데일 밑에서 박사 과정을 밟은 로스 가노Ross Garnaut이다.

로스 가노는 밥 호크의 총리 시절, 경제 수석을 역임한 뒤 1985년부터 1988년까지 주중 호주 대사를 지냈다. 로스 가노가 1989년에 획기적으로 발표한 보고서 '호주와 동북아시아 우월성'은 차이나클럽이 호주의 미래를 새롭게 이해하는 청사진이 되었다. 이 보고서는 호주 경제와 사고의 방향을 동북아시아에 맞춰 재조정하라고 주장했지만, 행간에 숨은 메시지는 이미 호주 정부를 휩쓴 것으로 경제가 그 무엇보다 중요하다는 메시지였다. 1987년 외교부와 통상부가 외교통상부로 합병될 때 확인된 사실이기도 하다. 당시 두 부서의 서로 다른 세계관 중 어느 것이 우위를 차지할지 의심한 사람은 아무도 없었다.

차이나클럽의 신념이 캔버라의 주요 기관을 장악하자, NGO 인권 단체는 물론 국방부나 정보기관도 우려를 드러냈지만 중국과 호주의 경제 관계는 이런 우려를 덮기 시작했다. 2013년이 되자 외교통상부의 중국 전략은 호주의 정치 체계와 가치의 차이를 존중하되 전 영역에서 중국과 협력 관계를 넓히고 심화하는 방법에 온통 초점이 맞춰졌다. 그에 따른 위험 요소는 전혀 고려되지 않았다. 베이징의 싱크탱크에서 세웠을 법한 전략이었다. 외교통상부에 가장 중요한 것은 중국 지도층이 화낼 일을 절대 하지 않는 것이었다.

(7장에서 살펴본) 2016년 드라이스데일 보고서는 그야말로 차이나

클럽의 작품이며, 어쩌면 이제껏 호주 정부에 건넨 조언 중 가장 위험한 조언일 것이다. 드라이스데일은 보고서 서문에서 핵심 지지자에게 감사 인사를 전하며, 현금을 지원한 재무부와 총리부, 외교통상부, 호주국립대학교의 중국 후원자 이름을 일일이 거론했다. 알란 진젤과 마틴 파킨슨, 데니스 리처드슨, 이들의 후임인 외교통상부 차관 프랜시스 애덤슨Frances Adamson, 전직 외교통상부 관료 제프 래비, 전직 재무부 관료 이언 와트Ian Watt 등이 모두 포함되었다. 드라이스데일이 보고서에서 권고한 내용을 종합하면 중국의 호주 경제 침투를 제한하는 장벽을 모두 제거하자는 것이다. 달러 몇 푼을 받고 호주 정부를 휘두를 베이징의 경제적 정치적 힘을 대폭 키워주자는 것이다.

호크와 키팅은 정계에서 물러난 뒤 중국의 충직한 친구가 되어 두 나라를 빈번히 오가며 고위 관료나 재계 거물들과 어울렸다. 호크는 중국을 통해 돈을 버는 데 집중했지만, 키팅은 영향력을 키우는 데 더 관심을 가졌다. 〈페어팩스 미디어〉에서 베이징 특파원을 지낸 존 가넛은 "중국이 호주 체제의 약점을 호주인들보다 더 잘 파악하고 있다"고 지적했다. 호주는 열린 민주주의 세계지만 정치 기부금을 규제하지 않는 것은 분명한 약점이다. 그리고 또 하나의 약점이 아이러니하게도 호주의 평등주의 문화다. 호주에서는 전임 총리가 아무리 공항을 돌아다녀도 사람들은 별다른 관심을 주지 않는다. 하지만 어떤 총리들은 퇴임 후에도 현직 시절에 받던 관심을 은근히 그러나 집요하게 바란다. 호크 행정부에서 법무부 장관을 지내고 현재 호주국립대학교 명예총장인 가렛 에반스는 이를 '결핍 증후군relevance deprivation syndrome'이라고 표현했다.

베이징은 이제껏 세계를 무대로 활동한 호주 전임 총리나 외무장관들이 느끼는 감정 즉, 자신들의 발언이 중요하게 느껴지는 감정을 잘 알고 있다. 그래서 이들이 중국을 방문하면 중국은 나서서 환대하고 비위를 맞춘다. 호주에서는 기대하지도 못하는 대접을 받는 것이다. 중공은 성공한 사람에게 VIP 자격을 되돌려주는 방법을 잘 알고 있다. 자존심을 세워줄 줄 알며 이를 위한 모든 준비도 갖추었다. 이렇게 해외 유력인사와 친분을 맺고 베이징의 입장을 유포하도록 설득하는 과정이 '이용외력위아선전利用外力爲我宣傳' 즉, '외세를 이용해 중국을 선전'하는 것이다.[1]

중국은 여행 경비를 전액 지원하고 최고위층과 만남을 주선하는 등 각종 방법으로 비위를 맞추며 귀빈으로 대접하는 과정을 통해 호주의 전임 총리나 외무장관, 주총리들을 '중국의 친구'로 만들었다. 밥 호크나 폴 키팅 외에도 케빈 러드와 봅 카, 존 브럼비가 베이징을 수시로 드나들고 있다. 돈이나 자존심을 세워주는 방법에 휘둘리지 않을 만큼 품위를 갖춘 줄리아 길라드는 중국의 유혹에 넘어가지 않았다.

일반적으로 관시를 사업 목적으로 인맥을 쌓는 과정이라고 알고 있지만, 사실 그 이상이다. 관시는 서양인들이 주도권을 빼앗기는 '중국의 복잡한 관계 관리 기술'이다.[2] 미묘하게, 때론 노골적으로 호의를 주고받는 과정을 통해 채무관계로 묶는 것이다. 서양인들은 사업 관계를 만드는 이 과정을 우정을 쌓는 단계로 오해하고 경계를 풀고 쉽게 넘어간다.

호주에서 중국의 이익에 동조하는 인물이 모두 베이징의 공작에 넘어가서 그런 것은 아니다. 자발적으로 중공의 주장과 일치하는 견해를 지니게 된 사람들도 있다. 이런 사람은 중국 주요 인사들의 주목을 받고 〈인민일보〉 기사에 실릴 가능성이 크다.

순진한 동조자들이 더 위험하다

2016년 8월 호주에서 정치 기부금을 둘러싼 파문이 일자, 멜버른 대학교의 법률학자 주청 탐Joo-Cheong Tham이 글을 발표했다. 외국인이 호주 정당에 관심을 갖고 기부하는 행위는 정당하며, 중국인의 기부에 문제를 제기하는 사람은 '중국인'이라는 개념을 제대로 이해하지 못해 황인종 공포 같은 외국인 혐오증에 빠진 사람이라는 것이 글의 요지였다.[3] 정치 기부금 추문 때문에 아무 관련이 없고 선한 중국계 호주인도 모두 한통속으로 몰릴 위험에 처한 것은 사실이다. 하지만 탐 교수의 글은 수사학적 질문만 남기고 사건의 핵심을 놓치게 만들었다. 유독 '중국인' 기부자만 혈통이나 출생국을 중요하게 따지는 이유가 무엇일까? 이 책을 읽는 여러분이라면 지금쯤이면 혈통을 따지는 것이 오늘날 중국 정치 체제의 본질이라는 사실을 알 것이다. 중공은 민족성을 중요하게 여긴다. 호주가 위기에 빠진 까닭도 바로 그 때문이다. 호주에 사는 수많은 '해외 중국인'이 이탈리아나 인도네시아, 칠레 이주민들처럼 혈통을 중요하게 따지지 않을 때 비로소 호주는 자유로워지고 안심할 수 있을 것이다.

중국에 관한 글을 쓰며 많은 학자를 만나보니, 중국도 기본적으로 다른 나라와 차이가 없으며 중국은 다르다는 주장은 외국인 혐오에서 나온 것이 분명하다고 믿는 학자가 주청 탐만은 아니었다. 만다린어를 유창하게 구사하며 중국에 가족이나 인맥도 있고 경험도 풍부한 사람이 중국을 비판해도 외국인 혐오라고 치부한다. 한족 출신이 중국을 비판하면 인종차별이라는 프레임을 씌울 수는 없으니 못 들은 척 무시한다. 사실 두드러지는 것은 외국인 혐오로 의심받는 비판자들이 아니라 천진난만하고 순진한 동조자들이다.

노회한 정치인인 밥 호크가 '중국의 친구'가 되는 길로 들어선 이유는 돈 때문으로 보인다. 10년이 넘는 세월 동안 중국 기업의 계약 체결을 돕는 일에 집중한 호크는 2000년대 중반 재산이 5,000만 달러에 달하는 부자가 되었다.[4] 2012년 선동을 잘하는 호주 국민당의 바너비 조이스Barnaby Joyce도 호크가 '호주의 많은 지역을 중국인들에 팔아넘기는 일'에 가담했다고 주장하며 그를 비난할 정도였다.[5]

전임 총리 호크는 이제껏 중국의 의도에 의혹을 제기하는 호주인들을 안심시키는 역할을 떠맡았다. 자신이 한때 이끌던 노동당이 호주인의 일자리를 더욱더 보호해야 한다며 반대할 때도 호크는 중국과 자유무역협정 체결을 열렬히 지지했다.[6] 호크는 2012년 중화의 의도는 평화적이고 중화와의 교류에서 경이로운 수익을 얻을 수 있다는 내용의 글을 발표하며 커지는 중국의 영향력에 대해서 "걱정할 근거가 전혀 없다"고 주장했다.[7] 중국을 견제하는 미국을 향해서도 중국이 지배적인 경제 대국이 되는 것은 "지난 2,500년 동안 중국이 차지했던 자리에 다시 앉는 것이다"라며 위로했다. (수많은 연회장을 통해 호크에게 주입되었을 터무니없는) 이런 주장은 역사수정주의까지는 아니어도 위안이 되는 말도 아니다.

현실주의자의 실용적이라는 변명

폴 키팅은 자신이 고위층 지도자들과 속 깊은 이야기를 나누기 때문에 중국을 잘 안다고 주장한다. 베이징에서 만난 중국통은 폴 키팅이 중공 지도층이 외국인에게 속내를 털어놓는 사람인 것처럼 주장한다며 쓴웃음을 지었다. 현재 키팅이 이끄는 중국개발은행 국제자문위원회International Advisory Council of the China Development Bank는 겉으로 보면 전략 지침을 주는 단체지만, 사실 이 단체는 은행에 값비싼 대변자들을 제공한다. 하지만 전임 총리 키팅은 자신이 중국 지도층과 진실하게 교감한다고 믿고 있다.

키팅은 호주가 변해야 한다고 주장한다. 미국에 더는 의존하지 않고 노예처럼 미국의 요구에 맞춰주는 것이 아니라 자주적인 외교정책을 세워야 한다고 훈계한다. 이제 미국은 더는 지배적인 위치에 있지 않다는 것이다. 현실주의자인 키팅은 "새롭게 중국의 영향력이 커지는 이 흐름은 당연한 수순이다. 미국 전략자들의 기분에 따라 무효로 되돌릴 수는 없다"고 주장한다.[8]

전임 총리 키팅은 중국이 자신의 주장에 귀를 기울인다고 믿지만, 사실 자신도 모르는 사이에 중국의 대변자가 된 것이다. 밥 호크가 중공의 민족주의적 선전을 앵무새처럼 따라 말하는 것처럼 키팅도 "중국은 산업혁명 이전에 차지했던 자리로 돌아가고 있다. 세계 제1의 경제 대국으로 복귀하는 중이다"고 주장한다. 설사 중국이 한때 세계를 지배한 경제 대국이었다 해도, 전체를 다스릴 권리가 있다는 한족의 주장을 키팅이 받아들이게 되었는지 알 수 없다. 하지만 키팅의 입장에서는 호주가 미국이 아닌 중국을 향해야 한다는 것이 새롭게 다가오는 현실이다. 따라서 〈인민일보〉가 직설적으로 표현한 대로, 중국의 남중국해 합병은 호주가 신경 쓸 일이 아니다. 호주는 중국을 자극하면 안 된다. 미국과 호주가 힘을 합해 중국과 싸울 일이 아니다. 만일 미국이 항행의 자유를 지키려고 해군을 파병하겠다고 해도 미국의 몫이며 호주는 미국이 일으키는 '또 다른 접전'에 개입하는 위험을 감수해선 안 된다.

중국 평론가인 장핑張平은 1989년 이후 중국 교육의 기능이 '의도적으로 옳고 그름의 차이를 모호하게 하는 것'이라고 말한다.[9] 해외 중국인 학생들이 중국의 전체주의를 변호하며 "인권은 서구의 가치다", "완벽하게 선한 사회란 없다", "어떤 사회든 감추고 싶은 비밀이 있기 마련이다"라는 식으로 변명한다고 설명한다. 중공은 유엔 인권선언에 명시된 '보편적 가치'가 서구의 가치이며 이것은 (악명 높은 공산당 제9번 문서Document 9●에 쓰인) '사회주의 핵심 가치를 대체'할 수 없다고 주장한다.[10]

해외의 애국적인 중국 청년들이 온라인과 오프라인에서 이런 변명으로 중국의 폭정을 변호하는 일은 흔하다. 하지만 서구의 영향력 있는 인사들마저, 심지어 예전 호주의 지도자들이 호주에서 이런 변명을 앵무새처럼 따라 하다니 놀라울 따름이다. 키팅은 2017년 4월 라트로브대학교에서 열린 공식 행사에 참석해 베이징의 선전 다섯 가지를 빠르게 정리하며 특유의 허세를 부렸다.

● 서구 민주주의 능을 중국의 체제에 도전하는 요소로 규정한 문서

산업혁명 이전에 중국은 최고였습니다……공산당에 의해 하나로 통합되고 보편적인 유교 사상에 따라 정체성을 확립한 중국 정부가 대체로 미국 동부 해안에서 온 가치 체계를 어쨌든 수용해야 한다는 생각은……세계가 실제로 어떻게 작동하는지 알지 못하는 순진한 견해입니다. 우리는 인권 유린을 지지하지 않습니다. 하지만 6억 명을 가난에서 구하려면 중앙정부와 권위가 필요합니다……일부 수감자들이 적절한 변호권을 보장받지 못했다는 사실에만 매달려야 할까요……공산당은 유럽의 제국주의에 찢기고 일제에 갈기갈기 찢긴 나라를 하나로 모았습니다. 중국의 그 공산당 정부는 지난 30여 년간 전 세계에서 가장 뛰어난 정부였습니다.[11]

키팅의 경멸스러운 발언 특히, 인권 유린을 일부 수감자가 변호권을 보장받지 못한 일쯤으로 치부하는 모욕적인 말을 전하려니 내가 다 부끄러울 지경이다. 류샤오보가 이런 말을 들었다면 어땠을까. 중공도 유엔 인권선언에 명시된 권리를 '미국 동부 해안의 가치'로까지 무시하지는 않는다. 2016년 캐나다 기자가 중국의 인권 상황에 대해 질문하자 왕이 외교부장은 격분했다. 외국인은 중국의 인권에 대해 질문할 권리가 없다고 화를 내며 이렇게 되물었다. "중국이 6억 명 이상을 가난에서 구해낸 것은 아십니까?"[12]

중공의 폭정을 옹호하는 사람들이 가장 흔하게 내세우는 근거 즉, 6억 명을 가난에서 구했다는 주장을 살펴볼 필요가 있다. 공산당은 6억 명을 가난에서 구한 것이 아니라 오히려 빈곤에 빠트렸다. 중공이 중국인들의 목을 짓밟는 행위를 중단하고 기본적인 경제권 즉, 사유재산을 지키고 사업을 시작하고 주소지를 옮기고 마음 맞는 사람과 일할 권리들을 인정할 때 비로소 중국인들이 스스로 가난에서 벗어날 수 있을 것이다.

중국의 외국인 관리 전략을 전문적으로 연구하는 앤-마리 브래디의 설명에 따르면, 지난 20여 년간 중국 해외 선전의 첫 번째 목표는 정치적 안정과 더불어 가파른 GDP 성장을 강조함으로써 고문과 억압에 대한 비판을 덮는 것이었다.[13] 이런 선전 목표를 달성하기 위한 한 가지 방법이 저명인사를 돈과 아첨으로 포섭해 베이징의 노선을 따르도록 만드는 것이다. 호주에서 이런 전략에 이용당한 가장 영향력 있는 인물이 바로 전임 총리 키팅이다.

온갖 모진 일들을 다 겪은 것처럼 행동하지만 그가 베이징을 위해 일한다는 사실은 잘 알 수 있다. 중국몽을 꾸는 중공 강경파의 구호를 그대로 전달하고, 공산당이 최근에 전략적으로 만든 역사적 중화 운명론을 철석같이 믿는다. 키팅은 2016년 중국 최고 지도자를 단독으로 만나며 중국의 전략에 더 깊이 빠져들었다.[14] 그리고 친절하게도 시진핑에게 들은 말을 이렇게 전달했다. "강한 나라는 패권을 추구할 필요가 없습니다. 중국의 DNA에 팽창과 갈등은 없습니다." 주변국들을 식민지로 만들고 정당한 권리도 없이 방대한 해양 영토를 합병한 나라의 지도자가 역사를 각색해서 하는 말을 믿는 사람이 있다니 놀라울 따름이다.[15]

그래서 항복해야 한다는 말

호주에서 크게 주목받는 전략 분석가 휴 화이트는 전략적 입장을 선택할 때 현대 중국 정부의 본질을 자세히 알 필요는 없다고 생각한다.[16] 호주가 강대국과 교섭하며 국가적 전략을 세우기 위해 알아야 할 것은 힘의 균형뿐이라는 것이다. 휴 화이트는 2017년 중국의 부상과 의도, 호주에 미치는 영향에 대해 강연하는 내내 중공을 거론하지 않았다. 마치 중국은 그가 말하는 '중국 가치'를 지닌 중국일 뿐이라는 듯 이야기했다.[17] 그러면서 갈수록 독재적이고 공격성을 드러내는 일당 정부가 중국을 통치한다는 사실에 대해 호주는 고민하거나 대응할 필요가 없다고 주장했다.

휴 화이트는 자신의 주장에 대한 근거를 다음과 같이 제시했다. 이제껏 호주는 '중국에 의존해 부유해졌다', '호주의 미래 번영을 결정하는 것은 중국'이다, 중국이 호주에 투자하지 않으면 호주의 '주식 시장이 붕괴할 것이다.' 하지만 로리 메드카프가 통계 자료를 제시하며 이런 주장이 과장된 표현이라고 찬물을 끼얹었다.[18] 조나단 펜비 Jonathan Fenby도 '중국이 21세기를 지배할까?'라는 질문을 예리하게 파고들어 2017년 같은 제목으로 책을 발표했다.[19] 이 질문에 대한 펜비의 대답은 '그렇지 않다'는 것이다. 펜비의 결론이 맞을 수도 있고 틀릴 수도 있지만, 한 가지는 분명하다. 이 질문에 대해 '그렇다'고 대답한 화이트의 추정에 대해 철저한 검토가 필요하다는 것이다. 이런 추정을 근거로 호주가 미국과 동맹 관계를 끊고 민주주의 가치를 포기해야 한다고 주장할 때는 특히 철저하게 검토해야 한다.

중국의 조용한 침공

휴 화이트는 경제적 승자를 지지하는 수밖에 다른 도리가 없다고 이야기한다. 우리가 자발적으로 나서지 않아도 중국의 절대적인 경제력에 떠밀려 어쩔 수 없이 지지하게 될 것이라고 주장한다. 휴 화이트가 항복 주창자 진영에 선 이유가 바로 이 때문이다. 화이트가 2010년에 똑같은 주장을 담은 글을 발표했을 때, "최근 전체주의적 도전으로 떠오른 중국을 교묘하게 옹호한다"는 비판이 쏟아졌다.[20]

화이트는 호주가 미국 및 아시아 동맹국들과 힘을 합쳐 중국의 정치적 전략적 영향력을 상당 부분 제한할 수 있다는 대안에는 전혀 관심이 없다. 항복 아니면 전쟁이 유일한 방법이고 이 대안은 사용할 수 없다는 확신을 우리에게 심어주려 한다. 화이트는 대규모 충돌의 핵심은 각국의 전쟁 의지라며, 전쟁을 감행하려는 의지가 약한 나라가 패배한다고 생각한다. 호주가 중국에 무릎을 꿇어야 할지 말지는 중국의 결전 의지가 미국보다 강한지 아닌지에 따라 결정되며, 중국과 미국 중 과연 어느 나라의 의지가 강한지에 대한 화이트의 생각은 분명하다. '우리는 어리석게도 중국의 의지를 과소평가하겠지만' 결국은 미국이 물러설 것이다.[21] 또한 화이트는 이렇게 생각한다.

시진핑이 주도한 진화 과정을 포함해 중공을 이해하는 과정이 필수적이라는 생각이 들겠지만, 그렇지 않다. '현실주의자'는 세부적인 내용까지 파악할 필요가 없기 때문이다. 우리가 알아야 할 것은 경제적 힘과 전략적 힘의 균형뿐이다. 만일 호주가 미국의 모든 반격을 편든다면, 역사적으로 잘못된 선택을 하고 그 때문에 중국과 전쟁 그것도 십중팔구 핵전쟁에 휘말릴 수 있다.

이런 견지에서 세계의 미래와 호주가 취할 입장을 전략적으로 분석해 보면 세상은 강대국들의 체스 게임 같고, 호주는 언제든 희생될 수 있는 말에 불과하다. 핵전쟁을 감행할 만큼 어리석은 사람은 없다고 가정할 때, 승부를 결정짓는 것은 군사력이 아닌 경제력이다. 중국은 점점 더 강해지고 미국은 갈수록 약해지며, 승부는 불 보듯 뻔하다. 그러니 우리가 패자의 편에 서야 할 이유가 있을까? 휴 화이트는 세계가 닭장과 비슷하다며, 모든 닭이 자신의 '서열'을 인정할 때 닭장에 평화가 찾아온다고 주장한다.[22] '국제법의 난해한 문제'는 잊고 '순전히 힘의 정치'에 좌우됨을 강조한다.[23]

휴 화이트는 점점 더 패권국으로 성장하는 중국은 숨 돌릴 틈이 필요하고 그 틈을 마련해주어야 한다고 믿는다. 하지만 중국에 숨 돌릴 틈을 주려면 누구의 숨통을 막아야 할까? 당연히 미국이다. 그리고 이미 오래전부터 내려온 어장을 빼앗기고 영유권 주장도 짓밟힌 동남아시아 국가들이다. 그런데 호주는 중국이 아시아 지배의 야망을 채우는 동안 한 발 뒤로 물러서서 필리핀이나 말레이시아 심지어 베트남의 자율권까지 희생될 수밖에 없다고 말하고 있는 것은 아닐까? 현실적인 사람들은 그럴 수도 있다고 이야기한다. 파푸아뉴기니는 어떤가? 파푸아뉴기니 수도인 포트모르즈비 옆에 중국 해군 기지가 들어서면 마음이 편할까? 중국은 이미 지부티에 해군 기지를 건설했다.

복잡한 정세를 '현실주의자'는 미처 생각하지 않겠지만 패권국들은 현실 세계에서 다른 나라를 군사적 우위로 제압하는 것이 무의미하다는 사실을 알고 있다. 몰랐다 해도 곧 깨닫게 될 것이다. 미국이 남미에서 했던 것처럼 비용은 적게 들지만 더 효과적인 대안이 있기 때문이다. 자신들의 이익이 패권국에 달려 있다는 것을 아는 기업인들을 중심으로 '경제적 부역자 계급'을 키우고, 집권당을 구성하는 방법이다. 이런 전략이 장기적으로 성공하려면 대중의 영향력을 빼앗고, 지배의 필연성과 장점을 인정하도록 대중의 세계관을 변화시키는 작업이 필요하다. 그리고 이런 작업을 위해 패권국은 주요 지식인을 비롯한 지도층을 포섭한다.

결국 세상은 체스 게임이 아니고, 호주도 체스판의 말이 아니다. 호주가 선택할 수 있는 길은 항복과 전쟁 둘 중 하나가 아니다. 약한 나라는 언제나 더 강한 나라의 지배를 피하려는 전략을 채택한다. 약한 나라가 사용할 수 있는 '무기'도 다양하다. 중공도 이런 사실을 잘 알기 때문에 이제껏 더 강한 나라인 미국을 상대로 교묘한 전략을 사용하는 것이다.[24]

1951년 미국과 공식적인 동맹을 체결한 이후 지금까지 사실 호주는 미국의 보호가 필요 없었다. 호주를 직접적으로 노린 위협이 없었기 때문이다. 하지만 이제 아시아의 패권을 원하는 중국이 호주의 위협으로 등장하고 있다. 그런데도 호주의 영향력 있는 인사들은 미국과의 동맹을 느슨하게 하고 '자주적인 외교정책'을 세우라고 요구하고 있다. 하지만 새로 등장한 공격적인 나라가 우리가 사는 지역을 지배할 결심을 굳힌 상황에서 이들이 주장하는 자주적인 외교정책은 무엇을 의미할까?

휴 화이트가 분명히 제시한 세 가지 결론을 보면 그 의미를 알 수 있다. 첫째, "호주는 아시아의 패권국이 되겠다는 중국의 의지를 절대 과소평가하면 안 된다."[25] 둘째, "우리는 지금 영국 식민지 이후 가장 근본적인 호주 전략의 변화를 목도하고 있다." 셋째, "호주 정치인들은 미국과 중국 중 하나를 선택할 필요가 없다고 말하지만, 둘 중 하나를 선택해야 한다."

화이트는 이제 곧 아시아에 패권을 잡던 미국의 자리가 사라질 것이기에 호주가 중국을 선택할 수밖에 없다고 생각한다. 하지만 본인의 믿음처럼 중국이 지배하게 된다면 우리는 어떤 호주에서 살게 될 것인가라는 질문에 대해 화이트는 답변하지 못한다. 그래서 민주주의나 인권, 법치 같은 주제가 나오면 기를 쓰고 그 중요성을 깎아내린다. 일종의 포스트모던 도덕 상대주의의 잣대를 들이밀고 어떤 가치도 다른 가치와 마찬가지로 훌륭하다고 주장한다.[26] 화이트는 중국의 '도덕적 지위'에 대한 진지한 검토가 부족하다고 생각한다. 그리고 마치 중공의 선전 속에 '중국의 가치'가 담긴 것처럼 이야기한다. 대만 사람들이 더 정통적인 중국 가치관에 따라 살고 있으며, 중공이 바꾼 가치관이 강제로 도입되는 상황을 막기 위해 온 힘을 쏟고 있다는 사실은 잊은 듯하다.

화이트는 중공의 가치관이 호주에 나쁘지 않을 수도 있다고 진지하게 제안하며 이렇게 이야기한다. '중국의 가치관과 우리의 가치관이 크게 다르지 않은데', 어떻게 우리의 가치관이 더 낫다고 할 수 있을까? 우리의 가치관은 규정하기 어렵고 우리는 '계속해서 우리의 가치관을 모호한 상태로 유지하려 한다.'[27] 화이트는 도덕적 선택이 흑백처럼 나눌 수 있는 것은 아니라고 주장한다. 과연 그럴까? 임의 체포의 적법성을 판단하지 못하는 호주인이 있을까? 당이 시키는 대로 판결하는 판사는 어떤가? 법을 만드는 의원을 우리가 선출하는 제도가 좋은지 아닌지 판단할 수 없을까?

휴 화이트는 우리가 현실적이어야 한다고 주장한다. 가치를 양보해야만 할 것이므로 오만해하지 말라는 것이다. 화이트가 언급을 피하는 가치는 언론의 자유와 종교의 자유, 법치, 민선 정부, 임의 체포 및 고문으로부터의 보호 등이다. 화이트의 현실적인 세계관에 따르면 이런 가치 중 일부를 양보해야만 할 것이다. 화이트는 '어떤 가치들을 양보할 것이냐'가 유일하게 남은 문제라고 결론짓는다.[28] 세상이 바로 그런 것이고, 다르게 생각하는 것은 '허울뿐인 조잡한 슬로건을 이용하는 것'이라고 주장한다.

이런 주장은 자신의 견해 때문에 감옥에 갇히거나 가족이 처형될 일이 없는 철학자의 궤변이 아닐까? 화이트 주장의 근거는 호주가 중국의 그늘에서 살며 그 힘에 머리를 조아리는 방법 외에는 다른 대안이 없다는 것이다. 하지만 화이트는 안타깝고 불길한 결론을 내리는 대신 다음과 같이 변증론을 펼친다. 호주는 지금까지는 운이 좋았지만 이제 '현실 세계를 맞이하고 있다.'[29] 충분히 신중하게 판단한다면 이 상황은 그리 나쁜 상황만은 아닐 것이다. 어쨌든 우리가 떠올리는 중국의 모습은 여전히 '지나치게 단순'하기 때문이다.[30] 그러니 상황을 따르고, 중국 당국가 체제의 지배가 사람들이 우려하는 만큼 불편한지 아닌지 확인해 보자.

실리를 쫓다가 나라를 잃는다

국가평가국에서 정보 분석가로 근무한 리처드 벌리번트Richard

Bullivant는 2005년 발표한 글에서 다음과 같이 외교통상부를 자극했다.

중국의 정보기관이 호주에서 가장 귀중하게 여기는 자산이 외교통 상부이다. 불투명하게 얽혀 있는 전직 외교관과 정보 분석가, 학 자, 호중 자문위원 모두가 미묘하지만 끊임없이 친중 반미 정서를 보인다.[31]

중국의 정보와 인맥을 얻고자 하는 기업들을 위해 자문과 중개인 으로 활동하며 현재 베이징에서 큰돈을 벌고 있는 제프 래비도 주중 호주 대사를 지낸 인물이다. 제프 래비는 광산 재벌 앤드루 포레스트 와 가까운 사이로, 포레스트의 포테스큐 메탈 그룹Fortescue Metals에서 이사로 재직했다.[32] 중국과 호주의 주요 기업인과 정치인들이 관시를 쌓는 보아오포럼이 출범한 것도 제프 래비가 중간에서 역할을 한 덕분 이다.

래비는 실용주의적 입장을 옹호하는 글을 언론에 자주 기고한다. 호주의 북부개발계획이 일대일로 이니셔티브와 연결되길 간절히 바라 며, 시진핑 주석이 우선적으로 추진하는 사업이라고 강조한다.[33] 래비 는 일대일로에 세계 질서를 중국 중심으로 돌아가게 하려는 의도가 숨 어 있다는 생각이 호주 정부의 착각이라고 믿고 싶어 한다.[34] 하지만 중국 중심의 세계 질서가 어떤 모습일지 알지 못하고 시진핑의 원대 한 계획에 호주를 위협하는 어떤 위험 요소가 내포되어 있는지 보지 못한다.

제프 래비를 단순한 '판다 포용자'로 보는 사람들이 있지만, 잘 모르고 하는 소리다. 중국에 관해 아는 것이 많지 않은 봅 카와 달리 제프 래비는 본인이 이야기하는 것 이상으로 훨씬 많은 내용을 알고 있으며 중국 체제가 작동하는 방식을 그 어떤 외국인보다 잘 이해하고 있다. 래비가 본인의 입장을 정당화하는 이야기를 들어 보면 언뜻 설득력이 있게 느껴진다. 베이징에서 그를 두 번 만나 술과 식사를 함께 하며 알게 된 사실이다. 래비와 나눈 이야기를 정리하면 이렇다.

"중국을 어쩔 수는 없죠. 우리가 실용적이어야 합니다. 베이징은 미래를 위한 전략이나 전략적 목표가 없습니다. 중공의 유일한 목적은 당이 살아남을 수 있도록 중국을 계속 성장시키는 것입니다. (식당에서 식사하는 사람들을 가리키며) 이 중국 중산층들을 보세요. 행복해하고 불만이 없습니다."

"파룬궁 수련생들의 장기를 강제로 떼어낸 일은 어떻게 보십니까?"

"그런 일이 실제 있었다는 사람도 있고, 그런 일은 벌어지지 않았다고 하는 사람도 있습니다. 저는 무엇이 진실인지 모릅니다……중국이 호주를 장악하려는 것이 아닙니다. 우리가 호주에서 보는 것은 고작해야 부패한 기업인 몇 사람입니다. 우리는 중국과 사이좋게 지내고, 자주적인 외교정책을 수립해 미국의 꽁무니만 따라다니는 일을 그만두어야 합니다. 호주의 기관들은 중국이 아무리 무너뜨리거나 부패시키려고 노력해도 넘어가지 않을 만큼 튼튼합니다."

"대학에서 학문과 언론의 자유를 침해하는 일은 어떻습니까?"

"그런 대학은 일부에 불과하고, 나머지 대학들은 괜찮습니다. 그러니 문제될 게 없겠죠? 게다가 호주에는 문제가 생길 때마다 이를 알리는 독립적인 언론이 있습니다……남중국해는 돌이킬 수 없습니다. 항의하거나 저항해도 소용없습니다. 중국이 군사 기지를 세워도 아무 일도 일어나지 않을 것입니다. 무엇보다 자유로운 무역 이동을 원하니까요. 중국이 정말 군사 기지로 호주 철광석의 중국 수출을 방해할 것으로 생각하십니까? 중국의 군사 기지는 그 어떤 나라도 군사적으로 위협하지 않습니다. 중국도 미국이 언제든 마음만 먹으면 미사일 한 발로 기지를 쓸어버릴 수 있다는 사실을 잘 알고 있습니다. 중국의 무력은 미국의 상대가 되지 못합니다. 베이징도 알고 있죠……호주는 일대일로 이니셔티브에 참여해야 합니다. 범죄인 인도 조약도 비준해야 합니다. 일대일로에 전략적 목적이 숨어 있다는 것은 완전히 틀린 말입니다. 다윈항을 중국 기업에 매각해도 아무 문제가 없었습니다. 그런데도 호주는 미국에 미리 그 사실을 통보해야만 했죠. 호주 정부가 중국에 점점 더 강경한 자세를 보이고 있지만, 큰 실수를 저지르는 것입니다.

(중국에서 판매되는 호주산 와인 병에 이름과 얼굴이 실리는) 전직 대사 제프 래비는 확신을 담아 이야기한다. 베이징 번화가 산리툰의 고급 식당에서 와인을 들이키는 국제적인 서구인들은 그의 의견에 반대하기가 쉽지 않다. 래비의 주장은 베이징의 이익에 철저히 부합하는 실용

주의다. 그래서 호주의 실용주의적 견해를 대표하는 인물로 공산당 관영 매체에 자주 실린다. 이런 실용주의적 견해의 이면에는 중국은 워낙 커서 저항할 수 없고 우리는 아무것도 바꿀 수 없으니, 결과를 복잡하게 생각하지 말고 받아들이자는 정서가 자리잡고 있다.[35]

중국의 소중한 친구

호주의 저명한 중국학자이자 그리피스대학교 공자학원 초대 원장인 콜린 멕케라스Colin Mackerras가 2014년 11월 호주 의회에서 시진핑의 연설을 들은 뒤 '평생 가장 의미 깊은 경험'이며[36] '모든 면에서 대단히 성공적인' 연설이었다고 평가했다. 1964년부터 중국을 오가던 멕케라스 교수는 당시 "중국의 진정한 모습을 호주에 소개하려고 끊임없이 노력한다"는 시진핑의 칭찬에 감동했다. 시진핑은 멕케라스 교수가 중국어 매체에서 "서구의 일부 중국통들은 티베트인들의 문화가 파괴되고 있다거나 중국이 티베트 불교를 탄압한다고 말하지만, 완전히 터무니없는 이야기다"[37]라고 주장한 내용을 특별히 염두에 둔 것 같았다. 멕케라스 교수는 공산당 지도자의 칭찬을 받고 '생애 최고의 영광'이라고 감격했다.

공식 만찬장에서 시진핑 주석을 잠시 만나 이야기를 나눈 멕케라스 교수는 공산당 지도자의 카리스마에 깊은 인상을 받았다. 2014년 시진핑이 태즈메이니아를 끝으로 마침내 호주의 모든 주를 일일이 방문했다는 사실을 알게 된 멕케라스는 바로 그해 자신도 중국의 모든

성을 직접 방문하는 일을 마쳤다는 사실을 떠올렸다. 그리고 이 우연의 일치를 두고 자신이 '시진핑과 특별한 관계로 묶였다'는 느낌을 받았다. 멕케라스는 만찬장을 빠져나오며 호주와 중국의 관계 발전을 위해 '훨씬 더 많은 일을 하자'는 의지를 다졌다.[38]

콜린 멕케라스는 자신의 경력을 마무리하는 나이이지만, 칼럼 스미스Callum Smith는 이제 막 첫발을 뗀 학자다. 호주국립대학교를 졸업한 칼럼 스미스는 2017년 후난성 사회과학원 국제관계연구소에서 연구원으로 근무했다. 〈페어팩스 미디어〉와 ABC 〈포 코너스〉 프로그램이 공동 조사한 내용을 보도하자 당시 상하이에 머물던 23세의 칼럼 스미스가 보수 성향의 타블로이드 신문 〈글로벌타임스〉에 글을 기고해, 중국에 대한 호주의 '미디어 공포증'과 〈포 코너스〉 프로그램의 '악의적인 언어'를 비판했다.[39] 중국 정부가 호주의 민족 매체를 통제해도 큰 문제는 아니다. 각자 정치적 입장이 있기는 〈페어팩스 미디어〉도 마찬가지다. 합리적인 호주인들이 〈페어팩스 미디어〉나 ABC 같은 친미 매체에 귀를 기울이는 대신 중국의 참된 상황을 이해한다면, '호주와 중국의 관계가 건강하게 발전'할 것이다.

이런 주장이 일반적인 중국의 선전과 소름 끼칠 정도로 비슷하다는 생각이 들었는지 스미스는 다시 〈페어팩스 미디어〉와 ABC가 '공포심을 조장'한다고 비난하며 자신의 의견을 변호했다. 황샹모나 차우착윙처럼 부유한 기업인이 기부금을 이용해 호주 정당에 영향력을 행사한다는 주장에 대해서도 '긍정적인 관계 형성'이 중국의 일반적인 사업 관행임을 이해해야 한다고 주장했다. 그러면서 중국의 호주 정책에 비밀은 없다고 확신했다.

그 이전에 〈글로벌타임스〉에 기고한 글에서도 스미스는 채널7이 올림픽 중계방송을 망치자 국가의 명예를 모욕했다고 분노한 중국 애국자들을 편들었다. 스미스는 사실 호주에서 외국인 혐오 분위기가 강해지면서 채널7이 의도적으로 중국인들을 모욕한 사건이라는 투로 이야기했다.[40] 수영 선수 맥 호튼을 맹비난한 중국의 애국적 댓글부대도 옹호하며 밥 카를 호주의 현실적 이익을 대변하는 권위자로 내세워 호주가 미국과 관계를 정리하고 '자주적인' 나라가 되길 요구했다. 그리고 2016년 9월 헤이그 재판소가 중국의 남중국해 권리를 부정하자 스미스는 중국 중앙선전부의 찬송가 같은 문구를 빌어 호주가 '뻔뻔하게 위선적'이라고 비난했다. 호주가 동티모르와 협상하는 과정에서 국제법을 위반했다는 이유였다. 호주의 부끄러운 일화가 마치 중국 행위의 정당성을 입증한다는 듯한 태도였다.[41]

중국은 전도유망한 중국학자를 소중한 친구로 얻었고, 그 친구가 중국에 머무는 동안 감사의 뜻을 전하고 있는 것 같다. 그가 호주에 돌아오면 중국 당국가 체제의 모든 기관에 걸쳐 공무원들과 맺은 돈독한 인맥을 바탕으로 여기저기 일자리를 마련할 기회가 커질 것이다.

유화론자가 불러오는 또 다른 위험

자연스러운 일이겠지만, 재계에는 중국의 잘못된 행동을 변명하거나 좀 더 유연하게 이해할 필요가 있다고 주장하는 사람이 끊이지 않는다. 이들은 중국외 투자로 호주가 얻는 혜택을 의심하는 사람을 비롯해 외국인 혐오에 빠진 사람 모두를 공격하는 글을 발표함으로써 유리한 고지를 점령한다. 앤드루 파커는 주민선과 재정적으로 연결된 초대형 회계법인 PwC 오스트레일리아PwC Australia의 아시아 담당 책임자다. 파커는 중국인 투자를 논의하는 공론장에 '거짓말'만 무성해 외국인 투자의 다양한 혜택을 예찬하지 않는다고 불만을 터트린다.[42] 중국의 주요 인프라 통제를 우려하는 사람들이 '국방과 안보의 장막 뒤에 숨어 있다'고 비난한다. 파커는 우리와 달리 '포퓰리즘 경고와 잘못된 정보'에 판단이 흐려지지 않고 '사실'을 아는 특별한 소수로 자부한다. 린다 제이컵슨이 시드니에 설립한 중국사무의 이사도 겸하고 있는 앤드루 파커의 말을 들으면 중국사무가 진리를 독점한 싱크탱크인 것 같다.

자유당 서호주 지부 동지이자 갑부인 앤드루 포레스트와 더불어 케리 스톡스도 공개석상이나 배후에서 베이징을 강력하게 지지한다. 베이징의 도덕 상대주의를 빌려 "인권을 살피려면 우리 자신의 눈만 아니라 중국의 눈을 통해서도 보아야 한다"고 주장하고,[43] 호주와 미국의 동맹은 호주와 중국의 관계를 위태롭게 만든다며 호주가 '우리 지역의 스위스(중립 지역)'가 되어야 한다고 확신한다. 스톡스는 비공개 자리에서 친베이징 주장을 펼 기회가 아주 많다. 자유당 서호주 지부 동지로 외무장관을 지낸 줄리 비숍과 대단히 친밀하고, 케빈 러드나 토니 애보트와도 막역한 사이이기 때문이다. 스톡스가 대부분 자산을 투자한 곳은 언론이 아니라 광산 장비를 공급하는 사업이다. 지금은 매각했지만 웨스턴오스트레일리아주의 캐터필러사의Caterpillar Inc. 체인사업에 투자해 큰돈을 벌었고, 베이징을 포함한 중국 북부 여러 지역의 캐터필러 체인사업에도 투자해 큰 수익을 남겼다.

시진핑 주석과도 가까운 사이여서 시진핑이 케리 스톡스의 시드니 저택에서 식사한 적도 한두 번이 아니다.[44] 스톡스가 장차 국가주석이 될 시진핑을 처음 만난 때는 시진핑이 저장성 성장을 지내던 2000년대 초반이었다. 두 사람의 우정은 2008년 베이징 올림픽을 앞두고 굳건해졌다. 시진핑은 올림픽 준비를 마무리하는 총괄책임자였고, 스톡스는 자신의 회사인 세븐네트워크Seven Network가 올림픽 게임 호주 중계방송사인 덕분에 국제적인 형세를 파악하고 인맥도 동원할 수 있었다. 스톡스는 중국이 올림픽 유치에 성공하도록 힘을 보탰다.

2007년 스톡스가 상하이의 벤처 언론에 투자한 시기가 공교롭게도 시진핑이 잠시 상하이 당서기로 재임하던 시기와 겹친다. 스톡스가 영문판 〈상하이 데일리Shanghai Daily〉에 합작 투자한 것은 외국인으로서 대단히 이례적인 경우였다. 〈신화통신〉은 언론계 거물 스톡스가 중공 중앙선전부장 류윈산을 만난 자리에서 세븐네트워크와 중국 관영 언론의 협력 증진을 약속했다고 보도했다.[45] 〈상하이 데일리〉는 내부 검열을 통해 당의 노선을 충실히 따랐다. 충분히 예견된 일이었다. 그런데 스톡스가 퍼스시에서 발간하는 〈웨스트 오스트레일리안〉 지면에도 중공 중앙선전부장과의 약속을 지키는 내용의 기사가 쏟아진 것 같다.

호주에서 확대되는 중국의 영향력을 연구하며 만난 수많은 기자가 내게 이렇게 물었다. "〈웨스트 오스트레일리안〉에 어떤 기사가 실리는지 보셨습니까?" 그 질문을 듣는 순간 뜨끔했다. 스톡스의 신문은 이제껏 베이징의 충실한 치어리더였다. 일례로 2015년 11월에는 미국이 실시하는 항행의 자유 훈련을 '노골적인 도발'이라고 비난하는 논설을 실어,[46] 남중국해 분쟁은 '호주와 아무런 관계가 없다'는 중공의 노선을 독자들에게 그대로 전달했다. 호주는 남중국해 분쟁에서 발을 빼고 오직 중국과 교역 관계 증진에 매진해야 한다는 것이다.

〈웨스트 오스트레일리안〉에서 근무한 적이 있는 기자는 스톡스 덕분에 '〈웨스트 오스트레일리안〉이 중국의 광고판이 되었다'고 증언했다.[47] 스톡스의 신문은 퍼스시 중국 총영사나 청징예 중국 대사에게 청탁한 글을 싣는 등 베이징의 선전에 '지면'을 넘겼다. 청징예 대사는 다른 나라가 남중국해 분쟁을 비난할 자격이 없으며 중국이 '극도로 절제'해서 행동했다고 독자들을 설득하는 글을 실었다.[48] 혹시 필리핀과 베트남, 말레이시아가 협박을 당했다고 생각하는 독자가 있을 경우를 대비해 청징예 대사는 중국이 모든 도발에 반대하며 오직 평화를 원한다고 확인했다.

2017년 6월 ABC의 〈포 코너스〉 프로그램이 중국의 호주 기관 침투 현황을 고발하는 내용을 방송하자 다음 날 로위연구소의 동아시아 프로그램 책임자인 메리든 배럴Merriden Varrall 박사가 보도 내용을 납득할 수 없다는 의견서를 발표했다.[49] 베이징이 반대 의견을 억압하고 호주 정치에 개입한다는 보도 내용은 그림자를 보고 놀란 격이라며, 시간 관계상 〈포 코너스〉 프로그램의 내용을 하나하나 짚을 수는 없지만 중국 당국가 체제가 '거대한 공산주의 괴물'이라는 주장은 사실이 아니라고 반박했다. 그러면서도 배럴은 중공이 해외에서 비판의 소리를 잠재우는 일이 정당하다는 의견을 제시했다. 한번 중국인은 영원한 중국인이고, 중국인이란 '자식이 어버이를 사랑하듯 중국을 사랑'하고 공개적인 비난을 자제한다는 의미이며, 중국인들은 생활수준이 더 높아지는 대신 정치에 관여하지 않기로 합의한 '사회적 계약'을 받아들였기 때문이라는 것이다.

계속해서 배럴은 이렇게 주장했다. 호주에서 중국인 학생들이 중공을 비판하거나 인권을 옹호하는 동료 학생을 중국 당국에 밀고해도 호주인들은 그 상황을 중국 사회의 자연스러운 모습으로 받아들여야 한다. 중국인 학생들은 호주든 어디든 그렇게 행동하는 것이 자연스럽기 때문이다.[50] 정치 기부금과 관련해서도 갑부 황샹모의 과거가 불분명하고 공산당과 연결된 것은 사실이지만 그렇다고 그가 호주 정당에 거액을 기부하는 행동이 잘못은 아니다. 노동당 예비 내각의 장관이 중국의 남중국해 공격과 관련해 베이징을 불편하게 만들어서 황샹모가 40만 달러 기부 약속을 철회했다면 어쩔 것인가. 황샹모는 본인의 신념과 반대되는 단체에 돈을 주지 않는 것뿐이다.

한마디로 배럴은 〈포 코너스〉 프로그램의 보도 내용을 전혀 인정하지 않았다. 만일 우리가 본인처럼 정보에 밝고 현실적이고 중용을 지키는 태도를 가진다면 똑같은 결론에 이를 것이라고 주장했다.[51]

2017년 말 중국의 영향력 행사에 대한 호주 대중의 우려가 고조되자 메리든 배럴은 해명해야겠다는 의무감을 느낀 듯 중국의 관점을 이렇게 전달했다.[52] 호주인들은 고마워할 줄 모른다. 베이징의 택시 기사도 호주인에게는 친절하게 대하지 않는다. 보복하자는 말이 오간다. 호주의 정치 지도자들이 중국의 영향력을 비판하는 모습은 당혹스럽다. 새로 발의된 국가안보법이 중국을 겨냥한 것처럼 이야기하면 중공 지도층은 화를 낼 것이다. 한마디로 관계가 불편해지는 이유는 중국의 남중국해 침범이나 중국의 호주 체제 전복 활동 때문이 아니다. 호주의 잘못이다. 우리가 변해야 한다. 이것이 로위연구소가 퍼트리는 관점이다.

서구에서 전체주의를 대놓고 변호하는 사람을 찾기란 좀처럼 쉬운 일이 아니다. 하지만 호주의 학계나 정계에서는 배럴처럼 미묘하게 말만 바꾼 주장으로 전체주의를 변호하는 사람이 있다. 중국이 추진하는 일의 정당성을 인정하고 목적을 위해 어떤 수단을 쓰든 못 본 척 넘어감으로써 '외국인 혐오'라는 굴레에서 벗어나는 것이다.

학계에서 펼치는 주장은 사람을 현혹하는 논리가 있지만, 밥 카의 무조건 중국을 지지하는 주장은 아주 거칠다. 〈포 코너스〉 프로그램에 대한 밥 카의 변호는 터무니없이 와전된 내용이 많고 주장도 빈약해서 대꾸할 가치가 없다.[53] 하지만 ABC의 크리스 울만Chris Uhlmann 기자는 아주 작은 통에 갇힌 거대한 잉어를 향해 총을 꺼내 들었다. 〈포 코너스〉에서 거론한 두 갑부, 밥 카는 이름도 거론하지 못한 두 중국인 갑부와 관련해, 한 갑부는 밥 카가 뉴사우스웨일스주 총리로 재직할 당시 총리 사무실에 딸을 근무시키고 다른 갑부는 밥 카의 일자리를 마련해주었다는 사실을 보도했다.[54]

민주주의를 거부하는 사람들

호주에서 논쟁을 주도하는 '중국 친구들'의 다양한 견해를 검토하다 한 가지 놀라운 사실을 발견했다. 민주주의의 가치를 하찮게 여기

중국의 조용한 침공

는 사람들이 있다는 사실이다. 정계나 관청, 언론계, 학계에서 영향력을 발휘하는 지도층 중 민주주의를 사치품이나 흔히 성가신 것으로 여기는 듯한 사람이 많았다. 아니면 중국처럼 중요한 것은 경제라 생각하면서 민주주의를 겉치레쯤으로 안다. 이들은 호주 시민이 정부에 인권을 존중하고 법치를 따르라고 요구할 때 제 무덤을 파고 있는지도 모른다. 휴 화이트가 "반체제인사나 티베트, 종교의 자유에 관해 중국을 훈계하려 들지 말라"[55]고 조언한 것도 따지고 보면 중국에 권리를 가르치는 일이 효과가 없기 때문이 아니라 세계사라는 거대한 전략 게임에서 권리와 자유의 가치는 하찮게 여기기 때문이다. 제프 래비도 호주가 중국에 이상적으로 접근하고 가치와 인권에 지나치게 집착한다고 불만을 토로하며 중요한 것은 경제적 유대 관계를 키우는 것이라고 주장한다.[56]

호주국립대학교의 저명한 경제학자인 피터 드라이스데일은 중공의 싱크탱크와 합동으로 보고서를 발표해 다음과 같이 전체주의를 정당화했다.

> 호주는 다당제 자유민주주의다. 중국의 통치 형태는 일당 체제다. 호주에는 자유분방한 언론이 있다(보고서는 '자유 언론'이 아니라 '자유분방한 언론'이라고 표기했다). 중국에는 더 통제된 언론 환경이 있다(여기서도 '통제 언론'이 아니라 '더 통제된 언론 환경'으로 표기했다). 호주 시민들은 주기적인 의원 선거를 통해 정치 체제에 의사를 반영한다. 중국인들은 협의 장치를 통해 정치 체제에 의사를 반영한다.[57]

이어서 드라이스데일은 이렇게 주장했다. 어떤 한 체제가 다른 체제보다 나은 것이 아니다. 서로 다를 뿐이다. 그리고 그 차이 때문에 "경제 활동이나 교역 활동이 방해받을 필요는 없다."[58]

이제 공산당이 '중국 가치'를 의미한다면, 드라이스데일이 의도적으로 의미를 생략하고 모욕한 사례는 이뿐만이 아니다. 얼마 지나지 않아 자유민주주의와 전체주의를 대조하는 것은 '잘못된 이분법'이라는 글을 〈오스트레일리안 파이낸셜 리뷰〉에 기고했다. 기고문에서 드라이스데일은 중국이 "우리가 경제적 안정과 정치적 안정의 기초로 삼는 규범에 기반한 질서를 중요하게 수호하는 나라가 되어가고 있다"고 주장했다.[59]

호주인들은 이제껏 호주의 민주주의를 지키기 위해 투쟁할 필요가 없었다. 일본군의 세력 확장과 냉전의 침투 위험 속에서도 민주주의를 수호하기 위해 싸울 필요가 없었다. 전후 수십 년간 발트 3국이나 현재 라트비아와 우크라이나처럼 강력한 이웃 독재국가의 무시무시한 위협에 저항할 필요가 없었다. 그래도 호주 사회에는 민주주의 제도와 민주적인 일상을 사랑하는 사람이 많다. 민주주의를 누구보다 열렬히 사랑하는 사람은 중공의 손아귀에서 탈출해 호주에서 자유를 얻은 중국계 호주인들이다. 호주의 주요 인사들이 중국의 정치 체제나 호주의 정치 체제나 크게 다르지 않고 경제 혜택과 자유를 맞바꿀 수 있으며 중공이 '중국 가치'를 대변한다고 주장하면, 그 소리를 듣는 중국계 호주인들은 속이 뒤집힌다.

민주주의를 지키는 첫걸음

중국 역사와 중공을 연구하는 홍콩대학교 프랑크 디쾨터Frank Dikötter 교수에게 받은 이메일 한 통을 소개하려 한다. 이 책의 요지가 간결하게 정리되었기 때문이다.

중요한 사항이 세 가지 있습니다. 첫째, 구조적으로 중공은 레닌주의 일당 체제를 유지할 것입니다. 둘째, 레닌주의 일당 체제가 모두 그렇듯, 중공도 국내나 해외에서 자신에게 반대하는 세력은 그 무엇이든 힘을 약화시키려는 조직과 철학(선전)을 모두 갖추고 있습니다. 이것이 통일전선입니다. 셋째, 레닌주의 일당 체제는 불편해지면 언제든 폐기할 수 있는 약속을 (바꿔 말하자면, 거짓말을) 늘 합니다. 즉, 액면 그대로 받아들일 말이 거의 없다는 것입니다.

이 세 가지 핵심에 모두 추가할 수식어가 있습니다. 가차 없이. 중공은 국내건 해외건 반대 세력은 그 무엇이든 가차 없이 누르려고 합니다. 사실 중공이 중화인민공화국 시민으로 규정한 사람에게 '해외'란 개념은 없습니다. 모든 것이 자유민주주의 본질과 달라서 외부인들은 이해하기가 어렵습니다. 보이 스카우트 대원이 마피아 두목 돈 콜레오네를 상대하는 격이죠.[1]

호주인들은 흔히 호주가 '체급에 비해 펀치력이 세다'고 생각한다. 미들급이 당연한데 스스로 밴텀급이라고 믿기 때문이다. 러시아를 보자. 러시아는 분명히 호주보다 훨씬 더 체급이 높다. 막강한 군사력을 바탕으로 자신의 이익을 지키는 데 거침이 없다. 유럽을 계속 초조하게 만든다. 미국은 러시아가 대통령 선거 결과 조작에 개입했을지 모른다며 핏대를 세운다. 중국은 러시아를 국제 전략 게임에서 얕볼 수 없는 나라로 대접한다. 하지만 이런 사실을 생각해 보자. 2016년 러시아 연방의 GDP는 1조 2,800억 달러고, 호주의 GDP는 1조 2,000억 달러다. 2020년이면 호주 경제가 러시아 경제보다 더 커질 것이다. 그런데 왜 호주인들은 호주는 코알라이고 러시아는 곰이라고 느낄까?

더 중요한 질문이 있다. 혹시 중국이 화내지 않을까 호주가 이토록 두려워하는 이유가 무엇인가? 갈수록 호전적인 중국이 호주에 그림자를 드리우도록 놔둔 이유가 뭘까? 지금까지 이야기한 대로 한 가지 요인이 다른 모든 것을 지배하기 때문이다. 1980년대 이후 호주가 다른 무엇보다 경제를 우선시하고, 경제를 위해서는 자유국의 주권을 비롯해 모든 것을 희생할 수밖에 없다고 주장하는 사람들에게 힘을 실어주었기 때문이다.

이 책을 쓰기 시작할 무렵 나는 중국이 호주에서 자신들의 입장을 홍보하려고 노력하지만 서툴러서 오히려 역효과가 날 것이라고 믿었다. 공식 대변인이나 매체가 냉전 시대로 돌아간 듯 거칠게 약자를 괴롭히는 인상이어서 사람들에게 거부감을 줄 가능성이 더 크다고 생각했다. 하지만 호주인들의 인식을 바꾸려는 중국의 작전이 대단히 효과적이었다는 사실을 서서히 깨닫기 시작했다. 비판 세력 대부분을 침묵시키고 이주 중국인을 위협하거나 포섭하는 일 외에 중국은 호주 지도층과 여론 주도층에서 영향력이 대단히 큰 친베이징 집단을 만들었다. 특히 언론과 재계, 정계에서 베이징을 지지하라는 목소리가 높다. 호주 대학에서 자기를 검열하는 학자가 점점 많아진다. 중국이 호주 사회 전반에 호의적인 중국관을 고취하려는 계획을 시행하며 중국의 우정과 돈에 눈이 먼 개인이나 조직들이 중국에 넘어갔다.

호주가 중국에 저항할 힘이 부족하다고 믿게 된 가장 큰 원인은 비굴하고 이기적인 지도층 때문이다. 이들 때문에 호주에 다음과 같은 견해가 널리 퍼졌다. 중국의 부상은 막을 수 없고 호주 경제의 운명이 베이징의 손에 달려 있으며 규모로 볼 때 중국이 아시아를 지배할 수밖에 없다. 따라서 역사적 필연성을 따르는 것이 최선이다. 실제로 다른 선택지가 없으며 중국을 따르는 것은 나쁜 일은 아닐 것이기 때문이다. 그러니 '우정과 협력'을 추구하고, 홍수처럼 쏟아지는 돈을 빌고, 우리 자산을 매각하고, 중국 외교관의 말에 움직이고, 우리 기술이 해외로 유출되어도 못 본 체하고, 베이징 첩보원이 우리 정치 체제에 근무하도록 선발하고, 인권 유린에 침묵을 지키고, 대학의 자유롭고 공개적인 연구 등 기본적인 가치를 희생하자. 식민지 이후 호주 역사를 통틀어 지도층에게 이보다 더 큰 배신을 당한 적이 있을까?

중국이 자유를 침해하지 못하도록 지키려면 호주도 대가를 치러야 할 것이다. 이미 확인한 대로 베이징은 정치적, 전략적 목적을 위해 능숙하게 경제적 수단을 동원한다. 호주가 저항하면 베이징은 우선 호전적인 발언과 위협으로 겁을 줄 것이다. 2018년 1월 〈글로벌타임스〉가 만일 호주가 미국이 실시하는 항행의 자유 훈련을 계속 지지하면 '강력한 대응책'을 동원하겠다고 협박한 것처럼 말이다.[2] 그런 다음에는 호주의 약점 즉, 호주 사회에서 중국의 협박에 가장 취약하고 정치인들이 아주 예민하게 반응하는 부문에 경제적 압력을 행사할 것이다. 우리가 자유를 소중하게 여긴다면 그 고통을 의연하게 감내할 필요가 있다.

이제껏 경험으로 보면, 베이징은 상대가 경제적 괴롭힘을 버티면 한발 물러선다. 그렇다 해도 차이나머니로 로비하는 집단의 이기적이거나 기만적인 요구를 무시하고 호주 경제를 다각화하기 위해 부단히 노력하는 것이 신중한 자세일 것이다. 그래야 중국에 대한 의존도를 낮출 수 있다. 특히 아시아의 또 다른 거인 즉, 가치관이 우리와 대체로 겹치는 민주주의 국가 인도와 교역, 투자, 이민, 유학, 관광 등을 활성화함으로써 중국의 강압에서 호주를 지키고 인도가 중국의 전략적 균형으로 부상하도록 도와야 한다.

그와 동시에 미국과 균형 잡힌 동맹 관계를 구축할 수 있도록 아시아의 민주주의 국가인 인도와 일본, 한국, 인도네시아, 뉴질랜드, 호주가 모두 모여 아시아민주동맹을 결성하도록 추진해야 한다. 아시아민주동맹이 결성되면 아시아 지역 전체 민주주의 정부의 자유가 강화되고, 주권을 침해하려는 중국의 체계적인 계획에 대응하고, 같은 목적을 향한 전략적 군사적 협력이 구축될 것이다. 호주에서 중국의 영향력에 맞서는 것이 민주주의와 새로운 전체주의가 전 세계에서 벌이는 수많은 싸움 중 하나에 불과하다는 사실을 잊지 말자. 2017년 말에 재개된 4자안보대화 즉, 미국과 인도, 일본, 호주가 참여하는 비공식 안보 협력이 아시아에서 전략적 우위를 차지하려는 중국에 맞설 중요한 균형추가 되고, 호주가 인도나 일본과 경제 관계를 강화하는 계기도 될 수 있다.[3]

호주가 반발하면 중공은 교역과 투자를 통해 외부에서 압력을 행사하는 것으로 그치지 않을 것이다. 호주 사회에 이미 심어 놓은 세력도 동원할 것이다. 중국을 옹호하는 자들이 '외국인 혐오'라는 프레임을 이용해 중공과 '중국인'을 하나로 모을 것이다. 갈수록 커지는 베이징의 영향력을 두려워하는 중국계 호주인들이 호주가 중국에 맞서는 과정에서 대단히 중요한 이유가 바로 이 때문이다. 호주가치연합 같은 단체들이 중국계 호주인 중 위험을 간파하고 있으며 자신들이 호주에 온 목적인 자유를 수호하길 원하는 호주인이 많다는 메시지를 보내고 있다. 중국이 통일전선 조직의 꼭두각시들을 호주에 사는 해외 중국인들의 적법한 대변자로 내세우는 대단히 성공적인 전략에 맞설 적임자가 바로 이들이다. 호주 전역에서 이런 꼭두각시들의 로비와 유혹에 넘어간 온갖 단체의 지도자와 정치인, 언론인들은 자신이 '중국계 호주인'의 바람에 부응한다고 믿고 있지만, 사실 모든 것이 중공의 전략이고 그에 놀아나는 것이다.

중국계 호주인들은 중국이 서서히 호주를 집어삼키는 모습에 두려움을 느끼고 호주의 독립 기관들이 중공을 따르는 세력 때문에 무너지는 모습에 놀란다. 중공 치하에서 살아 본 이들은 중공의 방법과 목적을 잘 안다. 호주가 점점 더 커지는 중공의 영향력에 저항하기 시작하면 중국계 호주인 모두가 의심받는다는 것도 알고 있다. 그리고 감내해야 할 위험으로 받아들인다.

중공이 어디까지 할 수 있을지에 대해 무시하거나 방심해서는 안된다. 이제껏 일부 중국계 호주인과 호주에 사는 중국인을 동원해 거리에서 중국 국기를 휘두르고 친베이징 구호를 외치도록 시위를 조직한 주체가 중국 대사관과 영사관이다. 우리는 진지하게 고민해야 한다. 특히 호주의 안보 기관은 더욱 진지하게 검토해야 한다. 가까운 미래에 미국과 중국이 군사적으로 대치하거나 충돌할 가능성은 매우 크다. 미국의 입장에서는 중국이 인도네시아 해안 바로 밑까지 남중국해 전체를 합병해 통제하는 상황을 막을 유일한 방법이 군사적인 방법일 수 있기 때문이다. 동중국해에서 충돌이 발생할 가능성은 훨씬 더 크다. 중국이 대만을 합병하고 일본이 영유권을 주장하는 센카쿠열도도 손에 넣겠다는 주장을 밀어붙이고 있기 때문이다. 이런 상황에서 호주는 미국의 손을 들어줘야 한다.

호주 시민이건 아니건 호주에 사는 중국계가 1백만 명이 넘는다는 사실을 고려하면, 베이징에 충성하는 이들이 거리로 뛰쳐나와 크게 반발할 것이다. 캔버라 중국 대사관은 배후에서 이를 조종하고 심각

중국의 조용한 침공

한 사회 갈등과 불안이 빚어질 것이다. 단순한 추측이 아니다. 실제로 2016년 7월 멜버른에서 친베이징 시위를 조직한 관계자가 지지자를 모으려고 발송한 이메일을 보면, 호주가 계속해서 중국의 남중국해 권리 주장에 반대하면 문제를 일으키겠다고 위협했다. "호주에 사는 중국인으로서 우리는 호주가 갈등과 혼란에 빠지지 않길 바란다."[4]

사회 갈등을 일으키는 것은 중국이 충돌 상황에서 호주 정부를 압박하는 여러 방법 중 하나에 불과할 것이다. 베이징 동조자들이 이미 주요 기관에서 영향력이 있는 자리를 차지하고 있다. 이들 중 일부가 미국 동맹을 포기하고 '자주적인' 외교정책을 세우라고 주장하고, 심지어 외교정책을 베이징에 맞추라고 요구하고 있다. 이런 베이징 동조자들은 언론사와 싱크탱크, 대학, 재계, 기업 로비 단체, 관공서 그리고 당연히 의회에서도 볼 수 있다. 충돌이 발생하면, 중국이 아무리 공격적인 행동으로 충돌을 촉발했다 해도 평화적 해결을 요구하는 목소리가 이 제5열에서 높아질 것이다.

시드니에 사는 중국계 호주인 친구들에게 대답하기 곤란한 질문을 해 보았다. "중국계 호주인 1백만 명 중 베이징에 우선 충성하는 사람과 호주에 먼저 충성하는 사람의 비율이 어떻게 될까요? 그 중간에 있는 사람은 얼마나 되고요?" 정확한 수치는 알 수 없지만 따져볼 필요는 있겠다는 생각이 들어 물어본 것이다. 그러자 친구들은 곧바로 되물었다. "'중국계'가 어디까지죠? 홍콩이나 싱가포르, 말레이시아 출신도 포함하나요? 티베트 사람은요? 이들도 중국계로 생각하고요?" 그래서 공정하게 중국 본토에서 태어난 한족으로만 제한하기로 했다.

한 친구는 친베이징 정서가 강한 사람을 20~30% 정도로 추산했다. 그리고 40∼50% 정도를 중립으로 추정했다. 애국심 때문에 베이징에 반대하지는 않지만 정치에 관여하지 않는 사람들이다. 그 나머지 20∼30%가 호주에 우선 충성하지만, 보복이 두려워 공개적으로 의견을 밝힐 사람은 거의 없을 것이라고 이야기했다.

또 한 친구는 생각이 달랐다. 중국계 호주인 중 확고한 '용공 세력'이 10% 정도이지만, 확고한 반공 세력도 대략 10%가 될 것으로 추정했다. 그리고 20∼30%가 중공 정권을 조용히 지지한다고 추산했다. 하지만 모두가 동의한 내용이 있었다. 중국인 공동체 대다수가 베이징이 남중국해에서 행사하는 중국의 주권을 지지하고, 거의 모든 한족이 티베트와 대만을 중국의 영토로 믿는다는 것이다.

중국 전문가들과 만나 이야기를 나눠보니 이미 너무 늦었다고 믿는 사람들이 있었다. 이들은 중공과 용공 세력이 호주 기관에 깊이 뿌리를 내려 이제 뽑아낼 수 없다고 판단했다. 그 뿌리를 캐낼 수 있다고 주장한 사람도 있었지만, 족히 10년이 걸릴 것이라고 이야기했다. 내가 보기에 그 말이 맞는 것 같았다. 하지만 무엇보다 중요한 것은 우리가 과연 호주 사회에서 중국의 영향력을 제거하길 원하느냐 아니냐다. 지금은 호주의 독립성을 되찾으려는 방법을 강구하고 그에 따라 불가피하게 발생할 보복에 물러서지 않아야 한다고 느낄 만큼 충분히 위험을 인식하고 있는 사람이 거의 없다. 우리의 이런 순진함과 무사안일주의가 베이징의 가장 강력한 자산이다. 보이 스카우트 대원이 마피아 두목 돈 콜레오네를 상대하는 격이다. 하지만 민족적 배경이 다른 호주인이 모두 위험을 제대로 인식하기만 하면, 새로운 전체주의에 맞서 우리의 자유를 지키는 첫걸음을 내디딜 수 있다.

| 감사의 글 |

무엇보다 원고를 작업하면서 자료 조사 작업을 훌륭하게 마무리해준 앨릭스 조스키에게 가장 큰 빚을 졌다. 덕분에 호주와 특히 중국에서 중국어로 작성된 자료를 확인해 귀중한 정보를 무수히 찾아냈다.

이 책을 쓰기로 마음먹은 이후 각계각층에서 기꺼이 돕겠다고 나선 분들이 많아 놀라웠고 감사했다. 이 자리를 빌어 감사하다는 인사를 전한다.

특히 여러 가지 실마리와 의견을 제시하고 수많은 정보를 해석하는 방법을 조언할 뿐 아니라 중공의 목적과 방법을 더 깊이 이해할 수 있도록 큰 도움을 준 제프 웨이드에게 감사한다.

베이징에서 누구보다 큰 도움을 준 데이비드 켈리와 필리파 존스 Philippa Jones 덕분에 여러 사람을 만나 중국에 대한 깊은 지식을 배울 수 있었다. 끝까지 확고한 지지와 훌륭한 조언을 보내준 존 가넛의 힘도 컸다. 존 피츠제럴드도 비할 데 없이 귀중한 지식을 나눠주었다. 무엇보다 이 책의 출판을 앞두고 내가 시련을 겪는 내내 기둥처럼 든든하게 받쳐주었다. 중국계 호주인 공동체와 연결해준 존 후에게 얻은 정보도 아주 귀중했다.

탁월하고 용기 있는 베이징의 정치분석가 예페이Ye Fei는 중국 정치와 베이징의 국제적 야망을 이해하는 남다른 통찰력을 보여주었다. 예페이와 마지막으로 만난 뒤 석달 뒤 그가 세상을 떠났다는 가슴 아픈 소식을 들었다. 그의 이름을 밝히며 감사 인사를 전한다.

반면 호주와 중국에서 인터뷰한 사람 중에서는 이름을 밝힐 수 없는 분이 많다. 위험을 무릅쓰신 분들께 깊이 머리 숙여 감사하며, 이름을 밝혀도 되는 사람은 이 자리에서 실명을 들어 고마운 마음을 전한다. 제임스 레이볼드, 그레그 오스틴Greg Austin, 피터 제닝스, 스티븐 조스키Stephen Joske, 로리 메드카프, 필립 돌링, 크리스 울만, 치자전, 징핑 청, 샤오강 존 장. 프랑크 디쾨터, 천융린, 닉 매켄지, 로완 캘릭, 크리스 버클리Chris Buckley, 필립 원, 그레그 매카시Greg McCarthy, 제프 래비, 루시 가오Lucy Gao, 저우스싱Zhou Shixing, 펑솨이Feng Shuai, 앵거스 그릭Angus Grigg, 빌 버틀즈Bill Birtles, 자다오중Zha Daojiong, 마톈제Ma Tianjie, 앤슨 찬, 윌리 램Willy Lam, K.P. 차우K.P. Chow, 휴 화이트, 뵈르게 바켄Børge Bakken, 펑충이, 잉 이Ying Yee, 케이트 라슨Kate Larsen, 조셀린 체이, 존 킨John Keane, 리처드 베이커, 제임스 슝James Xiong,

　　　　　　　　　　　　　중국의 조용한 침공

케빈 진Kevin Jin, 아나스타시아 카페타스Anastasia Kapetas, 우러바오Wu Lebao, 친진, 폴 맥그리거Paul Macgregor, 앤-마리 브래디, 리사 뎀스터 Lisa Dempster, 퍼거스 핸슨Fergus Hanson, 팀 스티븐스Tim Stephens, 젠 첸 퀵Jen Tsen Kwok, 퍼거스 라이언Fergus Ryan, 프림로즈 리오던, 차우아이 청Chowai Cheung, 마리 마Maree Ma, 워런 쑨Warren Sun.

여기서 거론한 분들은 이 책의 여러 주제와 관련해 생각이 다른 부분도 많기 때문에 책에 담긴 모든 견해에 대한 책임은 오롯이 내게 있다.

원고를 읽고 수많은 잠재적 문제점을 지적하며 전략적 영향 일부 를 더 철저히 탐구하도록 자극을 준 로버트 맨Robert Manne에게 고마움 을 표한다.

끝으로 이런 연구를 추진할 기회를 마련해준 찰스스터트대학교에 감사한다.

ACAIEP Australia-China Association for International Exchange of Personnel 호주중국국제인재교류협회

ACBRI Australia-China Belt & Road Initiative 호중 일대일로 이니셔티브

ACCC Australian Competition and Consumer Commission 호주경쟁소비자위원회

ACETCA Australia China Economics, Trade and Culture Association 호중경제교역문화협회

ACFEA Australia China Friendship and Exchange Association 호중우호교류협회

ACPPRC Australian Council for the Promotion of Peaceful Reunification of China 중국평화통일호주추진회

ACTU Australian Council of Trade Unions 호주노동조합협의회

ADFA Australian Defence Force Academy 호주방위군사관학교

AIIB Asian Infrastructure Investment Bank 아시아인프라투자은행

APJC Asia Pacific Journalism Centre 아시아태평양저널리즘센터

ARC Australian Research Council 호주연구위원회

ASD Australian Signals Directorate 호주신호국

ASIS Australian Secret Intelligence Service 호주비밀정보국

AVIC Aviation Industry Corporation of China 중국항공공업진단공사

BRI Belt and Road Initiative 일대일로 이니셔티브

CAIEP Chinese Association for International Exchange of Personnel 중국국제인재교류협회

CAS Chinese Academy of Sciences 중국과학원

CCIEE China Centre for International Economic Exchanges 중국국제경제교류센터

CCP Chinese Communist Party 중국 공산당

CCPPNR China Council for the Promotion of Peaceful National Reunification 중국평화통일추진회

CETC China Electronics Technology Group Corporation 중국전자과기집단

CFMEU Construction, Forestry, Mining and Energy Union 호주건설임업광업에너지노조

CKI Cheung Kong Infrastructure 청쿵인프라스트럭처

CPPCC Chinese People's Political Consultative Conference 중국인민정치협상회의

CSC China Scholarship Council 중국유학기금관리위원회

CSCS Canberra Society of Chinese Scholars 캔버라중국학자협회

CSIRO Commonwealth Scientific and Industrial Research Organisation 호주연방과학산업연구기구

CSIS Canadian Security Intelligence Service 캐나다 안보정보청

CSRI Cyber Security Research and Innovation 사이버안보혁신연구센터

CSSA Chinese Students and Scholars Association 중국학생학자연합회

CWA Chinese Writers Association 중국작가협회

DHS Department of Homeland Security 미국 국토안보부

DST Defence Science and Technology Group 국방과학기술그룹

EABER East Asian Bureau of Economic Research 동아시아경제연구국

FCA Federation of Chinese Associations 중국인협회연합

FDC Federation for a Democratic China 민주중국전선

FIRB Foreign Investment Review Board 외국인투자심의위원회

FOCSA Federation of Chinese Scientists in Australia 호주중국과학자연합

FONOP Freedom of Navigation Operations 항행의 자유

GBDTC Global Big Data Technologies Centre 글로벌빅데이터기술센터

ICAC Independent Commission Against Corruption 독립부패방지위원회

MSS Ministry of State Security 중국 국가안전부

NAS National Association of Scholars 전미학자협회

NBN National Broadband Network 국가광대역네트워크

NCI National Computational Infrastructure 국가컴퓨팅인프라스트럭처

NSCLab Network Security and Computing Laboratory 네트워크보안컴퓨팅연구소

NUDT National University of Defense Science and Technology 국방과학기술대학교

OCAO Overseas Chinese Affairs Office 국무원 교무판공실

ONCIX Office of the National Counterintelligence Executive 국가방첩관실

PLAN People's Liberation Army Navy 인민해방군 해군

PwC Pricewaterhouse Coopers 프라이스워터하우스쿠퍼스

QCASE Queensland Chinese Association of Scientists and Engineers 퀸즐랜드중국과학자기술자협회

SAFEA State Administration of Foreign Experts Affairs 국가외국전문가국

SASS Shanghai Academy of Social Sciences 상하이사회과학원

SCOBA Silicon Valley Chinese Overseas Business Association 해외중국기업실리콘밸리협회

SWA Shaanxi Writers Association 산시성작가협회

UFWD United Front Work Department 통일전선공작부

WACSA Western Australia Chinese Scientists Association 웨스턴오스트레일리아중국과학자협회

ZTE Zhongxing Telecommunication Equipment 중싱통신

중국의 조용한 침공

1장 조용히 스며드는 영향력

1. 2017년 4월 1일 저자가 천융린을 인터뷰한 내용과 2015년 6월 25일 〈에포크타임스〉에 실린 천 융린의 중국어 인터뷰에 인용된 내용, 〈www.epochtimes.com/gb/5/6/25/n965354.htm〉. 천융린 이 2016년 8월 31일 〈차이나 인 퍼스펙티브China in Perspective〉에 처음 발표한 〈호주는 중국의 뒤뜰이 되고 있다〉는 글을 바탕으로 함.
2. 천융린의 〈호주는 중국의 뒤뜰이 되고 있다〉.

2장 중국의 자화상

1. 정 왕의 《나라의 수치를 잊지 마라》, 2012년, New York: Columbia University Press 출판, 마이클 필스버리의 《백년의 마라톤》, 2016년, St Martin's Griffin 출판.
2. 정 왕의 《나라의 수치를 잊지 마라》 참조.
3. 정 왕의 《나라의 수치를 잊지 마라》 p.104.
4. 정 왕의 《나라의 수치를 잊지 마라》 p.116에 인용된 제프리 크로설Geoffrey Crothall의 전언.
5. 정 왕의 《나라의 수치를 잊지 마라》 p.116.
6. 2016년 12월 10일, 〈시나닷컴 Sina〉에 실린 기사 〈중국 교육부장: 적대적 세력이 첫 번째로 선택 한 침투 대상은 교육 체제다Chinese Education Minister: The Hostile Forces' First Choice for Penetration Is the Education System〉, 〈chinascope.org/archives/10801〉.
7. 정 왕의 《나라의 수치를 잊지 마라》 pp.111-112.
8. 정 왕의 《나라의 수치를 잊지 마라》 p.115.
9. 정 왕이 《나라의 수치를 잊지 마라》 p.114에 인용된 내용.

10. 정 왕의 《나라의 수치를 잊지 마라》 p.227.

11. 2014년 9월 11일, 〈포린폴리시 Foreign Policy〉에 실린 레이첼 류 Rachel Liu의 기사 〈중국 애국심의 새로운 정의 A new definition of Chinese patriotism〉.

12. 정 왕의 《나라의 수치를 잊지 마라》 p.125.

13. 《적도 없고, 증오도 없다: 류샤오보의 에세이와 시 선집 No Enemies, No Hatred: Selected essays and poems》 p.73, 페리 링크 Perry Link와 톈치 마틴 랴오 Tienchi Martin-Liao, 류샤 Liu Xia 편집, 2012년, Belknap Press 출판.

14. 《적도 없고, 증오도 없다: 류샤오보의 에세이와 시 선집》 pp.74-75.

15. 《적도 없고, 증오도 없다: 류샤오보의 에세이와 시 선집》 중 〈공산당의 '올림픽 금메달 증후군' The Communist Party's 'Olympic Gold Medal Syndrome'〉, p.251.

16. 《적도 없고, 증오도 없다: 류샤오보의 에세이와 시 선집》 중 〈공산당의 '올림픽 금메달 증후군'〉, p.255.

17. 정 왕의 《나라의 수치를 잊지 마라》, pp.150-152.

18. 2016년 8월 25일, 〈포린폴리시〉에 실린 로터스 루안 Lotus Ruan의 기사 〈중화 민족주의의 새 얼굴 The new face of Chinese nationalism〉.

19. 2016년 8월 8일, 〈글로벌타임스〉에 익명으로 실린 〈거만한 호주 수영선수 때문에 리우데자네이루가 어두워지지는 않을 것이다 Smug Aussie swimmer won't cloud Rio〉.

20. 2016년 8월 9일, 〈디 오스트레일리안〉에 실린 제닌 칼리크 Jennine Khalik의 〈2016 리우 올림픽: 채널7의 중국 보도에 항의한 건설임업광업에너지노조 Rio Olympics 2016: CFMEU protests Channel Seven's coverage of China〉.

21. 제임스 젠화 토의 《교무: 해외 중국인을 위한 역외 정책 Qiaowu: Extra-territorial policies for the overseas Chinese》 p.44, 2014년, Koninklijke Brill 출판.

22. 정 왕의 《나라의 수치를 잊지 마라》 p.154.

23. 2017년 1월 8일, 〈파이낸셜타임스〉에 실린 루시 혼비 Lucy Hornby의 〈점점 커지는 온라인 민족주의를 통제하기 위해 분투하는 중국 China battles to control growing online nationalism〉.

24. 2012년 9월 17일, 〈사우스 차이나 모닝 포스트〉에 실린 리징 Li Jing과 허후이펑 He Huifeng의 〈선전과 광저우, 칭다오의 폭력적인 반일 시위 Anti-Japan protests turn violent in Shenzhen, Guangzhou and Qingdao〉.

25. 2016년 7월 20일, 〈사우스 차이나 모닝 포스트〉에 실린 익명의 기고 〈남중국해 판결 관련 KFC 매장 시위를 비난한 중국 관영 매체 Chinese state media condemns protests at KFC restaurants in wake of South China Sea ruling〉.

26. 2017년 1월 13일, 〈사우스 차이나 모닝 포스트〉에 실린 쥔 마이 Jun Mai의 〈중국이 안정을 유지하기 위해 애국 시위를 미연에 방지하기로 맹세했다 China vows to nip patriotic protests in the bud to

maintain stability〉.

27. 2016년 8월 9일, 〈쿼츠Quartz〉에 실린 저핑 황Zheping Huang의 〈글로벌타임스의 속내, 중국의 호전적이고 공격적인 관영 타블로이드 신문Inside the Global Times, China's hawkish, belligerent state tabloid〉.

28. 2016년 9월 11~12일, 〈시드니 모닝 헤럴드The Sydney Morning Herald〉에 실린 필립 원의 〈머지 않아, 이 세상은 중국 것이 됩니다This is the deal: "In time, this world will be China's"〉.

29. 정 왕의《나라의 수치를 잊지 마라》pp.129-132.

30. 2013년 1월 3일, 남아시아 애널리시스 그룹South Asia Analysis Group에 실린 D.S. 라잔D.S. Rajan 의 〈중국: 시진핑이 꿈꾸는 '중국몽'은 실현될 수 있을까?China: Can Xi Jinping's "Chinese Dream" vision be realized?〉.

31. 류밍푸의《중국몽》뒤표지, 2015년, CN Times Books 출판.

32. 마이클 필스버리의《백년의 마라톤》p.28에 인용된 내용.

33. 윌리엄 A. 캘러한William A. Callahan의 〈중국의 세계 질서 비전: 포스트 헤게모니 아니면 새로운 헤게모니?Chinese visions of world order: Post-hegemonic or a new hegemony?〉, 2008년, International Studies Review, 제10권, p.753.

34. 마이클 필스버리의《백년의 마라톤》p.12와 p.28.

35. 2013년 2월 5일, 〈더 디플로맷〉에 실린 정 왕의 기고 〈떠오르는 것이 아니라 회복하는 것: '중국몽'Not rising, but rejuvenating: The 'Chinese Dream'〉 참조.

36. 인민들이 혹시 깜빡하고 잊는 경우를 대비해, 2017년 중국 당국이 4분짜리 애국 선전 영상을 상영하라고 영화관에 지시했고, 그중에는 재키 찬(성룡)이 주먹을 불끈 쥔 채 시진핑의 중국 몽과 사회주의의 핵심 가치를 찬양하는 영상도 있었다. 2017년 6월 30일, 〈식스 톤Sixth Tone〉 에 실린 황완Huang Wan의 기고 〈영화 상영 전에 애국 광고를 먼저 보여주는 중국 극장Chinese cinemas to show patriotic trailer ahead of screenings〉 참조.

37. 마이클 필스버리의《백년의 마라톤》p.235.

38. 마이클 필스버리의《백년의 마라톤》p.230.

39. 류밍푸의《중국몽》p.29.

40. 〈www.scio.gov.cn/m/zhzc/10/Document/1437648/1437648.htm〉.

41. 허야페이에 앞서 국무원 대외선전판공실 주임 차이밍자오蔡名照가 2013년 연설에서 "중국몽의 대외 선전 심화"를 주장하고 중국몽이 중화민족의 우월성 때문에 중국인뿐만 아니라 세계인 에게도 혜택을 줄 꿈이라고 역설했다. (〈인민일보〉에 실린 내용을 번역해 〈차이나카피라이트 앤드 미디어China Copyright and Media〉에 익명으로 등록된 블로그 〈중국 대외 선전 책임자가 간 추린 대외 소통 중점 사항China's foreign propaganda chief outlines external communication priorities〉).

42. 2016년 12월 24일, 〈디 오스트레일리안〉에 게재된 폴 키팅의 기고 〈호주는 미중 세력 균형의

변화에 주목해야 한다Australia must heed the shift in the US-China power balance〉.

43. 2017년 7월 6일, 〈인터프리터The Interpreter〉에 기고한 데이비드 켈리의 〈중국 솔루션 되돌리기 Winding back the China Solution〉.

44. 류밍푸의 《중국몽》 p.2와 p.4.

45. 2017년 6월 21일, 〈파이낸셜타임스〉에 실린 자밀 앤더리니의 〈중국 국가 부활의 이면The dark side of China's national renewal〉.

46. 2017년 4월 20일, 〈조선일보〉 영문판에 익명으로 실린 논설 〈한국에 관한 트럼프의 실언에서 드러난 중국의 패권주의적 사고방식Trump's Korea gaffe exposes hegemonic thinking in China〉.

47. 2016년 6월 21일, 〈더 디플로맷〉에 실린 빌 헤이튼Bill Hayton의 기고 〈남중국해에 대한 '중국의 역사적 권리': 미국제?China's 'historic rights' in the South China Sea: Made in America?〉.

48. 〈pca-cpa.org/wp-content/uploads/sites/175/2016/07/PH-CN-20160712-Award.pdf〉.

49. 2017년 1월 19일, 〈인사이드 스토리Inside Story〉에 실린 존 피츠제럴드의 〈중국에 넘겨준 주도 권Handing the initiative to China〉.

50. 2013년 10월 24일, 후진타오 주석의 호주 의회 연설 전문은 〈www.smh.com.au/articl es/2003/10/24/1066631618612.html〉 참조.

51. 〈마리타임 아시아Maritime Asia〉에 게시된 제프 웨이드Geoff Wade의 〈대중적인 역사와 헛소리: '1421 중국, 세계를 발견하다' 책은 동화고 소설이다Popular History and Bunkum: The book '1421, The Year China Discovered America' is a fairytale & a fiction〉, 〈maritimeasia.ws/topic/1421bunkum. html〉 참조, 〈www.1421exposed.com/html/1421_and_all_that_junk.html〉도 참조.

52. 2006년 7월 31일, ABC TV 프로그램 〈포 코너스〉에서 쿠엔틴 맥더모트Quentin McDermot가 진 행한 〈정크 역사Junk History〉, 〈www.abc.net.au/4corners/content/2006/s1699373.htm〉.

53. e-Perimetron 2007 가을 2권 4책에 실린 제프 웨이드의 글 〈'류강/멘지스' 세계 지도에 대한 비 평The 'Liu/Menzies' world map: A critique〉 pp.273-280.

54. 티모시 켄달Timothy Kendal의 책 《중국의 세력권 안? 호주 의회의 눈으로 본 중국Within China's Orbit?: China through the eyes of the Australian parliament〉, 2008년, Parliamentary Library 출판.

55. 티모시 켄달의 《중국의 세력권 안?》.

56. 2005년 6월 10일, 〈오스트레일리안 파이낸셜 리뷰〉 p.20에 실린 제프리 바커Geoffrey Barker의 글 〈외교의 전형Diplomacy personified〉에 인용된 푸잉의 호주 내셔널프레스클럽 연설.

57. 〈www.china.com.cn/chinese/zhuanti/zhxxy/881212.htm〉.

중국의 조용한 침공

3장 해외에 있는 중국인들

1. ⟨www.scio.gov.cn/m/zhzc/10/Document/1437648/1437648.htm⟩.

2. 2017년 4월 30일, ⟨스트레이츠 타임스Straits Times⟩에 실린 청숙와이Cheong Suk-Wai의 기고 ⟨베이징의 애교 공세: 충성심을 시험하는 도전Beijing's charm offensive: A challenge to test loyalty⟩.

3. 제임스 젠화 토의 책 《교무: 해외 중국인을 위한 역외 정책》 2014년, Koninklijke Brill 출판.

4. 제임스 젠화 토의 《교무: 해외 중국인을 위한 역외 정책》 p.19.

5. 제임스 젠화 토의 《교무: 해외 중국인을 위한 역외 정책》 p.47.

6. 제임스 젠화 토의 《교무: 해외 중국인을 위한 역외 정책》 p.42.

7. 제임스 젠화 토의 《교무: 해외 중국인을 위한 역외 정책》 p.254.

8. 제임스 젠화 토의 《교무: 해외 중국인을 위한 역외 정책》 p.258.

9. 제임스 젠화 토의 《교무: 해외 중국인을 위한 역외 정책》 p.260과 p.261, p.264.

10. 제임스 젠화 토의 《교무: 해외 중국인을 위한 역외 정책》 p.257.

11. 2017년 10월 6일, ⟨ABC News Online⟩에 실린 헤이거 코헨Hagar Cohen과 타이거 웹Tiger Webb의 기사 ⟨소식통에 의하면 피지에서 추방된 중국 국적자는 사기범이 아니라 성매매업 종사자들이었다Chinese nationals deported from Fiji were sex workers, not fraudsters: Source⟩.

12. 2015년 1월 1일, ⟨가디언⟩에 실린 가브리엘 챈Gabrielle Chan의 기고 ⟨1988~1989년 내각 문서: 밥 호크가 독단적으로 중국 학생들에게 망명을 제공했다Cabinet papers 1988-89: Bob Hawke acted alone in offering asylum to Chinese students⟩.

13. 제임스 젠화 토의 《교무: 해외 중국인을 위한 역외 정책》 p.27.

14. 가브리엘 챈의 기고 ⟨1988~1989년 내각 문서⟩에 인용된 내용.

15. 제임스 젠화 토의 기고 ⟨해외 한족과 중국계 소수민족을 관리하는 베이징의 정책Beijing's policies for managing Han and ethnic-minority Chinese communities abroad⟩, Journal of Current Chines Affairs 2012년 4호 p.186.

16. 제임스 젠화 토의 《교무: 해외 중국인을 위한 역외 정책》 p.75와 pp.78-79, ⟨해외 한족과 중국계 소수민족을 관리하는 베이징의 정책⟩ p.186.

17. 앤-마리 브래디의 ⟨중국의 해외 선전기구China's foreign propaganda machine⟩, 2015년 10월, Journal of Democracy 26권 4호, pp.51-59.

18. 제임스 젠화 토는 다섯 개의 주요한 교무 조직이 있다고 설명하는데, 그중 (교무판공실과 중화전국귀국화교연합회) 둘은 중앙정부 산하 조직이고, (중앙선전부와 대외연락부, 통일전선공작부) 셋은 당 부서이다. (제임스 토의 《교무: 화교를 위한 역외 정책》 pp.73-80.

19. 2017년 7월 6일, 미국 제임스타운 재단의 ⟨차이나 브리프China Brief⟩ 17권 9호에 실린 마르셀 앙글리비엘 데 라 보넬Marcel Angliviel de la Beaumelle의 ⟨통일전선공작부: 국내와 해외의 '마법

무기'The United Front Work Department: 'Magic weapon' at home and abroad〉.

20. 2017년 9월, 워싱턴 D.C. 소재 우드로윌슨센터 홈페이지에 게시된 앤-마리 브래디의 〈마법 무기: 시진핑의 중국이 정치 영향력을 행사하는 활동Magic Weapons: China's political influence activities under Xi Jinping〉.

21. 제임스 젠화 토의 《교무: 해외 중국인을 위한 역외 정책》 p.74. 교무 기관들은 중공 대외연락부가 관리하고, 중국평화통일호주추진회는 통일전선공작부가 관리한다. 하지만 모두 캔버라 대사관의 감독을 받으며 긴밀히 협력한다.

22. 2016년 9월 5일, 〈디 오스트레일리안〉에 실린 로완 캘릭의 〈중국인 기부자와 연결된 '비영리' 단체'Non-profit' group linked to Chinese donors〉.

23. 제임스 젠화 토의 《교무: 해외 중국인을 위한 역외 정책》 pp.269-270.

24. 2015년 5월 27일, 〈인민일보〉에 실린 〈중국평화통일호주추진회 설립자이자 회장인 윌리엄 추 박사 별세Dr William Chiu, founder and chairman of the Australian Council for the Promotion of the Peaceful Reunification of China passes away〉, 〈world.people.com.cn/n/2015/0527/c157278-27066031.html〉.

25. 제임스 젠화 토의 《교무: 해외 중국인을 위한 역외 정책》 p.268.

26. 제임스 젠화 토의 〈해외 한족과 중국계 소수민족을 관리하는 베이징의 정책〉 p.189.

27. 2016년 9월 19일, ABC TV 프로그램 〈7시 30분〉에 방송된 딜런 웰치Dylan Welch의 〈어니스트 웡: 중국인 공동체에 접근하는 노동당의 믿음직한 인물Ernest Wong: Labor's go-to man for access to Chinese community〉.

28. 크리스 보웬은 2015년에 황샹모가 이끄는 호주광둥교단연합총회와 중공으로부터 일부 자금을 지원받아 아내와 함께 중국을 다녀온 적이 있다(2016년 9월 7일 〈디 오스트레일리안〉에 실린 사만다 허친슨Samantha Hutchinson과 벤 버틀러Ben Butler의 〈중국이 하원의원들에게 선심 쓸 때 위후그룹 명부에 오른 보웬Bowen on the Yuhu register as China doles out MP largesse〉 참조). 밥 카의 회고록에 따르면, 샘 데스티에리가 주최한 춘절 행사에서 "눈부시게 성공적인 노동당 기금 모금회"로 20만 달러가 모였고, 그 돈은 노동당 중앙당 기금과 크리스 보웬의 선거 자금으로 쓰였다. (2016년 9월 7일 〈디 오스트레일리안〉에 실린 로완 캘릭과 사라 마틴Sarah Martin의 기고 〈데스티에리의 기부자는 당세포를 지녔다Dastyari's donor has party cell〉 참조). 데스티에리 사건 발생 당시 〈디 오스트레일리안〉은 치욕스런 상원의원의 '협력자와 조력자'로 밥 카와 황샹모, 에릭 루젠달, 크리스 보웬, 주민선, 폴 이윈 한Paul Yi-Wen Han을 지목했다.

29. 〈www.acpprc.org.au/schinese/jinqi/2015/jndhSep15.html〉.

30. 〈world.people.com.cn/n1/2016/0207/c1002-28117190.html〉.

31. 제임스 젠화 토의 《교무: 해외 중국인을 위한 역외 정책》 p.268.

32. 2015년 2월 18일, 〈로스엔젤레스 타임스Los Angels Times〉에 실린 줄리 매키넌Julie Makinen의 〈춘

중국의 조용한 침공

절을 이용해 중국의 소프트파워를 밀어붙이는 베이징Beijing uses Chinese New Year to push China's soft power〉.

33. 필립 원이 2016년 4월 28일 〈시드니 모닝 헤럴드〉에 기고한 〈우리 중의 중국 애국자: 베이징이 호주에서 당기는 새로운 영향력 지렛대China's patriots among us: Beijing pulls new lever of influence in Australia〉.

34. 〈www.chinesenewyear.com.au/index.html〉.

35. 존 파워John Power가 2016년 5월 12일 〈아시아타임스Asia Times〉에 기고한 〈불안감을 키우는 호주 화교의 친베이징 행동주의Pro-Beijing activism by ethnic Chinese in Australia stirs unease〉.

36. 2016년 8월 27일, 로완 캘릭이 〈디 오스트레일리안〉에 기고한 〈호주의 중국인 공동체: 또 다른 중국과 이해하기 어려운 관계Australia's Chinese community: Inscrutable ties to another China〉.

37. 필립 원의 〈우리 중의 중국 애국자〉 참조. 황샹모는 호주평화정의수호행동위원회와 중국평화통일호주추진회 사이에 아무 연결도 없다고 주장했다.

38. 〈www.xkb.com.au/html/cnc/shetuandongtai/2016/0414/168347.html〉. 〈시드니 투데이〉의 www.sydneytoday.com/content-1122194 참조. 〈인민일보〉도 같은 내용의 기사를 실었다. 〈australia.people.com.cn/n1/2016/0411/c364496-28265283.html〉.

39. 〈www.bobning.com/fca/?page_id=37〉.

40. 〈www.bobning.com/fca/?p=21〉.

41. 〈www.facebook.com/philclearymayor/videos/1048116948618517〉.

42. 〈www.sbs.com.au/yourlanguage/mandarin/zh-hans/content/su-jun-xi-jiang-jing-xuan-mo-er-ben-shi-fu-shi-chang?language=zh-hans〉.

43. 〈world.people.com.cn/n1/2016/0723/c1002-28579502.html〉.

44. 〈english.cri.cn/12394/2016/07/23/4001s935326.htm〉.

45. 2016년 7월 21일, 필립 원과 대니얼 플리턴Daniel Flitton이 〈디 에이지〉에 기고한 〈멜버른에서 벌어질 남중국해 시위South China Sea protests to come to Melbourne〉.

46. 2017년 2월 18일, 〈가디언〉에 실린 나아만 저우Naaman Zhou의 기사 〈'붉은 군대를 찬미해' 항의받는 중국 발레Chinese ballet draws protests for 'glorifying Red Army'〉.

47. 2017년 2월 5일, 〈듀오베이 뉴스Duowei News〉에 익명으로 실린 〈중국계 호주인이 거부하는 중국 발레 '홍색낭자군'Australian Chinese to boycott Chinese ballet 'Red Detachment of Women'〉.

48. 로완 캘릭이 2016년 9월 5일, 〈디 오스트레일리안〉에 기고한 〈'호주의 가치'를 고취하는 중국인 저항 운동Rebel Chinese movement promotes 'Australian values'〉.

49. 2018년 4월 4일, 〈ABC News Online〉에 익명으로 실린 〈'중국몽' 창조에 협조하도록 해외의 '아들딸'을 동원하는 베이징Beijing works to rally 'sons and daughters' abroad to help create 'Chinese Dream'〉.

50. 제인스 젠하 투의《교무: 해외 중국인을 위한 역외 정책》p.122.

51. 제임스 젠화 토의《교무: 해외 중국인을 위한 역외 정책》p.281.

52. 제임스 젠화 토의《교무: 해외 중국인을 위한 역외 정책》pp.114-115.

53. 2017년 6월 21일,〈파이낸셜타임스〉에 실린 자밀 앤더리니의〈중국 국가 부활의 이면〉.

54. 2017년 10월 23일, 제프 웨이드가 저자에게 보낸 이메일.

55. 2017년 7월 14일,〈월스트리트저널 Wall Street Journal〉에 실린 다니얼 벨의〈중국인일 수 있는 이유 Why anyone can be Chinese〉.

56.〈languagelog.ldc.upenn.edu/nll/?p=33412〉.

57. 프랭크 칭 Frank Ching이 2017년 7월 2일〈사우스 차이나 모닝 포스트〉에 기고한〈중국 피에는 정말 공격 DNA가 없을까? Does Chinese blood really lack the DNA for aggression?〉.

58.〈world.huanqiu.com/exclusive/2017-06/10912308.html〉.

59. 제임스 젠화 토의《교무: 해외 중국인을 위한 역외 정책》p.116.

60. 2013년 5월 22일〈SciDev.Net〉에 등록된 데이비드 즈와이그 David Zweig와 스탠리 로젠 Stanley Rosen의 기고〈중국이 해외 신세대를 길들이는 방법 How China trained a new generation abroad〉.

61. 제임스 젠화 토의《교무: 해외 중국인을 위한 역외 정책》pp.123-124.

62. 제임스 젠화 토의《교무: 해외 중국인을 위한 역외 정책》p.189.

63.〈chinachange.org/2015/06/09/chinese-students-studying-abroad-a-new-focus-of-ccps-united-front-work/〉. 1989년에 출간한《역사의 종언 The End of History》이라는 책에서 프랜시스 후쿠야마 Francis Fukuyama는 유학을 마친 중국인 학생들이 변혁적인 민주주의 규범을 들고 돌아갈 것이라고 예언했는데, 후쿠야마 예언의 영향력과 정확성이 반비례하는 '후쿠야마 법칙'이라고 부를 만한 또 하나의 사례다.

64. 제임스 젠화 토의《교무: 해외 중국인을 위한 역외 정책》p.130.

65. 제임스 젠화 토의《교무: 해외 중국인을 위한 역외 정책》p.189.

66. 제임스 젠화 토의《교무: 해외 중국인을 위한 역외 정책》p.28.

67. 코궤이칭 Koh Gui Qing과 존 쉬프만 John Shiffman이 2015년 11월 2일〈로이터통신〉에 기고한〈은밀한 중국의 국제 라디오 네트워크 China's covert global radio network〉. 존 피츠제럴드의〈ABC가 뉴스 가치를 팔아 중국에 접근한 경위 How the ABC sold out news values to get access to China〉,〈www.abc.net.au/mediawatch/transcripts/1615_afr.pdf〉.

68. 제임스 젠화 토의《교무: 해외 중국인을 위한 역외 정책》pp.176-178.

69.〈www.abc.net.au/mediawatch/transcripts/s4476824.htm〉.

70. 제임스 젠화 토의《교무: 해외 중국인을 위한 역외 정책》pp.179-180.

71. 제임스 젠화 토의《교무: 해외 중국인을 위한 역외 정책》p.180.

72. 2010년 11월 3일,〈쿠리어 메일 Courier-Mail〉에 익명으로 실린〈직원들은 말한다. 자동차를 이용한 총격에도 써니뱅크 소재 중국어 신문사〈에포크타임스〉는 멈추지 않을 것이라고 Drive-by

shooting won't stop Sunnybank-based Chinese-language newspaper Epoch Times, say staff〉. 2016년 12월 21일, 〈ABC News Online〉에 등록된 크리스티안 실바Kristian Silva의 〈일국당의 산주린은 중국 정부가 '장악'할까 두렵다며 폴린 핸슨을 변호한다One Nation's Shan Ju Lin defends Pauline Hanson, says she fears Chinese Government will 'take over'〉.

73. 코레이칭과 존 쉬프만의 〈은밀한 중국의 국제 라디오 네트워크〉.

74. 2017년 9월, 워싱턴 D.C. 소재 우드로윌슨센터 홈페이지에 게시된 앤-마리 브래디의 〈마법 무기: 시진핑의 중국이 정치 영향력을 행사하는 활동〉.

75. 2009년 8월 17일, 〈News.com.au〉에 실린 로완 캘릭의 〈호주 전파를 타는 중국의 목소리Voice of China hits the Aussie airwaves〉.

76. 로완 캘릭의 〈호주 전파를 타는 중국의 목소리〉, 〈www.multicultural.vic.gov.au/images/stories/ documents/2013/2002-12%20recipients%20-%20people.pdf, www.chinanews.com/hr/2011/09- 19/3335774.shtml〉.

77. 쟈 가오Jia Gao의 책《1990년대 이후 호주 내 이주 중국인의 기업 활동Chinese Migrant Entrepreneurship in Australia from the 1990s》 6장도 참조, 2015년, Elsevier 출판.

78. 〈www.jl.xinhuanet.com/news/2004-07/16/content_2502263.htm〉.

79. 〈en.people.cn/200503/14/eng20050314_176746.html〉.

80. 〈en.people.cn/200503/14/eng20050314_176746.html〉.

81. 〈www.oushinet.com/qj/qjnews/20160928/243581.html〉.

82. 존 피츠제럴드가 2016년 9월 27일 〈인사이드 스토리〉에 기고한 〈베이징의 국정國情 대 호주의 생활 방식Beijing's guoqing versus Australia's way of life〉.

83. 존 피츠제럴드의 〈베이징의 국정 대 호주의 생활 방식〉.

84. 2016년 7월 10일, 켈시 먼로Kelsey Munro와 필립 윈이 〈시드니 모닝 헤럴드〉에 기고한 〈호주 의 중국어 신문: 베이징이 언론 메시지와 선전을 통제한다Chinese language newspapers in Australia: Beijing controls messaging, propaganda in press〉.

85. 존 피츠제럴드의 〈베이징의 국정 대 호주의 생활 방식〉.

86. 켈시 먼로와 필립 윈의 〈호주의 중국어 신문: 베이징이 언론 메시지와 선전을 통제한다〉.

87. 2016년 9월 8일, 완닝 쑨이 호주중국관계연구소에 기고한 〈호주의 중국어 매체: 호주 소프트파 워의 기회Chinese-language media in Australia: An opportunity for Australian soft power〉.

88. 존 피츠제럴드의 〈베이징의 국정 대 호주의 생활 방식〉.

89. 〈www.abc.net.au/mediawatch/transcripts/s4458872.htm〉.

90. 존 피츠제럴드의 〈ABC가 뉴스 가치를 팔아 중국에 접근한 경위〉, 〈www.abc.net.au/mediawatch/ transcripts/1615_afr.pdf〉.

91. 〈http://www.acppic.org.au/schinese/jinqi/2016/qwhOct16.html〉.

92. 〈http://www.acpprc.org.au/schinese/jinqi/2016/qwhOct16.html〉, 〈http://www.radioaustralia.net.au/chinese/our-people/1024564〉.

93. 2016년 6월 17일, 〈워싱턴포스트Washington Post〉에 실린 사이먼 데니어Simon Denyer의 기사 〈납치된 홍콩 서점상의 이야기가 더 암울해진다The saga of Hong Kong's abducted booksellers takes a darker turn〉.

94. 2017년 7월 18일, 〈신화넷〉에 실린 윌 쿨루리스Will Koulouris의 기사 〈홍콩의 중국 반환 20년간 대성공: 전임 호주 빅토리아주 총리20 years on, Hong Kong's return to China a resounding success: Former Aussie Victoria state premier〉.

95. 2016년 10월 11일, 〈시드니 모닝 헤럴드〉에 실린 피터 하처의 〈중국이 홍콩을 다루는 방식에서 호주가 배울 교훈China's treatment of Hong Kong is a lesson for Australia〉.

96. 2016년 10월 21일, 〈ABC News Online〉에 익명으로 실린 〈뉴질랜드, '외교적' 문제로 홍콩 민주화 지지자들과 회담 취소New Zealand cancels meeting with Hong Kong pro-democracy advocates on 'diplomatic' concerns〉.

97. 제임스 젠화 토의《교무: 해외 중국인을 위한 역외 정책》p.222.

98. 앤-마리 브래디의 〈마법 무기: 시진핑의 중국이 정치 영향력을 행사하는 활동〉 p.13.

99. 필립 원과 존 가넛이 2015년 4월 15일 〈시드니 모닝 헤럴드〉에 기고한 〈호주 교외에서 부패 용의자를 추적하는 중국 경찰Chinese police chase corruption suspects in Australian suburbs〉.

100. 제임스 젠화 토의《교무: 해외 중국인을 위한 역외 정책》p.193.

101. 2004년 12월 9일, 〈사우스 차이나 모닝 포스트〉에 익명으로 실린 〈무고하게 감옥에 간힌 사업가 정의를 추구하다Businessman wrongly jailed pursues justice〉.

102. 2014년 7월 11일, 〈시드니 모닝 헤럴드〉에 실린 존 가넛의 〈대만의 악명 높은 '하얀 늑대'와 협력하는 중국 지도자들China's rulers team up with notorious 'White Wolf' of Taiwan〉, 2017년 9월 25일 Synglobe에 익명으로 실린 〈대만 대학교 교정에서 벌어진 독립 지지 시위대와 친중 시위대의 난투극 배후에 선 삼합회Triad member behind scuffles between pro-China and pro-independence protesters on Taiwan university campus〉, 2014년 4월 1일, Synglobe에 익명으로 실린 〈장안러와 해바라기 운동, 중국-대만 문제Zhang Anle, the Sunflower Movement and the China-Taiwan issue〉.

103. 제임스 젠화 토의《교무: 해외 중국인을 위한 역외 정책》p.260.

104. 제임스 젠화 토의《교무: 해외 중국인을 위한 역외 정책》p.261.

105. 베서니 앨런-에브라히미안Bethany Allen-Ebrahimian이 2017년 4월 21일 〈포린폴리시〉에 기고한 〈중국의 정치적 숙청을 돕는 인터폴Interpol is helping to enforce China's political purges〉.

106. 필립 원이 2016년 5월 2일 〈시드니 모닝 헤럴드〉에 기고한 〈여우 사냥 작전: 법률협회는 중국과 범죄인 인도 조약을 '웃음거리'로 평가한다Operation Fox Hunt: Law council says extradition treaty with China is 'a joke'〉

107. 2017년 4월 3일, 프림로즈 리오던이 〈디 오스트레일리안〉에 기고한 〈석방된 학자는 중국과 범죄인 인도 조약이 치명적이라고 우려한다China extradition treaty fatal, says freed academic〉.

108. 〈www.aic.gov.au/publications/current%20series/facts/1-20/2014/4_courts.html〉.

109. 2015년 2월 26일, 〈가디언〉에 익명으로 실린 〈중국 대법원은 사법 독립을 '그릇된 생각'이라고 거부한다China's top court rejects judicial independence as 'erroneous thought'〉.

110. 2016년 11월 14일, 〈News.com.au〉에 실린 메건 페일린Megan Palin의 〈중국의 장기 적출 실태The reality of human organ harvesting in China〉.

111. 2006년 12월 5일, 〈시드니 모닝 헤럴드〉에 익명으로 실린 〈병원, 중국인 외과 의사 수련 금지Hospitals ban Chinese surgeon training〉.

112. 2016년 12월 23일, 〈더 디플로맷〉에 실린 데이비드 허트David Hutt의 〈존 필거의 영화 '다가오는 중국과의 전쟁'의 문제The trouble with John Pilger's The Coming War on China〉.

113. 플레어 앤더슨이 2017년 4월 1~2일 〈오스트레일리안 파이낸셜 리뷰〉에 기고한 〈애보트와 턴불의 충돌로 위태로워진 중국 관계Abbot-Turnbull clash jeopardises China link〉.

114. 2017년 4월 1~2일, 〈위켄드 오스트레일리안Weekend Australian〉에 실린 그레그 셰리던의 기사 〈중국의 낭패 이후 간절한 비난 대상Desperately seeking someone to blame after China fiasco〉.

115. 필립 원과 존 가넛의 〈호주 교외에서 부패 용의자를 추적하는 중국 경찰〉.

116. 필립 원과 존 가넛의 〈호주 교외에서 부패 용의자를 추적하는 중국 경찰〉.

117. 민신 페이의 책 《중국의 정실 자본주의: 정권 부패의 역학 관계China's Crony Capitalism: The dynamics of regime decay》 p.226, 2016년, Harvard University Press 출판.

118. 필립 원이 2016년 10월 26일 〈시드니 모닝 헤럴드〉에 기고한 〈여우 사냥 작전: 중국으로 돌아간 뒤 기소된 멜버른 할머니 저우스친Operation Fox Hunt: Melbourne grandmother Zhou Shiqin prosecuted after return to China〉.

119. 2017년 7월 4일, 로완 캘릭이 〈디 오스트레일리안〉에 기고한 〈중국이 유령들에게 외국을 떠돌 자격증을 줄 것으로 예상된다China tipped to give its spooks a licence to haunt foreign lands〉.

120. 2017년 5월 26일, 〈www.iiss.org〉에 등록된 나이젤 잉스터의 글 〈중국의 정보법안China's draft intelligence law〉.

121. 제임스 젠화 토의 《교무: 해외 중국인을 위한 역외 정책》 pp.218-219.

122. 제임스 젠화 토의 《교무: 해외 중국인을 위한 역외 정책》 p.280.

123. 제임스 젠화 토의 《교무: 해외 중국인을 위한 역외 정책》 p.280.

124. 2017년 12월 13일, 닉 오말리와 앨릭스 조스키가 〈시드니 모닝 헤럴드〉에 기고한 〈중국계 호주인에게 턴불 정부를 '끌어내려라'고 권고하는 베넬롱의 기괴한 편지Mysterious Bennelong letter urges Chinese Australians to 'take down' the Turnbull government〉, 2017년 12월 15일, 앨릭스 조스키가 〈시드니 모닝 헤럴드〉에 기고한 〈베렐롱 보궐선거: 베넬롱에서 턴불 정부를 겨냥한 네트워

크 영향력Bennelong byelection: The influential network targeting the Turnbull government in Bennelong⟩.

125. 닉 오말리와 앨릭스 조스키의 ⟨중국계 호주인에게 턴불 정부를 '끌어내리라'고 권고하는 베넬롱의 기괴한 편지⟩.

126. 2017년 12월 18일, 앤서니 클랜Anthony Klan이 ⟨디 오스트레일리안⟩에 기고한 ⟨중국 공포, 노동당의 유일한 승리China scare Labor's only success⟩.

127. 존 피츠제럴드의 ⟨베이징의 국정 대 호주의 생활 방식⟩.

128. 존 피츠제럴드의 ⟨베이징의 국정 대 호주의 생활 방식⟩.

4장 밀려들어오는 돈

1. 2016년 9월 1일, 프림로즈 리오던이 ⟨오스트레일리안 파이낸셜 리뷰⟩에 기고한 ⟨정치가 스포츠와 흡사하다는 중국의 지방 황제 황샹모China's local emperor Huang Xiangmo says politics just like sport⟩.

2. 2013년 3월 29일, ⟨선전차오산상공회의소 온라인Shenzhen Chaozhou Chamber of Commerce Online⟩에 익명으로 실린 ⟨황샹모 명예회장이 말하는 기부 기술Honorary President Huang Xiangmo discusses the art of giving⟩, ⟨chaoshang.org/NewsView.asp?NewsID=327⟩.

3. 2016년 2월 25일 필립 원과 루시 매켄이 ⟨시드니 모닝 헤럴드⟩에 기고한 ⟨부패 추문에 연루된 중국인 '일인자'Chinese 'King of the Mountain' brush with corruption scandal⟩, 프림로즈 리오던의 ⟨정치가 스포츠와 흡사하다는 중국의 지방 황제 황샹모⟩.

4. ⟨www.hurun.net/CN/HuList/Index?num=612C66A2F245⟩.

5. ⟨finance.qq.com/a/20110729/006016.htm⟩.

6. 2011년 3월 4일, ⟨선전차오산상공회의소 온라인⟩에 익명으로 실린 ⟨황샹모가 찾아와 측은한 대중에서 동정을 표시했다Huang Xiangmo visits and expresses his sympathy for the pitiful masses⟩, ⟨chaoshang. org/NewsView.asp?NewsID=340⟩. 2013년 3월 25일, ⟨선전차오산상공회의소 온라인⟩에 익명으로 실린 ⟨후룬이 발표한 2012년 고액 기부자 명단, 100위 안에 명예롭게 이름을 올린 차오저우상공회 회장 세 명Hurun publishes 2012 philanthropy list, 3 honorary presidents of our Chamber of Commerce in the first hundred⟩, ⟨chaoshang.org/NewsView.asp?NewsID=870⟩.

7. ⟨finance.qq.com/a/20110401/004847.htm⟩.

8. ⟨www.txcs88.cn/Essay_10410.html⟩.

9. 필립 원과 루시 매켄의 ⟨부패 추문에 연루된 중국인 '일인자'⟩.

10. ⟨epaper.qlwb.com.cn/qlwb/content/20141010/ArticelA06002FM.htm⟩.

11. ⟨finance.sina.com.cn/360desktop/china/dfjj/20141010/121920503512.shtml⟩.

12. 2014년 7월 15일, 마이클 콜Michael Cole이 부동산 분석 웹사이트 〈밍티안디Mingtiandi〉에 기고한 〈부도덕한 부동산 계약에 연루돼 몰락한 광저우 당지도자Guangzhou party leader's fall tied to corrupt real estate deals〉.

13. 2017년 6월 7일, 커스티 니덤Kirsty Needham이 〈시드니 모닝 헤럴드〉에 기고한 〈황샹모에게 정치 헌금을 받은 중국인, 사형 집행유예Chinese recipient of Huang Xiangmo political donation gets suspended death sentence〉.

14. 커스티 니덤의 〈황샹모에게 정치 헌금을 받은 중국인, 사형 집행유예〉. 〈www.australiachinarelations.org/about-us〉

15. 필립 윈과 루시 매켄의 〈부패 추문에 연루된 중국인 '일인자'〉.

16. 민신 페이의 《중국의 정실 자본주의: 정권 부패의 역학 관계》, 2016년, Harvard University Press 출판.

17. 민신 페이의 《중국의 정실 자본주의: 정권 부패의 역학 관계》 pp.1-2.

18. 민신 페이의 《중국의 정실 자본주의: 정권 부패의 역학 관계》 pp.2-3.

19. 민신 페이의 《중국의 정실 자본주의: 정권 부패의 역학 관계》 p.8.

20. 민신 페이의 《중국의 정실 자본주의: 정권 부패의 역학 관계》 p.243.

21. 민신 페이의 《중국의 정실 자본주의: 정권 부패의 역학 관계》 pp.247-248.

22. 민신 페이의 《중국의 정실 자본주의: 정권 부패의 역학 관계》 p.138.

23. 민신 페이의 《중국의 정실 자본주의: 정권 부패의 역학 관계》 p.116에 인용된 내용.

24. 민신 페이의 《중국의 정실 자본주의: 정권 부패의 역학 관계》 p.117.

25. 민신 페이의 《중국의 정실 자본주의: 정권 부패의 역학 관계》 p.142.

26. 민신 페이의 《중국의 정실 자본주의: 정권 부패의 역학 관계》 p.133.

27. 민신 페이의 《중국의 정실 자본주의: 정권 부패의 역학 관계》 p.225.

28. 민신 페이의 《중국의 정실 자본주의: 정권 부패의 역학 관계》 p.226.

29. 2016년 9월 5일, 〈SBS News Online〉에 실린 SBS Investigations팀 조엘 킵Joel Keep과 닐라 류 Nila Liu의 기사 〈탈주자The defector〉.

30. 민신 페이의 《중국의 정실 자본주의: 정권 부패의 역학 관계》 p.82와 p.262.

31. 2015년 3월 2일, 〈신화넷〉에 익명으로 실린 〈중국의 소리: 군대 '호랑이' 14명 체포China voice: catching 14 military 'tigers'〉.

32. 민신 페이의 《중국의 정실 자본주의: 정권 부패의 역학 관계》 p.6과 p.262.

33. 2015년 2월 12일, 프랭크 팡Frank Fang이 〈에포크타임스〉에 기고한 〈조사받기 위해 끌려간 전 중국군 최고위직Former top Chinese military officer taken away for investigation〉.

34. 2017년 1월 30일, 〈차이나 브리프〉에 실린 케네스 앨런Kenneth Allen의 〈중국, 군 계급 개혁 발표China announces reform of military ranks〉

35. 2012년 6월 29일, 〈가디언〉에 실린 타니아 브래니건Tania Branigan의 기사 〈중국, 시진핑 가족의 재정 상황을 폭로한 〈블룸버그통신〉 차단China blocks Bloomberg for exposing financial affairs of Xi Jinping's family〉.

36. 2016년 12월 1~7일, 리링푸Li Lingpu와 래리 옹Larry Ong이 〈에포크타임스〉에 기고한 〈홍콩의 부패 관료 축출에 착수한 중국의 시진핑China's Xi set to oust corrupt officials in Hong Kong〉.

37. 리링푸와 래리 옹의 〈홍콩의 부패 관료 축출에 착수한 중국의 시진핑〉. 중국인민정치협상회의는 애국적인 운동가와 사업가들에게 보상으로 자리가 주어지는 명망 있는 단체다. 고위급인 자칭린은 '애국적인 통일전선 조직'이라고 평가했다. (2011년 4월 13일, 존 가넛이 〈시드니 모닝 헤럴드〉에 기고한 〈방침에 따르기Toeing the line〉).

38. 리링푸와 래리 옹의 〈홍콩의 부패 관료 축출에 착수한 중국의 시진핑〉, 민신 페이의 《중국의 정실 자본주의》 p.147.

39. 〈www.chinadaily.com.cn/china/2017-01/09/content_27894610.htm〉.

40. 2017년 1월 4일, 자밀 앤더리니가 〈파이낸셜타임스〉에 기고한 〈시진핑이 추진한 반부패 운동의 정치적 대가The political price of Xi Jinping's anti-corruption campaign〉.

41. 자밀 앤더리니의 〈시진핑이 추진한 반부패 운동의 정치적 대가〉.

42. 민신 페이의 《중국의 정실 자본주의》 p.149.

43. 2016년 12월 13일, 〈파이낸셜타임스〉에 실린 마틴 울프의 〈지나치게 크고 레닌주의적-중국 위기는 시간 문제Too big, too Leninist—a China crisis is a matter of time〉.

44. 프림로즈 리오던의 〈정치가 스포츠와 흡사하다는 중국의 지방 황제 황샹모〉.

45. 2016년 9월 7일, 가브리엘 챈이 〈가디언〉에 기고한 〈데스티에리의 기부로 드러난 더 큰 연줄과 기부금 내막Dastyari's donations reveal a bigger story of links and largesse〉.

46. 〈www.yuhugroup.com.au/aboutus〉.

47. 2016년 9월 5일, 로완 캘릭이 〈디 오스트레일리안〉에 기고한 〈중국인 기부자와 연결된 비영리 단체Non-profit group linked to Chinese donors〉 참조.

48. 황샹모는 베이징이 호주의 단체에 자금을 지원한다는 주장을 부인했다. (2016년 9월 21일 프림로즈 리오던이 〈오스트레일리안 파이낸셜 리뷰〉에 기고한 〈샘 데스티에리와 연결된 정치 기부자, 대대적인 조사 후 밥 카의 연구소 탈퇴Sam Dastyari linked political donor resigns from Bob Carr institute after major review〉, 2016년 9월 6일 프림로즈 리오던과 리사 머리Lisa Murray가 〈오스트레일리안 파이낸셜 리뷰〉에 기고한 〈중국 애국 세력 집단과 연결된 샘 데스티에리Sam Dastyari linked to Chinese patriotic force group〉 참조).

49. 〈www.chinanews.com/hr/2014/10-31/6738251.shtml〉.

50. 〈www.acpprc.org.au/schinese/huizhang/ourchairman14.html〉.

51. 2017년 7월 21일, 〈디 오스트레일리안〉에 실린 브래드 노링턴Brad Norrington의 〈호주 노동당

지부, 중국 사업가의 기부에 관한 쇼튼의 지시 수용ALP branch accepts Shorten edict on donations from Chinese businessmen〉, 2014년 2월 4일, 숀 니콜스Sean Nicholls와 케이트 맥클라이먼트Kate McClymont가 〈시드니 모닝 헤럴드〉에 기고한 〈전임 뉴사우스웨일스주 재무장관 에릭 루젠달, 뉴사우스웨일스주 정당에 큰돈을 기부한 중국 회사에 합류Former NSW treasurer Eric Roozendaal joins Chinese firm that was a big donor to NSW political parties〉.

52. 2016년 8월 21일, 〈ABC News Online〉에 실린 크리스 울만과 앤드루 그린Andrew Greene의 〈호주 정당에 기부하는 중국인: 누가 얼마나 기부했나?Chinese donors to Australian political parties: Who gave how much?〉.

53. 2016년 8월 23일, 〈시드니 모닝 헤럴드〉에 실린 필립 원과 지나 맥콜Gina McColl의 〈외무장관 줄리 비숍과 중국인 정치 기부자의 관계Foreign Minister Julie Bishop's links to Chinese political donors〉.

54. 〈https://www.linkedin.com/in/meijuan-anna-wu-751bb43a/〉.

55. 〈periodicdisclosures.aec.gov.au/Returns/55/SWEQ6.pdf〉.

56. 2016년 5월 21일, 〈시드니 모닝 헤럴드〉에 실린 지나 맥콜의 〈호주의 정치 기부에서 역할이 점점 커지는 중국의 이해관계Chinese interests play increasing role in Australian political donations〉.

57. 〈www.yuhugroup.com/v2010/newsdetails.asp?id=364〉.

58. 숀 니콜스와 케이트 맥클라이먼트의 〈전임 뉴사우스웨일스주 재무장관 에릭 루젠달, 뉴사우스웨일스주 정당에 큰돈을 기부한 중국 회사에 합류〉.

59. 숀 니콜스와 케이트 맥클라이먼트의 〈전임 뉴사우스웨일스주 재무장관 에릭 루젠달, 뉴사우스웨일스주 정당에 큰돈을 기부한 중국 회사에 합류〉.

60. 2016년 9월 19일, ABC TV 프로그램 〈7시 30분〉에 방송된 딜런 웰치의 〈어니스트 윙: 중국인 공동체에 접근하는 노동당의 믿음직한 인물〉.

61. 〈big5.xinhuanet.com/gate/big5/www.henan.xinhua.org/xhzt/2007-04/14/content_9789459.htm〉.

62. 〈www.fjhk.org.au/cn/aboutus.html〉.; <http://www.acpprc.org.au/schinese/ben.asp〉.

63. 〈http://www.theaustralian.com.au/national-affairs/state-politics/labors-biggest-individual-donor-cant-recall-his-contribution/news-story/02d77420334a6db3987b91b923964bf9〉.

64. 〈www.yuhugroup.com.au/aboutus〉.

65. 〈www.yuhugroup.com/v2010/newsdetails.asp?id=344〉.

66. 〈www.yuhugroup.com/v2010/newsdetails.asp?id=345〉.

67. 〈www.yuhugroup.com/v2010/newsdetails.asp?id=362〉. 황샹모는 기존의 광둥 협회들을 결합한 호주광둥교단연합총회도 설립하고 2014년 10월 회장으로 취임했다. 〈www.chinanews.com/hr/2014/10-31/6738251.shtml〉.

68. 2016년 8월 2일, 로완 캘릭이 〈디 오스트레일리아〉에 기고한 〈호주의 중국인 공동체: 또 다른

중국과 이해하기 어려운 관계〉.

69. 민신 페이의 《중국의 정실 자본주의》 p.260. 브루스 딕슨Bruce J. Dickson의 책 《권력 내부를 향하는 부: 중국의 민간 부문을 끌어안는 공산당 *Wealth into Power: The Communist Party's embrace of China's private sector*》 2008년, George Washington University 출판.

70. 〈www.yuhugroup.com/v2010/newsdetails.asp?id=399〉.

71. 〈www.yuhugroup.com/v2010/newsdetails.asp?id=403〉.

72. 〈world.people.com.cn/n1/2016/0823/c1002-28659866.html〉.

73. 〈www.yuhugroup.com/v2010/newsdetails.asp?id=407〉.

74. 2015년 10월 26일, 워싱턴 D.C. 소재 우드로윌슨센터 홈페이지에 게시된 앤-마리 브래디의 〈중국의 해외 선전기구〉, 〈https://wilsoncenter.org/article/magic-weapons-chinas-political-influence-activities-under-xi-jinping〉 pp.16-17. 황샹모는 베이징이 호주의 단체에 자금을 지원한다는 주장을 부인했다.

75. 〈http://www.acpprc.org.au/schinese/jinqi/2016/hzhSep16.html〉, 〈http://www.acpprc.org.au/english/7thtermlist.asp〉.

76. 〈http://www.yuhugroup.com/v2010/newsdetails.asp?id=577〉.

77. 〈http://www.gqb.gov.cn/news/2017/0324/42073.shtml〉.

78. 2017년 3월 24일, 켈시 먼로Kelsie Munro가 〈시드니 모닝 헤럴드〉에 기고한 〈황샹모의 친중 단체, 리커창 총리 지지 군중 동원설 부인 Huang Xiangmo's pro-China group denies organising Premier Li rent-a-crowd〉.

79. 〈http://www.gqb.gov.cn〉.

80. 2017년 12월 12일, 밥 카가 〈디 오스트레일리안〉에 기고한 〈중국 공포를 다스리는 일곱 단계 Seven steps to tame fears over China〉.

81. 2012년 3월~2016년 9월, 호주선거관리위원회 보고서. 가까운 지인은 윌리엄 추와 뤄촹슝, 앙엥주, 피터 첸Peter Chen이다.

82. 2015년 11월 18일, 숀 니콜스가 〈시드니 모닝 헤럴드〉에 기고한 〈중국 부동산 회사 위후, 전 부총리 앤드루 스토너 영입 Chinese property firm Yuhu hires ex-deputy premier Andrew Stoner〉.

83. 〈www.globaltimes.cn/content/1003731.shtml〉.

84. 〈world.people.com.cn/n1/2017/0518/c1002-29285371.html〉.

85. 필립 원과 지나 맥콜의 〈외무장관 줄리 비숍과 중국인 정치 기부자의 관계〉.

86. 〈foreignminister.gov.au/speeches/Pages/2014/jb_sp_140516.aspx?w=tb1CaGpkPX%2FlS0K%2Bg9ZKEg%3D%3D〉.

87. 〈http://www.cnadc.com.cn/index.php?m=content&c=index&a=show&catid=65&id=656〉.

88. 〈trademinister.gov.au/speeches/Pages/2014/ar_sp_140915.aspx?w=O%2F%2FeXE%2BIYc3HpsI

RhVl0XA%3D%3D〉.

89. 〈www.yuhugroup.com/v2010/newsdetails.asp?id=408〉.

90. 2015년 8월 21일, 마이클 코지올이 〈시드니 모닝 헤럴드〉에 기고한 〈인종 차별과 근시안으로 낙인찍힌 중국 자유무역협정 반대 노조Union campaign against China FTA branded racist, short-sighted〉.

91. 필립 원과 지나 맥콜의 〈외무장관 줄리 비숍과 중국인 정치 기부자의 관계〉.

92. 2013년 12월 9일 발표된 의원 이해관계 신고서. 2016년 5월 21일, 〈시드니 모닝 헤럴드〉에 실린 지나 맥콜의 〈호주의 정치 기부에서 역할이 점점 커지는 중국의 이해관계〉.

93. 2016년 9월 19일, 〈ABC News Online〉에 실린 딜런 웰치의 〈정치 기부: 뉴사우스웨일스 노동당 전 실세, 기금 모금 경쟁 중지 요구Political donations: Former NSW Labor powerbroker calls for an end to the funding arms race〉.

94. 2016년 9월 12일, 〈디 오스트레일리안〉에 실린 로완 캘릭의 〈정치자금을 기부하는 해외 중국인은 중국에서 수수께끼 같은 사람이다Overseas Chinese political donors are mystery men in China〉.

95. 2016년 6월 7일, 황샹모가 〈오스트레일리안 파이낸셜 리뷰〉에 기고한 〈남중국해: 호주가 중국과 맞서는 것은 무모하다South China Sea: Australia would be rash to confront China〉.

96. 2016년 11월 14일, 저우 보Zhou Bo가 〈사우스 차이나 모닝 포스트〉에 기고한 〈남중국해에 관한 두테르테의 온화한 어조는 중국과 아시아의 따뜻한 관계를 보여주는 수많은 징표 중 하나일 뿐이다Duterte's genial tone on the South China Sea is just one of many signs of warmer Sino-Asean ties〉.

97. 〈http://www.theaustralian.com.au/news/inquirer/huang-xiangmo-and-dastyari-more-than-a-soap-opera/news-story/5138ad656beb2fc34b0e91246f48764c〉.

98. 2017년 11월 27일, 프림로즈 리오던이 〈디 오스트레일리안〉에 기고한 〈황샹모, 친중 변호 단체 회장직 사임Huang Xiangmo quits as head of pro-China advocacy group〉.

99. 〈acetca.org.au/en/?dt_portfolio=04〉. (제목에 표기된 이름 쉐수이화는 잘못 표기된 것으로 쉐수이화는 쉐수이허의 형제다).

100. 호중경제교역문화협회와 중국의 관계는 광범위하다. 시드니 차이나타운에 사무실을 둔 호중경제교역문화협회는 특히 웨스턴시드니대학교와 맥쿼리대학교의 학생들이 중국을 여행하도록 경비를 지급하고 있다. 2017년 시드니 춘절 행사를 주관한 것도 호중경제교역문화협회다.

101. 〈acetca.org.au/?dt_portfolio=06〉.

102. 〈www.dedeceblog.com/2011/02/03/the-mysterious-dr-chau/〉.

103. 〈periodicdisclosures.aec.gov.au/Donor.aspx?SubmissionId=60&ClientId=20628&utm_source=TractionNext&utm_medium=Email&utm_campaign=Insider-Subscribe-010217〉.

104. 크리스 울만과 앤드루 그린의 〈호주 정당에 기부하는 중국인: 누가 얼마나 기부했나?〉.

105. 〈periodicdisclosures.aec.gov.au/Donor.aspx?SubmissionId=60&ClientId=20628&utm_

source=TractionNext&utm_medium=Email&utm_campaign=Insider-Subscribe-010217〉.

106. 마카오의 카지노 거부인 스탠리 호Stanley Ho와 지인들이 2008~2009년 노동당에 160만 달러를 기부했고, 대부분 금액이 노동당 뉴사우스웨일스 지부로 들어갔다. 하지만 '실사'를 거친 뒤 노동당은 기부금 대부분을 반환할 수밖에 없었다. 노동당은 정확한 이유를 밝히지 않았지만, 당시 스탠리 호가 먼저 갱신을 앞둔 시드니 스타 카지노에 눈독을 들인다는 소문이 돌았다. (2011년 4월 12일, 뉴 마틸다New Matilda에 익명으로 실린 〈수수께끼 같은 노동당 기부금 20만 달러Labor's mystery $20k donation〉, 2009년 2월 6일, 〈사우스 차이나 모닝 포스트〉에 익명으로 실린 〈스탠리 호가 호주 노동당에 돈을 걸 때 대비책이 있었을까?Was Stanley Ho hedging his bets with the Australian Labor Party?〉.

107. 2009년 7월 4일, 존 가넛이 〈시드니 모닝 헤럴드〉에 기고한 〈차우 박사의 신비한 이면Behind the mysterious Dr Chau〉.

108. 〈www.files.ethz.ch/isn/144769/cds_0606.pdf〉 p. 27.

109. 존 가넛의 〈차우 박사의 신비한 이면〉.

110. 2009년 6월 4일, 〈디 에이지〉에 실린 데보라 스노우Deborah Snow와 닉 크리스텐슨Nic Christensen, 존 가넛의 〈우리 의원들에게 자금을 지원한 중국 거부Chinese billionaire funding our MPs〉.

111. 〈list.juwai.com/news/2012/07/meet-the-chinese-billionaires-with-australia-in-their-sights〉.

112. 2017년 9월 29일, 존 가넛과 주고받은 이메일.

113. 〈web.archive.org/web/20071201202445/http://www.aacfe.org:80/aboutus.aspx?id=99〉.

114. 광둥성 최대 일간지 〈양청만보〉는 공산당 공식 기관지는 아니지만, 당의 철저한 감독을 받는다. (〈contemporary_chinese_culture.academic.ru/916/Yangcheng_Evening_News〉).

115. 존 가넛의 〈차우 박사의 신비한 이면〉.

116. 2004년 4월 26일, 〈시드니 모닝 헤럴드〉에 실린 존 가넛의 〈호주 전역으로 감시망을 펼치는 중국China spreads its watching web of surveillance across Australia〉.

117. 〈zhengxie.thnet.gov.cn/thzx/zxjg/200410/810fefa62cc24cb4b64f1526807da366.shtmlohn〉, 2011년 4월 13일, 존 가넛이 〈시드니 모닝 헤럴드〉에 기고한 〈방침에 따르기〉.

118. 〈sttzb.shantou.gov.cn/demeanor_s.asp?ID=78〉.

119. 세계중국연구호주센터Australian Centre on China in the World가 발표한 The China Story 2015년 연감에 수록된 게리 그루트의 〈시진핑 치하의 통일전선 확대The expansion of the United Front under Xi Jinping〉.

120. '차우착윙 대 ABC 外' 청구 원인, 2017년 7월 5일, 호주연방법원(뉴사우스웨일스 등기소).

121. 2017년 6월 27일, 〈디 오스트레일리안〉에 실린 사이먼 벤슨의 〈중국 거부 호주안보정보원에 반격: 나는 공산당 앞잡이가 아니다Chinese billionaire hits back at ASIO: I'm not a communist agent〉.

122. 2015년 7월 16일, 〈시드니 모닝 헤럴드〉에 실린 닉 매켄지와 리처드 베이커의 기사 〈위키리크

스: '민감한' 외교 전문에서 낱낱이 드러난 호주의 억만장자 기부자와 베이징의 관계Wikileaked: Billionaire Australian donor's Beijing links detailed in 'sensitive' diplomatic cable〉.

123. 2015년 10월 16일, 존 가넛이 〈시드니 모닝 헤럴드〉에 기고한 〈호주와 중국의 유대 관계에서 차우착윙의 영향력은 허풍일까?Are Chau Chak Wing's circles of influence in Australia-China ties built on hot air?〉.

124. 〈www.proversepublishing.com/authors/uren_roger〉.

125. 2016년 3월 31일, 량 전Liang Zhen이 〈에포크타임스〉에 기고한 〈유엔 뇌물 스캔들에 연루된 중공 장쩌민파UN bribery scandal implicates CCP's Jiang faction〉.

126. 〈www.justice.gov/usao-sdny/pr/former-head-foundation-sentenced-20-months-prison-bribing-then-ambassador-and-president〉.

127. 존 가넛의 〈호주와 중국의 유대 관계에서 차우착윙의 영향력은 허풍일까?〉.

128. 2016년 6월 23일, 〈뉴욕포스트New York Post〉에 실린 카자 화이트하우스Kaja Whitehouse의 기사 〈사건에 휘말린 전 유엔 관료, 역기에 목 눌려 사망Troubled ex-UN official dies after barbell falls on his neck〉.

129. 2017년 9월 29일, ABC와 페어팩스 미디어, 닉 매켄지가 호주 뉴사우스웨일스주 연방법원에 제출한 변론서.

130. 2013년 4월 15일, 프림로즈 리오던이 〈오스트레일리안 파이낸셜 리뷰〉에 기고한 〈중국, 주민 선이 시드니에 설립한 사립대학 지원China backs Zhu's private Sydney college〉.

131. 〈periodicdisclosures.aec.gov.au/Returns/60/VTEL6.pdf〉.

132. 웬디 베이컨Wendy Bacon과 벤 엘섬Ben Eltham은 이외의 기부는 신고할 필요가 없는 방식으로 이루어졌다고 설명한다. (2016년 9월 2일, 뉴 마틸다에 실린 〈탑에듀케이션?A top education?〉). 2014~2015년 호주노동당 기부금 신고서에는 본래 탑에듀케이션인스티튜트의 주소가 '호주기술단지 센트럴가 1번지, CEO 겸 G01 학장 주민선 박사'로 기재되어 있었지만, 추후 주민선의 이름을 삭제하고 수정 신고되었다.

133. 〈www.chinaqw.com/node2/node116/node122/node174/userobject6ai3564.html〉.

134. 〈www.chinaqw.com/node2/node116/node122/node174/userobject6ai3564.html〉.

135. 〈www.citic.com/AboutUs/History〉.

136. 게리 그루트의 책 《전환 관리: 중공과 통일전선 공작, 협동조합주의, 패권Managing Transitions: The Chinese Communist Party, United Front Work, Corporatism and Hegemony》 p.108, 2004년, Routledge 출판.

137. 〈www.chinaqw.com/node2/node116/node122/node174/userobject6ai3564.html〉.

138. 〈www.cpaml.org/posting1.php?id=414〉.

139. 2016년 9월, 〈오스트레일리안 파이낸셜 리뷰〉에 실린 리사 머리와 프림로즈 리오던의 〈중국은 샘 데스티에리를 국제석인 핵심 지지가료 지목했다China singled out Sam Dastyari as one of the

country's key international supporters〉.

140. 〈www.fcm.chinanews.com.cn/2001-08-21/2/12.html〉.

141. 2015년 9월 10일, 마달리나 휴버트Madalina Hubert가 〈에포크타임스〉에 기고한 〈전직 외교관이 낱낱이 밝힌 중국 정부의 해외 계획Ex-envoy details Chinese regime's overseas scheme〉.

142. 〈www.fcm.chinanews.com.cn/2001-08-21/2/12.html〉.

143. 〈www.chinaqw.com/node2/node116/node122/node174/userobject6ai3564.html〉.

144. 〈www.fcm.chinanews.com.cn/2001-08-21/2/12.html〉.

145. 〈http://www.acpprc.org.au/english/2ndtermlist.asp〉.

146. 2016년 9월 10일, 〈시드니 모닝 헤럴드〉에 실린 에릭 백쇼Eryk Bagshaw의 〈탑에듀케이션: 기부금 파문의 중심에 선 기업이 비자 발급 간소화 수혜자Top Education: Company at centre of donations furore a beneficiary of streamlined visa program〉.

147. 〈www.xzbu.com/7/view-2956207.htm〉.

148. 〈en.people.cn/90001/90777/90856/6622207.html〉.

149. 〈www.xzbu.com/7/view-2956207.htm〉.

150. 〈www.top.edu.au/news/dr-minshen-zhu-of-top-education-attended-the-2nd-meeting-of-chinese-ministerial-consultative-committee-at-the-parliament-house-in-canberra〉.

151. 2016년 8월 30일, 〈시드니 모닝 헤럴드〉에 실린 라티카 버크의 〈노동당 상원의원 샘 데스티에리의 여행 지원 반환금, 중국 이해 관계자가 대신 지급Labor Senator Sam Dastyari had Chinese interests foot the bill for travel entitlement repayment〉.

152. 2015년 3월 27일, 제임스 마솔라가 〈시드니 모닝 헤럴드〉에 기고한 〈샘 데스티에리를 돕기 위해 나선 중국 기부자 위후그룹Chinese donor the Yuhu Group steps in to help Sam Dastyari〉, 2016년 9월 22일, 켈시 먼로가 〈시드니 모닝 헤럴드〉에 기고한 〈샘 데스티에리의 기부자, '이른바 중국 영향력' 때문에 대학 중국 연구소 하차Sam Dastyari donor steps down from university's China centre over 'supposed Chinese influence'〉, 2016년 9월 7일, 피터 마틴Peter Martin이 〈시드니 모닝 헤럴드〉에 기고한 〈중국의 선물과 연구, '특별한 유대 관계', 샘 데스티에리의 과거 유령China's gifts, research, 'special bonds' and Sam Dastyari's ghost from his past〉.

153. 노동당 우파에는 아직도 반공주의를 고수하는 사람들이 있다. 노동당 좌파에는 그 어떤 독재도 공감하지 않는 사람이 많고, 이들은 당이 외국 자금의 영향력에 휘둘리는 상황을 크게 염려한다. 보도된 내용에 따르면, 스티븐 콘로이Stephen Conroy와 킴 비즐리Kim Beazley, 존 포크너John Faulkner가 그런 우려를 표명했다.

154. 2016년 8월 31일, 프림로즈 리오던이 〈오스트레일리안 파이낸셜 리뷰〉에 기고한 〈남중국해와 관련해 노동당 기부자와 함께 중국을 지지하기로 약속한 샘 데스티에리Sam Dastyari pledges to support China on South China Sea beside Labor donor〉.

155. 프림로즈 리오던의 〈남중국해와 관련해 노동당 기부자와 함께 중국을 지지하기로 약속한 샘 데 스티에리〉.

156. 리사 머리와 프림로즈 리오던의 〈중국은 샘 데스티에리를 국제적인 핵심 지지자로 지목했다〉.

157. 2016년 9월 3일, 〈디 오스트레일리안〉에 실린 시드 마허Sid Maher와 로지 루이스Rosie Lewis 의 〈남중국해 분쟁에 관심을 둔 노동당 상원의원 샘 데스티에리China sea conflict interested Labor senator Sam Dastyari〉.

158. 2013년 7월, 〈먼슬리The Monthly〉에 실린 닉 브라이언트Nick Bryant의 〈샘 데스티에리 호주노 동당 개혁 시도Sam Dastyari tries to fix the ALP〉에 인용된 내용.

159. 2016년 9월 2일, 〈시드니 모닝 헤럴드〉에 실린 퍼거스 헌터Fergus Hunter의 〈'돈 받고 발언': 말콤 턴불, 중국 돈 관련 샘 데스티에리 조사'Cash for comment': Malcolm Turnbull questions Sam Dastyari over China money〉.

160. 〈www.abc.net.au/news/2017-06-05/asio-china-spy-raid/8589094〉.

161. 2016년 9월 5일, 로리 메드카프가 〈오스트레일리안 파이낸셜 리뷰〉에 기고한 〈샘 데스티에리 의 남중국해 지지는 중대 사건이자 시기적절한 경고Sam Dastyari's South China Sea support is a big deal and a timely warning〉.

162. 2017년 11월 29일, 〈디 에이지〉에 실린 닉 매켄지와 제임스 마솔라, 리처드 베이커의 〈데스티 에리의 도청 경고Dastyari's bug warning〉.

163. 2017년 11월 29일 〈시드니 모닝 헤럴드〉에 실린 애덤 가트럴Adam Gartrell의 〈"그는 누구 편 인가?": 샘 데스티에리의 파면을 주장하는 말콤 턴불"Whose side is he on?": Malcolm Turnbull says Sam Dastyari should be sacked〉.

164. 2016년 9월 10~11일, 〈시드니 모닝 헤럴드〉에 실린 닉 오말리와 필립 원, 마이클 코지올의 〈주 고받기Give and take〉.

165. 로리 메드카프의 〈샘 데스티에리의 남중국해 지지는 중대 사건이자 시기적절한 경고〉.

166. 〈www.globaltimes.cn/content/1004234.shtml〉.

167. 〈www.globaltimes.cn/content/997320.shtml〉.

168. 저자와 앨릭스 조스키가 이 부분을 정리해 2017년 6월 22일에 〈시드니 모닝 헤럴드〉에 기고한 〈중국식 정치 인맥-시드니의 의원과 '공동체 고문'Political networking the Chinese way—a Sydney MP and his 'community adviser'〉.

169. 2017년 9월 27일, 프림로즈 리오던이 〈디 오스트레일리안〉에 기고한 〈뉴사우스웨일스 노동당 대표, 중국의 호주 언론 비판 반복NSW Labor leader echoes Chinese criticism of Australian media〉.

170. 2017년 6월 15일, 〈디 오스트레일리안〉에 실린 브래드 노링턴의 〈뉴사우스웨일스 노동당 샛 별의 아내, 중국 벤처기업의 친베이징 직원NSW Labor rising star's wife, pro-Beijing staffer in China venture〉.

171. 2017년 6월 19일, 앨릭스 조스키가 로니의 참모와 인터뷰한 내용.

172. 〈www.shyouth.net/html/zuzhibu/1_tjs_Lijie/2009-07-09/Detail_38416.htm〉.

173. 2017년 6월 18일, 저자와 인터뷰한 내용.

174. 〈www.aucnlinks.com/chairman.asp〉.

175. 2016년 11월 30일, 〈aucnlinks.com/chairman_detail.asp〉에서 PDF 파일로 내려받은 양동동의 이력서 참조.

176. 양동동의 이력서 PDF 파일.

177. 앨릭스 조스키가 전화로 사실 여부를 확인하자 양동동은 너무 바빠서 시간이 없다며 대답을 회피했다.

178. 양동동의 이력서 PDF 파일.

179. 〈www.chinaqw.com/hqhr/hrdt/200804/11/113213.shtml〉.

180. 〈www.zhongguotongcuhui.org.cn/hnwtchdt/201506/t20150609_9990253.html〉, 〈www.acpprc.org.au/schinese/jinqi/2009/rally09.html〉.

181. 〈www.chinatown.com.au/news_59551.html〉.

182. 〈localstats.com.au/demographics/federal-electorate/reid〉.

183. 〈www.sydneytoday.com/content-833106〉, 〈http://www.sbs.com.au/yourlanguage/mandarin/zh-hans/article/2016/07/04/jin-nian-da-xuan-hua-ren-zhi-yuan-zhe-zhu-xuan-xing-zhi-gao-zhang?language=zh-hans〉.

184. 2016년 7월 9일, 〈가디언〉에 실린 더그 핸드리Doug Hendrie의 〈중국어 소셜미디어 유세가 노동당의 당선 가능성에 지장을 준 경위How a Chinese-language social media campaign hurt Labor's election chances〉.

185. 〈achina.com.au/bencandy.php?fid=41&id=8431〉.

186. 〈achina.com.au/bencandy.php?fid=41&id=8810〉, 〈www.mofcom.gov.cn/article/i/jyjl/l/201610/20161001406128.shtml〉.

187. 〈mp.weixin.qq.com/s/uW2PCNK0xdSrafIvV0xo1w〉.

188. 〈world.people.com.cn/n/2014/0307/c1002-24557722.html〉.

189. 〈mp.weixin.qq.com/s/o7Qy38MI1HApmSYBqKIEGg〉.

190. 2014년 8월 26일, 〈시드니 모닝 헤럴드〉에 실린 라티카 버크의 〈클라이브 팔머, 중국 '잡종견' 관련 발언 사과Clive Palmer apologises for China comments in which he referred to Chinese 'mongrels'〉.

191. 〈www.aoweibang.com/view/31188756/〉.

192. 2016년 9월 1일, 〈시드니 모닝 헤럴드〉에 실린 퍼거스 헌터의 〈샘 데스티에리, 기부자 모임에서 영해 분쟁 관련 노동당 정책 반박, 중국 입장 지지Sam Dastyari contradicted Labor policy, backed China's position in sea dispute at event with donor〉.

193. 2017년 6월 24일, 〈시드니 모닝 헤럴드〉에 실린 제임스 로버트슨James Robertson과 리자 비센

중국의 조용한 침공

틴Lisa Visentin의 〈중공 로비스트와 연결된 '고문' 시의원 선거 포기 'Adviser' with ties to Chinese communist lobbyist drops out of council race〉.

5장 연구소부터 언론까지

1. 황상모는 밥 카를 호주중국관계연구소 소장으로 직접 선임했다고 밝혔다. (2016년 9월 1일, 프림로즈 리오던이 〈오스트레일리안 파이낸셜 리뷰〉에 기고한 〈정치가 스포츠와 흡사하다는 중국의 지방 황제 황상모〉), 2017년 9월 1일 이메일로 보낸 질문에 대해 밥 카는 대학이 자신을 연구소장으로 선임했다고 답변했다.

2. 〈www.yuhugroup.com/v2010/newsdetails.asp?id=414〉.

3. 〈https://tinyurl.com/y78mcqcw〉.

4. 2016년 9월 5일, 〈오스트레일리안 파이낸셜 리뷰〉에 실린 프림로즈 리오던의 〈자유무역협정과 아시아인프라투자은행 가입을 정당화하는 데 사용된 밥 카의 중국 연구 Bob Carr's China research used to justify FTA, AIIB membership〉.

5. 2016년 5월, 〈파키스탄 옵저버 Pakistan Observer〉에 익명으로 실린 〈시진핑의 일대일로 포럼 연설에 쏟아진 해외의 폭넓은 지지 Xi's speech at Belt & Road forum wins broad approval overseas〉.

6. 2016년 9월 10~11일, 〈시드니 모닝 헤럴드〉에 실린 닉 오말리와 필립 원, 마이클 코지올의 〈주고받기〉.

7. 1989년 6월 7일, 〈시드니 모닝 헤럴드〉에 실린 토니 스티븐스 Tony Stephens의 〈시위대 연사들 파시즘 비난 Rally speakers decry fascism〉.

8. 밥 카의 책 《외무장관 수첩 Diary of a Foreign Minister》 p.140, 2014년, NewSouth Publishing 출판.

9. 2016년 9월 11일, 〈시드니 모닝 헤럴드〉에 실린 밥 카의 〈호주는 중국과 협력에서 희망을 찾는 싱크탱크가 필요하다 Australia needs a think tank that sees hope in partnership with China〉.

10. 2017년 9월, 국회의사당 연구 Parliament House research에 익명으로 실린 〈호주 대학에 미치는 중국의 영향력 The influence of the People's Republic of China on Australian universities〉, 저자가 인터뷰한 내용.

11. 〈www.uts.edu.au/sites/default/files/gsu-aboututs-pdf-annualreport-15-roo.pdf〉 p.34.

12. 〈www.alumni.uts.edu.au/news/tower/issue-11/the-new-silk-road〉.

13. "중국 자선가이자 기업가인 황상모와 저우추룽의 후한 기부 덕분에 호주중국관계연구소가 설립될 수 있었다." (〈www.alumni.uts.edu.au/news/tower/issue-11/the-new-silk-road〉. 그리고 이런 내용이 덧붙여졌다. "황상모 씨는 '우리는 고품질의 연구를 통해 중요한 비즈니스 영역과 사회 영역에서 우리 두 나라에 귀중한 결과를 만들겠다는 꿈을 공유한다'고 밝혔다."

14. 2016년 9월 21일, 프림로즈 리오던이 〈오스트레일리안 파이낸셜 리뷰〉에 기고한 〈샘 데스티에리와 연결된 정치 기부자, 대대적인 조사 후 봅 카의 연구소 탈퇴Sam Dastyari-linked political donor resigns from Bob Carr institute after major review〉.

15. 프림로즈 리오던의 〈정치가 스포츠와 흡사하다는 중국의 지방 황제 황샹모〉.

16. 2017년 11월 29일, 〈ABC News Online〉에 실린 루이즈 약슬리Louise Yaxley의 〈말콤 턴불, 중국 기부자에게 안보 정보를 넘겨주었다고 주장하며 샘 데스티에리의 충성심에 의문 제기Malcolm Turnbull questions Sam Dastyari's loyalty amid claims he passed security information to Chinese donor〉.

17. 게리 그루트의 〈시진핑 치하의 통일전선 확대The expansion of the United Front under Xi Jinping〉, 세계중국연구호주센터가 발표한 The China Story 2015년 연감에 수록.

18. 〈www.australiachinarelations.org/about-us〉.

19. 저자에게 보낸 이메일에서 봅 카는 호주중국관계연구소가 "지금까지 대학에 완전히 수용된 기관에 표준적으로 적용되는 규정을 능가했다"고 답변했다.

20. 2016년 9월 8일, 〈시드니 모닝 헤럴드〉에 실린 매튜 노트Matthew Knott와 히스 애스턴Heath Aston의 〈중국의 '선전기관'이 되지 마라: 기부금과 관련한 대학의 경고Don't become 'propaganda vehicles' for China: Universities warned over donations〉에 인용된 내용.

21. 프림로즈 리오던의 〈샘 데스티에리와 연결된 정치 기부자, 대대적인 조사 후 봅 카의 연구소 탈퇴〉.

22. 〈www.australiachinarelations.org/about-us〉.

23. 2017년 9월 1일, 이메일로 받은 답변.

24. 2016년 2월 26일, 〈시드니 모닝 헤럴드〉에 실린 필립 원의 〈'눈살을 찌푸리게 한' 전 외무장관 봅 카 사진Former foreign minister Bob Carr photograph 'raised eye-brows'〉.

25. 2012년 3월 12일, 〈The Drum〉 프로그램의 스티븐 맥도넬Stephen McDonnell이 〈ABC News Online〉에 게시한 〈티베트에 이의 제기한 봅 카Carr's challenge on Tibet〉.

26. 2017년 9월 1일, 이메일로 받은 답변.

27. 2017년 9월 1일, 이메일로 받은 답변.

28. 〈www.uts.edu.au/sites/default/files/gsu-aboututs-pdf-annualreport-14-roo.pdf〉.

29. 봅 카는 2016년 9월 〈시드니 모닝 헤럴드〉에 기고한 글에서 황샹모와 '15개 호주 기업'이 기부했다고 밝혔지만, 두 번째로 큰 금액을 기부한 저우추룽의 이름은 언급하지 않았다. (〈호주는 중국과 협력에서 희망을 찾는 싱크탱크가 필요하다〉). 내가 이유를 묻자 봅 카는 저우추룽이 언론에 자신의 이름을 밝히지 말라고 요구한 적은 없다고 답변했다.

30. 〈www.chinanews.com/gj/2014/05-16/6181200.shtml〉.

31. 2013년 11월 2일, 〈시드니 모닝 헤럴드〉에 실린 루시 매켄의 〈뷰티포인트로 구입한 모든 지역 접근권Access all areas, bought via Beauty Point〉.

32. 2016년 2월 25일, 필립 원과 루시 매켄이 〈시드니 모닝 헤럴드〉에 기고한 〈부패 추문에 연루된

중국인 '일인자' Chinese 'King of the Mountain' brush with corruption scandal〉.

33. 2005년 9월 12일, 〈디 오스트레일리안〉에 실린 캐서린 아미티지Catherine Armitage의 〈파룬궁 금지법에 타격받는 대학 수입Falun Gong ban hits uni earnings〉, 2016년 9월 9일, 〈디 오스트레일리안〉에 실린 사라 마틴의 〈'중국의 선전 수단으로 활동하는' 봅 카의 싱크탱크Bob Carr's think tank 'operating as Chinese propaganda arm'〉.

34. 사라 마틴의 〈'중국의 선전 수단으로 활동하는' 봅 카의 싱크탱크〉.

35. 매튜 노트와 히스 애스턴의 〈중국의 '선전기관'이 되지 마라: 기부금과 관련한 대학의 경고〉.

36. 2016년 9월 2일, 〈디 오스트레일리안〉에 실린 존 피츠제럴드의 〈평소와 다름없이 중국의 이익을 수용하는 호주Accommodating China's interests in Australia business as usual〉.

37. 2016년 10월 14일, 헤이거 코헨이 ABC Radio의 〈Background Briefing〉 프로그램에서 보도한 〈호주 대학, 최근 중국 소프트파워 공격의 전쟁터Australian universities the latest battleground in Chinese soft power offensive〉.

38. 매튜 노트와 히스 애스턴의 〈중국의 '선전기관'이 되지 마라: 기부금과 관련한 대학의 경고〉에 인용된 내용.

39. 2016년 9월 9일, 〈디 오스트레일리안〉에 익명으로 실린 〈딤 샘은 웡의 쇼를 중단하지 않을 것 Dim Sam won't stop Wong show〉.

40. 2016년 9월 22일, 켈시 먼로Kelsey Monroe가 〈시드니 모닝 헤럴드〉에 기고한 〈샘 데스티에리의 기부자, '이른바 중국 영향력' 때문에 대학 중국 연구소 하차〉.

41. 프림로즈 리오던의 〈샘 데스티에리와 연결된 정치 기부자, 대대적인 조사 후 봅 카의 연구소 탈퇴〉.

42. 〈http://www.australiachinarelations.org/about-us〉.

43. 〈https://www.uts.edu.au/staff/leo-mian.liu〉.

44. 〈http://www.acpprc.org.au/english/events/youth2015.asp〉. 호주중국관계연구소도 공자학원처럼 '외국인 책임자'와 '중국인 책임자'를 동시에 두고 운영한다고 짐작할 수 있다. 외국인 책임자는 대외용으로 내세우는 얼굴일 뿐, 막후 실세는 중국인 책임자다. (〈http://english.hanban.org/node_7877.htm〉).

45. 2017년 9월 25일, 앨릭스 조스키가 인터뷰한 내용.

46. 〈http://www.acpprc.org.au/schinese/jinqi/2015/YconMay15.html〉.

47. 〈http://www.acpprc.org.au/schinese/jinqi/2015/YconMay15.html〉.

48. 〈http://australia.people.com.cn/n1/2017/0402/c408038-29186436.html〉.

49. 〈http://politics.people.com.cn/n/2015/0903/c1001-27544025.html〉.

50. 2017년 7월 17일, 호주중국관계연구소의 프로젝트 책임자 겸 선임 연구원 엘레나 콜린슨Elena Collinson과 인터뷰한 내용.

51. 2017년 9월 1일, 이메일로 받은 답변. 호주사이버보안센터가 2017년 보고한 〈2017 위협 보고

서〉p.48.

52. 〈www.alumni.uts.edu.au/news/tower/issue-11/the-new-silk-road〉.

53. 2017년 9월 1일, 이메일로 받은 답변.

54. 2014년 11월 19일, 〈중국일보〉에 익명으로 실린 〈전임 호주 총리, 중국과 호주의 유대 관계가 새로운 단계로 진입했다고 환호Former Australian FM hails new level in Sino-Australian ties〉.

55. 2016년 12월 10일, 〈글로벌타임스〉에 익명으로 실린 〈중호 관계China-Australia Relations〉.

56. 〈world.people.com.cn/n1/2016/0813/c1002-28634074.html〉.

57. 〈world.people.com.cn/n/2015/0102/c1002-26312099.html〉.

58. 〈http://world.people.com.cn/n/2015/0102/c1002-26312099.html〉.

59. 2017년 9월 14일, 〈오스트레일리안 파이낸셜 리뷰〉에 실린 밥 카의 〈호주가 아시아에서 전략 열차에 올라타지 못하는 이유Why Australia is missing the strategic train in Asia〉.

60. 〈world.people.com.cn/n/2014/0729/c1002-25363671-2.html〉.

61. 2016년 11월 26일, 〈가디언〉에 실린 밥 카의 〈호주, 중국, 정신 나간 트럼프의 무역분쟁 발언 Australia, China, and the lunacy of Trump's talk of trade war〉.

62. 2016년 11월 30일, 〈시드니 모닝 헤럴드〉에 실린 제임스 로렌스슨의 〈호주의 가장 큰 무역 문제는 중국이 아니다. 미국이다China isn't Australia's biggest trade problem: It's the US〉.

63. 2016년 12월 12일, 〈오스트레일리안 파이낸셜 리뷰〉에 실린 프림로즈 리오던의 〈황샹모, 트럼프가 집권하는 동안 호주는 베이징과 연결하지 않으면 '도살'된다고 경고Australia 'slaughtered' without Beijing links under Trump, Huang Xiangmo warns〉.

64. 〈world.people.com.cn/n/2015/0903/c1002-27543874.html〉.

65. 밥 카의 《외무장관 수첩》.

66. 2016년 9월 19일, ABC TV 〈7시 30분〉 프로그램에 방송된 딜런 웰치의 〈어니스트 웡: 중국인 공동체에 접근하는 노동당의 믿음직한 인물〉.

67. 2016년 6월 9일, 〈파이낸셜타임스〉에 실린 제이미 스미스Jamie Smyth의 〈중국, 호주와 뉴질랜드 선전 운동에 100억 달러 투입China's $10bn propaganda push spreads Down Under〉.

68. 2015년 10월 10일, 〈더 디플로맷〉에 실린 프라산스 파라메스와란Prashanth Parameswaran의 〈미국과 동맹국에 대한 중국의 정치전에 주의하라: 전문가들Beware China's political warfare campaign against US, allies: Experts〉, 류치바오는 "중국 국영 문화 기관이 서구 문화 기업을 전략적으로 인수하도록 독려하면서 중국의 문화 상품을 '퇴출하는 것'보다 '매진시키는 것'이 경험상 더 낫다"고 말했다. 2015년 10월 26일, 워싱턴 D.C. 소재 우드로윌슨센터 홈페이지에 게시된 앤-마리 브래디의 글 〈중국의 해외 선전기구〉도 참조. 〈www.wilsoncenter.org/article/chinas-foreign-propaganda-machine#sthash.LM2r2qad.dpuf〉.

69. 2016년 5월 31일, 로위연구소의 〈인터프리터〉에 실린 존 피츠제럴드와 완닝 쑨의 〈호주 언론사

협약은 중국 선전의 승리Australian media deals are a victory for Chinese propaganda〉.

70. 앤-마리 브래디의 〈중국의 해외 선전기구〉.

71. 제이미 스미스의 〈중국, 호주와 뉴질랜드 선전 운동에 100억 달러 투입〉에 인용된 존 피츠제럴드의 발언.

72. 2016년 5월 31일, 〈시드니 모닝 헤럴드〉에 실린 필립 원의 〈중국 선전기관, 호주 언론사 협약에 소프트파워 투입China's propaganda arms push soft power in Australian media deals〉.

73. 존 피츠제럴드와 완닝 쑨의 〈호주 언론사 협약은 중국 선전의 승리〉.

74. 〈http://www.scio.gov.cn/zxbd/wz/Document/1456644/1456644.htm〉.

75. 2014년 8월 30일, 〈로이터통신〉에 익명으로 실린 〈기자들에게 '마르크스주의 뉴스 가치'를 배우라는 중국China tells journalists to learn 'Marxist news values'〉.

76. 2016년 8월 20일, 〈시드니 모닝 헤럴드〉에 실린 로스 기틴스의 〈호주와 중국, 엄청난 변화에 직면한 협력Australia and China, a partnership facing massive change〉, 2016년 7월 31일, 〈시드니 모닝 헤럴드〉에 실린 로스 기틴스의 〈호주는 중국 실크로드 무역 확장에 속하지 않는다, 현재로서는 Australia not part of China's Silk Road expansion of trade, for now〉, 2016년 7월 30일, 〈시드니 모닝 헤럴드〉에 실린 로스 기틴스의 〈중국은 제 할 일을 멈추지 않을 것이다China will keep doing its own thing〉, 〈www.rossgittins.com/2016/08/fast-moving-china-is-big-and-bold-we.html〉.

77. 2016년 8월 15일, 〈오스트레일리안 파이낸셜 리뷰〉에 실린 앤드루 클락의 〈중국: 대단히 커지고 모든 것을 바꾸고 있다China: It's got so big it changes everything〉, 2016년 7월 21일, 〈오스트레일리안 파이낸셜 리뷰〉에 실린 앤드루 클락의 〈중국이 자신의 이익을 우선 돌보면 호주가 흔들릴 것이다Australia will be buffeted as China makes a priority of looking after its own〉, 2016년 8월 25일, 〈오스트레일리안 파이낸셜 리뷰〉에 실린 앤드루 클락의 〈중국과 호주의 복잡한 안보 협정China and Australia's complicated security arrangement〉, 2016년 7월 30일, 〈오스트레일리안 파이낸셜 리뷰〉에 실린 앤드루 클락의 〈구경제와 신경제 사이에서 균형 잡는 시진핑Xi Jinping's balancing act between the old and the new economy〉.

78. 2017년 3월 23일, 〈워싱턴포스트〉에 실린 사이먼 데니어의 〈행복은 돈으로 살 수 없다: 엄청난 부의 증가에도 중국인들이 덜 행복한 이유Money can't buy happiness: Why a massive rise in wealth left Chinese people less happy〉.

79. 2016년 7월 21일, 〈오스트레일리안 파이낸셜 리뷰〉에 실린 브라이언 투히의 〈전쟁을 치르는 더 좋은 방법A better way of going to war〉, 2016년 8월 1일, 〈오스트레일리안 파이낸셜 리뷰〉에 실린 브라이언 투히의 〈R&D에 크게 투자하는 중국 민간 부분China's private sector investing heavily in R&D〉, 2016년 8월 8일, 〈오스트레일리안 파이낸셜 리뷰〉에 실린 브라이언 투히의 〈중국의 성장을 위태롭게 하는 시진핑의 테크노크라시 단속Xi's technocratic crackdown risks China's growth〉, 2016년 8월 22일, 〈오스트레일리안 파이낸셜 리뷰〉에 실린 브라이언 투히의 〈갑자기 외국 자

본을 크게 걱정하는 이유?Why suddenly so anxious about foreign capital?〉, 2016년 9월 6일, 〈오스트레일리안 파이낸셜 리뷰〉에 실린 브라이언 투히의 〈베이징과의 유대에 대해 조장된 공포를 모두 무시하라Ignore all the fearmongering on Beijing ties〉, 2016년 8월 15일, 〈오스트레일리안 파이낸셜 리뷰〉에 실린 브라이언 투히의 〈'대단히 중대한' 서비스 제공을 거부하는 오스그리드Ausgrid denies provision of 'critical' service〉, 2016년 8월 15일, 〈오스트레일리안 파이낸셜 리뷰〉에 실린 브라이언 투히의 〈오스그리드의 거부로 드러난 불안한 무지Ausgrid rejection displays disturbing ignorance〉.

80. 2016년 7월 19일, 〈디 오스트레일리안〉에 실린 글렌다 코포랄의 〈남중국해의 미국 순찰에 합류하지 말라고 호주에 경고하는 중국China warns Australia not to join US patrols in South China Sea〉, 2016년 7월 27일, 〈디 오스트레일리안〉에 실린 글렌다 코포랄의 〈남중국해 판결에 신중히 접근하자Let's tread carefully on South China Sea ruling〉, 2016년 7월 26일, 〈디 오스트레일리안〉에 실린 글렌다 코포랄의 〈남중국해 순찰로 중국과 멀어지지 말라고 경고하는 밥 카Bob Carr warns on alienating China over South China Sea patrols〉.

81. 2016년 7월 20일, 〈웨스트 오스트레일리안〉에 실린 셰인 라이트의 〈열도에서 몸을 푸는 중국China warms on islands row〉.

82. 2016년 8월 11일, 〈All-China Journalists Association Online〉에 실린 〈중국 방문 인상기: 호주 기자들이 '기대 이상'이라고 말한 이유Impressions from visiting China: Why were Australian journalists moved to say their 'expectations were exceeded'〉, 〈http://news.xinhuanet.com/zgjx/2016-08/11/c_135585550.htm〉.

83. 2017년 8월 8일, 〈오스트레일리안 파이낸셜 리뷰〉에 실린 존 월레스의 〈루퍼트 머독에게 타당한 것은 차우착윙에게도 타당해야 한다What's good for Rupert Murdoch should be good for Chau Chak Wing〉.

84. 2017년 4월 3일, 〈News.com.au〉에 실린 말콤 파의 〈밥 카의 막후 조종 덕분에 끝난 시드니 학자의 중국 악몽Bob Carr's backroom manouevering ends Chinese nightmare for Sydney academic〉, 2017년 4월 7일, 〈디 오스트레일리안〉에 실린 트로이 브램스톤의 〈중국과 메가폰 외교하면 실패하기 마련: 밥 카Megaphone diplomacy with China will always fail〉.

85. 〈soundcloud.com/user-340830825/feng-chongyi-research-is-not-a-dinner-party〉.

86. ABC 기자가 펑충이 교수와 인터뷰한 내용을 트위터에 올리자, 밥 카는 분개해서 자신이 펑충이의 석방을 얻어냈다고 주장했다. 그리고 ABC 뉴스 책임자에게 항의하며 사과를 요구했다.

6장 중국에 저당잡힌 경제

1. 중국 정치학자 셰구이좌Xie Guijua가 2017년 5월 21일 〈글로벌타임스〉에 기고한 〈사드, 문재인

정부가 중지할 수 있다THAAD can be halted under Moon govt〉에서 인용.

2. 〈data.worldbank.org/indicator/NE.EXP.GNFS.ZS〉.

3. 〈fred.stlouisfed.org/series/B020RE1Q156NBEA〉.

4. 〈TIN-How-dependent-are-Australian-exports-to-China.pdf〉.

5. 〈TIN-How-dependent-are-Australian-exports-to-China.pdf〉.

6. 호주국립대 국가안보대학의 Policy Options Paper 2017년 제2호에 실린 로리 메드카프(편집)의 〈중국의 경제 레버리지: 인식과 현실China's economic leverage: Perception and reality〉.

7. 〈dfat.gov.au/trade/agreements/chafta/official-documents/documents/chafta-chapter-9-investment.pdf〉.

8. 〈dfat.gov.au/trade/agreements/chafta/fact-sheets/pages/key-outcomes.aspx〉.

9. 2017년, KPMG와 시드니대학교가 발표한 〈KPMG 보고서: 중국의 호주 투자 설명Demystifying Chinese Investment in Australia〉.

10. 〈KPMG 보고서: 중국의 호주 투자 설명〉.

11. 2017년, 호주국세청이 발표한 〈외국인 농지 소유 등록: 2017년 6월 30일 현재 등록 신고Register of Foreign Ownership of Agricultural Land: Report of registrations as at 30 June 2017〉.

12. 2015년 11월, 런던 프라이스워터하우스쿠퍼스 컨설팅에서 익명으로 발표한 〈중국의 농업 과제: 가야 할 길China's agricultural challenges: Roads to be travelled〉.

13. 2017년 12월 17일, 〈오스트레일리안 파이낸셜 리뷰〉에 실린 브래드 톰슨Brad Thompson의 〈호주 농업에 줄 서는 중국인: HSBCChinese lining up for Australian agriculture businesses: HSBC〉.

14. (호주 달러와 미국 달러를 1:0.79 비율로 환산하면) 2015~2016년 미화 71억 달러에서 162억 달러로 치솟았다. 중화권은 홍콩과 마카오, 대만을 포함한다. (출처: Mergermarket Infographic).

15. 2017년 3월 17일, 〈디 오스트레일리안〉에 실린 글렌다 코포랄의 〈호주 동업자를 찾아라, 존 하워드가 잠재적인 중국 투자자에게 주는 조언Find an Aussie partner, Howard tells potential Chinese investors〉, 관영 〈신화통신〉은 하워드의 조언을 기꺼이 받아들였다. 〈news.xinhuanet.com/english/2017-03/17/c_136135799.htm〉.

16. 2014년 8월 25일, 〈동아시아포럼East Asia Forum〉에 실린 피터 드라이스데일의 〈중국 국영 기업의 호주 투자Chinese state-owned enterprise investment in Australia〉.

17. 2016년 2월 25일, 〈디 오스트레일리안〉에 실린 린다 제이컵슨과 앤드루 파커의 〈중국 투자를 제대로 논의할 적기High time for proper debate on Chinese investment〉, 두 사람은 "당과 관계를 맺는 것이 중국 사회가 작동하는 기본 방식이다"고 덧붙였다.

18. 〈http://chinamatters.org.au/our-supporters/〉 참조.

19. 2016년 3월 9일, 〈디 오스트레일리안〉에 실린 제프 웨이드의 〈중국의 호주 투자를 더 자세히 조사할 필요가 있다Chinese investment in Australia needs closer scrutiny〉.

20. 2017년 4월 12일, 〈더 디플로맷〉에 실린 그레그 레베스크의 〈진화하는 중국의 경제 책략China's evolving economic statecraft〉.

21. 반면, 제임스 레일리James Reilly는 중국이 다른 나라에 없는 수단을 이용해 경제적 억압을 행사하는 독특한 능력이 있다고 자세히 설명한 다음에도 중국의 경제 책략은 일관성이 없으므로 호주가 걱정할 필요가 없다고 주장한다. 로위연구소에서 발표된 제임스 레일리의 〈중국의 경제 책략: 부를 힘으로 바꾸기China's economic statecraft: Turning wealth into power〉, 정확한 발표 일자는 확인되지 않음).

22. 피터 드라이스데일의 〈중국 국영 기업의 호주 투자〉.

23. 2017년 2월 12일, 〈뉴욕타임스〉에 실린 이정 렌의 〈중국, 당과 기업의 복합체China, the party-corporate complex〉, 인용문에서 '당과 기업의 복합체'는 내가 강조 표시한 것이다.

24. 2016년 11월 28일, 〈차이신〉에 실린 루빙양Lu Bingyang과 텅징쉬안Teng Jing Xuan의 〈의장직과 당서기직을 합치는 기차 제작사Train manufacturer merges jobs of The New York Times chairman, party secretary〉.

25. 웨이 위Wei Yu의 책《당이 통제하는 중국 상장 기업Party control in China's listed firms》, 2009년 1월에 홍콩 중문대학 회계학부(미출간), 〈admin.darden.virginia.edu/emUpload/uploaded2009/party_secretary(yuwei)(full_version).pdf〉.

26. 〈www.globaltimes.cn/content/1024360.shtml〉, 루빙양과 텅징쉬안의 〈의장직과 당서기직을 합치는 기차 제작사〉도 참조.

27. 2013년 7월 17일, 〈쿼츠〉에 실린 그윈 길포드Gwynne Guilford의 〈마윈: 톈안먼 광장 시위대 학살은 '옳은 결정'이었다Jack Ma: Mowing down demonstrators in Tiananmen Square was the 'correct decision'〉.

28. 폴 키팅은 중국이 미국 패권에 도전할 생각은 없다고 믿고 있으며, 중국이 서부 50여 국가를 경제적으로 '식민지화'하려는 계획을 보고도 안심한다. 2016년, 〈오스트레일리안 뱅킹 앤드 파이낸스Australian Banking and Finance〉에 실린 크리스티안 에드워즈Christian Edwards의 〈키팅의 중국 은행 '경제적 식민지화' 구상Keating's China bank plans 'economic colonisation'〉 참조.

29. 2015년 3월 27일, 〈시드니 모닝 헤럴드〉에 실린 존 가넛의 〈호주를 바보로 만드는 중국 외교관Chinese diplomats run rings around Australia〉.

30. 존 가넛의 〈호주를 바보로 만드는 중국 외교관〉에서 인용.

31. 2013년 5월 25일, 〈시드니 모닝 헤럴드〉에 실린 존 가넛의 〈대기업에 구애하는 중국군Chinese military woos big business〉.

32. 2015년 8월 13일, 〈ABC News Online〉에 익명으로 실린 〈팩트체크: 중국자유무역협정이 호주의 일자리를 위협하는가?Fact check: Does the China Free Trade Agreement threaten Australian jobs?〉.

33. 2016년 9월 5일, 〈오스트레일리안 파이낸셜 리뷰〉에 실린 프림로즈 리오던의 〈FTA 합리화에

이용된 밥 카의 연구소Bob Carr's research used to justify FTA〉.

34. 〈ABC News Online〉에 익명으로 실린 〈팩트체크: 중국자유무역협정이 호주의 일자리를 위협하는가?〉.

35. 2014년 11월 10일, ABC Radio National의 〈The World Today〉 프로그램에 소개된 제임스 로렌스슨의 〈호주의 큰 성과A coup for Australia〉, 2013년 10월 22일, 〈디 컨버세이션The Conversation〉에 실린 제임스 로렌스슨의 〈터무니없는 생각: '호주와 중국의 FTA가 절대 타당하지 않은 이유'A bad idea: 'Why an Australian FTA with China has never stacked up'〉.

36. 2015년 12월 1일, 〈ABC News Online〉의 〈The Drum〉에 게시된 제프 웨이드의 〈중호 FTA에 도사린 비자와 산업 부문의 함정 Visa and industrial sector traps lurk in the ChAFTA〉.

37. 〈dfat.gov.au/trade/agreements/chafta/official-documents/Pages/official-documents.aspx〉.

38. 2017년 6월 6일, 〈디 에이지〉에 실린 닉 매켄지와 리처드 베이커, 크리스 울만의 〈자유당 앤드루 롭, 의회를 떠난 직후 88만 달러짜리 중국 일자리 얻어Liberal Andrew Robb took $880k China job as soon as he left parliament〉.

39. 2016년 8월 15일, 〈ABC News Online〉에 게시된 이언 버렌더Ian Verrender의 〈재무장관의 오스그리드 결정을 지지하는 호주의 FTA 경험Australia's FTA experience backs up Treasurer's Ausgrid decision〉.

40. 2015년 6월 24일, 〈시드니 모닝 헤럴드〉에 실린 피터 마틴Peter Martin의 〈생산성 위원회가 밝힌 자유무역협정의 '특혜'와 위험Free trade agreements 'preferential' and dangerous, says Productivity Commission〉.

41. 2015년 12월 1일, 〈ABC News Online〉의 〈The Drum〉 프로그램에서 소개된 제프 웨이드의 〈우리는 중국의 중호 FTA 열망을 충분히 인식하고 있는가?Are we fully aware of China's ChAFTA aspirations?〉.

42. 2017년 2월 22일, 〈쿼츠〉에 실린 저펑 황의 〈시진핑 주석, '새로운 세계 질서'를 이끌겠다고 다짐Chinese president Xi Jinping has vowed to lead the 'new world order'〉.

43. 〈www.globaltimes.cn/content/927245.shtml〉.

44. 2017년 2월 28일, 〈포린폴리시〉에 실린 에릭 로버Eric Lorber의 〈중국식 변칙 경제적 강압 Economic coercion, with a Chinese twist〉, 2012년 11월 28일 〈허핑턴포스트Huffington Post〉에 익명으로 실린 〈오바마 대통령이 저지한 럴스 사의 오리건주 풍력발전소Ralls Corp's Oregon wind farms blocked by President Obama〉.

45. 2016년 10월 5일, 〈시드니 모닝 헤럴드〉에 실린 사라 댄커트Sarah Danckert의 〈칼라일 투자신탁 고문으로 낙마한 외국인투자심의위원회 의장 브라이언 윌슨FIRB chairman Brian Wilson suspends himself as adviser to Carlyle investment house〉.

46. 중국의 막대한 의료 분야 투자도 주목할 필요가 있다. 〈www.corrs.com.au/thinking/insights/

chinese-investment-in-australia-the-rooster-crows-before-sunrise-breaks-the-dawn/〉 참조.

47. 2016년 8월 21일, 〈ABC News Online〉에 게시된 크리스 울만의 〈중국의 호주 전력망 투자 설명 Chinese investment in Australia's power grid explained〉, 2016년 8월 11일, 〈오스트레일리안 파이낸셜 리뷰〉에 실린 필립 쿠리Phillip Coorey의 〈오스그리드의 중국 매각이 국가 이익에 반한다는 스콧 모리슨Scott Morrison says Ausgrid sale to Chinese contrary to the national interest〉.

48. 2017년 3월 16일, 〈블룸버그통신〉에 실린 브렛 폴리Brett Foley와 페리 윌리엄스Perry Williams, 프루던스 호Prudence Ho의 〈초우타이푹, 부동산과 보석에 호주 전력회사 추가Chow Tai Fook adds Australia power firm to property, jewelry〉.

49. 2015년 10월 20일, 〈디 오스트레일리안〉에 실린 피터 제닝스Peter Jennings의 〈외국 기업에 자산 을 임대할 때 중대한 안보Security crucial when leasing assets to foreign companies〉.

50. 2016년 8월 12일, 〈디 오스트레일리안〉에 실린 조 켈리Joe Kelly의 〈오스그리드: 경제 '포퓰리즘 에 따른 결정'이라는 밥 카Ausgrid: Economic 'populism behind decision', says Bob Carr〉.

51. 〈news.xinhuanet.com/english/2016-08/12/c_135590666.htm〉.

52. 2017년 1월 16일, 〈오스트레일리안 파이낸셜 리뷰〉에 실린 제시카 가드너Jessica Gardner의 〈리 자청의 청쿵인프라스트럭처가 제시한 74억 달러 기업 인수 입찰에 응한 듀엣DUET backs $7.4b takeover bid from Li Ka-shing's Cheung Kong Infrastructure〉, 2016년 12월 7일, 〈사우스 차이나 모 닝 포스트〉에 실린 에릭 응Eric Ng의 〈분석가들에 따르면, 캔버라가 청쿵인프라스트럭처의 듀 엣 입찰을 엄격 심사 중Cheung Kong Infrastructure's bid for Duet faces tough scrutiny in Canberra, say analysts〉.

53. 호주사이버보안센터가 2017년 보고한 〈2017 위협 보고서〉 p.48.

54. 2015년 3월 9일, 〈오스트레일리안 파이낸셜 리뷰〉에 실린 존 케린John Kerin의 〈중국인 해커가 호주 전력망을 차단할 수 있다는 전임 정보원장 데이비드 어빈의 경고Chinese hackers could shut down Australian power grid, warns former spy boss David Irvine〉.

55. 〈i-hls.com/archives/61652〉.

56. 〈www.energynetworks.com.au/about-us/board-of-directors〉.

57. 〈www.energynetworks.com.au/sites/default/files/key_concepts_report_2016.pdf〉.

58. 예를 들어, 2001~2010년 회장을 역임한 친샤오Qin Xiao는 베이징에서 당간부로 활동했고, 누 이의 혼인 관계를 통해 태자당과 연결되어 있다.

59. 〈www.northqueenslandregister.com.au/story/3365767/nq-trade-with-china-moves-forward/〉.

60. 〈www.tiq.qld.gov.au/chinese-delegation-explore-opportunities-with-townsville-and-north-queensland/〉.

61. 〈rajcairnsreport.wordpress.com/2013/03/19/another-labor-mayor-causing-problems-cox-and-hill-in-tit-for-tat-spat-townsville-bulletin-news/〉.

중국의 조용한 침공

62. 2017년 5월 28일, 〈오스트레일리안 파이낸셜 리뷰〉에 실린 리사 머리의 〈'일대일로' 계획에 따라 시드니 신공항에 눈독을 들이는 중국China eyes new Sydney airport as part of 'belt and road' plan〉.

63. "인터넷 통신뿐만 아니라……지상파 TV 방송 송출을 위해 파키스탄 전역에 설치될 초고속 광섬유 통신망이 중국 매체와 협력해 '중국 문화를 보급'할 것이다." 〈indianexpress.com/article/india/china-pakistan-economic-corridor-politics-security-risk-amid-sweeping-china-influence-4657511/〉.

64. 2017년 11월 13일, 〈로이터통신〉에 익명으로 실린 〈빅 브라더 지원: 자금을 끌어모은 중국 안면 인식 회사Backing Big Brother: Chinese facial recognition firms appeal to funds〉.

65. 호주와 관련해 일대일로 구상을 가장 잘 정리한 자료는 제프 웨이드의 〈중국의 '일대일로' 이니셔티브China's 'One Belt, One Road' initiative〉다. 〈https://www.aph.gov.au/About_Parliament/Parliamentary_Departments/Parliamentary_Library/pubs/BriefingBook45p/ChinasRoad〉.

66. 〈www.youtube.com/watch?v=3W_vp3FKdIg〉.

67. 2015년 11월 25일, 〈사우스 차이나 모닝 포스트〉에 실린 어우샤오리Ou Xiaoli의 〈'일대일로'의 기초공사Laying the foundations for China's 'One Belt, One Road'〉.

68. 2017년 6월 17일, 〈사우스 차이나 모닝 포스트〉에 실린 웬디 우Wendy Wu의 〈중공이 국영 산업 거물을 통제하는 방법How the Communist Party controls China's state-owned industrial titans〉.

69. 2016년 3월, 워싱턴 D.C. 국제전략문제연구소Center for Strategic and International Studies에 소개된 크리스토퍼 K. 존슨Christopher K. Johnson의 〈시진핑 국가주석의 '일대일로' 이니셔티브: 중국의 세계적 부흥을 향한 중공 로드맵의 실질적 평가President Xi Jinping's 'Belt and Road' initiative: A practical assessment of the Chinese Communist Party's roadmap for China's global resurgence〉.

70. 2017년 10월 6일, 〈신화넷〉에 익명으로 실린 〈중국이 제공하는 글로벌 거버넌스 지혜China offers wisdom in global governance〉.

71. 2017년 2월 8일, 〈로이터통신〉에 실린 벤 블랜처드Ben Blanchard와 엘리자베스 파이퍼Elizabeth Piper의 〈중국, 신실크로드 정상회담에 영국 초청: 소식통China invites Britain to attend new Silk Road summit: Sources〉. 〈블룸버그통신〉은 아시아인프라투자은행이 '국제 문제에서 목소리를 더 키우고 주변국들과 경제적 통합을 더 심화시키려는 시진핑 주석 야망의 핵심'이라고 설명한다. (〈www.bloomberg.com/news/articles/2016-06-24/china-led-aiib-announces-first-loans-in-xi-push-for-influence〉).

72. 제프 웨이드의 〈중국의 '일대일로' 이니셔티브〉.

73. 2017년 2월 21일, 〈포브스Forbes〉에 실린 웨이드 셰퍼드Wade Shepard의 〈중국의 '신실크로드', 정치 혼란과 격렬 시위로 스리랑카에서 좌절China's 'New Silk Road' is derailed in Sri Lanka by political chaos and violent protests〉

74. 2017년 2월 25일, 〈로스앤젤레스타임스Los Angeles Times〉에 실린 제시카 마이어스Jessica Meyers

의 〈중국의 투자를 받아들였던 스리랑카가 이제 중국의 지배를 경계한다Sri Lankans who once embraced Chinese investment are now wary of Chinese domination〉.

75. 2017년 7월 29일, 〈워싱턴포스트〉에 실린 바라타 말라와라치Bharatha Mallawarachi의 〈스리랑카 와 중국, 장기간 끌어오던 15억 달러 항구 계약 체결Sri Lanka, China sign long-delayed $1.5 billion port deal〉〉.

76. 브라마 첼라니Brahma Chellaney, 〈www.japantimes.co.jp/opinion/2015/03/09/commentary/world-commentary/the-silk-glove-for-chinas-iron-fist/#.WK0icBF0VhA〉.

77. 2015년 10월 15일, 〈포브스〉에 실린 마이클 푸멘토Michael Fumento의 〈미국이 잠잘 때 중국은 남미를 정복한다As the U.S. sleeps, China conquers Latin America〉.

78. 제임스타운 재단The Jamestown Foundation이 2015년 10월 19일에 발표한 〈차이나 브리프〉 15권 20호에 실린 안드레아 기셀리Andrea Ghiselli의 〈일대일로와 인민해방군The Belt, the Road and the PLA〉.

79. 안드레아 기셀리의 〈일대일로와 인민해방군〉.

80. 2016년 3월 7일, 해군분석센터CNA에서 발표된 앤드루 에릭슨과 코너 케네디Conor Kennedy의 〈중국의 해상민병대China's maritime militia〉.

81. 2017년 6월 13일, 〈이코노미 타임스The Economic Times〉에 익명으로 실린 〈중국의 인민해방 군이 국제적 입지를 확대한다는 펜타곤Pentagon says China's PLA expanding its global footprint〉, 〈economictimes.indiatimes.com/news/international/world-news/pentagon-says-chinas-pla-expanding-its-global-footprint/articleshow/59119655.cms〉.

82. 2015년 11월 9일, 호주전략정책연구소Australian Strategic Policy Institute의 〈The Strategist〉에 실린 제프 웨이드의 〈랜드브리지와 다윈항, 인민해방군Landbridge, Darwin and the PRC〉.

83. 안드레아 기셀리의 〈일대일로와 인민해방군〉.

84. 2017년 5월 15일, 〈크리키Crikey〉에 실린 마이클 세인스버리Michael Sainsbury의 〈최근 중국 이 시도하는 '세력 확대'의 한복판에 선 호주Australia stuck in the middle of China's latest attempt at 'empire-building'〉.

85. 〈news.xinhuanet.com/world/2014-11/17/c_1113285659_2.htm〉.

86. 〈news.xinhuanet.com/english/2015-11/16/c_134822370.htm〉.

87. 〈roll.sohu.com/20150814/n418857073.shtml〉.

88. 〈au.china-embassy.org/eng/gdxw/t1289130.htm〉.

89. 2017년 5월 27일, 〈디 오스트레일리안〉에 실린 로완 캘릭의 〈멜버른에서 출범한 중국 일대일로 자문단One Belt, One Road China advisory group launches in Melbourne〉.

90. 로완 캘릭의 〈멜버른에서 출범한 중국 일대일로 자문단〉.

91. 〈ciw.anu.edu.au/events/event_details.php?id=16356〉.

92. 〈www.china-un.ch/eng/wjyw/t1437164.htm〉.

93. 2017년 2월 21일, 〈디 오스트레일리안〉에 실린 로완 캘릭의 〈중국에 투자 확실성 약속Investor certainty pledge to China〉.

94. 2016년 10월 31일, 〈오스트레일리안 파이낸셜 리뷰〉에 실린 프림로즈 리오던의 〈중국의 일대일로 정책을 밀어붙여 비난을 사는 앤드루 롭Andrew Robb under fire for pushing China's One Belt One Road policy〉.

95. 〈http://www.australiachinaobor.org.au〉.

96. 앤-마리 브래디의 〈중국의 해외 선전기구〉, 2015년 10월, Journal of Democracy 26권 4호 pp.39~40.

97. 2017년 12월 5일, 〈스터프Stuff〉에 실린 헨리 쿡Henry Cook의 〈서구 세계가 자유 문제와 관련해 중국에 가혹하다는 윈스턴 피터스Winston Peters says western world is too hard on China over freedom issues〉, 2017년 12월 10일, 〈뉴질랜드 헤럴드New Zealand Herald〉에 실린 프란 오설리번Fran O'Sullivan의 〈중국 비위를 맞추는 윈스턴 피터스Winston Peters works to keep China sweet〉.

98. 〈english.cntv.cn/2015/07/07/ARTI1436223299326525.shtml〉.

99. 〈news.xinhuanet.com/2016-12/11/c_1120095586.htm〉.

100. 〈paper.people.com.cn/rmrb/html/2016-01/10/nw.D110000renmrb_20160110_2-03.htm〉. 이 기사에 자주 인용된 피터 차이Peter Cai는 로위연구소에 근무하다 현재 버진항공 최고경영자 고문으로 활동하는 인물이며, 중국의 하이난항공그룹이 버진항공의 지분을 소유하고 있다.

101. 2017년 5월 18일, 〈워싱턴포스트〉에 실린 아나 스완슨Ana Swanson의 〈귀여운 아이들을 이용해 도널드 트럼프와 겨루는 중국 선전원Chinese propagandists are using adorable kids to take on Donald Trump〉.

102. 2015년 10월 27일, 〈쿼츠〉에 실린 저핑 황의 〈비밀스러운 스튜디오가 제작한 중국의 아주 기이한 영어 선전 영상China's craziest English-language propaganda videos are made by one mysterious studio〉.

103. 2017년 8월 8일, 〈ABC News Online〉에 실린 나디아 데일리Nadia Daly의 〈일대일로: '신실크로드'를 꺼리면서 중국의 투자를 환영하는 노던준주의 기업들One Belt One Road: NT businesses welcome Chinese investment despite reluctance over 'new Silk Road'〉.

104. 2017년 3월 22일, 〈파이낸셜타임스〉에 실린 제이미 스미스의 〈호주, 중국이 추진하는 실크로드 전략 거부Australia rejects China push on Silk Road strategy〉.

7장 유혹 혹은 강압

1. 2002년 8월 9일, 〈시드니 모닝 헤럴드〉 p.5에 실린 톰 앨러드Tom Allard와 존 가넛의 〈중국이 서

명한 250억 달러 가스 붐Gas boom as China signs $25bn deal〉.

2. 2002년 9월 17일, 〈인민일보〉에 익명으로 실린 〈호주와 유대 관계를 증진할 가스 계약Gas contract avails ties with Australia〉.

3. 2005년 6월 25일, 〈www.epochtimes.com/gb/5/6/25/n965354.htm〉에 인용된 천융린의 중국어 증언.

4. 2002년 5월 17일, 〈디 에이지〉에 실린 켈리 버크Kelly Burke의 〈달라이 라마와 만남에 대해 단호한 하워드Howard stands firm on Dalai Lama meeting〉.

5. 2002년 9월 17일, 〈인민일보〉에 익명으로 실린 〈호주와 유대 관계를 증진할 가스 계약〉.

6. 2015년 10월 16일, 〈시드니 모닝 헤럴드〉에 실린 존 가넛의 〈호주와 중국의 유대 관계에서 차우착 윙의 영향력은 허풍일까?Are Chau Chak Wing's circles of influence in Australia-China ties built on hot air?〉.

7. 호주국립대학교 국가안보대학의 Policy Options Paper 2017년 제2호에 실린 로리 메드카프(편집)의 〈중국의 경제 레버리지: 인식과 현실〉.

8. 2016년 2월 25일, 〈디 오스트레일리안〉에 실린 린다 제이컵슨과 앤드루 파커의 〈중국 투자를 제대로 논의할 적기〉.

9. 2016년 3월 9일, 〈디 오스트레일리안〉에 실린 제프 웨이드의 〈중국의 호주 투자를 더 자세히 조사할 필요가 있다〉.

10. 린다 제이컵슨과 베이츠 길의 책 《중국사무: 호주를 위한 바로잡기China Matters: Getting it right for Australia〉, 2017년, Black Inc. 출판.

11. 2017년 3월 17일, 〈디 컨버세이션〉에 실린 스티븐 피츠제럴드의 〈호주의 중화 세계 대외 정책 관리Managing Australian foreign policy in a Chinese world〉.

12. 스티븐 피츠제럴드의 〈호주의 중화 세계 대외 정책 관리〉.

13. 2016년 8월 17일, 〈디 오스트레일리안〉에 실린 폴 켈리Paul Kelly의 〈친구일까 적일까? 가장 큰 시험인 중국 딜레마Friend or foe? Our China dilemma is our biggest test〉. 호주와 아시아, 세계 역사에서 위기와 획기적 사건, 전환점을 그 누구보다 빨리 인식하곤 했던 켈리가 드라이스데일 보고서를 '대담하고', '정신이 번쩍 들게 하며', '망상을 깨트리고', '정면으로 맞서는', '분수령'이라고 평가했다. 완전 착각이었다.

14. 동아시아경제연구국과 중국국제경제교류센터가 발표한 호중 공동 경제 보고서 《변화를 향한 협력》 p.14, 2016년, ANU Press 출간.

15. 《변화를 향한 협력》 p.14.

16. 《변화를 향한 협력》 p.19.

17. 2014년 8월 25일, 〈동아시아포럼〉에 발표된 피터 드라이스데일의 〈중국 국영 기업의 호주 투자 Chinese state-owned enterprise investment in Australia〉.

18. 2016년 8월 31일, 〈차이나 인 퍼스펙티브〉에 중국어로 실린 천융린의 〈호주는 중국의 뒤뜰이

되고 있다Australia is in the process of becoming China's backyard〉.

19. 2009년 6월 7일, 〈동아시아포럼〉에 발표된 피터 드라이스데일의 〈호주는 중국을 대하는 자세를 가다듬어야 한다, 그것도 서둘러서Australian needs to get its act together on China, and fast〉.

20. 2017년 10월 3일, 〈오스트레일리안 파이낸셜 리뷰〉에 실린 피터 드라이스데일과 존 덴튼John Denton의 〈중국의 영향력을 호주에 유리하게 사용하는 방법China's influence and how to use it to Australia's advantage〉.

21. 〈www.china-un.org/eng/gyzg/t555926.htm〉.

22. 2017년 2월 10일에 브루킹스연구소에서 발표된 청 리Cheng Li와 루시 쉬Lucy Xu의 〈중국의 싱크탱크: 엘리트를 충원하는 새로운 '회전문'Chinese thinks tanks: A new 'revolving door' for elite recruitment〉.

23. 2017년 5월 4일, 〈신화넷〉에 익명으로 실린 〈중국, 싱크탱크에 이중 관리 체제 도입China to introduce dual-management on think tanks〉.

24. 청 리와 루시 쉬의 〈중국의 싱크탱크: 엘리트를 충원하는 새로운 '회전문'〉.

25. 《변화를 향한 협력》 p.19.

26. '노르웨이와 달라이 라마 효과'는 로버트 블랙윌과 제니퍼 해리스의 책《또 다른 전쟁 수단: 지경학과 책략War by Other Means: Geoeconomics and statecraft》 (2016년, Belknap Press 출간)과 윌리엄 노리스William Norris의 책《중국의 경제 책략: 상업적 배우와 원대한 전략, 국가 통제Chinese Economic Statecraft: Commercial actors, grand strategy, and state control》 (2016년, Cornell University Press 출간)를 참조했다.

27. 로버트 블랙윌과 제니퍼 해리스의 《또 다른 전쟁 수단: 지경학과 책략》 p.129, 2014년 5월 7일, 〈가디언〉에 실린 토네 수테루드Tone Sutterud와 엘리자베스 울벤Elisabeth Ulven의 〈노벨위원회 방문한 달라이 라마를 모욕해 비난받는 노르웨이Norway criticised over snub to Dalai Lama during Nobel committee visit〉.

28. 로버트 블랙윌과 제니퍼 해리스의 《또 다른 전쟁 수단: 지경학과 책략》 p.129에 인용된 내용.

29. 2016년 12월 19일, 〈뉴욕타임스〉에 실린 스웰 찬Sewell Chan의 〈노벨상 논란 6년 뒤 관계 복구에 나선 노르웨이와 중국Norway and China restore ties, 6 years after Nobel prize dispute〉.

30. 로버트 블랙윌과 제니퍼 해리스의 《또 다른 전쟁 수단: 지경학과 책략》 p.130.

31. 2002년 5월 16일, 〈CNN.com〉에 실린 그랜트 할러웨이Grant Holloway의 〈호주, 달라이 라마 무시Australia snubs Dalai Lama〉, 2012년 6월 29일, 〈시드니 모닝 헤럴드〉에 실린 대니얼 플리턴의 〈달라이 라마 퇴짜 칭송Praise for Dalai Lama snub〉.

32. 2015년 9월 23일, 〈텔레그래프The Telegraph〉에 실린 앤드루 마르샬Andrew Marszal의 〈달라이 라마, 데이비드 캐머런이 '도덕보다 돈'을 중시해 무시했다고 비난Dalai Lama criticises David Cameron for 'money over morality' snub〉.

33. 2017년 8월 19일, 〈The aPolitical〉에 익명으로 실린 〈달라이 라마 방문: 중국을 향해 "우리는 중국 식민지가 아니다"고 한 보츠와나 대통령 이언 카마 박사Dalai Lama's visit: Botswana's President Dr Ian Khama tells China, "We are not your colony"〉.

34. 2017년 6월 26일, 〈Inquirer.net〉에 익명으로 실린 〈베이징의 경제 전쟁 신무기: 중국인 관광객 Beijing's new weapon in economic war: Chinese tourists〉에 인용된 내용.

35. 로버트 블랙윌과 제니퍼 해리스의 《또 다른 전쟁 수단: 지경학과 책략》 p.10.

36. 2013년에 로위연구소에서 발표된 제임스 레일리의 〈중국의 경제 책략: 부를 힘으로 바꾸기〉.

37. 스티븐 피츠제럴드의 〈호주의 중화 세계 대외 정책 관리〉.

38. 로버트 블랙윌과 제니퍼 해리스의 《또 다른 전쟁 수단: 지경학과 책략》 p.3.

39. 로버트 블랙윌과 제니퍼 해리스의 《또 다른 전쟁 수단: 지경학과 책략》 p.129에 인용된 내용.

40. 〈www.globaltimes.cn/content/1035359.shtml〉, 〈http://www.globaltimes.cn/content/1037529.shtml〉.

41. 2017년 4월 2일, 〈사우스 차이나 모닝 포스트〉에 실린 데이비드 조지프 볼로즈코David Josef Volodzko의 〈시차 적응 안 된 축구팀이 전하는 한중 관계What a jet-lagged football team says about China-Korea relations, 2017년 4월 2일, 〈사우스 차이나 모닝 포스트〉에 실린 케리 황Cary Huang의 〈의견: 중국의 한국 상품 불매 위협이 자멸에 이르는 이유Opinion: Why China's shadow boycott of South Korea is self-defeating〉, 2017년 3월 30일, 〈로이터통신〉에 실린 피터 러더포드Peter Rutherford의 〈중국 여자 골프 선수들 한중 갈등으로 LPGA 경기 불참할 수도Chinese women golfers may shun LPGA event amid China-South Korea tensions〉에서 관련 자료 참조.

42. 2017년 2월 8일, 〈크리스천 사이언스 모니터Christian Science Monitor〉에 실린 마이클 홀츠 Michael Holtz의 〈한국의 미사일 방어 계획 추진에 점점 더 화내는 중국China gets testier as South Korea advances its missile defense plans〉.

43. 2017년 1월 25일, 〈시드니 모닝 헤럴드〉에 실린 브렌다 고Brenda Goh와 무위 쭈Muyu Zu의 〈즐겨찾기 재생? 중국, 구정이 가까워지자 관광객 조사Playing favourites? Chinese tourism under scrutiny as Lunar New Year nears〉.

44. 브렌다 고와 무위 쭈의 〈즐겨찾기 재생? 중국, 구정이 가까워지자 관광객 조사〉.

45. 로버트 블랙윌과 제니퍼 해리스의 《또 다른 전쟁 수단: 지경학과 책략》 p.109.

46. 2017년 3월, 미국 국제전략연구소Center for Strategic and International Studies에서 발표된 마이클 코메사로프Michael Komesaroff의 논문 〈외국인이 중국을 섬기도록 하라Make the foreign serve China〉.

47. 로버트 블랙윌과 제니퍼 해리스의 《또 다른 전쟁 수단: 지경학과 책략》 p.108.

48. 앤더스 코Anders Corr와 프리실라 타쿠잔Priscilla Tacujan의 〈중국이 필리핀에 행사하는 정치적 경제적 영향력: 동맹에 미치는 영향과 남중국해 분쟁Chinese political and economic influence in the

Philippines: Implications for alliances and the South China Sea dispute〉, 2013년 7월, Journal of Political Risk 1권 3호.

49. 로버트 블랙윌과 제니퍼 해리스의 《또 다른 전쟁 수단: 지경학과 책략》 p.113.

50. 앤더스 코와 프리실라 타쿠잔의 〈중국이 필리핀에 행사하는 정치적 경제적 영향력: 동맹에 미치는 영향과 남중국해 분쟁〉.

51. 로버트 블랙윌과 제니퍼 해리스의 《또 다른 전쟁 수단: 지경학과 책략》 p.116.

52. 2011년 10월 25일, 〈뉴욕타임스〉에 실린 마틴 패클러 Martin Fackler의 〈일본 의회 컴퓨터에 침투한 바이러스 Virus infects computers in Japan's parliament〉, 로버트 블랙윌과 제니퍼 해리스의 《또 다른 전쟁 수단: 지경학과 책략》 p.109.

53. 로버트 블랙윌과 제니퍼 해리스의 《또 다른 전쟁 수단: 지경학과 책략》 p.101.

54. 브렌다 고와 무위 쭈의 〈즐겨찾기 재생? 중국, 구정이 가까워지자 관광객 조사〉.

55. 2017년 2월 9일, 〈사우스 차이나 모닝 포스트〉에 실린 크리스 호튼 Chris Horton의 〈중국, 관광 압박으로 대만을 응징하려다 심각한 역효과에 직면 China's attempt to punish Taiwan by throttling tourism has seriously backfired〉.

56. 크리스 호튼의 〈중국, 관광 압박으로 대만을 응징하려다 심각한 역효과에 직면〉.

57. 로버트 블랙윌과 제니퍼 해리스의 《또 다른 전쟁 수단: 지경학과 책략》 p.108.

58. 2017년 6월 19일, 〈가디언〉에 실린 헬레나 스미스 Helena Smith의 〈그리스, 유엔에서 중국 인권 상황을 비난하는 유럽연합 저지 Greece blocks EU's criticism at UN of China's human rights record〉.

59. 2017년 6월 19일, 〈뉴욕타임스〉에 실린 닉 커밍-브루스 Nick Cumming-Bruce와 소미니 센굽타 준 Somini Senguptajune의 〈중국, 그리스에서 인권탄압 비난에 반대하는 동지 발견 In Greece, China finds an ally against human rights criticism〉.

60. 〈www.seatrade-maritime.com/news/europe/china-cosco-shipping-finally-gets-piraeus-port-majority-stake.html〉.

61. 2017년 7월 9일, BESA Center Perspectives Paper 523호로 게시된 로이 옐리넥 Roie Yellinek의 〈그리스가 중국에 보상하는 방법? How can Greece pay back China?〉.

62. 2017년 8월 3일, 〈로이터통신〉에 익명으로 실린 〈터키, 반중 언론 보도 근절 약속 Turkey promises to eliminate anti-China media reports〉.

63. 2018년 1월 2일, 〈시드니 모닝 헤럴드〉에 실린 린지 머독 Lindsay Murdoch의 〈남중국해 관련해 호주에 경고한 베이징 기사 Beijing article warns Australia over South China Sea〉.

64. 봅 카의 책 《외무장관 수첩》 p.331, 2014년, New South Publishing 출판.

65. 2017년 8월 7일, 〈시드니 모닝 헤럴드〉에 실린 패트릭 해치 Patrick Hatch의 〈버진항공 지분 19%의 진짜 주인은? Who really owns this 19 per cent stake in Virgin Australia?〉, 2017년 5월 9일 〈뉴욕타임스〉에 실린 데이비드 바보자 David Barboza의 〈사재기하는 중국 거인. 그 배후는? A Chinese giant

is on a buying spree. Who is behind it?〉.

66. 2017년 12월 27일, 〈시드니 모닝 헤럴드〉에 실린 에릭 백쇼와 피터 한남Peter Hannam의 〈조종사 부족: 호주의 중국 소유 공항 항공편 1000% 늘릴 듯Pilot shortage: Chinese-owned airport in Australia looks to increase its flights by 1000%〉.

67. 〈www.tiq.qld.gov.au/download/business-interest/invest/trade-investment-strategy-TIQ.pdf〉.

68. 2017년 1월 27일, 〈시드니 모닝 헤럴드〉에 실린 수 윌리엄스Sue Williams의 〈중국이 장악한 관광 투자Chinese dominate in tourism investment〉.

69. 2017년 2월, 컬리어스 인터내셔널Colliers International의 Colliers Radar에 소개된 카렌 웨일스 Karen Wales의 〈중국이 장악한 관광 투자Chinese dominate in tourism investment〉.

8장 옛날 스파이, 요즘 스파이

1. 2016년 11월 2일, 〈인사이드 스토리〉에 실린 브라이언 투히의 〈오랜 적, 새로운 적Enemies old and new〉.

2. 2013년 5월 28일, 〈ABC News Online〉에 익명으로 실린 〈대대적인 사이버 공격으로 캔버라 호주 안보정보원 본부의 설계도가 도난당한 후 비난받는 중국China blamed after ASIO blueprints stolen in major cyber attack on Canberra HQ〉.

3. 2013년 5월 29일, 〈가디언〉에 실린 조너선 카이먼Jonathan Kaiman의 〈중국, 호주 정보원 본부 설계도 해킹설은 '근거 없다'China calls Australian spy HQ plans hacking claims 'groundless'〉.

4. 2015년 11월 2일, 〈오스트레일리안 파이낸셜 리뷰〉에 실린 프림로즈 리오던과 마커스 만하임의 〈호주안보정보원의 새 이웃, 중국 정부와 연결ASIO's new neighbours' links to China's government〉.

5. 2016년 2월 12일, 〈캔버라타임스Canberra Times〉에 실린 커스틴 로슨Kirsten Lawson의 〈쿠롱과 알라와 부지 입찰에서 탈락한 업체들이 깜짝 놀란 높은 가격Failed bidders raise eyebrows at high price for Currong and Allawah flats〉.

6. 2015년 9월 21일, 〈캔버라타임스〉에 실린 존 티슬턴John Thistleton의 〈캠벨 5 지구의 첫 삽을 뜬 주지사 앤드루 바와 개발업자 테리 쇼Chief Minister Andrew Barr and developer Terry Shaw launch Campbell 5 units〉.

7. 프림로즈 리오던과 마커스 만하임의 〈호주안보정보원의 새 이웃, 중국 정부와 연결〉.

8. 2005년 7월 9일, 〈디 에이지〉에 실린 주얼 탑스필드Jewel Topsfield의 〈호주, 중국 외교관 망명 허용Australia grants asylum to Chinese diplomat〉.

9. 2016년 9월 3~4일, 〈오스트레일리안 파이낸셜 리뷰〉에 실린 아론 패트릭의 〈중국의 '시민 스파이' 전쟁에서 밀리는 호주Australia is losing the battle against China's 'citizen spies'〉.

10. 2017년 7월 11일, 〈워싱턴 프리 비컨Washington Free Beacon〉에 게시된 빌 거츠Bill Gertz의 〈미국 내 스파이 2만 5,000명으로 구성된 중국 정보망China's intelligence networks in United States include 25,000 spies〉.

11. 아론 패트릭의 〈중국의 '시민 스파이' 전쟁에서 밀리는 호주〉.

12. 아론 패트릭의 〈중국의 '시민 스파이' 전쟁에서 밀리는 호주〉.

13. 2012년 6월, 〈쿼드런트 온라인Quadrant Online〉에 게시된 폴 몽크의 〈중국 스파이와 호주 국Chinese spies and our national interest〉, 〈https://quadrant.org.au/magazine/2012/06/chinese-espionage-and-australia-s-national-interest/〉.

14. 제임스 젠화 토의《교무: 해외 중국인을 위한 역외 정책》p.44, 2014년, Koninklijke Brill 출판.

15. 2017년 5월 12일, 〈ABC News Online〉에 게시된 앤드루 그린의 〈중국 스파이의 '적극적 활동'을 경고하고 떠난 국방 차관Chinese spies 'very active' in Australia, departing defence secretary warns〉.

16. 2016년 11월 20일, 〈ABC News Online〉에 실린 앤드루 그린의 〈호주에서 중국 스파이가 늘고 있다는 전직 외교관 천융린Chinese spies in Australia on the rise, former diplomat Chen Yonglin says〉.

17. 2014년 4월 28일, 〈오스트레일리안 파이낸셜 리뷰〉에 실린 크리스토퍼 조이Christopher Joye의 〈영유권 주장으로 가열된 스파이 전쟁Spy wars fuelled by territorial claims〉.

18. 〈edition.cnn.com/2014/05/20/world/asia/china-unit-61398/〉.

19. 2012년 3월 28일, 〈디 오스트레일리안〉에 실린 폴 말리Paul Maley와 미첼 빙게만Mitchell Bingemann의 〈중국의 NBN 해킹을 우려한 스파이Spies feared China was hacking the NBN〉.

20. 2012년 10월 8일, 미 하원 상설정보특별위원회의 〈중국 통신사 화웨이와 ZTE로 제기된 미국 국가 안보 문제에 대한 조사 보고서Investigative report on the US national security issues posed by Chinese telecommunications companies Huawei and ZTE〉, 〈https://intelligence.house.gov/sites/intelligence.house.gov/files/documents/huawei-zte%20investigative%20report%20(final).pdf〉.

21. 2005년 브럼비는 빅토리아주 총리 시절 화웨이와 협력해 RMIT 트레이닝 센터를 설립했다. (2011년 6월 6일, 〈디 오스트레일리안〉에 실린 마이클 세인스버리Michael Sainsbury의 〈존 브럼비와 알렉산더 다우너, 화웨이 이사로 선임Huawei names John Brumby, Alexander Downer board members〉), 폴 말리와 미첼 빙게만의 〈중국의 NBN 해킹을 우려한 스파이〉도 참조.

22. 마이클 세인스버리의 〈존 브럼비와 알렉산더 다우너, 화웨이 이사로 선임〉.

23. 〈중국 통신사 화웨이와 ZTE로 제기된 미국 국가 안보 문제에 대한 조사 보고서〉.

24. 2012년 8월 4일, 〈이코노미스트〉에 익명으로 실린 〈세계를 염탐하는 회사The company that spooked the world〉.

25. 〈중국 통신사 화웨이와 ZTE로 제기된 미국 국가 안보 문제에 대한 조사 보고서〉 pp.13-14.

26. 2005년, 랜드연구소의 에반 메데이로스Evan S. Medeiros와 로저 클리프Roger Cliff, 키스 크레인Keith Crane, 제임스 멀베넌의 〈중국 방위산업의 새로운 방향A new direction for China's defense

industry〉. p.218, 〈https://www.rand.org/content/dam/rand/pubs/monographs/2005/RAND_MG334.pdf〉.

27. 2011년 10월 11일, 〈워싱턴타임스Washington Times〉에 실린 빌 거츠의 〈정보부와 연결된 중국 통신사Chinese telecom firm tied to spy ministry〉.

28. 2012년 3월 28일, 〈시드니 모닝 헤럴드〉에 실린 필립 쿠레이의 〈앤드루 롭, 내가 분노하는 대상은 호주안보정보원이 아니다ASIO not the target of my outburst, Robb explains〉.

29. 2012년 3월 26일, 〈디 오스트레일리안〉에 실린 폴 오스본Paul Osborne의 〈화웨이의 NBN 입찰 배제를 맹비난한 야당Opposition slams NBN exclusion of Huawei〉.

30. 2012년 11월 3일, 〈오스트레일리안 파이낸셜 리뷰〉에 실린 제임스 체셀James Chessell의 〈케리 스톡스: 내가 본 중국의 성공 비결Kerry Stokes: Secrets to my China success〉.

31. 폴 말리와 미첼 빙게만의 〈중국의 NBN 해킹을 우려한 스파이〉.

32. 2004년 8월 18일, 〈디 에이지〉에 실린 해미시 맥도널드Hamish McDonald와 마크 포브스Mark Forbes의 〈중국 이동 깃발을 올린 다우너Downer flags China shift〉.

33. 2005년 6월 22일, 오후 채스우드 클럽에서 진행된 기자 회견장에서 천융린이 밝힌 내용이며, 2018년 1월 8일, 저자가 편지로 천융린에게 확인한 사항.

34. 2013년 11월 1일, 〈시드니 모닝 헤럴드〉에 실린 피터 카이의 〈NBN 공급 금지에 '대단히 실망한' 화웨이Huawei 'extremely disappointed' with NBN ban〉.

35. 〈중국 통신사 화웨이와 ZTE로 제기된 미국 국가 안보 문제에 대한 조사 보고서〉 pp.34-35.

36. 2017년 3월 7일, 〈머큐리뉴스The Mercury News〉에 실린 폴 와이즈먼Paul Wiseman과 세이디 거민 Sadie Gurmin의 〈이란 제재 위반으로 약 9억 달러를 문 중국 핸드폰 대기업 ZTEChinese cellphone giant ZTE to pay US almost $900M for breaking Iran sanctions〉.

37. 〈http://www.zte.com.cn/global/about/press-center/news/201703ma/0307ma〉.

38. 2016년 10월 17일, 〈IT뉴스iTnews〉에 실린 앨리 코인Allie Coyne의 〈여전히 화웨이를 두려워하는 호주 의원들Australian MPs still scared of Huawei〉.

39. 2014년 4월 28일, 〈오스트레일리안 파이낸셜 리뷰〉에 실린 크리스토퍼 조이와 아론 패트릭의 〈중국 스파이가 1년간 모든 의원의 이메일을 읽었는지 모른다Chinese spies may have read all MPs emails for a year〉.

40. 2012년 3월 31일, 〈캔버라타임스〉에 실린 크리스 존슨Chris Johnson과 크리스 윌슨Chris Wilson의 〈레이더스를 도운 전임 호주안보정보원 책임자Ex-ASIO director helped Raiders〉.

41. 2012년 3월 31일, 〈시드니 모닝 헤럴드〉에 실린 크리스 윌슨의 〈화웨이와 레이더스의 대단한 거래Huawei is the real deal for Raiders〉. 당시 화웨이는 ACT Brumbies 럭비 유니언 팀과도 협상 중이었다. 한 기자가 "레이더스는 화웨이의 연방 정부 로비를 위한 정치적 인질입니까?"라고 묻자 구단 최고경영자는 "절대 그렇지 않습니다"고 힘주어 대답했다. 그리고 마치 초자연적인 능

력으로 화웨이의 의도를 간파한 듯 이렇게 덧붙였다. "리처드슨과 호주안보정보원의 관계는 후원 계약 체결 여부와 아무 상관이 없습니다. 그런 의문이 드는 것은 저도 충분히 이해하지만, 절대 그렇지 않습니다."

42. 2017년 3월 29일, 〈아이티와이어 뉴스레터 iTWire Newsletter〉에 실린 레이 쇼의 〈승리를 일구는 화웨이와 레이더스의 협력 Huawei and Canberra Raiders winning partnership〉.

43. 〈중국 통신사 화웨이와 ZTE로 제기된 미국 국가 안보 문제에 대한 조사 보고서〉 p.2.

44. 2015년 7월 27일, 〈시드니 모닝 헤럴드〉에 실린 벤 그럽 Ben Grubb의 〈화웨이 장비의 통신사 납품도 금지할 수 있다는 말콤 턴불 Telcos could face Huawei ban, Malcolm Turnbull confirms〉.

45. 2012년 8월 4일, 〈이코노미스트〉에 익명으로 실린 〈세계를 염탐하는 회사〉, 2005년, 랜드연구소의 에반 메데이로스와 로저 클리프, 키스 크레인, 제임스 멜베넌의 〈중국 방위산업의 새로운 방향〉 p.218 참조.

46. 2014년 1월 14일, 〈사우스 차이나 모닝 포스트〉에 실린 피터 심슨 Peter Simpson의 〈보안 문제로 철거된 화웨이 장비 Huawei devices dropped amid security concerns〉. 이 기사는 본래 영국 일요 신문에 실렸지만, 그래도 영국은 화웨이가 브리티시 텔레콤에 장비를 납품하도록 승인했다.

47. 〈e.huawei.com/mediafiles/MediaFiles/5/E/7/%7B5E763722-D55C-4813-A6A7580-79BC5C82A%7DState%20Grid%20of%20China%20Powers%20Up%20with%20Huawei%20Storage%20Solution.pdf〉.

48. 〈중국 통신사 화웨이와 ZTE로 제기된 미국 국가 안보 문제에 대한 조사 보고서〉 p.3.

49. 2015년 12월 17일, 로위연구소의 〈인터프리터〉에 실린 제프 웨이드의 〈중국 국가전력망공사: 호주 업무와 군사적 연계 The State Grid Corporation of China: Its Australian engagement and military links〉, 〈www.lowyinstitute.org/the-interpreter/state-grid-corporation-china-its-australian-engagement-and-military-links〉.

50. 2013년 5월 18일, 〈디 오스트레일리안〉에 실린 그레그 셰리던의 〈미심쩍은 안보 위협-비범한 창출 화웨이 A questionable risk to security—Huawei an extraordinary creation〉.

51. 2017년 6월 17일, 〈디 오스트레일리안〉에 실린 그레그 셰리던의 〈중국의 개입에 신중하게 맞서는 턴불 정부 Turnbull government carefully tackles Chinese interference〉.

52. 2018년 1월 9일 〈인포메이션 The Information〉에 실린 주로 오사와 Juro Osawa의 〈AT&T의 계약 파기로 화웨이 세계 계획 재고해야 AT&T deal collapse forces Huawei to rethink global plans〉.

53. 크레딜린의 이야기를 들은 인물이 저자에게 전달한 내용.

54. 2014년 4월 10일, 〈News.com.au〉에 실린 사이먼 벤슨의 〈토니 애보트, 중국 방문은 호주 총리의 아주 중요한 여정이다 Tony Abbott says China visit is most important trip by Australian Prime Minister〉.

55. 2017년 5월 26일, 국제전략연구소에 실린 나이젤 잉스터의 블로그 〈중국의 정보법 초안〉, 〈http://www.iiss.org/en/iiss%20voices/blogsections/iiss-voices-2017-adeb/may-8636/chinas-

draft-intelligence-law-5b2e〉.

56. 2016년 4월 22일, 〈옵저버The Observer〉에 실린 존 쉰들러John Schindler의 〈중국 간첩의 불편한 진실The unpleasant truth about Chinese espionage〉.

57. 2017년 7월 4일, 〈아시아 센티넬Asia Sentinel〉에 실린 네이트 테이어의 〈중국이 미국 기자를 스파이로 포섭하는 과정How the Chinese recruit American journalists as spies〉.

58. 2017년 7월 10일, 〈코트하우스 뉴스Courthouse News〉에 실린 브랜디 부크먼Brandi Buchman의 〈중국 첩자로 기소된 전직 CIA 요원의 보석 취소Bond revoked for ex-CIA agent charged with spying for China〉.

59. 2008년 7월 11일, 〈캔버라타임스〉에 실린 필립 돌링의 〈중국, 호주노동당 고위급 염탐China spies on top ALP figures〉.

60. 2009년 3월 26일, 〈시드니 모닝 헤럴드〉에 실린 리처드 베이커Richard Baker와 필립 돌링, 닉 매켄지의 〈장관의 추문을 폭로한 국방부Defence leaks dirt file on own minister〉. 헬렌 류는 중국평화통일호주추진회 회원이기도 했다.

61. 2009년 5월 7일, 〈시드니 모닝 헤럴드〉에 실린 리처드 베이커와 필립 돌링의 〈국방부, 장관 스파이 연루 우려 '일축'Defence 'rejected' minister spy link concerns〉.

62. 2009년 3월 27일, 〈시드니 모닝 헤럴드〉에 실린 리처드 베이커와 필립 돌링의 〈연달아 덫에 걸린 장관Minister snared in row〉.

63. 2017년 6월 12일, 〈시드니 모닝 헤럴드〉에 실린 리처드 베이커와 필립 돌링, 닉 매켄지의 〈호주노동당 기부자 헬렌 류, 중국군 고위 정보 요원과 밀접한 사이ALP donor Helen Liu had close ties with a senior Chinese military intelligence operative〉.

64. 리처드 베이커와 필립 돌링의 〈국방부, 장관 스파이 연루 우려 일축〉.

65. 2013년 4월 20일, 〈시드니 모닝 헤럴드〉에 실린 리처드 베이커와 필립 돌링, 닉 매켄지의 〈비밀과 거짓말Secrets and lies〉.

66. 리처드 베이커와 필립 돌링의 〈연달아 덫에 걸린 장관〉.

67. 2010년 2월 3일, 〈시드니 모닝 헤럴드〉에 실린 리처드 베이커와 필립 돌링, 닉 매켄지의 〈헬렌 류의 은밀한 자금 지급 명단에 오른 노동당 의원Secret payments to Labor MP listed in Liu files〉.

68. 2013년 9월 18일, 〈시드니 모닝 헤럴드〉에 실린 리처드 베이커와 필립 돌링, 닉 매켄지의 〈이민부, 헬렌 류 결혼 조사Immigration probes Helen Liu marriage〉.

69. 리처드 베이커와 필립 돌링, 닉 매켄지의 〈이민부, 헬렌 류 결혼 조사〉.

70. 리처드 베이커와 필립 돌링, 닉 매켄지의 〈비밀과 거짓말〉.

71. 리처드 베이커와 필립 돌링, 닉 매켄지의 〈비밀과 거짓말〉.

72. 2016년 9월 16일, 〈타임스The Times〉에 실린 알렉시 모스트러스Alexi Mostrous와 빌리 켄버Billy Kenber의 〈중국 CCTV의 증가를 바라보는 두려움Fears over rise of Chinese CCTV〉.

73. 〈ipvm.com/reports/heres-what-really-sets-hikvision-apart〉.

74. 2016년 11월 21일, 〈VOA〉에 소개된 샤오 위Xioa Yu의 〈세계 최대 감시 카메라 제조사가 중국에 영상을 전송하고 있을까?Is the world's biggest surveillance camera maker sending footage to China?〉, 2016년 10월 6일, 〈IPVM〉에 게시된 존 호노비치John Honovich의 〈중국 국영 기업임을 인정한 하이크비전 최고경영자Hikvision CEO admits Hikvision China state-owned company〉, 2016년 12월 7일, 〈IPVM〉에 게시된 존 호노비치의 〈하이크비전과 중국 정부Hikvision and the Chinese government〉.

75. 2015년 4월 27일, IPVM에 게시된 존 호노비치의 〈중국 정부 보안 책임자를 겸하는 하이크비전 경영자Hikvision exec simultaneously Chinese government security leader〉, 2016년 1월 12일, IPVM에 게시된 존 호노비치의 〈하이크비전과 중공Hikvision and the China Communist Party〉.

76. 〈ipvm.com/reports/hikvision-cetc-mps〉.

77. 샤오 위의 〈세계 최대 감시 카메라 제조사가 중국에 영상을 전송하고 있을까?〉.

78. 2017년 3월 6일, 저자가 인터뷰한 내용.

79. 지금까지 하이크비전 카메라가 해킹당한 사례 참조. 〈ipvm.com/reports/the-hikvision-hacking-scandal-returns〉.

80. 〈hznews.hangzhou.com.cn/jingji/content/2016-01/11/content_6039653.htm〉.

81. 〈ipvm.com/reports/hik-oems-dir〉.

82. 2017년 8월 3일, 저자가 인터뷰한 내용.

83. 〈ipvm.com/reports/hik-backdoor〉.

84. 〈ics-cert.us-cert.gov/advisories/ICSA-17-124-01〉.

85. 존 호노비치의 〈하이크비전과 중공〉.

86. 2015년 12월 2일, 〈ABC News Online〉에 실린 크리스 울만의 〈'대대적인' 기상청 사이버 공격으로 비난받는 중국China blamed for 'massive' cyber attack on Bureau of Meteorology〉, 2016년 10월 12일, 〈ABC News Online〉에 실린 앤드루 그린의 〈기상청이 외국 스파이의 대대적인 공격에 해킹당했다는 보도Bureau of Meteorology hacked by foreign spies in massive attack, report shows〉.

87. 2013년 8월 30일, 〈캔버라타임스〉에 실린 해미시 볼랜드-러더Hamish Boland-Rudder의 〈기상통보관의 최적지는 수도Capital the top spot for weather man〉.

88. 크리스 울만의 〈'대대적인' 기상청 사이버 공격으로 비난받는 중국〉.

89. 2016년 11월 19일, 〈ABC News Online〉에 실린 앤드루 그린의 〈호주 슈퍼컴퓨터의 중국 기술 도입으로 촉발된 보안 문제Chinese technology on Australian supercomputer sparks security concerns〉.

90. 2016년 10월 24일, 〈워싱턴 프리 비컨〉에 실린 빌 거츠의 〈중국 컴퓨터 장치가 사이버 스파이 위험을 초래한다는 군 경고Military warns Chinese computer gear poses cyber spy threat〉.

91. 2017년 3월 15일, 저자가 인터뷰한 내용.

92. 2016년 6월 9일, 〈더 디플로맷〉에 실린 존 리John Lee의 〈중국의 혁신: 빠른 추격자 그 이 상?Innovation in China: More than a fast follower?〉.

93. 제임스 스콧과 드루 스패니얼의 책《중국의 간첩 왕조》pp.10-11, 2016년, Institute for Critical Infrastructure Technology 출판.

94. 윌리엄 해너스와 제임스 멀베넌, 애나 푸글리시의 책《중국 산업 스파이》p.126에 인용된 내용, 2013년, Routledge 출판.

95. 2012년 4월 2일, 〈뉴욕타임스〉에 실린 리처드 클라크Richard A. Clarke의 〈중국이 우리 기밀을 훔 치는 방법How China steals our secrets〉.

96. 2018년 1월 6일, 〈월스트리트저널〉에 실린 에린 아일워스Erin Ailworth의 〈풍력 기술 절도 재판 이 조명한 미중 갈등Trial over theft of wind technology spotlights U.S.-China Tensions〉.

97. 제임스 스콧과 드루 스패니얼의《중국의 간첩 왕조》p.15.

98. 제임스 스콧과 드루 스패니얼의《중국의 간첩 왕조》p.18.

99. 2013년 5월 29일, ABC TV 〈포 코너스〉 프로그램에 소개된 앤드루 파울러Andrew Fowler와 피 터 크로나우Peter Cronau의 〈해킹당했다!Hacked!〉, 2015년 6월 25일, 〈시드니 모닝 헤럴드〉에 익 명으로 실린 〈"알아서 하라": 중국의 해킹 공격에 반격하는 코단"You're on your own": Codan fights back after Chinese hacking attack〉.

100. 〈"알아서 하라": 중국의 해킹 공격에 반격하는 코단〉.

101. 2013년 5월 29일, 〈일렉트로닉스 뉴스Electronics News〉에 게시된 아이작 렁Isaac Leung의 〈중국 에 해킹당한 코단 컴퓨터 통신망Codan network hacked by Chinese〉.

102. ABC TV 〈포 코너스〉 프로그램의 〈해킹당했다!〉에서 데스 볼Des Ball 교수가 파울러와 크로나 우에게 말한 내용.

103. 존 쉰들러의 〈중국 간첩의 불편한 진실〉.

104. 2016년 4월 11일, 〈크리스천 사이언스 모니터〉에 실린 조시 켄워시Josh Kenworthy의 〈중서부 옥수수밭에서 펼쳐진 중국의 절도와 간첩 활동In a Midwestern cornfield, a scene of Chinese theft and espionage〉.

105. 존 쉰들러의 〈중국 간첩의 불편한 진실〉.

106. 존 쉰들러의 〈중국 간첩의 불편한 진실〉.

107. 2016년 4월 21일, 〈ABC News Online〉에 익명으로 게시된 〈'위험한 사랑'이라는 만화로 여 성들에게 잘생긴 외국 스파이를 조심하라고 경고한 중국China warns women off handsome foreign spies in 'Dangerous Love' comic〉.

108. 2016년 8월 28일, 〈우로니〉에 게시된 앨릭스 조스키의 〈대학 약국에서 발생한 사건이 조명한 중국 공동체 분열Incident at university pharmacy highlights a divided Chinese community〉.

109. 2017년 6월 30일, 〈IT뉴스〉에 게시된 파벨 폴리티우크Pavel Polityuk와 에릭 오처드Eric Auchard

중국의 조용한 침공

의 〈우크라이나에서 발생한 페트야 공격은 악성 소프트웨어 설치 '위장용'인 듯Petya attack 'likely cover' for malware installation in Ukraine〉.

110. 2017년 6월 30일, 〈IT뉴스〉에 게시된 앨리 코인Allie Coyne의 〈호주 사이버전 부대 창설 Australia has created a cyber warfare unit〉.

111. 〈http://www.deakin.edu.au/research/research-news/articles/boost-for-cyber-security-collaboration〉.

112. 크리스 울만의 〈'대대적인' 기상청 사이버 공격으로 비난받는 중국〉.

113. 〈nsclab.org/nsclab/collaboration.html〉.

114. 〈www.deakin.edu.au/research/research-news/articles/boost-for-cyber-security-collaboration〉.

115. 〈sinosphere.blogs.nytimes.com/2015/01/06/university-in-xian-opens-school-of-cyberengineering/?_r=0〉.

116. 〈news.xidian.edu.cn/info/1004/5824.htm〉.

117. 〈xyh.xidian.edu.cn/info/1020/1890.htm〉.

118. 〈escholarship.org/uc/item/6f26w11m#page-4〉.

119. 〈renshichu.bit.edu.cn/mxms/lyys/89142.htm〉.

120. 〈www.xidian.edu.cn/info/1020/3374.htm〉.

121. 〈news.xidian.edu.cn/info/2106/195863.htm〉.

122. 〈www.weihai.gov.cn/art/2016/11/10/art_16616_785996.html〉.

123. 〈www.81.cn/2016hjcllqzn/2016-04/21/content_7017010.htm〉.

124. 〈mis.xidian.edu.cn/html/team/domestic/2017/0306/20.html〉.

125. 〈info.xidian.edu.cn/info/1010/11236.htm〉.

126. 〈http://www.edu-australia.org/publish/portal72/tab5536/info116240.htm〉.

127. 〈http://ieeexplore.ieee.org/document/7116415/〉, 〈http://ieeexplore.ieee.org/document/7802648/〉.

128. 2015년 4월 19일, 〈사우스 차이나 모닝 포스트〉에 실린 스티븐 첸Stephen Chen의 〈중국에서 가장 은밀하고 비밀스러운 연구 중심 대학 다섯 곳Top 5 most secretive and mysterious research universities in China〉.

129. 2017년 6월 4일, 〈포브스〉에 실린 앤더스 코의 〈공식적인 해외 중국인학생단체 금지Ban official Chinese student organizations abroad〉.

130. 제임스 스콧과 드루 스패니얼의 《중국의 간첩 왕조》 p.34.

131. 2011년 4월, 미 법무부 FBI에서 작성한 〈고등 교육과 국가 안보: 고등 교육기관 교내에서 노리는 민감하고 독점적인 기밀 정보Higher education and national security: The targeting of sensitive, proprietary and classified information on campuses of higher education〉 p.9, 〈https://www.fbi.gov/file-repository/higher-education-national-security.pdf/view〉.

132. 제임스 스콧과 드루 스패니얼의 《중국의 간첩 왕조》 p.37.

9장 내부의 적들과 과학 단체

1. 제임스 젠화 토의 《교무: 해외 중국인을 위한 역외 정책》 p.73 이하 참조, 2014년, Koninklijke Brill 출판.

2. 2017년 호주안보정보원이 발표한 〈ASIO 2016~2017년 연례 보고서 ASIO Annual Report 2016–17〉.

3. 2016년 호주안보정보원이 발표한 〈ASIO 2015~2016년 연례 보고서〉.

4. 2007년 전직 외교관 천융린이 폭로한 바에 따르면, 사회 주류층에 영향력을 행사할 목적으로 이용하기 위해 중국 공관이 주도적으로 중국인 전문가 단체를 조직하는 경우가 많다. 2007년 6월 7일, 〈에포크타임스〉에 실린 마달리나 휴버트의 〈전직 외교관이 자세히 밝힌 중국 정권의 대외 계획 Ex-envoy details Chinese regime's overseas scheme〉, 〈www.theepochtimes.com/n3/1749162-ex-envoy-details-chinese-regimes-overseas-scheme/〉.

5. 〈www.gqb.gov.cn/news/2017/0324/42073.shtml〉.

6. 〈https://taschinese.com/thread-189619-1-1.html〉.

7. 〈news.xinhuanet.com/2016-09/05/c_1119513745.htm〉.

8. 2016년 7월 31일, 〈사이퍼브리프 The Cypher Brief〉에 게시된 스콧 해럴드 Scott Harold의 〈미중 사이버 합의: 바람직한 첫걸음 The U.S.-China cyber agreement: A good first step〉.

9. 제임스 젠화 토의 《교무: 해외 중국인을 위한 역외 정책》 p.43.

10. 제임스 젠화 토의 《교무: 해외 중국인을 위한 역외 정책》 pp.43-44.

11. 제임스 스콧과 드루 스패니얼의 《중국의 간첩 왕조》 pp.10-11, 2016년, Institute for Critical Infrastructure Technology 출판.

12. 2016년 4월 25일, 〈에포크타임스〉에 실린 조슈아 필립 Joshua Philipp의 〈빈번한 중국 스파이 사건으로 드러나는 조용한 국가 비상사태 Rash of Chinese spy cases shows a silent national emergency〉.

13. 〈ASIO 2016~2017년 연례 보고서〉 p.5와 〈ASIO 2015~2016년 연례 보고서〉 pp.25-26.

14. 2016년 4월에만 네 건의 스파이 사건이 적발되었다. 조슈아 필립의 〈빈번한 중국 스파이 사건으로 드러나는 조용한 국가 비상사태〉도 참조.

15. 2012년 3월 16일, 〈블룸버그통신〉에 게시된 마이클 라일리 Michael Riley와 애슐리 밴스 Ashlee Vance의 〈중국 산업 스파이 붐의 내막 Inside the Chinese boom in corporate espionage〉.

16. 2011년 1월 21일 미 국무부가 언론에 배포한 〈중국 스파이로 활동하려다 징역 48개월을 선고받은 미시간주 남성 Michigan man sentenced 48 months for attempting to spy for the People's Republic of China〉.

17. 2007년 4월 30일, 〈더 스타 The Star〉에 익명으로 게시된 〈스파이 목록 1위에 오른 중국: CSIS China tops spy list: CSIS〉.

18. 〈스파이 목록 1위에 오른 중국: CSIS〉.

19. 2013년 12월 2일, 〈ABC News Online〉에 익명으로 실린 〈베이징, 캐나다 기술자가 중국 스파이라는 주장 일축Beijing rejects claims Canadian engineer is Chinese spy〉.

20. 2016년 4월 12일, 〈머터리얼스 투데이Materials Today〉에 게시된 하이옌 둥Haiyan Dong과 위 가오Yu Gao, 패트릭 신코Patrick J. Sinko, 짜이성 우Zaisheng Wu, 젠거우 쉬Jianguo Xu, 리 자Lee Jia의 〈미국과 중국의 나노 기술 경쟁The nanotechnology race between China and USA〉.

21. 2016년 7월 28일, 〈타이페이타임스Taipei Times〉에 실린 제이슨 팬의 〈검찰, 나노 기술 절도로 다섯 명 기소Prosecutors charge five with nanotechnology theft〉.

22. 대니얼 골든의 책《스파이 학교: CIA와 FBI, 외국 정보기관이 미국 대학을 은밀히 이용하는 방법Spy Schools: How the CIA, FBI, and Foreign Intelligence secretly exploit America's universities》p.17, 2017년 Henry Holt 출판.

23. 윌리엄 해너스와 제임스 멀베넌, 애나 푸글리시의 책《중국 산업 스파이》5장 참조, 2013년, Routledge 출판.

24. 《중국 산업 스파이》pp.122-123.

25. 2017년 2월 1일, 천융린과 인터뷰한 내용. 천융린은 일부 과학자들이 중국에 정보를 넘기는 대가로 (호주국세청 모르게) 큰 보너스를 받는다고 증언했다.

26. 제임스 젠화 토의《교무: 해외 중국인을 위한 역외 정책》pp.45-46.

27. 2017년 2월 1일, 천융린과 인터뷰한 내용.

28. 호주중국국제인재교류협회 회장은 구이샤 가오Guixia Gao다.

29. 《중국 산업 스파이》pp.78-80.

30. 《중국 산업 스파이》p.96.

31. 노시르 고와디아Noshir Gowadia 사건은 〈web.archive.org/web/20070523175209/〉, 〈honolulu.fbi.gov/dojpressrel/pressrel06/defensesecrets110906.htm〉, 〈www.justice.gov/opa/pr/hawaii-man-sentenced-32-years-prison-providing-defense-information-and-services-people-s〉 참조.

32. 《중국 산업 스파이》pp.79-80.

33. 〈www.gov.cn/xinwen/2016-12/01/content_5141607.htm〉.

34. 《중국 산업 스파이》p.110.

35. 《중국 산업 스파이》p.114.

36. 〈www.focsa.org.au/aboutus.html〉.

37. 〈www.people.com.cn/GB/guoji/14553/2907862.html〉.

38. 〈2007.chisa.edu.cn/szxrzz/qikan/2009no10/200910/t20091020_123750.html〉.

39. 〈www1.rmit.edu.au/staff/xinghuo-yu〉.

40. 2015년 4월 19일, 〈사우스 차이나 모닝 포스트〉에 실린 스티븐 첸의 〈중국에서 가장 은밀하고 비밀스러운 연구 중심 대학 다섯 곳〉.

41. 〈www.wacsa.com/conference-zh/welcome/〉.

42. 〈perth.chineseconsulate.org/chn/zlsgxw/t1297108.htm〉.

43. 〈www.qcase.org.au/en/〉, 〈www.mfa.gov.cn/chn//pds/gjhdq/gj/dyz/1206/1206x2/t1419700.htm〉, 〈www.fmprc.gov.cn/ce/cgbrsb/chn/zlgxw/t1014449.htm〉, 〈www.cnzsyz.com/aozhou/359263.html〉.

44. 〈www.fmprc.gov.cn/ce/cgbrsb/chn/zlgxw/t1014449.htm〉.

45. 〈www.most.gov.cn/cxfw/kjjlcx/kjjl2011/201202/t20120217_92526.htm〉.

46. 〈www.gg.gov.au/sites/default/files/files/honours/ad/ad2017/slkh83xzcb/AO Final Media Notes.pdf〉.

47. 〈www.chinaql.org/c/2015-12-14/485805.shtml〉.

48. 〈news.xinhuanet.com/fortune/2010-09/14/c_12551099.htm〉.

49. 〈www.qcase.org.au/en/professor-max-lu-was-appointed-as-president-and-vice-chancellor-of-the-university-of-surrey-the-united-kingdom-uk/〉.

50. 〈www.cscs.org.au/wp-content/uploads/2016/12/2016-2018-Council-Meeting-Agenda.pdf〉.

51. 〈www.cscs.org.au/wp-content/uploads/2016/12/2016-2018-Council-Name-List1.pdf〉, 〈www.cscs.org.au/?page_id=10〉.

52. 〈www.cscs.org.au/wp-content/uploads/2017/03/CSCS_Attendee_List.pdf〉.

53. 해너스와 멀베넌, 푸글리시의 《중국 산업 스파이》 pp.116-117 참조.

54. 〈www.sydneytoday.com/au-news/1589112?flag=1〉.

55. 〈australia.people.com.cn/n1/2016/1115/c408038-28862609.html〉.

56. 〈acetca.org.au/en/?dt_portfolio=professor-yi-chen-lan〉.

57. 〈www.acpprc.org.au/english/7thtermlist.asp〉.

58. 2017년 8월 3일, 저자와 인터뷰한 내용.

59. 2013년 12월 5일, 〈시드니 모닝 헤럴드〉에 실린 리처드 베이커와 닉 매켄지의 〈중국인 과학자 결근으로 드러난 호주연방과학산업연구기구 스파이 혐의 Chinese's [sic] scientist absence exposed alleged spying activities at CSIRO〉.

60. 정보 열람권에 따라 2015년 9월 10일 호주연방경찰이 제보 기자의 이름을 지우고 공개한 이메일에 기재된 내용.

61. 정보 열람권에 따라 공개된 문서 참조.

62. 〈www.csiro.au/china/〉, <https://www.csiro.au/en/About/We-are-CSIRO〉.

63. 〈www.lksf.org/the-5th-cheung-kong-scholars-award-ceremony-held-in-beijing/〉.

64. 2017년 3월 22일, 〈뉴욕타임스〉에 실린 폴 모주르 Paul Mozur와 제인 펄레즈 Jane Perlez의 〈국방부, 민감한 미국 스타트업에 투자하는 중국 염려 China bets on sensitive US start-ups, worrying the Pentagon〉.

65. 2017년 7월 20일, 〈뉴욕타임스〉에 실린 폴 모주르의 〈2030년까지 중국 AI를 완성하려는 베이

징 Beijing wants AI to be made in China by 2030〉.

66. 〈www.csiro.au/en/News/News-releases/2017/CSIROs-Data61-strengthening-Australias-cyber-security〉.

67. 〈people.csiro.au/w/c/Chen-Wang〉.

68. 〈xwb.hnedu.cn/chuangxin/UploadFiles_1600/201507/2015070717485119.xls〉, 〈mil.cnr.cn/ztl/gfkdrc/xwbd/201309/t20130926_513699890.html〉.

69. 〈wenku.baidu.com/view/43d5ee49bcd126fff7050bc0.html〉, 〈http://www.defence.org.cn/article-2-28113.html〉.

70. 〈www.huang123.cn/show.php?pid=1010〉.

71. 〈www.cnki.com.cn/Article/CJFDTOTAL-XTFZ201105018.htm〉.

72. 〈xueshu.baidu.com/scholarID/CN-BS74SKWJ〉.

73. Computer Science 2009년 3호에 (중국어로) 실린 아오푸장과 치쭝평, 천빈, 황커디의 〈데이터 스트림 마이닝 기술과 시뮬레이션 시스템에서의 응용Data stream mining techniques and its application in simulation systems〉, Journal of System Simulation 2009년 24호에 (중국어로) 실린 천빈과 쥐루성, 장자오진, 황커디의 〈전투 시뮬레이션에서 웹 기반 상황 디스플레이 방법Web-based situation display method in combat simulation〉, Ordnance Industry Automation 2007년 12호에 (중국어로) 실린 양룬과 천빈, 황젠, 황커디의 〈전투 시뮬레이션의 범용 2차원 뷰 디스플레이 시스템 연구Research of general 2-dimension view display system in combat simulation〉, Journal of National University of Defense Technology 2015년 3호에 (중국어로) 실린 양룬과 천빈, 황젠, 황커디의 〈비상 관리 적응 컴퓨터 실험의 모델 개발과 관리Model development and management in the computational experiment oriented to emergency management〉.

74. 〈www.cqvip.com/qk/96569x/201108/38633287.html〉, 〈www.cqvip.com/qk/95956x/200712/26266402.html〉.

75. 〈www.cqvip.com/qk/96569x/201108/38633290.html〉.

76. 〈www.cssn.cn/jsx/201611/t20161128_3291681.shtml〉.

77. Computer Simulation 2011년 7호에 (중국어로) 실린 후평과 추샤오강, 멍룽칭의 〈원격 감지 인공위성 시뮬레이션 통합 환경의 리소스 설명Resource Description in Remote Sensing Satellite Simulation Integrated Environment〉.

78. 〈www.sia.cn/gkjj/lsyg/〉.

79. 〈www.militarytimes.com/news/pentagon-congress/2017/06/23/scientist-gets-time-served-for-theft-of-military-documents/〉.

80. 검찰 수상에 따르면, 중국으로 돌아가길 위한 위룽은 일자리를 마련해 주면 항공기 기술을 훔쳐 선양자동화연구소와 중국과학원에 넘기기로 약속했다. 일자리가 마련되자 위룽은 방대한

기밀문서를 들고 중국으로 돌아갔다. 위룽은 미국에서 근무한 경력을 기술한 이메일을 보내며 "제 노력이 중국의 항공기 엔진 완성에 도움이 될 것으로 믿습니다"라고 적었다. (〈www.justice. gov/usao-ct/pr/chinese-national-admits-stealing-sensitive-military-program-documents-united-technologies〉).

81. 스핑은 시드니대학의 명예교수이기도 하다. (〈people.csiro.au/C/S/Shiping-Chen〉).

82. 천스핑은 2017년 6월 중국석유대학에서 블록체인 기술에 대해 강연했다. (〈computer.upc.edu. cn/s/120/t/572/20/dc/info139484.htm〉). 하얼빈공업대학 웨이하이 캠퍼스도 방문해 총장 및 컴퓨터공학기술대학 학장과 연구 협력 방안을 논의했다. (〈today.hitwh.edu.cn/news_show. asp?id=27444〉).

83. 〈ieeexplore.ieee.org.virtual.anu.edu.au/document/7983451/〉, 〈ieeexplore.ieee.org.virtual.anu. edu.au/document/7207357/〉, 〈ieeexplore.ieee.org.virtual.anu.edu.au/document/7557479/〉.

84. 〈sklnst.bupt.edu.cn/content/content.php?p=2_8_4〉.

85. 〈https://tinyurl.com/y8nhrjg9〉.

86. 〈www.ixueshu.com/document/f6efe1550ca0d51e318947a18e7f9386.html〉.

87. 〈www.csiro.au/en/News/News-releases/2016/Data61-and-Treasury-to-examine-blockchain-technology-potential〉.

88. 역시 리밍 주와 공동으로 논문을 발표한 푸인진은 중국인민해방군이공대학 교수다.

89. 〈www.ccf.org.cn/c/2017-05-11/594599.shtml〉.

90. 〈zqb.cyol.com/html/2013-08/30/nw.D110000zgqnb_20130830_5-06.htm〉.

10장 대학에 들어온 중국

1. 존 피츠제럴드의 〈학문의 자유와 현대 대학: 중국의 교훈Academic freedom and the contemporary university: Lessons from China〉, Humanities Australia 2017년 8호 pp.8-22.

2. 〈학문의 자유와 현대 대학: 중국의 교훈〉.

3. 〈학문의 자유와 현대 대학: 중국의 교훈〉에 인용된 내용.

4. 페리 링크가 미 하원 외교위원회에서 증언한 내용, 〈미국 대학에 미치는 중국의 영향력이 학문의 자유를 위협하는가?Is academic freedom threatened by China's influence on US universities?〉 p.3, 2014년 12월 4일, US Government Printing Office 발간.

5. 2017년 5월 10일, 저자와 인터뷰한 내용.

6. 페리 링크의 증언 〈미국 대학에 미치는 중국의 영향력이 학문의 자유를 위협하는가?〉 p.11.

7. 2017년 5월 10일에 저자와 인터뷰한 내용.

8. 2016년 9월 9일, 〈디 오스트레일리안〉에 실린 로완 캘릭의 〈노장을 노리는 덫, 중국 방식Traps for old players, the People's Republic of China way〉.

9. 〈world.huanqiu.com/exclusive/2017-05/10701945.html〉.

10. 2017년 5월 22일, 〈시드니 모닝 헤럴드〉에 실린 커스티 니덤의 〈모내시대학교의 술 취한 중국 관료 쪽지 시험에 폭발한 중국 인터넷China's internet erupts over Monash University's drunk officials quiz question〉.

11. 2017년 5월 22일, 〈디 오스트레일리안〉에 실린 프림로즈 리오던의 〈쪽지 시험 때문에 강사 자격 정지한 모내시대학교Monash University suspends lecturer over quiz question〉.

12. 2017년 5월 30일, 〈디 오스트레일리안〉에 실린 프림로즈 리오던의 〈중국인 학생의 이의 제기로 교과서를 팽개친 모내시대학교Monash throws out the textbook over Chinese student complaints〉, 프림로즈 리오던의 〈쪽지 시험 때문에 강사 자격을 정지한 모내시대학교〉.

13. 〈news.163.com/17/0520/06/CKS0O4CL0001899N.html〉.

14. 〈www.sydneytoday.com/content-101720255970006〉.

15. 〈https://www.universitiesaustralia.edu.au/global-engagement/international-collaboration/international-links/Link-Maps/Australian-universities-formal-agreements-by-country〉.

16. 2017년 8월 30일, 〈오스트레일리안 파이낸셜 리뷰〉에 실린 존 가넛의 〈우리 대학이 중국 이념 전쟁의 최전선이다Our universities are a frontline in China's ideological wars〉.

17. 2017년 9월 1일, 〈News.com.au〉에 게시된 엠마 레이놀즈Emma Reynolds의 〈중국 정부의 영향력이 호주 대학에 침투하며 고조되는 긴장Tensions rise as Chinese government's influence infiltrates Aussie universities〉.

18. 〈http://en.people.cn/n3/2017/0811/c90000-9254290.html〉.

19. 2017년 8월 22일, 〈SBS News Online〉에 게시된 안드레아 부스Andrea Booth의 〈시드니대학 강사가 이론의 여지가 있는 중국과 인도 국경 지도를 사용했다고 분노한 중국 학생들Chinese students left fuming after Sydney uni lecturer uses contested map of China-India border〉.

20. 2017년 9월 1일, 〈디 오스트레일리안〉에 실린 로완 캘릭의 〈정치적으로 부적절한 교수를 밀고하라고 배운 중국 학생들Chinese students taught to 'snitch' on politically incorrect lecturers〉.

21. 2017년 9월 23일, 〈디 오스트레일리안〉에 실린 프림로즈 리오던의 〈명문 대학들 중국 영향력 인정, 반발을 걱정하는 G8Top unis admit China influence, Go8 fears backlash〉, 〈https://sydney.edu.au/news-opinion/news/2017/09/25/university-of-sydney-engagement-with-china—statement.html〉.

22. 〈sydney.jinriaozhou.com/content-101734356533003〉.

23. 2017년 8월 28일, 〈디 오스트레일리안〉에 실린 프림로즈 리오던과 로완 캘릭의 〈뉴캐슬대학의 대민 논쟁에 개입한 중국 영사관China consulate involved in Newcastle Uni Taiwan row〉.

24. 토머스 쿠시먼Thomas Cushman이 미 하원 외교위원회에서 증언한 내용, 〈미국 대학에 미치는 중

국의 영향력이 학문의 자유를 위협하는가?〉 p.16.

25. 2017년 8월 22일, 〈가디언〉에 실린 마에브 케네디Maev Kennedy와 톰 필립스Tom Phillips의 〈중국 검열에 물러선 케임브리지 대학 출판부Cambridge University Press backs down over China censorship〉.

26. 시드니공대와 중국전자과기집단에 관한 내용은 주로 제프 웨이드의 자료와 앨릭스 조스키가 꼼꼼히 조사한 중국어 자료를 참조했다.

27. 2013년 10월 3일, 〈오스트레일리안 파이낸셜 리뷰〉에 실린 존 피츠제럴드의 〈덫에 걸린 중국 과학자China's scientists trapped〉.

28. 〈rms.arc.gov.au/RMS/Report/Download/Report/a3f6be6e-33f7-4fb5-98a6-7526aaa184cf/70〉.

29. 〈www.forbes.com/sites/anderscorr/2016/06/22/chinas-aerospace-defense-industry-sacks-us-military-technology/#49a64c595aae〉.

30. 〈www.scmp.com/news/china/diplomacy-defence/article/2058888/j-15-fighter-jets-chinas-liaoning-aircraft-carrier-make〉; 〈mil.news.sina.com.cn/china/2016-11-29/doc-ifxyawmm3819629.shtml〉.

31. 〈www.biam.ac.cn/tabid/87/Default.aspx〉.

32. 〈www.bloomberg.com/research/stocks/private/person.asp?personId=273713617&privcapId=273591866〉.

33. 2017년 6월 20일, 〈ABC News Online〉에 게시된 크리스 울만의 〈호주 국방부, 중국의 인수로 개인 소유가 된 데이터 허브에서 자료 이전Australian Defence files to be moved out of privately owned data hub after Chinese buy-in〉.

34. 〈www.adelaide.edu.au/directory/s.qiao〉, 〈news.buct.edu.cn/kxyj/49393.htm〉, 〈http://www.oic.buct.edu.cn/sysgk/index.htm〉.

35. 〈chemeng.adelaide.edu.au/qiao/members/tianyi-ma/〉.

36. 〈www.biam.ac.cn/tabid/86/InfoID/3168/frtid/209/Default.aspx〉.

37. 윌리엄 해너스와 제임스 멀베넌, 애나 푸글리시의 책 《중국 산업 스파이》 p.259, 2013년, Routledge 출판.

38. 〈www.uschamber.com/report/china's-drive-indigenous-innovation-web-industrial-policies〉.

39. 〈https://tinyurl.com/y9per3ct〉.

40. 존 피츠제럴드의 〈덫에 걸린 중국 과학자〉.

41. 매튜 루스의 〈모범 기업: 민군 통합 10주년을 맞은 중국전자과기집단A model company: CETC celebrates 10 years of civil-military integration〉, 제임스타운재단The Jamestown Foundation의 China Brief 2012년 12권 4호 수록.

42. 2017년 6월 3일, 〈가디언〉에 실린 대니엘 케이브와 브렌단 토마스-눈의 〈중국 방위사업자

와 호주연방과학산업연구기구의 협력에 제기되는 의문CSIRO cooperation with Chinese defence contractor should raise questions〉.

43. 〈web.archive.org/web/20101029184346/http://www.cetc.com.cn:80/Article_List.aspx?columnID=1〉.

44. 〈jamestown.org/program/a-model-company-cetc-celebrates-10-years-of-civil-military-integration/〉.

45. 매튜 루스의 〈모범 기업: 민군 융합 10주년을 맞은 중국전자과기집단〉.

46. 대니엘 케이브와 브렌단 토마스-눈의 〈중국 방위사업자와 호주연방과학산업연구기구의 협력에 제기되는 의문〉.

47. 윌리엄 해너스와 제임스 멀베넌, 애나 푸글리시의 《중국 산업 스파이》 p.259.

48. 윌리엄 해너스와 제임스 멀베넌, 애나 푸글리시의 《중국 산업 스파이》 pp.259-260.

49. 〈www.uts.edu.au/about/faculty-engineering-and-information-technology/news/joint-iet-research-centre-china〉.

50. 〈en.yibada.com/articles/55692/20150820/chinese-researchers-hopeful-metamaterials-key-unlocking-invisible-planes.htm〉.

51. 대니엘 케이브와 브렌단 토마스-눈의 〈중국 방위사업자와 호주연방과학산업연구기구의 협력에 제기되는 의문〉.

52. 2017년 12월 15일, 〈ABC News Online〉에 실린 톰 이굴든Tom Igguldon의 〈중국과 군사 기술을 공유한 혐의 받는 호주 대학Australian universities accused of sharing military technology with China〉.

53. 〈newsroom.uts.edu.au/news/2016/12/uts-launch-centre-china-promote-research-and-commercialisation〉.

54. 〈news.xinhuanet.com/info/2016-11/17/c_135835124.htm〉.

55. 〈www.cetccity.com/home〉.

56. 〈www.uts.edu.au/about/faculty-engineering-and-information-technology/news/new-uts-centre-driving-big-data〉.

57. 〈www.uts.edu.au/about/faculty-engineering-and-information-technology/news/joint-iet-research-centre-china〉.

58. 〈www.uts.edu.au/research-and-teaching/our-research/global-big-data-technologies-centre〉.

59. 〈news.xinhuanet.com/mil/2017-03/15/c_129509791.htm〉, <ndupress.ndu.edu/Media/News/News-Article-View/Article/621113/defense-intelligence-analysis-in-the-age-of-big-data/〉.

60. 〈web.archive.org/web/20160530101219/http://www.uts.edu.au/research-and-teaching/our-research/global-big-data-technologies-centre/working-us/our-partners〉.

61. 2016년 9월 3~4일, 〈오스트레일리안 파이낸셜 리뷰〉에 실린 아론 패트릭의 〈중국 시민 간첩China's citizen spies〉.

62. 2017년 8월 3일, 국방과학기술그룹에서 대학 업무를 관리하는 고위직과 인터뷰한 내용.

63. 대니얼 골든의 책《스파이 학교: CIA와 FBI, 외국 정보기관이 미국 대학을 은밀히 이용하는 방법》p.7, 2017년, Henry Holt 출판.

64. 〈www.xidian.edu.cn/xxgk/xxjj.htm〉.

65. 2015년 1월 7일, 〈뉴욕타임스〉에 실린 에드워드 웡Edward Wong의 〈시안전자과기대 사이버공대 신설University in Xi'an opens school of cyberengineering〉.

66. 〈news.ifeng.com/a/20160531/48886124_0.shtml〉.

67. 이 단락의 나머지 부분은 대부분 자료를 조사한 앨릭스 조스키가 집필했다.

68. 2017년 10월 4일, 〈사우스 차이나 모닝 포스트〉에 실린 미니 찬Minnie Chan의 〈시진핑, 중국 방산업체들에 더 높은 목표를 세우고 무기 기술을 따라잡으라고 지시Xi Jinping tells Chinese defence firms to aim higher and catch up on weapons technology〉, 2017년 10월 18일, 〈더 디플로맷〉에 실린 샬럿 가오Charlotte Gao의 〈시진핑의 제19차 전인대 연설 핵심 세 가지3 Major Takeaways from Xi Jinping's Speech at the 19th Party Congress〉.

69. 2013년 12월 23일, 〈로이터통신〉에 게시된 데이비드 레이그David Lague의 〈인공위성 기술 경주에서 유럽의 차를 얻어 탄 중국In satellite tech race, China hitched a ride from Europe〉.

70. 〈https://link.springer.com/article/10.1007/s10291-010-0165-9〉.

71. 장웨이화와 뉴사우스웨일스대학교 연구원들의 협업은 〈http://www.sciencedirect.com/science/article/pii/S1874490714000020〉 참조, 장웨이화 소장은 〈http://www.gzht.casic.cn/n1377750/n1377781/c1802727/content.html〉 참조.

72. 〈http://eng.chinamil.com.cn/news-channels/china-military-news/2015-06/26/content_6556886.htm〉, 〈http://news.xinhuanet.com/mil/2015-06/25/c_127950466.htm〉.

73. 〈https://www.uscc.gov/sites/default/files/Research/Staff%20Report_China%27s%20Alternative%20to%20GPS%20and%20Implications%20for%20the%20United%20States.pdf〉.

74. 〈http://www.sciencedirect.com/science/article/pii/S0273117712005777〉, <http://ieeexplore.ieee.org/document/7809968/〉.

75. 〈http://citeseerx.ist.psu.edu/viewdoc/download?doi=10.1.1.156.9303&rep=rep1&type=pdf〉, 〈https://wenku.baidu.com/view/4ee98410227916888486d73f.html?re=view〉.

76. 〈http://www.wendangku.net/doc/e1ba346fff00bed5b9f31dd3-134.html〉.

77. 2017년 10월 28일, 〈시드니 모닝 헤럴드〉에 실린 클라이브 해밀턴과 앨릭스 조스키의 〈중국이 군사적으로 미국을 능가하도록 돕는 호주 대학Australian universities are helping China's military surpass the United States〉.

78. 〈http://news.xinhuanet.com/politics/19cpcnc/2017-10/22/c_129724787.htm〉.

79. 2017년 11월 14일에 저자가 받은 이메일 답장.

80. 2017년 7월 25일에 저자가 받은 이메일 답장.

81. 2017년 10월 27일에 저자가 받은 이메일 답장.

82. 2017년 11월 8일에 앨릭스 조스키와 나눈 대화.

83. 〈www.ctp.gov.cn/hjjh/index.shtml〉, 〈http://www.gov.cn/xinwen/2017-03/24/content_5180907.htm〉.

84. 윌리엄 해너스와 제임스 멀베넌, 애너 푸글리시의 《중국 산업 스파이》.

85. 2011년 12월 22일, 〈BBC News〉에 익명으로 실린 〈영업기밀 절도로 수감된 중국인 과학자 황 커쉐Chinese scientist Huang Kexue jailed for trade theft〉.

86. 〈www.freerepublic.com/focus/news/3229656/posts〉.

87. 〈newsroom.unsw.edu.au/news/general/unsw-partners-china-100-million-innovation-precinct〉.

88. 〈http://www.president.unsw.edu.au/speeches/torch-gala-dinner-speech-address-professor-ian-jacobs-unsw-sydney-16-august-2016〉.

89. 〈https://newsroom.unsw.edu.au/news/general/unsw-partners-china-100-million-innovation-precinct〉.

90. 윌리엄 해너스와 제임스 멀베넌, 애너 푸글리시의 《중국 산업 스파이》 p.63.

91. 〈news.xinhuanet.com/world/2017-03/24/c_1120688273.htm〉.

92. 2016년 5월 7일, 〈디 오스트레일리안〉에 실린 존 로스John Ross의 〈뉴사우스웨일스대학교 혁신가의 길을 밝히는 횃불단지Torch precinct lights the way for UNSW innovators〉.

93. 2017년 9월 19일, 〈가디언〉에 실린 앤더스 퍼즈와 루이자 림의 〈'파우스트의 거래': 호주 대학과 중국의 1억 달러 제휴를 우려하는 국방부'Faustian bargain': Defence fears over Australian university's $100m China partnership〉, 2017년 10월 30일, 〈오스트레일리안 파이낸셜 리뷰〉에 기고한 브라이언 보일의 〈대학과 국제 연구에 필수적인 중국 제휴Chinese partnerships are vital for universities and global research〉.

94. 존 로스의 〈뉴사우스웨일스대학교 혁신가의 길을 밝히는 횃불단지〉.

95. 2017년 8월 2일, 로리 피어시 부총장보와 인터뷰한 내용.

96. 2017년 10월 5일, 로리 피어시에게 받은 이메일 "……모든 예비 협력자에 대해 광범위한 실사를 진행하며, 제3의 독립적인 전문 기관이 실사를 맡고 있다. 기업의 수익 소유권 정보는 물론 제재/규제/배제 목록 등 다양한 기준을 고려하며, 이 과정에서 군대와 연관이 있는지 확실히 들여다보고 있다." 10월 17일에 받은 이메일 "해외 협력자와 체결하는 모든 연구 계약은 엄격한 실사 과정을 거치며, 모든 계약이 방산무역통제법을 따르도록 확인하고 있다."

97. 다음과 같은 주장들로 판단할 때 로리 피어시는 중공 정권의 목표에 공감하는 것으로 보인다. "엘리트들의 민주주의 요구가 시들면, 홍콩인들은 자신들의 운명이 지금까지 늘 중국의 일부였다는 사실을 깨닫게 될 것이다." (2014년 10월 2일, 〈디 컨버세이션〉에 기고한 〈최루탄 안개 너머, 홍콩의 미래는 중국과 함께한다Beyond the fog of tear gas, Hong Kong's future remains with China〉)', '일대일로 이니셔티브가 호주를 '명예로운 고립'에서 구할 것이다." (2016년 11월 23

일, 〈신화넷〉에 기고한 〈고립주의 정서에 대응하는 중국의 일대일로 이니셔티브: 호주 학자들 China's Belt and Road initiative counters isolationist sentiment: Australian academics〉〉, "호주 대학은 지역주의를 버리고, '신실크로드를 따라 과감한 첫발'을 내디뎌야 한다." (2015년 5월 26일, 〈글로벌타임스〉에 기고한 〈호주의 고등 교육이 신실크로드를 따라 과감히 나서길 촉구하는 학자 Scholar urges bold step for Australia's higher education along new Silk Road〉〉. 중국 관영 언론에 자주 기고하는 로리 피어시 부총장보는 뉴사우스웨일스대학교 공자학원 책임자다.

98. 이 문제는 민감한 주제이며, 연구된 적도 없다. 대학의 특정 학과나 연구소의 직원 명부를 보면 집단거주지의 존재를 어렵지 않게 확인할 수 있다. 이 책에서 집단거주지가 학문 문화에 미치는 잠재적 영향으로 거론하는 내용은 개인적 일화를 바탕으로 추정한 것이다.

99. 애들레이드대학교〈www.adelaide.edu.au/directory/peng.shi〉, 빅토리아대학교〈www.vu.edu.au/contact-us/peng-shi〉.

100. 〈www.fjut.edu.cn/e3/56/c467a58198/page.htm〉.

101. 〈www1.hrbust.edu.cn/xueyuan/zidonghua/shownews.asp?id=97〉.

102. 〈heuac.hrbeu.edu.cn/2016/0530/c1467a34057/page.htm〉, 〈heuac.hrbeu.edu.cn/1540/list.htm〉.

103. 〈heuac.hrbeu.edu.cn/1478/list.htm〉.

104. 〈military.people.com.cn/n/2014/1020/c1011-25868325.html〉.

105. 〈www.fjut.edu.cn/e3/56/c467a58198/page.htm〉, 〈www.vu.edu.au/contact-us/peng-shi〉.

106. 〈www.eleceng.adelaide.edu.au/Personal/cclim/research/pgstudents.html〉.

107. 2009년 10월 22일, 〈이코노미스트〉에 익명으로 실린 〈공자의 전언A message from Confucius〉.

108. 2014년 10월 14일, 〈에포크타임스〉에 실린 오미드 고레이시Omid Ghoreishi의 〈베이징이 공자학원을 첩보 활동에 이용한다는 캐나다 정보 베테랑Beijing uses Confucius Institutes for espionage, says Canadian intelligence veteran〉.

109. 〈english.hanban.org/node_10971.htm〉.

110. 2007년 1월, The China Journal 57호에 실린 데이비드 샵보의 〈중국 선전 체계: 기관, 과정, 효능China's propaganda system: Institutions, processes and efficacy〉.

111. 제임스 젠화 토의《교무: 해외 중국인을 위한 역외 정책》p.146, 2014년, Koninklijke Brill 출판.

112. 레이첼 피터슨Rachelle Petersen의 책《중국으로 아웃소싱: 공자학원과 미국 고등 교육 내 소프트파워Outsourced to China: Confucius Institutes and soft power in American higher education》p.80, 2017년 National Association of Scholars 출판.

113. 2013년 4월 18일, 〈가디언〉에 익명으로 실린 〈달라이 라마 방문 취소로 비난받는 시드니대학 Sydney University criticised for blocking Dalai Lama visit〉.

114. 2013년 4월 18일, 〈ABC News Online〉에 실린 애덤 하비Adam Harvey의 〈달라이 라마 행사를 취소해 비난받는 대학Uni under fire for pulling pin on Dalai Lama event〉.

115. 레이첼 피터슨의 《중국으로 아웃소싱: 공자학원과 미국 고등 교육 내 소프트파워》 p.83.

116. 2016년 10월 14일, 〈ABC News Online〉에 소개된 헤이거 코헨의 〈호주 대학, 최근 중국 소프트파워 공격의 전쟁터 Australian universities the latest battleground in Chinese soft power offensive〉.

117. 2014년 8월 8일, 〈더 디플로맷〉에 실린 즈쿤 주 Zhiqun Zhu의 〈중국 소프트파워의 몰락 The undoing of China's soft power〉.

118. 레이첼 피터슨의 《중국으로 아웃소싱: 공자학원과 미국 고등 교육 내 소프트파워》.

119. 《중국으로 아웃소싱: 공자학원과 미국 고등 교육 내 소프트파워》 p.88.

120. 오미드 고레이시의 〈베이징이 공자학원을 첩보 활동에 이용한다는 캐나다 정보 베테랑〉.

121. 2014년 9월 8일, 〈CBC News〉에 소개된 라피 부지카니안 Raffy Boudjikanian의 〈캐나다 안보정보청이 찾아왔다는 지역 중국 학교 원장 Local Chinese school visited by CSIS, director says〉.

122. 〈pkuasc.fasic.org.au/australian-minister-of-education-the-hon-christopher-pyne-visits-peking-university/〉.

123. 2014년 11월 24일, 의회도서관이 발표한 제프 웨이드의 〈호주의 공자학원과 중국 소프트파워 Confucius Institutes and Chinese soft power in Australia〉.

124. 〈sydney.edu.au/confucius_institute/about/profiles.shtml〉.

125. 〈web.archive.org/web/20140301220106/http://confuciusinstitute.unsw.edu.au/about-us/our-people/〉.

126. 제프 웨이드의 〈호주의 공자학원과 중국 소프트파워〉.

127. 존 피츠제럴드의 〈학문의 자유와 현대 대학: 중국의 교훈〉, Humanities Australia 2017년 8호 pp.8-22.

128. 〈www.uq.edu.au/news/article/2015/12/uq-vice-chancellor-receives-confucian-award-china's-vice-premier〉.

129. 〈english.hanban.org/node_10971.htm〉.

130. 〈schoolsequella.det.nsw.edu.au/file/33b88803-c07c-46dc-8c43-eccfbae5f80c/1/mcc-nsw.pdf〉.

131. 2011년 2월 20일, 〈시드니 모닝 헤럴드〉에 실린 저스틴 노리 Justin Norrie의 〈공자 가라사대, 학교는 열되 민주주의는 논하지 말라 Confucius says school's in, but don't mention democracy〉.

132. 2011년 6월 26일, 호주국립대 China Heritage Quarterly 26호에 실린 마이클 처치먼 Michael Churchman의 〈공자학원과 중국어 통제 Confucius Institutes and controlling Chinese languages〉.

133. 〈theory.people.com.cn/GB/12650342.html〉.

134. 저스틴 노리의 〈공자 가라사대, 학교는 열되 민주주의는 논하지 말라〉.

135. 루이자 림의 책 《기억상실인민공화국: 다시 찾은 톈안먼 The People's Republic of Amnesia: Tiananmen revisited》, 2014년, Oxford University Press 출판.

136. 〈www.parliament.nsw.gov.au/la/papers/DBAssets/tabledpaper/webAttachments/27820/10,000%20%2B%20petition%20on%20Confucius%20Classrooms.pdf〉.

137. 2011년 2월 23일, 〈크리키〉에 실린 톰 코위Tom Cowie의 〈학교를 위협하는 중국 영사관에 문제 제기한 연극 단체Theatre group raises questions about Chinese Consulate intimidating schools〉.

138. 2016년 5월 29일, 〈디 에이지〉에 실린 켈시 먼로Kelsie Munro와 해나 프랜시스Hannah Francis 의 〈공자교실: 빅토리아주 아이들을 가르치는 중국 정부 기관Confucius Classrooms: Chinese government agency teaching Victorian kids〉.

139. 2016년 10월 7일, 〈시드니 모닝 헤럴드〉에 실린 앨릭스 조스키와 필립 원의 〈호주 대학 중국 인 학생들의 '애국주의 교육'The 'patriotic education' of Chinese students at Australian universities〉.

140. 2016년 9월 1일, 〈오스트레일리안 파이낸셜 리뷰〉에 기고한 앵거스 그릭과 리사 머리, 프림로 즈 리오던의 〈중국이 추진하는 세계적 영향력의 최전선에 선 캔버라 약국Canberra pharmacy at front line of China's push for global influence〉. 기사 원문에는 편집 실수로 '권력의'라는 단어가 누 락되었다.

141. 2016년 8월 15일, 제러미 바르메가 호주국립대학교 브라이언 슈미트 부총장과 가렛 에반스 명예총장에게 보낸 공개서한. 2017년 5월에 윌리엄 메일리William Maley 교수에게 확인한 결 과, 레이시잉은 호주국립대학교에서 계속 박사 과정을 밟고 있었다.

142. 2016년 8월 4일, 〈시드니 모닝 헤럴드〉에 실린 필립 원의 〈유명한 중국 초국가주의 동영상과 호주의 배후 관계The Australian connection behind China's ultra-nationalist viral video〉.

143. 2016년 7월 26일, 〈포린폴리시〉에 실린 앤드루 처브Andrew Chubb의 〈중국의 극단적 민족주의 자는 실제 외국 괴뢰인가? Are China's most extreme nationalists actually foreign stooges?〉.

144. 〈weibo.com/1634365454/DEOLuCkNR?from=page_1005051634365454_profile&wvr=6&m od=weibotime&type=comment〉.

145. 제러미 바르메가 호주국립대학교 브라이언 슈미트 부총장과 가렛 에반스 명예총장에게 보낸 공개서한.

146. 2017년 7월 25일, 〈뉴욕타임스 매거진The New York Times Magazine〉에 실린 앨릭스 팔머Alex W. Palmer의 〈외로운 중국 인권 변호사 십자군The lonely crusade of China's human rights lawyers〉.

147. 제임스 젠화 토의《교무: 해외 중국인을 위한 역외 정책》p.31.

148. 제임스 젠화 토의《교무: 해외 중국인을 위한 역외 정책》pp.32-34.

149. 〈https://internationaleducation.gov.au/research/International-Student-Data/Pages/ InternationalStudentData2017.aspx〉.

150. 2015년 9월 4일, 〈캔버라타임스〉에 실린 로스 피크Ross Peake의 〈캔버라에 좋은 유학생, 유학 생에 좋은 캔버라Overseas students are good for Canberra–and vice versa〉.

151. 2017년 10월 4일, 〈디 오스트레일리안〉에 익명으로 실린 〈외국 스파이로부터 대학생을 지키 라는 가렛 에반스'Protect uni students from foreign spies, says Gareth Evans〉.

152. 2017년 10월 5일, 〈시드니 모닝 헤럴드〉에 실린 앨릭스 조스키와 켈시 먼로, 필립 원의 〈중국

학생 의존도를 낮추려는 세계 일류 호주 대학Australia's top-ranked global university moves to lower share of Chinese students〉.

153. 제임스 젠화 토의 〈해외 한족과 소수민족 중국 공동체를 관리하는 베이징의 정책Beijing's policies for managing Han and ethnic-minority Chinese communities abroad〉, Journal of Current Chinese Affairs 2012년 4호, pp.183-221과 pp.205-206.

154. 제임스 젠화 토의 《교무: 해외 중국인을 위한 역외 정책》 p.29.

155. 제임스 젠화 토의 《교무: 해외 중국인을 위한 역외 정책》 p.218.

156. 2015년 6월 9일, 〈차이나체인지China Change〉에 실린 장핑의 〈해외에서 공부하는 중국인 학생, 중공 '통일전선 공작'의 새로운 표적Chinese students studying abroad a new focus of CCP's 'United Front work'〉.

157. 2015년 세계중국연구호주센터가 발표한 〈China Story Yearbook〉에 실린 게리 그루트의 〈시진핑 주도의 통일전선 확산The expansion of the United Front under Xi Jinping〉.

158. 제임스 스콧과 드루 스패니얼의 《중국의 간첩 왕조》 p.34, 2016년, Institute for Critical Infrastructure Technology 출판.

159. 2015년 9월 10일, 〈에포크타임스〉에 실린 마달리나 휴버트의 〈전직 외교관이 밝힌 중국 정권의 해외 계획Ex-envoy details Chinese regime's overseas scheme〉.

160. 마달리나 휴버트의 〈전직 외교관이 밝힌 중국 정권의 해외 계획〉.

161. 앨릭스 조스키와 필립 원의 〈호주 대학 중국인 학생들의 '애국주의 교육'〉.

162. 2017년 비공개회의에서 궈샤오항Guo Xiaohang이 ANU/오스트레일리아수도주 중국학생학자연합회 회장에 '만장일치'로 선출되었다. (〈hmp.weixin.qq.com/s/7wYwZYtpM2X9pVTXT7GCfQ〉).

163. 2015년 3월 24일, 〈에포크타임스〉에 실린 매튜 로버트슨Matthew Robertson의 〈컬럼비아대학, 중국인 학생 단체 퇴출Columbia University closes Chinese students group〉.

164. 2017년 6월 6일, ABC TV의 〈포 코너스〉 프로그램에 소개된 닉 매켄지와 사쉬카 콜로프Sashka Koloff, 앤 데이비스Anne Davies의 〈힘과 영향력 Power and influence〉.

165. 2014년 4월 21일, 〈시드니 모닝 헤럴드〉에 실린 존 가넛의 〈시드니대학교의 중국 스파이Chinese spies at Sydney University〉.

166. 닉 매켄지와 사쉬카 콜로프, 앤 데이비스의 〈힘과 영향력〉. 잠시 호주에 머물던 젊은 중국인 유학생 루펀 루는 빅토리아주 대법원에 ABC와 〈페어팩스 미디어〉를 명예훼손으로 고소했다. 프로그램에서 자신이 호주의 중공 대리인 혹은 스파이처럼 묘사된 내용을 특히 문제 삼으며, 프로그램과 이후 관련 보도가 이어진 결과, 자신의 명예가 심각하게 훼손되었다고 주장했다. 루펀 루는 피고소인을 상대로 법원에 손해배상과 가중 손해배상, 추가 보도 금지 명령, 손해에 대한 이자, 법률 비용, '법원이 적절하다고 판단하는 기타 추가적인 구제책'을 청구했다(핑 루펀 루는 2017년 11월 29일 빅토리아주 대법원에 소장을 접수했다).

167. 닉 매켄지와 사워카 콜로프, 앤 데이비스의 〈힘과 영향력〉.

168. 앵거스 그릭과 리자 머리, 프림로즈 리오던의 〈중국이 추진하는 세계적 영향력의 최전선에 선 캔버라 약국〉.

169. 장펑의 〈해외에서 공부하는 중국인 학생, 중공 '통일전선 공작'의 새로운 표적〉.

170. 2010년 11월 23일, CIA 정보국이 보고한 〈중국: 학교의 자율성과 표현의 자유를 제한하며 확산하는 학생 정보원 체계China: Student informant system to expand, limiting school autonomy, free expression〉, 〈https://fas.org/irp/world/china/docs/cia-sis.pdf〉.

171. 존 가넛의 〈시드니대학교의 중국 스파이〉.

172. 2017년 3월 30일, 앨릭스 조스키가 개인 통신으로 확인한 내용.

173. 2017년 2월 15일, 〈쿼츠〉에 실린 존 호위츠John Horwitz의 〈'포괄성'과 '다양성'을 이용해 달라이 라마의 졸업식 연설에 반대하는 미국의 중국인 학생들Chinese students in the US are using 'inclusion' and 'diversity' to oppose a Dalai Lama graduation speech〉.

174. 2016년 9월 1일, (중국학생학자연합회 회원이자 Ostar 직원인) 장쉰차오Zhang Xunchao가 페이스북에 올린 〈호주국립대학교 중국인 학생 공동체와 관련해 우로니에 보내는 공개서한Open letter to Woroni regarding the ANU Chinese student community〉.

175. 2017년 5월 11일, 〈오픈 데모크라시Open Democracy〉에 실린 천천 장Chenchen Zhang의 〈묘하게 중국 인터넷 욕설로 떠오른 '백인 좌파'The curious rise of the 'white left' as a Chinese internet insult〉.

176. 2017년 2월 11일, 〈버즈피드Buzzfeed〉에 실린 짐 워터슨Jim Waterson의 〈전 미스 월드 참가자를 토론회에 참석시키지 말라고 더럼대학 토론 클럽에 요구한 중국 대사관The Chinese Embassy told Durham University's debating society not to let this former Miss World contestant to speak at a debate〉, 〈https://www.buzzfeed.com/jimwaterson/the-chinese-embassy-told-durham-universitys-debating-society?utm_term=.gix2qE5NR#.iekolLEOn〉.

177. 미 하원 외교위원회의 〈미국 대학에 미치는 중국의 영향력이 학문의 자유를 위협하는가?〉.

178. 2017년 6월 13일, 〈ABC News Online〉에 소개된 크리스 울만의 〈호주국립대학교에 중공과 연결된 후원자를 경고한 호주안보정보원, 조사 요구 목소리를 높이는 야당ASIO warned ANU of donor links to Chinese Communist party, Opposition ramps up inquiry call〉.

11장 문화 전쟁

1. 2015년 4월 4일, 〈디 오스트레일리안〉에 실린 수 닐스Sue Neales의 〈더 푸른 호주 초원을 살피는 중국 닝보유업집단China's Ningbo Dairy Group looks to greener Australian pastures〉.

2. 〈finance.sina.com.cn/consume/puguangtai/20130504/123015349344.shtml〉, 〈news. ifeng.com/gundong/detail_2013_02/27/22524284_0.shtml〉, 〈news.ifeng.com/gundong/ detail_2013_03/01/22609837_0.shtml〉.

3. 파월 테이트가 2017년에 보고한 〈중요한 인가: 외국인투자심의위원회 승인 이후The licence that matters: Beyond Foreign Investment Review Board approval〉 p.46.

4. 2015년 9월 5일, 〈디 오스트레일리안〉에 실린 수 닐스의 〈중국에 우유를 쏟고 후회하는 시의회 때문에 막힌 꿈Dreams blocked as council cries over milk spilling to China〉.

5. 2017년 3월 1일, 〈디 오스트레일리안〉에 실린 수 닐스와 프림로즈 리오던의 〈호주의 아이콘을 피하라: 외국인투자심의위원회 위원장이 중국에 알려주는 투자 요령Avoid Aussie icons: FIRB boss's tips for China on investment〉.

6. 2017년 3월 17일, 〈디 오스트레일리안〉에 실린 글렌다 코포랄의 〈호주인 동업자를 찾아라, 잠재 적 중국인 투자자에게 전하는 하워드의 조언〉.

7. 파월 테이트의 〈중요한 인가: 외국인투자심의위원회 승인 이후〉 p.30.

8. 파월 테이트의 〈중요한 인가: 외국인투자심의위원회 승인 이후〉 p.48.

9. 2016년 12월 1일, 〈ABC News Online〉에 게시된 도미니크 슈위츠Dominique Schwartz와 애나 비 도트Anna Vidot, 클린트 재스퍼Clint Jasper의 〈시드니 키드먼 앤드 컴퍼니: 지나 라인하트와 중 국 기업에 소 제국 매각을 승인한 스콧 모리슨S Kidman and Co: Scott Morrison approves sale of cattle empire to Gina Rinehart, Chinese company〉.

10. 2017년 2월 2일, 〈애들레이드 나우Adelaide Now〉에 실린 캐머런 잉글랜드Cameron England와 토 리 셰퍼드Tory Shepherd의 〈말콤 턴불 총리에게 175만 달러를 기부한 것으로 밝혀지며 사우스오 스트레일리아 자유당 최고 기부자가 된 중국인 광산 거부 샐리 쩌우Chinese mining magnate Sally Zou is SA Libs' largest donor as PM Malcolm Turnbull reveals his $1.75m donation〉.

11. 〈www.sbs.com.au/yourlanguage/cantonese/zh-hant/article/2017/08/15/chinese-ferrari-protesting-sydney-towards-india?language=zh-hant, 〈www.sydneytoday.com/content-101733241010010〉.

12. 〈scholarships.adelaide.edu.au/scholarship/ug/ecms/ausgold-mining-engineering-scholarship〉.

13. 〈www.portadelaidefc.com.au/news/2016-10-26/ausgold-joins-port-as-world-program-backer〉. 샐 리 쩌우는 애들레이드 유나이티드 풋볼 팀도 후원한다. (〈www.adelaideunited.com.au/article/ adelaide-united-and-ausgold-join-forces-for-afc-champions-league/1r7qsivp77mwe1wowegfuc y87u〉). 부동산 개발사인 상하이 CRED의 대표이자 지나 라인하트의 동업자인 구이궈제Gui Guojie가 포트애들레이드 풋볼 클럽의 주요 후원자다. (2017년 10월 25일 〈오스트레일리안 파 이낸셜 리뷰〉에 실린 브래드 톰슨의 〈상하이에서 AFL과 함께 승리한 키드먼 소유주Kidman owner wins with AFL in Shanghai〉).

14. 〈culture.people.com.cn/GB/40494/40496/13836208.html〉.

15. 〈zqb.cyol.com/content/2006-10/19/content_1543581.htm〉.

16. 〈www.xwtoutiao.cn/p/ict8k50s/〉.

17. 2017년 5월 17일, 〈디 오스트레일리안〉에 실린 프림로즈 리오던의 〈샐리 쩌우, 중국 국영 기업과 십억 달러 규모 계약 체결 부인Sally Zou denies billion-dollar deal with Chinese state-owned company〉.

18. 〈www.xwtoutiao.cn/p/ict8k50s/〉.

19. 2015년 3월 19일, 〈크리키〉에 익명으로 실린 〈정보와 소문: 글로리아는 누구며, '디 오스트레일리안'에 전면 광고가 실린 이유는?'Tips and rumours: Who is Gloria and why did she take out a full page ad in The Oz?〉.

20. 〈en.people.cn/n/2015/1027/c90000-8967567.html〉.

21. 〈australia.people.com.cn/n/2015/1124/c364496-27850484.html〉.

22. 2017년 6월 노동당이 줄리 비숍을 의회에 세워 줄리비숍영광재단에 관해 질의하며 공격하려 하자, 정부도 노동당이 수상한 금 중개업자 사이먼 저우에게 돈을 받고 상원의원 후보로 공천했다고 역공했다. 노동당이 그에 대한 보복으로 앤드루 롭의 중국 거래를 거론하자, 정부는 '상하이 샘' 데스티에리와 조엘 피츠기번 사건을 비난하며 받아쳤다. 양측이 맹렬한 공격을 주고받는 가운데, 양대 정당이 중국 돈에 얼마나 심각하게 오염되었는지, 그리고 2017년 12월 턴불 총리가 국가보안법 제정이란 아주 중요한 조치를 마련할 때까지 양당이 의무처럼 중국 돈을 엄격히 단속하지 않은 까닭이 무엇인지 드러났다. (의회에서 벌어진 공방은 2017년 6월 14일 〈ABC News Online〉에 소개된 루이스 약슬리의 〈중국인 후원자가 자신의 이름을 붙여 세운 단체를 알지 못한다는 줄리 비숍Julie Bishop denies knowledge of Chinese donor setting up company bearing her name〉).

23. 2015년 3월 26일, 〈시드니 모닝 헤럴드〉에 실린 샐리 로즈Sally Rose의 〈레이 화이트 부동산이 진정하라고 하자 인종차별이 된 외국인투자심의위원회의 중국 부동산 매입자 단속FIRB Chinese real estate buyer crackdown called 'racist' as Ray White urges calm〉.

24. 2014년 8월 23~24일, 〈시드니 모닝 헤럴드〉에 실린 루시 매켄의 〈돈 많은 중국인이 찾아낸 스위트 스폿Cashed-up Chinese find the sweet spot〉.

25. 2017년 3월 24일, 〈디 오스트레일리안〉에 실린 엘리자베스 레드먼Elizabeth Redman의 〈뉴사우스웨일스와 빅토리아의 신축 주택에만 한 해 80억 달러를 쏟아붓는 외국인Foreigners spending $8bn a year on new housing in NSW and Victoria〉.

26. 2017년 4월 10일, 〈SBS Online〉에 게시된 잭슨 고스-스네이프Jackson Gothe-Snape의 〈457 비자를 받은 중국 부동산 중개인들이 앞다투어 몰려드는 부동산 부문Property sector scrambling to recruit Chinese real estate agents on 457 visas〉.

27. 2017년 5월 30일, 호주 부동산위원회가 보도 자료로 배포한 〈외국인 부동산 투자가 호주 경제

488　　　　　　　　　　　　　　　　　중국의 조용한 침공

에 기여하는 가치를 보여준 새로운 보고서New report demonstrates value to the Australian economy from foreign investment in real estate〉.

28. 2017년 4월 26일, 〈디 오스트레일리안〉에 실린 사라 마틴의 〈부동산 붐에 기름 붓는 '갑부 철새'Migrant millionaires' fuel property boom〉.

29. 사라 마틴의 〈부동산 붐에 기름 붓는 '갑부 철새'〉.

30. 2017년 3월 18일 〈시드니 모닝 헤럴드〉에 실린 커스티 니덤의 〈부정한 돈으로 호주 부동산을 매입해 수감된 중국 경찰서장 왕쥔런Chinese police chief Wang Jun Ren jailed for buying Australian real estate with corrupt money〉, 2016년 3월 2일 〈오스트레일리안 파이낸셜 리뷰〉에 실린 앵거스 그 릭과 리사 머리의 〈호주에서 교육과 주택, 휴가 자금으로 쓰인 부정한 중국 돈Corrupt Chinese payments fund education, housing and holidays in Australia〉.

31. 2017년 1월 30일, 〈디 오스트레일리안〉에 실린 폴 말리의 〈부동산에 흘러든 수상한 중국 돈 10억 달러China's dodgy $1bn in property〉.

32. 2017년 2월 6일, 〈데일리 텔레그래프Daily Telegraph〉에 실린 마일스 고드프리Miles Godfrey의 〈현금화하는 외국인 구매자들Foreign buyers cash out〉.

33. 2015년 8월 11일, 〈오스트레일리안 파이낸셜 리뷰〉에 실린 래리 슐레진저Larry Schlesinger의 〈'웃음거리'로 끝난 외국인 투자자 단속Foreign investor crackdown dismissed as 'farce'〉.

34. 2017년 2월 23일, 〈로스앤젤레스타임스〉에 실린 데이비드 피어슨David Pierson의 〈예전에는 LA 근교 대저택들이 중국인 구매자에게 팔려나갔지만, 지금은 수개월째 비어 있다.Mega-mansions in this LA suburb used to sell to Chinese buyers in days. Now they're sitting empty for months〉.

35. 2017년 1월 18일, 〈오스트레일리안 파이낸셜 리뷰〉에 실린 래리 슐레진저의 〈멜버른으로 다시 밀려드는 중국인 개발업자Chinese developers surge back into Melbourne〉.

36. 2016년 11월 15일, 〈블룸버그통신〉에 익명으로 실린 〈세계 최대의 부동산 광풍이 여러분 근처 도시로 몰려오고 있다World's biggest real estate frenzy is coming to a city near you〉.

37. 〈writersvictoria.org.au/civicrm/event/info?id=120&reset=1〉.

38. 뉴사우스웨일스주 장관의 자문 위원이었다고 4장에서 설명한 양둥둥이 작성한 글 19편이 이 단체의 홈페이지에 게시되어 있다. 그중 하나의 제목이 〈시 주석의 국회의사당 연설을 듣고 Listening to Chairman Xi speak at Parliament House〉다. (〈www.aucnln.com/〉).

39. 〈chinavitae.com/biography/Tie_Ning%7C3506〉, 〈https://en.wikipedia.org/wiki/19th_Central_Committee_of_the_Communist_Party_of_China〉.

40. 2012년 10월, 〈차이나 체인지China Change〉에 실린 야쑤에 차오Yaxue Cao의 〈모옌, 당신에 따르면-2 부Mo Yan, according to you—part two〉, chinachange.org/2012/10/23/mo-yan-according-to-you-part-two/〉.

41. 〈www.sbs.com.au/news/article/2017/06/12/sbs-mandarin-broadcaster-may-hu-honoured-order-australia-medal〉.

42. ⟨www.aucnln.com/article_12782.htm⟩.

43. ⟨www.gzqw.gov.cn/site6/sqqw/10/57335.shtml⟩, <http://www.aucnln.com/article_867.htm⟩.

44. ⟨www.chinaqw.com/m/zhwh/2016/08-11/98769.shtml⟩.

45. ⟨www.chinawriter.com.cn/zxhy/member/1907.shtml⟩.

46. ⟨sn.xinhuanet.com/snnews2/20160824/3399533_c.html⟩.

47. ⟨world.people.com.cn/n1/2016/0830/c1002-28677567.html⟩.

48. ⟨world.people.com.cn/n1/2016/0830/c1002-28677567.html⟩.

49. 제임스 젠화 토의 《교무: 해외 중국인을 위한 역외 정책》 p.150, 2014년, Koninklijke Brill 출판.

50. ⟨www.cccowe.org/content_pub.php?id=catw200507-8⟩.

51. ⟨web.archive.org-Presbyterian Church of Aotearoa New Zealand (1).pdf⟩.

52. ⟨http://www.achina.com.au⟩ (screenshot saved).

53. ⟨http://blog.ccmchurch.com.au/archives/18913/comment-page-1⟩.

54. 2017년 6월 6일에 저자가 인터뷰한 내용.

55. 2016년 Journal of Contemporary China 25권 102호에 실린 홍 류Hong Liu와 엘스 반 동겐Els van Dongen의 ⟨새로운 초국가적 통치 방식인 중국의 이주민 정책China's Diaspora policies as a new mode of transnational governance⟩.

56. 앤-마리 브래디의 ⟨중국의 해외 선전기구⟩, 2015년 10월 Journal of Democracy 26권 4호 pp.51-59.

57. 호주전쟁기념관에서 언론 관계를 담당하는 그레그 킴볼Greg Kimball이 2017년 7월 10일 저자에게 보낸 이메일.

58. ⟨news.xinhuanet.com/english/photo/2015-09/17/c_134633608_5.htm⟩, ⟨news.xinhuanet.com/world/2015-09/17/c_1116592509.htm⟩.

59. ⟨news.xinhuanet.com/english/photo/2015-09/17/c_134633608_5.htm⟩, ⟨news.xinhuanet.com/world/2015-09/17/c_1116592509.htm⟩.

60. 호주전쟁기념관에서 언론 관계를 담당하는 그레그 킴볼Greg Kimball이 2017년 7월 18일 저자에게 보낸 이메일.

61. 페이성Fei Sheng(편집)의 책 《조용한 충혼: 중국계 호주인의 무공을 기리며》, 2015년, New Century Publications Fund 출간.

62. 1차 죄수 이민 선단을 연구한 역사학자 캐시 던Cathy Dunn 덕분에 확인된 사실이다. 역사학자 셜리 피츠제럴드Shirley Fitzgerald의 자료에 따르면 "문서로 확인된 최초의 중국인 정착민은 1818년 호주에 들어와 패러매타 지역에서 땅을 구입한 막사이잉Mak Sai Ying이다." (《dictionaryofsydney.org/entry/chinese》). 하지만 셜리 피츠제럴드의 다음과 같은 주장은 잘못된 내용이다. "중국인이 (기원전 202~서기 220년) 한나라 시대에 호주 동부 해안 지역과 접촉

한 것은 거의 확실하고, 그 시기가 문서 기록이 없는 먼 과거까지 거슬러 올라갈 수도 있다."

63. 2004년 12월 6일, 〈뉴욕타임스〉에 실린 하워드 프렌치Howard French의 〈중국 교과서의 역사 왜곡과 역사 누락China's textbooks twist and omit history〉.

64. 2016년 6월 8일, 〈가디언〉에 실린 이언 존슨Ian Johnson의 〈중국의 기억 조작자들China's memory manipulators〉.

65. 중공은 인민해방군이 일본 침략군을 물리쳤다고 주장하지만, 사실 중공은 퇴각하고 일본에 대항해 대부분 전투를 치른 주인공은 반대 세력인 민족주의 계열의 국민당이다.

66. 데이비드 레비David L. Levy는 미국의 코크 형제가 바로 이 전략을 이용한다고 주장한다. (2010년 9월 8일 ClimateInc에 실린 〈이것이 진짜It's the real thing〉).

67. 2017년 12월 11~17일, 〈중국일보〉에 실린 칼 윌슨Karl Wilson의 〈함께한 역사 탐구Exploring a shared history〉, 로버트 매클린의 책 《용과 캥거루: 금광부터 현재까지 호주와 중국이 함께한 역사Dragon & Kangaroo: Australia and China's shared history from the goldfields to the present day》, 2017년 Hachette 출간.

68. 〈www.yeeyi.com/news/index.php?app=home&act=article&aid=149963〉, 〈au.fjsen.com/2016-08/25/content_18366654.htm〉.

69. 〈mayt.com.au/2017/01/tw/〉.

70. 《마오쩌둥 선집Selected Works of Mao Tse-tung》 중 〈연안문예강화Talks at the Yenan Forum on Literature and Art〉(1942년 5월), 1967년, Foreign Languages Press 출간.

71. 〈www.cyberctm.com/zh_TW/news/detail/873395#.WaeyfMZjKi4〉.

72. 〈www.meipian.cn/gkpajr3〉.

73. 2017년 1월 11일, 〈가디언〉에 실린 에이미 호킨스Amy Hawkins의 〈고객 응대에 안면인식기술을 활용하는 중국 KFC, 하지만 고객들이 믿을까?KFC China is using facial recognition tech to serve customers—but are they buying it?〉.

74. 2014년 6월 5일, 〈월스트리트저널〉에 실린 제임스 애러디James T. Areddy의 〈톈안먼의 유산: 중국의 1억 대 감시 카메라One legacy of Tiananmen: China's 100 million surveillance cameras〉.

75. 2018년 1월 3일, 〈글로브 앤드 메일〉에 실린 네이선 밴더클리프Nathan Vanderklippe의 〈새롭고 전면적인 사회신용통제를 미리 보여주는 중국 블랙리스트Chinese blacklist an early glimpse of weeping new social credit control〉.

76. 2016년 12월 17일, 〈이코노미스트〉에 익명으로 실린 〈중국이 발명한 디지털 전체주의 국가China invents the digital totalitarian state〉.

77. 네이선 밴더클리프의 〈새롭고 전면적인 사회신용통제를 미리 보여주는 중국 블랙리스트〉.

78. 〈https://en.oxforddictionaries.com/definition/big_data〉.

79. 2016년 12월 17일, 〈이코노미스트〉에 익명으로 실린 〈중국이 발명한 디지털 전체주의 국가〉.

미국의 기술 연구원들은 개인의 얼굴이 저장되지 않도록 보호하는 방법을 개발 중이다. 지금까지 확인된 한 가지 유망한 방법은 모양이 엉뚱한 안경을 착용해 얼굴 영상 캡처 작업을 방해하는 것이다. (⟨www.theguardian.com/technology/2016/nov/03/how-funky-tortoiseshell-glasses-can-beat-facial-recognition⟩).

80. ⟨news.xinhuanet.com/info/2016-11/17/c_135835124.htm⟩.

81. ⟨en.cetc.com.cn/enzgdzkj/news/408468/index.html⟩.

82. ⟨newsroom.uts.edu.au/news/2016/12/uts-launch-centre-china-promote-research-and-commercialisation⟩.

83. 2016년 10월 18일, ⟨가디언⟩에 실린 샘 레빈Sam Levin의 ⟨미국 성인 절반이 경찰의 안면인식 데이터베이스에 저장되었다는 연구 결과Half of US adults are recorded in police facial recognition databases, study says⟩.

84. 2015년 2월 26일, 호주 의회 도서관 홈페이지에 게시된 제프 웨이드의 ⟨베이더우: 중국의 새로운 위성항법시스템Beidou: China's new satellite navigation system⟩, ⟨http://www.aph.gov.au/About_Parliament/Parliamentary_Departments/Parliamentary_Library/FlagPost/2015/February/Beidou_China_new_satellite_navigation_system⟩.

85. 2017년 8월, 호주정책전략연구소에 소개된 앤−마리 브래디의 ⟨중국의 남극 관심 확대: 호주에 미치는 영향China's expanding Antarctic interests: Implications for Australia⟩, 앤−마리 브래디의 논문 ⟨중국의 남극 관심 확대: 뉴질랜드에 미치는 영향China's expanding Antarctic interests: Implications for New Zealand⟩ (2017년 6월 뉴질랜드 크라이스트처치시 캔터베리대학에서 열린 '소국과 변화하는 세계 질서: 뉴질랜드가 직면한 미래Small States and the Changing Global Order: New Zealand Faces the Future' 학술회에서 발표), ⟨http://www.arts.canterbury.ac.nz/political/documents/ssanse2017_documents/Anne-Marie_Brady_policybrief.pdf⟩.

86. 2013년 11월 19일, ⟨China Dialogue⟩에 실린 니콜라 데이비슨Nicola Davison의 ⟨남극의 풍부한 자원을 눈여겨보는 중국China eyes Antarctica's resource bounty⟩, 2010년 1월 7일, ⟨시드니 모닝 헤럴드⟩에 실린 조 챈들러Jo Chandler의 ⟨남극 광물을 눈여겨보는 중국 국토자원부장Chinese resources chief eyes Antarctica minerals⟩.

87. 앤−마리 브래디의 ⟨중국의 남극 관심 확대: 호주에 미치는 영향⟩.

88. ⟨www.fmprc.gov.cn/mfa_eng/topics_665678/xjpzxcxesgjtldrdjcfhdadlyxxlfjjxgsfwbttpyjjdgldrhw/t1212943.shtml⟩.

89. 시드니대학 로스쿨의 팀 스티븐스Tim Stephens 덕분에 이런 주장이 가능했다.

90. 앤−마리 브래디의 ⟨중국의 남극 관심 확대: 호주에 미치는 영향⟩의 도표 1.

91. 2017년 9월 15일, ⟨신화넷⟩에 실린 윌 쿨루리스의 ⟨인터뷰: 남극에서 호주와 중국의 협력은 위대한 관계의 훌륭한 본보기Interview: Australia-China collaboration in Antarctica a shining example of great relationship⟩.

92. 2016년 11월 1일, 〈디 컨버세이션〉에 실린 류닝예의 〈남극의 거대한 해양 공원 신설에 중국이 참여하게 된 경위How China came in from the cold to help set up Antarctica's vast new marine park〉, 〈theconversation.com/how-china-came-in-from-the-cold-to-help-set-up-antarcticas-vast-new-marine-park-67911〉.

93. 2017년 6월 9일, 〈더 디플로맷〉에 실린 류닝예의 〈남극의 중국에 대한 확실한 설명Demystifying China in Antarctica〉, 〈thediplomat.com/2017/06/demystifying-china-in-antarctica/〉.

94. 2016년 1월 14일 블로그에 올린 데이비드 리어리의 〈남극의 미래: 갈등? 합의?The future of Antarctica: Conflict or consensus?〉, 〈www.uts.edu.au/about/faculty-law/news/future-antarctica-conflict-or-consensus〉.

95. 수년간 호주남극연구소장을 역임하고 지금도 중요한 역할을 하는 토니 프레스Tony Press 박사도 중국이 남극조약 체제의 회원국이므로 채굴 금지 약속을 지킬 것으로 믿는다. (2014년 7월 3일 〈디 컨버세이션〉에 실린 닉 로울리Nick Rowley의 〈남극 영유권 회담: 충분한 논의In Conversation on Antarctic sovereignty: full discussion〉, 〈theconversation.com/in-conversation-on-antarctic-sovereignty-full-discussion-28600〉).

96. 〈blogs.adelaide.edu.au/confucius/2016/10/05/china-joining-the-polar-club/〉.

97. 2016년 7월 14일, 〈더 디플로맷〉에 실린 토머스 켈로그Thomas Kellogg의 〈남중국해 결정: 중국의 국제법 딜레마The South China Sea ruling: China's international law dilemma〉, 〈thediplomat.com/2016/07/the-south-china-sea-ruling-chinas-international-law-dilemma/〉.

98. 2016년 7월 12일, 〈글로브 앤드 메일〉에 익명으로 실린 〈중국의 국제법 문제는 바다만큼 넓다China's international law problem is as wide as the sea〉.

12장 중국을 돕는 자들

1. 앤-마리 브래디의 〈중국의 해외 선전기구〉, 래리 다이아몬드Larry Diamond와 마크 플래트너Marc Plattner, 크리스토퍼 워커Christopher Walker가 편집한 책 《세계로 진출하는 권위주의Authoritarianism Goes Global》 p. 190, 2016년, Johns Hopkins University Press 출간.

2. 2017년 5월 19일, 〈더 뉴요커The New Yorker〉에 실린 자양 판Jiayang Fan의 〈트럼프와 공자, 중국의 비전Trump, Confucius, and China's vision〉.

3. 주청 탐의 〈외국인과 돈, 정치에 관해: 외국인의 정치 기부를 금지해야 할까?Of aliens, money and politics: Should foreign political donations be banned?〉, 2017년 King's Law Journal 28권 2호 pp.1-17.

4. 〈www.newworldencyclopedia.org/entry/Bob_Hawke〉.

5. 2012년 6월 1일, 〈디 오스트레일리안〉에 실린 수 닐스의 〈중국의 킴벌리 토지 입찰 배후에 노동

당이 있다는 버너비 조이스Labor backing China bid for Kimberley land, says Barnaby Joyce〉.

6. 2015년 8월 28일, 〈가디언〉에 익명으로 실린 〈노동당이 '중국 무역 협정과 관련해 밥 호크의 의견에 귀를 기울여야 한다'는 토니 애보트Tony Abbott says Labor 'should listen to Bob Hawke' over China trade deal〉.

7. 2012년 12월 19일, 〈오스트레일리안 파이낸셜 리뷰〉에 실린 밥 호크의 〈중국과 철통같은 우정 쌓기Forging an iron bond of friendship with China〉.

8. 2016년 12월 24일, 〈디 오스트레일리안〉에 실린 폴 켈리의 〈호주는 미중 세력 균형의 변화에 주목해야 한다: 키팅Australia must heed the shift in the US-China power balance: Keating〉.

9. 2015년 6월 9일, 〈차이나 체인지〉에 실린 장평의 〈해외에서 공부하는 중국인 학생, 중공 '통일전선 공작'의 새로운 표적〉.

10. 〈www.chinafile.com/document-9-chinafile-translation#start〉.

11. 〈www.latrobe.edu.au/news/ideas-and-society/the-hon.-paul-keating-on-our-role-in-asia-in-the-trump-era〉. 33분부터 36분 35초까지 발언 내용.

12. 2016년 6월 2일, 〈시드니 모닝 헤럴드〉에 실린 필립 원의 〈중국 왕이 외교부장이 노발대발한 영상Chinese foreign minister Wang Yi flies off the handle on video〉.

13. 앤-마리 브래디의 〈중국의 해외 선전기구〉 p.189.

14. 폴 켈리의 〈호주는 미중 세력 균형의 변화에 주목해야 한다: 키팅〉.

15. 키팅이 중공의 터무니없는 주장을 따라 하지 않고 반박하는 경우도 있다. 하지만 키팅은 중국의 식민지 개척을 어느 정도 자연스러운 일로 받아들이며, 중국이 일대일로 이니셔티브를 통해 서쪽 국경부터 최소한 서유럽까지 그 중간에 있는 50여 국가를 경제적 식민지로 삼을 계획이라고 전한다. (〈www.rfigroup.com/australian-banking-and-finance/news/keatings-china-bank-plans-economic-colonisation〉).

16. 휴 화이트의 〈중국의 힘과 호주의 미래China's power and the future of Australia〉, 2017년 4월 11일, 호주국립대학교 세계중국연구호주센터 연례 강연. 〈http://ciw.anu.edu.au/lectures_seminars/2017.php〉. 이 단락은 대부분 2017년 4월 28일 〈policyforum.net〉에 실린 클라이브 해밀턴의 〈중국 항복주의: 휴 화이트의 중국 미적분에 누락된 내용Clive Hamilton, 'China capitulationism: What's missing from Hugh White's China calculus〉(〈https://www.policyforum.net/china-capitulationism/〉)과 2017년 5월 4일 〈policyforum.net〉에 실린 휴 화이트의 〈중국에 관해 이야기할 필요가 있다We need to talk about China〉(〈https://www.policyforum.net/need-talk-china/〉)를 정리한 것이다.

17. 휴 화이트의 〈중국의 힘과 호주의 미래〉.

18. 2017년 호주국립대 국가안보대학의 Policy Options Paper 2호에 실린 로리 메드카프(편집)의 〈중국의 경제적 영향력: 인식과 현실〉.

19. 조나단 펜비의 책 《중국이 21세기를 지배할까?*Will China Dominate the 21st Century?*》, 2017년 Polity Press 출간.

20. 2010년 9월 16일, 〈디 오스트레일리안〉에 실린 마이클 댄비Michael Danby와 칼 언거러Carl Ungerer, 피터 칼릴Peter Khalil의 〈승자 없는 중국 달래기No winners by appeasing China〉.

21. 휴 화이트의 〈중국의 힘과 호주의 미래〉. 휴 화이트의 〈미국 없이: 새로운 아시아의 호주Without America: Australia in the New Asia〉도 참조(Quarterly Essay 68호, 2017년 Black Inc. Books 출간). 화이트는 중국을 선택하거나 전쟁을 하는 방법뿐이라고 주장하지만, 미국의 전략 분석가 두 사람은 중국의 공격적인 팽창에 대해 다양한 방법을 연구하고 있다. (2018년 겨울 Naval War College Review 71권 1호에 실린 할 브랜즈Hal Brands와 잭 쿠퍼Zack Cooper의 〈남중국해 전략에 관한 진지한 고려Getting serious about strategy in the South China Sea〉).

22. 휴 화이트의 〈미국 없이: 새로운 아시아의 호주〉 p.9.

23. 휴 화이트의 〈미국 없이: 새로운 아시아의 호주〉 pp.11-12.

24. 마이클 필스버리의 《백년의 마라톤 *The Hundred-Year Marathon*》 7장, 2016년, St Martin's Griffin 출간.

25. 2016년 11월 23일, 호주국립대에서 열린 호주중국관계연구소 주최 토론회에서 휴 화이트가 연설한 〈남중국해: 다음은?South China Sea: What next?〉.

26. 휴 화이트의 〈중국의 힘과 호주의 미래〉.

27. 휴 화이트의 〈중국의 힘과 호주의 미래〉.

28. 휴 화이트의 〈중국의 힘과 호주의 미래〉.

29. 휴 화이트의 〈미국 없이: 새로운 아시아의 호주〉 p.69.

30. 휴 화이트의 〈중국의 힘과 호주의 미래〉.

31. 리처드 불리번트의 〈중국인 망명자를 통해 드러난 중국의 호주 전략과 첩보원Chinese defectors reveal Chinese strategy and agents in Australia〉, National Observer 2005년 봄 66호 pp.43-48.

32. 밥 카는 앤드루 포레스트가 중국에 관해 이런 말을 했다고 회고록에 기록했다. "내 생각에는 중국이 우리에게 겸손을 원하는 것 같다." (《외무장관 수첩》, 2014년 NewSouth Publishing 출간).

33. 2016년 5월 11일, 〈오스트레일리안 파이낸셜 리뷰〉에 실린 제프 래비의 〈시진핑의 신실크로드 맵에 포함되는 호주 북부Northern Australia takes its place on Xi Jinping's new silk road map〉.

34. 2017년 5월 17일, 〈디 오스트레일리안〉에 실린 제프 래비의 〈시진핑의 일대일로 업적과 호주의 중국 관련 착각Xi Jinping's One Belt, One Road triumph and Australia's Sino confusion〉.

35. 2017년 호주 정부의 기류가 바뀌기 시작했다. 호주 정치와 사회에 개입하는 중국에 대해 최소한 말이라도 반발하기 시작했다. 제프 래비도 생각이 바뀌었는지, 2017년 10월 시진핑 주석이 너무 많은 권력을 독점하고 있으며 시진핑의 지나친 욕심이 중국의 안정을 훼손하고 서구 국가들의 경제적 위험을 증가시킨다는 글을 발표했다(2017년 10월 30일 〈오스트레일리안 파이낸

셜 리뷰〉에 실린 제프 래비의 〈시진핑이 강해질수록 점점 더 불안해지는 중국 정부A stronger Xi Jingping means a more brittle Chinese state〉).

36. 〈https://www.griffith.edu.au/__data/assets/word_doc/.../Xi-JinpingMackerras-1.docx〉.

37. 〈www.chinanews.com/cul/2016/08-04/7962178.shtml〉.

38. 〈https://www.griffith.edu.au/__data/assets/word_doc/.../Xi-JinpingMackerras-1.docx〉.

39. 2017년 6월 8일, 〈글로벌타임스〉에 실린 칼럼 스미스의 〈중국의 호주 침투에 대한 과장된 공포 Fears of Chinese infiltration of Australia overblown〉.

40. 2016년 8월 11일, 〈글로벌타임스〉에 실린 칼럼 스미스의 〈중호 유대에 공포와 탐욕이 들어설 자리는 없다No room for fear, greed in Sino-Australian ties〉.

41. 2016년 9월 7일, 〈글로벌타임스〉에 실린 칼럼 스미스의 〈국제해양법 사건에서 확연히 드러난 호주의 위선Australian hypocrisy on full view in UNCLOS case〉.

42. 2017년 5월 1일, 〈디 오스트레일리안〉에 실린 앤드루 파커의 〈중국 투자 논의를 왜곡하는 포퓰 리스트 경고Populist alarm skews Chinese investment debate〉.

43. 〈resources.news.com.au/files/2012/09/18/1226476/658338-full-transcript-australia-in-chinas-century-conference.pdf〉.

44. 2017년 5월 4일, 케리 스톡스와 가까이 지내던 동료에게 확인한 내용.

45. 2010년 5월 6일, Herald Sun에 실린 벤 버틀러의 〈중국 언론과 연결된 세븐Seven in China media ties〉.

46. 2015년 11월 5일, 〈웨스트 오스트레일리안〉에 실린 논설 〈호주는 미국의 위험한 파워게임에 휘 말려선 안 된다Australia must not get sucked into dangerous US power play〉.

47. 2017년 5월 4일에 전직 기자와 인터뷰한 내용.

48. 2016년 7월 17일, 〈웨스트 오스트레일리안〉에 실린 청징예의 〈중국은 영해 분쟁의 평화적 해결 을 모색한다China seeks peaceful solution to sea dispute〉.

49. 2017년 6월 6일 로위연구소 보고서에 실린 메리든 배럴의 〈당국가 체제를 온통 어둡게 보는 포 코너스Four Corners sees the Party-state in all the shadows〉.

50. 배럴은 2017년 6월 3일부터 7월 31일 사이에 (잠시) 마음이 바뀐 듯, 호주의 중국인 학생들에 게 자신의 의견을 억누르지 말고, 대학의 본문인 '토론과 개방성을 위협'하지 말라는 글을 기고 했다. (2017년 7월 31일 〈뉴욕타임스〉에 실린 메리든 배럴의 〈호주의 개방성에 대한 중국의 위 협A Chinese threat to Australian openness〉).

51. 류샤오보 작가가 감옥에서 사망하고 일주일 뒤, 메리든 배럴이 류샤오보의 죽음을 중국의 간 수가 아닌 서구의 탓으로 돌리는 중국 민족주의자들의 반응에 동조하는 글을 기고했다. 배럴 은 중국인 작가나 반체제인사를 포함해 서구에서 쏟아내는 슬픔이 과하다고 비난했다. (2017 년 8월 18일, 로위연구소 〈인터프리터〉에 실린 메리든 배럴의 〈류샤오보 뒤의 서구를 보는 중

중국의 조용한 침공

국China sees the West behind Liu Xiaobo〉〉. 또한 배럴은 로위연구소의 여론 조사 결과를 잘못 해석해 호주인들이 '혼란스러운 상태'라고 주장했다. 호주인들이 중국의 군사적 위협을 점점 더 염려하는 상황이 중국이 호주 경제에 점점 더 중요해진다는 믿음과 상충한다고 해석했기 때문이다. 배럴은 호주인들이 더 많은 정보를 알게 된다면 중국에 대한 염려를 덜고 더 친근하게 다가설 것이라고 주장했다.

52. 2017년 12월 17일, 〈사우스 차이나 모닝 포스트〉에 실린 메리든 배럴의 〈호주에 더 현명한 중국 정책이 필요한 이유Why Australia needs a smarter China policy〉.

53. 2017년 6월 10일, 〈디 오스트레일리안〉에 실린 봅 카의 〈중국인의 정치 기부 한 건으로 스캔들이 발생하지는 않는다One Chinese political donation does not a scandal make〉.

54. 2017년 6월 12일, 〈디 오스트레일리안〉에 실린 크리스 울만의 〈중국 영향력을 생략하는 죄에 사로잡힌 봅 카Bob Carr fascinates with sins of omission on Chinese influence〉.

55. 마이클 댄비와 칼 언거러, 피터 칼리의 〈승자 없는 중국 달래기〉.

56. 2017년 3월 22일, 〈파이낸셜타임스〉에 실린 제이미 스미스의 〈호주, 중국이 추진하는 실크로드 전략 거부〉.

57. 동아시아경제연구국과 중국국제경제교류센터가 발표한 호중공동경제보고서 《변화를 향한 협력》 p.181, 2016년, ANU Press가 출간.

58. 《변화를 향한 협력》 p.183.

59. 2017년 10월 3일, 〈오스트레일리안 파이낸셜 리뷰〉에 기고한 피터 드라이스데일과 존 덴톤의 〈중국의 영향력을 호주에 유리하게 사용하는 방법〉.

13장 민주주의를 지키는 첫걸음

1. 2017년 4월 17일에 받은 이메일 내용.

2. 2018년 1월 2일, 〈시드니 모닝 헤럴드〉에 실린 린지 머독의 〈남중국해와 관련해 호주에 경고한 베이징 기사〉.

3. 2017년 11월 16일, 〈더 디플로맷〉에 실린 그랜트 와이어스Grant Wyeth의 〈호주가 4자안보대화로 되돌아간 이유?Why has Australia shifted back to the Quad?〉.

4. 2016년 7월 21일, 필립 원과 대니얼 플리틴이 〈디 에이지〉에 기고한 〈멜버른에서 벌어질 남중국해 시위South China Sea protests to come to Melbourne〉.

중국의 조용한 침공

초판 1쇄 발행 2021년 6월 4일
　　6쇄 발행 2021년 10월 27일

지은이 클라이브 해밀턴
옮긴이 김희주
펴낸이 오세인 │ 펴낸곳 세종서적(주)

주간 정소연
편집 박혜정 │ 표지디자인 co*kkiri │ 본문디자인 김진희
마케팅 임종호 │ 경영지원 홍성우
인쇄 한영문화사 │ 종이 화인페이퍼

출판등록 1992년 3월 4일 제4-172호
주소　　서울시 광진구 천호대로132길 15, 세종 SMS 빌딩 3층
전화　　마케팅 (02)778-4179, 편집 (02)775-7011 │ 팩스 (02)776-4013
홈페이지 www.sejongbooks.co.kr │ 블로그 sejongbook.blog.me
페이스북 www.facebook.com/sejongbooks │ 원고 모집 sejong.edit@gmail.com

ISBN 978-89-8407-954-0　03330

・잘못 만들어진 책은 바꾸어드립니다.
・값은 뒤표지에 있습니다.

SILENT INVASION